Gostaria de ter a VERSÃO DIGITAL deste livro?

Caro Aluno,

para facilitar o seu estudo diário, oferecemos a você **a versão digital do seu livro** com um desconto exclusivo. Para comprá-lo, basta utilizar o código de acesso abaixo.

Veja como:

1 **ACESSE** O SITE
www.aticascipione.com.br

2 Faça seu **cadastro**.

3 **Busque o título** que deseja.

4 Insira o **código de acesso***.

5 **Registre sua compra** e receba a confirmação.

6 **Pronto!** Você já tem acesso à versão digital deste livro, com todos os seus benefícios.

Complemente seu livro impresso e **maximize a sua experiência** de aprendizagem.

BENEFÍCIOS DO LIVRO DIGITAL

- Acesso imediato no tablet ou no computador.
- Portabilidade: você pode transportar todos os seus livros e acessá-los em qualquer momento e em qualquer lugar.
- Acesso aos diversos recursos de interatividade (verifique a disponibilidade).

CÓDIGO DE ACESSO
LATL.FF60.D0CE.07E0

542409   Projeto Teláris Geografia 7º ano - Impresso - Aluno

*Seu código de acesso é exclusivo desta obra e intransferível.

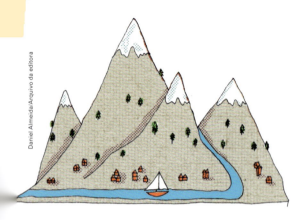

DICAS

🔖 **PARA PESQUISAR NA INTERNET**, é preciso tomar cuidado, pois nem todos os *sites* são confiáveis. Utilize *sites* oficiais e confirme as informações em pelo menos três outros *sites*. Ou ainda recorra à internet somente para tirar dúvidas específicas e utilize outras fontes.

🔖 **SE A PESQUISA INCLUIR MAPAS**, é preciso ficar atento a alguns elementos importantes: título, legenda, escala, orientação, fonte e data.

🔖 É bom lembrar que **AS IMAGENS NÃO SERVEM SOMENTE PARA ILUSTRAR OS TEXTOS**, elas trazem informações que complementam as pesquisas. Faça comparações entre as imagens; identifique data, local e autoria.

🔖 **SE FIZER USO DE FRASES OU TRECHOS DE ALGUM LIVRO**, é necessário citá-los entre aspas e indicar a fonte (nome do autor, título do livro, número da edição, local, editora, data da publicação, volume e número da página).

🔖 **RELACIONE NA BIBLIOGRAFIA OS LIVROS**, *sites* e outros materiais utilizados no trabalho.

🔖 **NA CAPA DA PESQUISA (SE HOUVER) NÃO PODEM FALTAR:** o nome da escola, a disciplina, o ano, o título da pesquisa, o nome do aluno (ou o nome de todos aqueles que participam do grupo) e a turma a que pertence.

🔖 **APRESENTANDO A PESQUISA NA SALA DE AULA:**
- ✔ observe o uso da linguagem (por exemplo, gíria é proibido?), a forma, o tempo de duração, os aparelhos necessários e outros detalhes;
- ✔ prepare anotações em uma ficha com letras grandes e texto com partes bem destacadas e visíveis para facilitar sua consulta;
- ✔ ensaie a apresentação com marcação de tempo e grave ou filme o ensaio para corrigir possíveis problemas.

A pesquisa escolar ajuda a desenvolver habilidades, como observar, analisar, comparar, coletar e interpretar dados, ler mapas e gráficos, concluir, questionar, criar, etc. Em Geografia ela se destaca, pois muitas vezes você deverá pesquisar aspectos do lugar em que vive (bairro, município, estado). Vamos conhecer alguns passos que podem ser úteis na hora de pesquisar?

O que pesquisar?

Antes de tudo, é preciso **definir o tema**, planejar a pesquisa e os recursos que podem ser utilizados, como fotografias, imagens de satélite, mapas, tabelas, gráficos, desenhos, pinturas e charges. Eles nos ajudam a ler e compreender o espaço geográfico.

Quais os objetivos propostos?

É preciso saber também se o **objetivo da pesquisa** é ampliar os conhecimentos geográficos ou satisfazer uma curiosidade, se vai servir para uma tomada de decisão ou para preparar uma apresentação, por exemplo.

Individual ou em grupo?

Se a pesquisa for feita em grupo, qual será a **responsabilidade de cada participante**? Temos de estabelecer quem vai fazer o que na divisão de tarefas (digitar, ilustrar, apresentar o trabalho).

Image Source/Getty Images

Fontes de pesquisa

Você pode dispor de várias **fontes de pesquisa**: livros, jornais, revistas, entrevistas, depoimentos, saída a campo, vídeos, filmes e/ou internet.

Qual o prazo?

Administre seu tempo. É fundamental observar o tempo disponível para a pesquisa e cumprir a data de entrega.

Como a pesquisa deverá ser encaminhada?

Para organizar a pesquisa, é preciso definir ferramentas (no caso da internet, *sites* de busca, por exemplo) e procedimentos.

- ✔ **Elabore textos preliminares** relacionados ao tema da pesquisa.
- ✔ **Reúna todo o material pesquisado**, faça anotações, selecione as informações e elabore um resumo.
- ✔ **Reelabore o material.**
- ✔ **O produto final da pesquisa** também pode ser uma maquete, um conjunto de mapas, um trabalho escrito, um livro, uma revista, um jornal, um fôlder turístico, um mural, entre outras coisas.

Glow Images/Getty Images

TUDO AO MESMO TEMPO?

Muitos se assustam com a rotina e gostam de ter experiências novas a cada dia. Isso não deixa de ser importante, mas para conseguir bons resultados nos estudos é preciso planejar seu dia a dia.

DICAS PARA VOCÊ TER MAIS TEMPO E NÃO DEIXAR TUDO PARA A ÚLTIMA HORA!

✔ **Escolha uma agenda**
Você precisa de uma agenda para organizar suas atividades. Pode ser um caderno, uma agenda de papel, um aplicativo de celular ou *sites* como o Google Calendar, Remember The Milk, Neotriad... O que não pode é não ter agenda ou esquecer de consultá-la todos os dias.

✔ **Anote tudo o que tiver para fazer**
Não vale usar só a cabeça para lembrar o que deve ser feito. Você precisa anotar na sua agenda! Toda vez que o professor passar alguma tarefa, você tiver as datas de prova, precisar fazer um trabalho, ler um texto, etc. escreva na sua agenda no dia respectivo em que deve estar pronto. Quando estiver pronto, risque! Todos os dias, ao voltar da escola, consulte sua agenda.

✔ **Escolha um dia para se organizar**
Não adianta ter a agenda e anotar tudo se você não planejar. Planejar significa antecipar as coisas que você precisa fazer e entregar, para não ficar para a última hora ou para não esquecer. Por exemplo, escolha um domingo e veja na agenda tudo o que tem de fazer até o último dia de aula da semana. Se tiver uma prova na quarta-feira, anote para estudar na segunda e na terça. Quanto mais você antecipar, mais sossegado vai ficar!

✔ **Estabeleça prioridades**
Quando tiver muita coisa acumulada para fazer, separe um período do dia para começar a resolver os atrasos. A dica é dar uma ordem numérica a tudo o que deve ser feito. Comece pelas coisas mais rápidas e fáceis, depois cuide das mais difíceis e deixe por último as mais gostosas de fazer.

ROTINA, ela é nossa aliada

DICAS PARA ESTABELECER UMA ROTINA!

✔ **Estabeleça horários fixos.** Dormir e comer sempre no mesmo horário ajuda a aumentar o rendimento.
✔ **Cuide também das suas horas de sono.** Oito horas de descanso é o ideal para o bom funcionamento do cérebro.
✔ **Não deixe para estudar nos horários em que sabe que estará cansado** (à noite, por exemplo).
✔ **Faça intervalos de 10 minutos a cada hora de estudo.** Procure aliviar a mente e repousar a vista.
✔ **Pratique algum esporte e divirta-se!** Reserve sempre um tempo para sair e conversar com seus amigos.

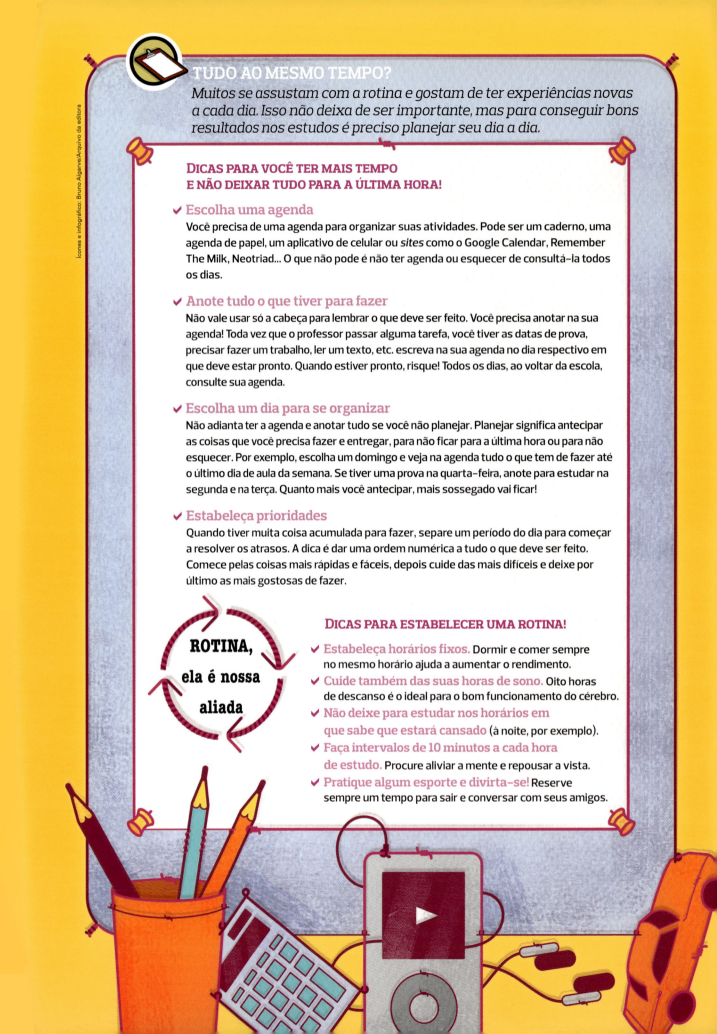

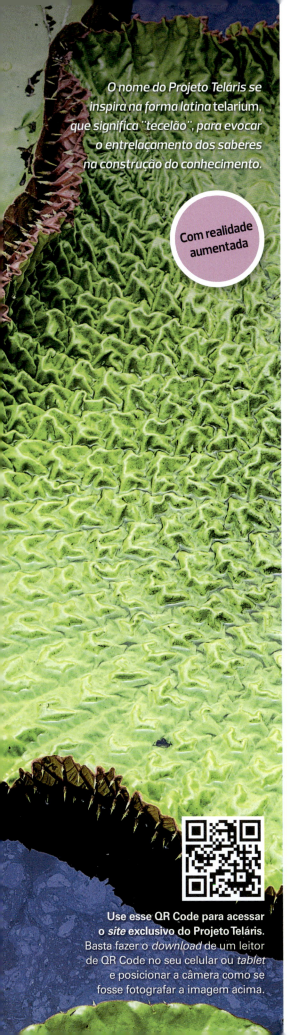

O nome do Projeto Teláris se inspira na forma latina telarium, que significa "tecelão", para evocar o entrelaçamento dos saberes na construção do conhecimento.

Com realidade aumentada

projeto Teláris

J. William Vesentini
Vânia Vlach

Geografia 7
O espaço social e o espaço brasileiro

J. William Vesentini
- Doutor e livre-docente em Geografia pela Universidade de São Paulo (USP)
- Professor e pesquisador do Departamento de Geografia da USP
- Especialista em Geografia Política/Geopolítica e Ensino de Geografia
- Ex-professor do Ensino Fundamental e Médio das redes particular e oficial de São Paulo

Vânia Vlach
- Doutora em Geopolítica pela Université Paris 8
- Mestra em Geografia Humana pela USP
- Ex-bolsista de Produtividade em Pesquisa do Conselho Nacional de Desenvolvimento Científico e Tecnológico (CNPq)
- Ex-professora do Curso de Graduação e pesquisadora do Programa de Pós-Graduação em Geografia da Universidade Federal de Uberlândia (UFU)
- Ex-professora de educação básica das redes oficial e particular do estado de São Paulo

Use esse QR Code para acessar o *site* exclusivo do Projeto Teláris. Basta fazer o *download* de um leitor de QR Code no seu celular ou *tablet* e posicionar a câmera como se fosse fotografar a imagem acima.

editora ática

editora ática

Diretoria de conteúdo e inovação pedagógica
Mário Ghio Júnior
Diretoria editorial
Lidiane Vivaldini Olo
Gerência editorial
Luiz Tonolli
Editoria de Ciências Humanas
Heloisa Pimentel
Edição
Ildete Oliveira Pinto e
Mirna Acras Abed Moraes Imperatore
Arte
Ricardo de Gan Braga (superv.),
Andréa Dellamagna (coord. de criação),
Katia Kimie Kunimura (editora de arte)
e Casa de Tipos (diagram.)
Revisão
Hélia de Jesus Gonsaga (ger.), Rosângela Muricy (coord.),
Ana Curci, Ana Paula Chabaribery Malfa, Patrícia Travanca,
Vanessa de Paula Santos e Brenda Morais (estag.)
Iconografia
Sílvio Kligin (superv.),
Karina Tengan (pesquisa),
Cesar Wolf e Fernanda Crevin (tratamento de imagem)
Ilustrações
André Rocca, Cláudio Chiyo e Suryara Bernardi
Cartografia
Eric Fuzii, Marcelo Seiji Hirata, Márcio Santos de Souza,
Robson Rosendo da Rocha e Alessandro Passos da Costa
Foto da capa: Filipe Frazao/Shutterstock/Glow Images

Direitos desta edição cedidos à Editora Ática S.A.
Avenida das Nações Unidas, 7221, 3º andar, Setor C
Pinheiros – São Paulo – SP – CEP 05425-902
Tel.: 4003-3061
www.atica.com.br / editora@atica.com.br

Dados Internacionais de Catalogação na Publicação (CIP)
(Câmara Brasileira do Livro, SP, Brasil)

Vesentini, José William
    Projeto Teláris: geografia : ensino fundamental 2 /
José William Vesentini, Vânia Vlach. – 2. ed. – São Paulo:
Ática, 2015. – (Projeto Teláris: geografia)

    Obra em 4 v. para alunos do 6º ao 9º ano.
    Conteúdo: 6º ano. O espaço natural e a ação humana
– 7º ano. O espaço social e o espaço brasileiro – 8º ano.
Regionalização do mundo e países do Sul – 9º Países do
Norte e problemas mundiais.

    1. Geografia (Ensino fundamental) I. Vlach, Vânia. II.
Título. III. Série.

15-03003   CDD-372.891

Índice para catálogo sistemático:
1. Geografia : Ensino fundamental   372.891

2016
ISBN 978 85 08 17255 9 (AL)
ISBN 978 85 08 17254 2 (PR)
Cód. da obra CL 738810
CAE 542 409 (AL) / 542 410 (PR)
2ª edição
3ª impressão
Impressão e acabamento
Brasilform Editora e Ind. Gráfica

Apresentação

Há livros-estrela e livros-cometa.

Os cometas passam. São lembrados apenas pelas datas de sua aparição.

As estrelas, porém, permanecem.

Há muitos livros-cometa, que duram o período de um ano letivo. Mas o livro-estrela quer ser uma luz permanente em nossa vida.

O livro-estrela é como uma estrela-guia, que nos ajuda a construir o saber, nos estimula a perceber, refletir, discutir, estabelecer relações, fazer críticas e comparações.

Ele nos ajuda a ler e transformar o mundo em que vivemos e a nos tornar cada vez mais capazes de exercer nossos direitos e deveres de cidadão.

Estudaremos vários tópicos neste livro, entre os quais:

- construção do espaço;
- sociedade moderna e Estado;
- sociedade moderna e economia;
- atividade industrial;
- população;
- espaço urbano e espaço rural;
- Brasil e suas regiões: Nordeste, Centro-Sul e Amazônia.

Esperamos que ele seja uma estrela para você.

Os autores

Conheça seu livro de Geografia

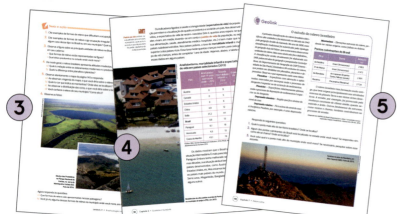

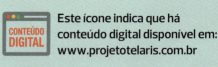

① Abertura da Unidade

Em página dupla, apresenta uma imagem significativa e atraente e um breve texto de introdução que relacionam algumas competências que você vai desenvolver na Unidade. Cada volume está dividido em quatro unidades.

Cada Unidade é identificada por um ícone *laranja*, que se repete nas páginas ímpares na cor *roxa*. Os ícones ajudam a localizar a Unidade mais facilmente.

Ponto de partida

Esta seção traz questões que ajudam você a refletir sobre os conceitos que serão trabalhados na Unidade e a discuti-los previamente.

② Abertura dos capítulos

Os capítulos se iniciam com um pequeno texto introdutório, seguido de uma ou duas imagens. Logo após, há um boxe com questões sobre as ideias fundamentais do capítulo. Elas permitem a você ter um contato inicial com os assuntos que serão estudados e também expressar suas opiniões, experiências e conhecimentos anteriores sobre o tema.

③ Texto e ação

Ao fim dos tópicos principais há algumas atividades para você verificar o que aprendeu, resolver dúvidas e comentar os assuntos em questão, antes de continuar o estudo do tema do capítulo.

④ Glossário

Os termos e expressões destacados em laranja remetem ao glossário na lateral da página, que apresenta sua significação.

⑤ Geolink

Consiste em textos que apresentam informações complementares aos temas tratados no capítulo com o objetivo de ampliar seu conhecimento. No fim da seção, há sempre questões para você avaliar o que leu, discutir e expressar sua opinião sobre o conteúdo do texto.

Este ícone indica que há conteúdo digital disponível em: www.projetotelaris.com.br

Com o estudo da Geografia você vai compreender o mundo em que vivemos em todas as suas escalas, da local até a global, vai aprender como a humanidade produz e organiza o espaço geográfico. Com isso, você estará mais apto a entender os noticiários de tevê, a ler jornais e revistas com visão mais crítica, a debater questões atuais. Poderá ter uma participação mais ativa na sociedade, exercendo assim a sua cidadania. Veja como os livros desta coleção estão organizados.

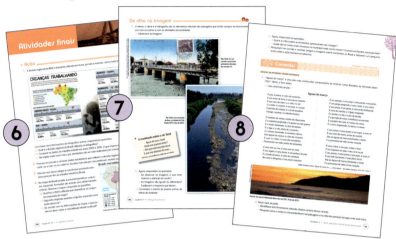

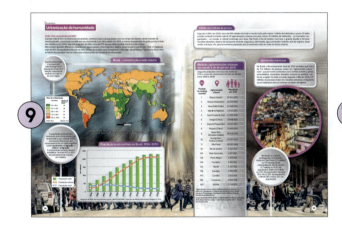

Atividades finais

No final dos capítulos você vai encontrar três seções com diferentes tipos de atividade. São elas:
- + Ação
- De olho na imagem
- Conexões

⑥ + Ação

Trata-se de atividades diversificadas (com tabelas, mapas, textos, etc.) e relacionadas à compreensão do capítulo.

⑦ De olho na imagem

Atividades relacionadas à observação e análise de fotos, bem como à interpretação de mapas. O ícone 👥, colocado à direita do título, indica que as atividades devem ser feitas em dupla. Junte-se a um colega para realizá-las.

⑧ Conexões

Atividades interdisciplinares que permitem fazer conexões com outras áreas do conhecimento.

⑨ Infográficos, mapas, gráficos e imagens

No decorrer dos capítulos você encontra imagens variadas especialmente selecionadas para ajudá-lo em seu estudo.

⑩ Ponto de chegada

No final de cada unidade, a seção está dividida em duas subseções.

O que você estudou – Apresenta um resumo das habilidades e competências desenvolvidas.

Mix cultural – Subdividida em três partes: *Biblioteca*, *Geografia nos sites* e *Geografia nas telas*. Traz dicas e sugestões de livros, sites, filmes e documentários que complementam e enriquecem os assuntos vistos e trabalhados.

sumário

Unidade 1 — Brasil: território e sociedade

🚗 **Ponto de partida,** 11

Capítulo 1 • Formação do Estado e do território, 12

1. Sociedade, povo, nação, Estado e país, 13
   Sociedade e povo, 13
   Nação, Estado e país, 13
   Geolink: Povos sem país, 14
2. A origem do Estado e as sociedades sem Estado, 16
3. O Estado e suas funções, 18
4. Território e fronteiras, 19
5. Formação do Estado e do território no Brasil, 20
   O princípio do *uti possidetis*, 20
   Primeiro o Estado, depois a sociedade, 23
6. Os indígenas e a construção do Brasil, 24

Atividades finais, 25
   + Ação, 25
   De olho na imagem, 27
   Conexões — Atividades interdisciplinares •
   Língua Portuguesa e História, 28

Capítulo 2 • Economia e sociedade, 30

1. PIB e renda *per capita*, 31
   Geolink: Miséria e fome no Brasil, 33
2. Distribuição da renda, 34
3. Outros indicadores, 35
4. Cidadania no Brasil, 37

Atividades finais, 38
   + Ação, 38
   De olho na imagem, 40
   Conexões — Atividade interdisciplinar •
   História e Língua Portuguesa, 41

Capítulo 3 • População, 42

1. Crescimento demográfico, 43
   Transição demográfica, 45
   Taxas de mortalidade no Brasil, 45
   Taxas de natalidade no Brasil, 46
   Geolink 1: Brasileiras estão tendo menos filhos e engravidam cada vez mais tarde, 48
2. Estrutura da população por idade e por sexo, 49
   Pirâmide etária, 50
   Mais mulheres do que homens, 51
   Geolink 2: Homens e mulheres: com problema inverso ao dos chineses?, 52
   As mulheres e o trabalho, 53
   Geolink 3: Inserção das mulheres no mercado de trabalho e desigualdades salariais, 54
3. Etnias, 55
   Os negros ou afro-brasileiros, 55
   A etnia indígena, 57
   Os grupos étnicos branco e asiático, 59

Atividades finais, 61
   + Ação, 61
   De olho na imagem, 62
   Conexões — Atividades interdisciplinares •
   História, Língua Portuguesa e Arte, 64

 Ponto de chegada, 66

O que você estudou, 66
Mix cultural, 66
Biblioteca, 66
Geografia nos *sites,* 67
Geografia nas telas, 67

Leo Caldas/Pulsar Imagens

Unidade 2 — Brasil: utilização do espaço

 Ponto de partida, 69

Capítulo 4 • Industrialização, 70
1. Do artesanato à indústria moderna, 71
   Artesanato, 71
   Manufatura, 72
   Indústria moderna, 72
2. Classificação da indústria moderna, 74
   Indústria de transformação, 74
   Indústria extrativa, 75
   Indústria de construção, 75
3. Indústria e energia, 77
4. A industrialização no Brasil, 78
   Fatores que propiciaram a industrialização, 78
   Concentração industrial, 79
   Desconcentração industrial, 80
5. Indústria e espaço geográfico, 82
   Geolink: Montadoras de automóveis chineses no Brasil, 83
   Atividades finais, 84
   + Ação, 84
   De olho na imagem, 85
   Conexões — Atividades interdisciplinares •
   Matemática, História e Arte, 86

Capítulo 5 • Urbanização, 87
1. O que é urbanização?, 88
   A urbanização do Brasil, 88
2. As cidades: sítio urbano, situação, função, centro e expansão, 90
   Sítio urbano, 90
   Situação, 90
   Função, 90
   Centro e expansão, 92
   Geolink: Algo mudou no crescimento das cidades brasileiras?, 93
3. Problemas ambientais urbanos: ilhas de calor e inversão térmica, 94
   Ilhas de calor e inversão térmica, 94
4. Regiões metropolitanas, 95
   Autonomia dos estados, 95
   Planejamento integrado, 96
   População, 96
   Infográfico: Urbanização da humanidade, 98
5. Rede urbana, 100
   Hierarquia urbana, 100
   Metrópoles, 101
6. Problemas sociais urbanos, 104
   Moradia popular, 104
   Transporte coletivo e infraestrutura urbana, 105
   Violência urbana, 106
   Atividades finais, 107
   + Ação, 107
   De olho na imagem, 109
   Conexões — Atividades interdisciplinares •
   História, Língua Portuguesa e Arte, 112

Capítulo 6 • Meio rural, 114
1. O novo rural brasileiro, 115
   Ocupação da terra pela agropecuária, 116
2. Produtos agrícolas, 118
   Café, 118
   Soja, 119
   Cana-de-açúcar, 120
   Laranja, 120
   Arroz, 121
   Trigo, 121
   Algodão, 122
   Feijão, 122
   Uva, 122
   Fumo, 123
   Cacau, 123
3. Pecuária, 124
   Pecuária bovina, 124
   Outras criações, 125
   Geolink: Agricultores de uma nova fronteira agrícola fazem a colheita da soja no Piauí, 126
4. Estrutura fundiária e reforma agrária, 126
   Reforma agrária, 127
   O que impede a realização da reforma agrária?, 128
   Atividades finais, 130
   + Ação, 130
   De olho na imagem, 133
   Conexões — Atividade interdisciplinar •
   Matemática, 135

Ronaldo Nina/Tyba Nina/Tyba

 Ponto de chegada, 136

O que você estudou, 136
Mix cultural, 136
Biblioteca, 136
Geografia nos *sites*, 137
Geografia nas telas, 137

Sumário

Unidade 3 • Brasil: paisagens naturais e ação da sociedade

 Ponto de partida, 139

Capítulo 7 • Relevo e clima, 140
1. A dinâmica da natureza, 141
2. Estrutura geológica e relevo, 142
   - Estrutura geológica do relevo brasileiro, 143
   - O relevo e a sua importância, 144
   - Principais unidades de relevo, 145
   - Outras unidades de relevo, 146
   - *Geolink:* O estudo do relevo brasileiro, 148
3. Clima e massas de ar, 149
   - As massas de ar que influenciam o clima do Brasil, 149
4. Os tipos de clima do Brasil, 151
   - Clima equatorial úmido, 151
   - Clima litorâneo úmido, 152
   - Clima tropical continental, 153
   - Clima tropical semiárido, 153
   - Clima tropical de altitude, 154
   - Clima subtropical úmido, 154
5. Solo urbano e enchentes no Brasil, 155

Atividades finais, 156
- + Ação, 156
- De olho na imagem, 159
- Conexões – Atividades interdisciplinares • *Ciências da Natureza, Língua Portuguesa e História,* 161

Capítulo 8 • Hidrografia e biomas, 163
1. A hidrografia brasileira, 164
   - Bacias ou regiões hidrográficas, 165
   - *Geolink 1:* A água doce está ameaçada, 166
   - Bacia Amazônica, 167
   - Bacia do Tocantins–Araguaia, 168
   - Bacia do São Francisco, 168
   - Bacias do Paraná, do Paraguai e do Uruguai ou bacia Platina, 168
   - Outras regiões ou bacias hidrográficas, 169
   - *Geolink 2:* Usinas hidrelétricas, 170
   - Águas subterrâneas, 171
   - O que é um aquífero?, 171
   - *Geolink 3:* A maior reserva subterrânea de água do mundo: Alter do Chão, 172
2. Os biomas brasileiros, 173
   - Bioma da Amazônia, 174
   - Flora, 174; Fauna, 175;
   - Bioma Mata Atlântica, 175
   - Bioma Caatinga, 176
   - Bioma Cerrado, 176
   - Bioma Pantanal, 177
   - Bioma Pampa, 178

Atividades finais, 179
- + Ação, 179
- De olho na imagem, 182
- Conexões – Atividades interdisciplinares • *História, Língua Portuguesa e Arte,* 184

Capítulo 9 • Problemas ambientais, 185
1. Introdução, 186
   - Predomínio do meio cultural, 186
2. Problemas ambientais dos centros urbanos, 187
   - Reaproveitamento ou reciclagem do lixo, 188
   - A reciclagem e os catadores de lixo, 188
3. Problemas ambientais do meio rural, 190
   - *Geolink 1:* Desertificação no Nordeste brasileiro, 191
4. Devastação da floresta Amazônica, 192
   - Perda da biodiversidade na Amazônia brasileira, 192
   - *Geolink 2:* Desmatamento da Amazônia em alta, 194
5. Destruição da fauna e poluição no Pantanal, 194
6. Poluição do litoral, 195

Atividades finais, 196
- + Ação, 196
- De olho na imagem, 198
- Conexões – Atividades interdisciplinares • *Matemática, Ciências da Natureza e Língua Portuguesa,* 200

 Ponto de chegada, 202
- O que você estudou, 202
- *Mix* cultural, 202
- Biblioteca, 202
- Geografia nos *sites,* 203
- Geografia nas telas, 203

Vitor Marigo/Tyba

Unidade 4 — Brasil: diversidades regionais

 Ponto de partida, 205

Capítulo 10 • As regiões brasileiras, 206
1. O que é região?, 207
   Dividindo um espaço em regiões, 207
2. Regionalização do território brasileiro, 208
   Divisão regional do IBGE, 209
   Três complexos regionais, 210
   Comparando as duas regionalizações, 211
3. Regionalização e formação histórico-territorial do Brasil, 214
4. As estreitas ligações entre as três regiões, 216
   Declínio econômico do Nordeste e expansão do Centro-Sul, 216
   Migrações, 217
   Influência do mercado internacional, 217

Atividades finais, 218
   + Ação, 218
   De olho na imagem, 220
   Conexões — Atividade interdisciplinares • *Arte, História e Língua Portuguesa*, 222

Capítulo 11 • Nordeste, 223
1. Breve histórico, 224
   As migrações nordestinas, 225
   Motivo das migrações, 227
2. Meio físico, 227
   Hidrografia, 228
   Principais aquíferos, 228
   Bacia hidrográfica do São Francisco, 228
   Bacia do Parnaíba, 229
   Outras bacias, 229
3. Sub-regiões do Nordeste, 230
   Meio-Norte ou Nordeste ocidental, 230
   Sertão, 231
   Geolink 1: A arquitetura do Sertão, 233
   Zona da Mata, 234
   Agreste, 235
   Geolink 2: Sob as bênçãos de São Francisco?, 236
4. O "novo" Nordeste, 237

Atividades finais, 239
   + Ação, 239
   De olho na imagem, 241
   Conexões — Atividades interdisciplinares • *Ciências da Natureza, História, Matemática e Arte*, 244

Capítulo 12 • Centro-Sul, 247
1. A região mais rica e populosa do Brasil, 248
   Geolink 1: São Paulo, centro cultural do Brasil e do mundo, 249
2. Meio físico, 250
   Geolink 2: Ecologia e economia na mata Atlântica, 253
3. Unidades espaciais do Centro-Sul, 254
   Megalópole, 254
   Zona da Mata mineira, 255
   Grande Belo Horizonte e Quadrilátero Ferrífero, 255
   Triângulo Mineiro, 256
   Porção sul de Goiás, 256
   Sul do país, 257
   Outras áreas do Centro-Sul, 258
   Geolink 3: Pantanal: políticas públicas equivocadas, 260

Atividades finais, 262
   + Ação, 262
   De olho na imagem, 264
   Conexões — Atividade interdisciplinar • *Arte, História e Língua Portuguesa*, 266

Capítulo 13 • Amazônia, 268
1. A maior região brasileira, 269
2. Meio físico, 271
   Relevo, 271
   Clima, 271
   Hidrografia, 272
   Geolink 1: Força feminina em Pimental, 273
3. A floresta e seu desmatamento, 274
4. Economia regional, 276
   Geolink 2: Colaboração entre o Norte e o Sul geoeconômicos no estudo do carbono nas florestas amazônicas, 278

Atividades finais, 280
   + Ação, 280
   De olho na imagem, 282
   Conexões — Atividade interdisciplinar • *Arte, História e Língua Portuguesa*, 285

 Ponto de chegada, 286
   O que você estudou, 286
   Mix cultural, 286
   Biblioteca, 286
   Geografia nos *sites*, 287
   Geografia nas telas, 287

Bibliografia, 288

Andre Dib/Pulsar Imagens

Unidade 1

Torcedores assistem a uma partida de futebol entre Brasil e Colômbia em Fortaleza, durante a Copa do Mundo de 2014.

Brasil: território e sociedade

Nesta Unidade, vamos abordar as noções de sociedade, povo, nação, Estado e país. Nosso ponto de partida será o estudo da construção do território, do Estado e da nação brasileiros no decorrer de séculos. Com esse estudo, você vai desenvolver várias competências, entre as quais:

- evidenciar a inter-relação do território com a soberania de um Estado nacional;
- explicar as relações entre os elementos que fazem do Brasil um Estado nacional;
- expressar as relações entre desenvolvimento econômico, padrão de vida da população e distribuição social da renda no Brasil;
- associar a formação étnica do povo brasileiro com a cultura nacional, percebendo a diversidade e as manifestações que ela apresenta na organização do território;
- desenvolver atitudes que contribuam para a construção da cidadania no Brasil.

Ponto de partida

Converse com o professor e os colegas e procure responder à seguinte questão:
- Na foto, pode-se notar a diversidade da população brasileira. Procure explicar com suas palavras em que consiste toda a diversidade do Brasil: há diversidade espacial ou territorial, diversidade étnica e diversidade social? Caso existam, exemplifique cada uma delas.

Capítulo 1

Formação do Estado e do território

Muitas vezes usamos as palavras *sociedade*, *povo*, *nação*, *Estado* e *país* como sinônimas. São palavras que têm sentidos bem parecidos, mas não significam exatamente a mesma coisa. Neste capítulo, você vai compreender o que cada uma significa. Vai aprender também como o território, o Estado e a nação brasileiros foram construídos no decorrer de séculos.

Jogadores de futebol cantam o Hino Nacional Brasileiro antes de uma partida entre Brasil e Alemanha, em Belo Horizonte (MG), durante a Copa do Mundo em 2014.

 Para começar, observe a foto. Depois, pense sobre o significado das palavras *sociedade*, *povo*, *nação* e *país* com base nas seguintes questões:

1. Para você, o que significa viver em sociedade? E o que é ser brasileiro?
2. Quando foi a última vez que você cantou o Hino Nacional Brasileiro?
3. Você costuma ver a bandeira do Brasil hasteada? Em que situações?
4. Em sua opinião, por que a bandeira e o Hino Nacional estavam presentes no momento retratado na foto? O que esses símbolos nacionais têm a ver com o que vamos estudar neste capítulo?

1 Sociedade, povo, nação, Estado e país

Você acha correto falar em sociedade brasileira? Por quê? E em nação brasileira? O Brasil é um Estado nacional? Por quê? E os ciganos, será que eles também constituem um Estado-Nação? Vamos entender melhor os conceitos de sociedade, Estado, povo, nação e país.

Sociedade e povo

O ser humano é um animal gregário, o que significa que ele vive em bandos ou grupos, que são chamados de sociedades. Uma **sociedade humana**, portanto, é um conjunto de pessoas que vive em determinado espaço e tempo e de acordo com certas regras. Se não existirem regras comuns, não será uma sociedade, mas um ajuntamento de pessoas em constante conflito.

Povos são grupos de pessoas que falam a mesma língua e possuem as mesmas tradições. Por exemplo: o povo brasileiro, o povo inglês, o povo judeu, o povo cigano, etc.

Os conceitos de sociedade e povo podem se referir ao mesmo agrupamento; podemos falar, por exemplo, em povo ou em sociedade brasileira. Mas nem sempre isso é válido: às vezes um povo, como os ciganos ou os judeus, pode estar espalhado por vários países e não formar uma única sociedade. Não existem judeus apenas em Israel, na sociedade israelense; há milhões deles nos Estados Unidos (logo, eles fazem parte da sociedade norte-americana), em países europeus e em várias outras regiões do mundo.

Um povo não precisa necessariamente ter um território próprio. Alguns povos, como boa parte dos ciganos, deslocam-se constantemente pelo espaço geográfico. Eles são povos **nômades**, isto é, não têm residência fixa. O contrário de nômade é **sedentário**, que possui uma área de permanência fixa. Alguns povos sedentários não possuem um território próprio, pois vivem em regiões dentro de um país que é formado por outro povo ou, às vezes, por outros povos. Por exemplo: os *mongóis*, no norte, e os *tibetanos*, no sudoeste da China; os *curdos*, que se espalham por áreas do Iraque, do Irã, da Turquia e da Síria; e os *bascos*, na fronteira da Espanha com a França. Esses povos almejam ter um território próprio e independente, mas, por enquanto, vivem sob o domínio de outros povos.

Tradição: determinado hábito ou costume transmitido de uma geração para outra. Por exemplo: vestimentas, canções, jogos e brincadeiras, receitas de comidas ou de bebidas, comemorações e festas, etc.

Nação, Estado e país

A palavra **nação** possui dois sentidos principais. No primeiro, mais geral, nação é o mesmo que povo, ou seja, um conjunto de pessoas com língua e tradições comuns. Nesse sentido, podemos falar em nação cigana, nação judaica, nação curda, etc. No outro sentido, que adotaremos neste livro, nação *é um povo com território, governo e leis próprias.* Assim, o já citado povo cigano não constitui uma nação, pois não tem território nem governo próprios. Nesse segundo sentido, nação significa a mesma coisa que país ou Estado-Nação.

Assim sendo, uma nação ou um **Estado nacional** é o mesmo que **país**, isto é, um povo que vive em um território próprio, tendo um governo que o representa. O Brasil, os Estados Unidos, a China e a Alemanha são exemplos de países ou Estados nacionais. São também exemplos de nação — é esse o conceito de nação empregado pela Organização das Nações Unidas (ONU), organização internacional formada por países do mundo inteiro. Observe a foto ao lado.

O conceito de nação usado pela ONU é o mesmo adotado neste livro: um povo com território e governo próprios. Na foto, sede da ONU, localizada em Nova York, Estados Unidos. É nesse local que países do mundo inteiro se reúnem para discutir problemas comuns. Foto de 2014.

 Geolink

Povos sem país

Entre os povos sem país, destacamos alguns que, historicamente, lutam há séculos para conquistar um território próprio (com exceção dos ciganos) e têm uma população numericamente bem expressiva. Vamos identificá-los e saber onde se localizam?

Curdos — Vivendo no Oriente Médio, com uma população de 40 milhões de habitantes, os curdos são o maior povo sem país do mundo. Estão espalhados em vários Estados: noroeste do Irã, norte da Síria e Iraque e leste da Turquia. Estiveram muito presentes no noticiário internacional de 2014, em razão de seu envolvimento em conflitos político-religiosos e econômicos no Oriente Médio. Vamos saber por quê?

Até o começo do século XX, a estrutura tribal dos curdos lhes permitiu uma relativa autonomia no interior do Império Otomano, ao qual se subordinavam. Após o término da Primeira Guerra Mundial (1914-1918), o Império Otomano desapareceu, mas o Tratado de Sèvres (1920) previu "a criação de um território autônomo dos curdos", a sudeste da Anatólia, na Turquia, como relata Karim Pakzad, pesquisador da vida político-econômica do Iraque. Porém Mustafa Kemal, o primeiro presidente da República Turca, não concordou com essa proposta.

Assim, a partir de 1923, os curdos se distribuíram por vários países da região, o que dificultou a criação de um Estado curdo independente, isto é, o Curdistão. Paralelamente, "vários movimentos de independência são criados em cada Estado (para onde se dirigiram, nessa região). Cada um dispõe de uma estratégia própria. Os curdos são muito divididos, às vezes dentro do mesmo país, como no Iraque".

Após a queda de Saddam Hussein (2003), os "curdos do Iraque conseguiram se unir para obter, oficialmente na Constituição (iraquiana), a organização de um Estado federal. Esse governo regional do Curdistão é um sucesso e um exemplo para os demais curdos (que habitam os outros países da região)". É um sucesso porque lhes confere autonomia política no Iraque.

"A autonomia regional curda, que já funciona como um Estado, com um presidente e um primeiro-ministro (curdos), lhes basta." Em 2014, os curdos combateram as tropas islâmicas fundamentalistas de um movimento político, o Estado Islâmico (EI), que ameaçavam o governo do Iraque e sua integridade territorial, e conseguiram derrotá-las em Kirkuk, a maior cidade do norte do Iraque. Karim Pakzad explica a importância dessa vitória: "O que os curdos desejam é exportar o petróleo via Turquia e assinar contratos petrolíferos no exterior".

Essa ambição econômica dos curdos iraquianos elimina a vontade de se fundar um único Curdistão? Os curdos que habitam o Irã, a Síria e a Turquia concordam com tal situação? O tempo nos dirá!

Palestinos — Os palestinos são outro povo sem país no Oriente Médio. Após a fundação do Estado de Israel em 1948, seu território passou a ser habitado, em grande parte, por israelenses. A Autoridade Palestina (AP), constituída em 1993 como um governo semiautônomo, reivindica a Palestina como seu território e o direito de os palestinos constituírem seu próprio Estado. Dos 4 436 400 habitantes, 1,7 milhão vive na Faixa de Gaza. Em 2014, outra guerra entre palestinos e israelenses provocou enorme destruição e mortes. Estima-se que serão necessários mais de 5 bilhões de dólares para a reconstrução da Faixa de Gaza, iniciada no mesmo ano.

Tibetanos — Os quase 6,5 milhões de pessoas que habitam a região autônoma do Tibete são governados

Existem povos que chamam a si próprios de nações e almejam alcançar sua independência. É o caso, como vimos, dos mongóis, dos tibetanos, dos curdos e dos bascos, entre outros. Eles podem vir a tornar-se países ou Estados-Nações, mas, por enquanto, são povos dominados, que vivem em um território sob o controle de outros povos.

A palavra **estado** pode ter ainda outro significado: pode indicar as divisões territoriais de um país. No Brasil, por exemplo, Minas Gerais, Paraná e Amazonas são estados, ou seja, unidades que compõem o território brasileiro. Em alguns países essas divisões territoriais recebem o nome de **províncias**; em outros são chamadas de **cantões** ou **departamentos**.

---

pela China. Porém têm um líder político e espiritual próprio, o Dalai Lama, pois o budismo tibetano, também conhecido como lamanismo, é o alicerce desse povo. Seu território, invadido, ocupado e anexado pela China em 1950, é objeto da luta dos tibetanos em prol de sua independência política e de um regime político democrático.

Chechenos — Os chechenos, cerca de 1,3 milhão de habitantes, muçulmanos em sua grande maioria, habitam as montanhas do Cáucaso, na Ásia. Dominados pelos russos no século XIX, conquistaram sua independência ao término da ex-União Soviética, em 1991, e fundaram a República Chechena, não reconhecida pela Rússia (nem pela comunidade internacional), que a invadiu em 1994. Desde então, grupos separatistas chechenos, alguns dos quais por meio de atentados terroristas, lutam por sua independência política.

Bascos — Na Europa, destacam-se os bascos, estimados em pouco mais de 2,4 milhões de habitantes. Vivem majoritariamente na Espanha; na França, seu número é avaliado em 285 mil pessoas. Apesar de a Constituição espanhola de 1978 reconhecer o povo basco como uma comunidade autônoma, o que lhe confere relativa autonomia política, alguns líderes radicais perseguem a fundação de um Estado independente. No entanto, em 2011, abandonaram a luta armada e os atentados.

Ciganos — Disseminados pelo mundo inteiro, os ciganos são um povo originário da Índia. Há uns 1 500 anos, iniciaram a sua diáspora (dispersão) pelo mundo, partindo do noroeste daquele país. Atualmente, são 11 milhões na Europa. Caracterizam-se por serem nômades; nunca fizeram reivindicações territoriais. Porém foram objeto de graves perseguições políticas; por exemplo, os nazistas mataram milhares de ciganos (e milhões de judeus) nos campos de concentração, durante a Segunda Guerra Mundial (1939-1945). De maneira geral, não são mais alvo de perseguições, porém o preconceito permanece, até mesmo no Brasil, onde vivem mais de 500 mil ciganos.

Adaptado de: NAVARRO, Roberto. Qual é o maior povo sem país? *Mundo Estranho*. Disponível em: <mundoestranho.abril.com.br/materia/qual-e-o-maior-povo-sem-pais>; PALESTINE POPULATION 2014. Disponível em: <worldpopulationreview.com/countries/palestine-population; LE GAL, Thibaud. *Irak*: Les Kurdes peuvent-ils profiter de la crise pour créer un Etat indépendant? Disponível em: <www.20minutes.fr/monde/1430007-20140819-irak-kurdes-peuvent-profiter-crise-creer-etat-independant>; GERSCHENFELD, Ana. *A diáspora dos ciganos começou há 1500 anos no Noroeste da Índia*. Disponível em: <www.publico.pt/ciencia/noticia/a-diaspora-dos-ciganos-comecou-ha-1500-anos-no-noroeste-da-india-1576501>. Acesso em: 9 nov. 2014.

Responda às questões:

1. O que chamou mais a sua atenção no texto?
2. Escolha dois povos sem país mencionados no texto e comente suas características. Explique por que você os escolheu.
3. Há algum povo sem país mencionado no texto que esteja presente no Brasil? Você conhece alguma pessoa desse povo?
4. Em sua opinião, por que os governos dos Estados nacionais tendem a reprimir os movimentos separatistas de povos que vivem no interior de suas fronteiras?

Texto e ação

1. As palavras *sociedade*, *povo*, *nação* e *país* são usadas, muitas vezes, como sinônimas. No entanto, existe diferença na definição de cada uma delas. Vamos entendê-las melhor?

   a) Reproduza o quadro a seguir no caderno e preencha-o com base no texto que você leu neste capítulo.

Termo	Definição	Exemplos
Sociedade		
Povo		
Nação		
País		

   b) Elabore um texto relacionando as quatro definições com o Brasil.

2. Responda às questões:

   a) O conceito de nação usado pela ONU é o mesmo adotado neste livro? Explique sua resposta.

   b) Em que cidade e país se localiza a sede da ONU? Ao observar a foto da sede da ONU, algum elemento chamou a sua atenção? Qual?

❷ A origem do Estado e as sociedades sem Estado

Na maior parte da história da humanidade, por centenas de milhares de anos, nenhuma sociedade tinha Estado. A origem do Estado é muito discutida. Não se sabe exatamente quando nem onde ele surgiu.

É bem provável que o Estado tenha surgido, há milhares de anos, em sociedades que começavam a crescer, tornando-se mais complexas e com um número cada vez maior de atividades. Em sociedades muito simples, com pouca divisão do trabalho, não existe Estado. Nestas sociedades há apenas uma divisão por sexo: as mulheres plantam, fazem artesanato e cuidam das crianças; os homens caçam e pescam ou extraem produtos da floresta. Mas, quando a divisão do trabalho se amplia — surgindo novas atividades ou profissões —, em geral ocorre o Estado.

Para existir Estado, é preciso que a sociedade esteja dividida em ricos e pobres, dominantes e dominados. Ou seja, uma das causas da formação do Estado é a existência de classes sociais, de desigualdades entre as pessoas. Essa desigualdade provoca disputas internas entre os grupos sociais. O Estado serve, então, para organizar a população, fazer cumprir as leis e garantir a ordem social, evitando ou controlando os conflitos. Outro fator importante na formação do Estado é a defesa do território contra inimigos estrangeiros. Isso explica por que os primeiros funcionários estatais geralmente são os próprios governantes e os soldados e também por que todos os Estados possuem território. Um povo sem território não pode formar o seu Estado.

Ainda hoje há alguns raros povos ou sociedades sem Estado, como os indígenas sul-americanos na sua forma pura ou original. Nessas sociedades, não existe a divisão entre ricos e pobres. Todos vivem em habitações semelhantes e partilham o que foi obtido na caça, na pesca e na lavoura. Ninguém pode dispor de abundância à custa dos outros, possuir mais de uma casa, estocar instrumentos ou alimentos em vez de distribuí-los. Se uma família teve mais sorte na colheita ou na caça, a regra é a distribuição igualitária. Muitas vezes, o território de uma sociedade indígena precisa ser defendido da invasão de outros grupos. Mas essa necessidade não determina o surgimento do Estado, pois todos os homens jovens são considerados guerreiros e guardiães do território e do povo contra inimigos externos.

Assim, não existe divisão social entre os membros das sociedades indígenas. Todos podem ser ao mesmo tempo guerreiros, artesãos, agricultores, caçadores e pescadores. É incorreta a ideia de que o chefe indígena e o pajé representam o governo, a autoridade política. Se isso ocorre, é porque não há mais uma sociedade indígena na sua forma original. Nesta, o chefe ou o pajé não mandam de fato, não exercem um poder igual ao de um governante. Eles são apenas líderes, isto é, orientadores e representantes do grupo. Não podem mandar prender ninguém, espancar ou matar (nem existem prisões nessas sociedades); não cobram impostos, não são mais ricos que os outros membros do grupo. Quando algum chefe enriquece e se torna diferente dos demais membros, é porque essa sociedade já deixou de ser indígena de fato e passou a adotar valores "civilizados", ou seja, valores da moderna sociedade industrial.

Indígenas da etnia Kaingang na Reserva Indígena do Guarita, em Redentora (RS), em 2014. Eles estão produzindo lanças de madeira para uma apresentação de dança. Para os indígenas, trabalho e lazer não se separam. Eles não têm horários rígidos para trabalhar e se divertir: misturam as duas coisas e descansam ou trabalham quando querem ou precisam. Não há nenhuma divisão do trabalho: cada homem pode ser ao mesmo tempo caçador, pescador, plantador e guerreiro.

Em virtude do avanço da sociedade brasileira pelo interior do território, os indígenas se viram obrigados, nas últimas décadas, a conhecer as exigências da vida política do país (documentos, leis escritas, etc.), que até pouco tempo ignoravam. Na foto, indígenas brasileiros protestam na praça dos Três Poderes, em Brasília, contra mudanças nas regras de demarcação de terras indígenas. Foto de 2014.

Texto e ação

1. O que são sociedades sem Estado?
2. O que é preciso para que surja o Estado?
3. Qual é a importância do território para o surgimento do Estado?

Unidade 1 • Brasil: território e sociedade

3 O Estado e suas funções

Muitas vezes o Estado é confundido com o governo. Embora sejam dois conceitos interligados, são distintos.

Estado é o conjunto das instituições que formam a organização político-administrativa de um povo ou nação: o governo, as Forças Armadas, as escolas públicas, as prisões, os tribunais, a polícia, os postos de saúde, os hospitais públicos, etc. Estado, dessa forma, é o mesmo que poder público. **Governo** é a cúpula, a parte dominante do Estado.

Em outras palavras, o governo — mesmo sendo a parte que comanda — está integrado no Estado. Este é mais amplo e, como vimos, engloba outros setores, todos os níveis de governo — federal, estadual e municipal — e todas as atividades ligadas a esses níveis. Exemplificando: toda escola pública e toda delegacia de polícia fazem parte do Estado, mas não fazem parte do governo. Outra diferença é que o governo é transitório, temporário, ao passo que o Estado é permanente. Podemos falar em governo do presidente Fulano ou Beltrano, que pode durar quatro anos ou mais. Mas não podemos falar em Estado de algum presidente, pois ele é de toda a sociedade e prossegue mesmo com as alterações no governo.

Jane Hahn/Corbis/Latinstock

Músicos da etnia hauçá em Lagos, Nigéria. Foto de 2014.

Dessa forma, cada Estado geralmente corresponde a um povo ou uma nação: o Estado francês, o Estado britânico ou o Estado brasileiro. Existem inúmeras exceções: os chamados Estados multinacionais, onde há povos ou minorias étnicas que falam idiomas diferentes do oficial. Como exemplo temos o Estado canadense, que engloba uma população de origem francesa, concentrada na província de Quebec, a qual gostaria de ter seu próprio Estado, independente do atual, onde predominam pessoas de origem inglesa. Outro exemplo é o povo tibetano que vive na China. É o Estado chinês que controla o Tibete. Os tibetanos, contudo, são um povo diferente — no idioma, nas tradições e, principalmente, na religião — dos chineses e de outros povos que vivem na China. Existem alguns Estados na Ásia e na África, como a Índia e a Nigéria, onde há dezenas ou até centenas de povos diferentes, cada qual com seu idioma e suas tradições. Veja a foto ao lado.

Todos os funcionários públicos — escriturários, médicos de postos de saúde, lixeiros ou o presidente da República — são trabalhadores do Estado; portanto, exercem atividades públicas ou estatais. Alguns têm empregos estáveis e trabalham para o Estado até se aposentar; outros podem exercer temporariamente um cargo ou uma função, como os ministros, os prefeitos ou os governadores. Todos são servidores do Estado, ou melhor, servidores da sociedade, pois a principal função do Estado é servir à sociedade: ele existe para executar a lei e a ordem, defender o território das ameaças externas e organizar serviços básicos para a população (educação, saúde, aposentadoria, entre outros).

O Estado engloba, portanto, todas as funções ou atividades que não são privadas ou particulares, mas públicas ou coletivas: do correio à prefeitura, da escola pública à arrecadação de impostos, da polícia rodoviária ao governo federal, etc.

 Texto e ação

1. Muitas vezes o Estado é confundido com o governo. Diferencie esses dois conceitos.
2. Qual a principal função do Estado? Para que ele existe?
3. Explique a afirmação: "Os funcionários públicos são servidores da sociedade".

4 Território e fronteiras

Quando olhamos um mapa-múndi político, o que vemos? Vemos os Estados ou nações que existem na superfície terrestre — China, Rússia, Brasil, Canadá e inúmeros outros — com as linhas divisórias que separam uns dos outros. E qual é o significado das linhas divisórias entre os países?

O mundo é dividido por **fronteiras** ou linhas divisórias, que marcam os limites da soberania de cada Estado-Nação. Esse espaço que cada Estado ocupa é chamado de território. Logo, **território** é um espaço delimitado por fronteiras ou limites e no qual um sujeito (neste caso, o Estado) exerce o seu poder, o seu controle. As fronteiras estabelecem onde começa e onde termina a dominação de cada Estado. Elas podem ser definidas por um rio, uma cadeia de montanhas, um lago ou por um marco artificial. Veja as fotos abaixo.

Soberania: poder soberano, isto é, acima de todos os demais em determinado território.

Fronteiras naturais definidas por rios: no Brasil, Barra do Quaraí (RS); no Uruguai, Bela Unión; e, na Argentina, Monte Caseros. Imagem de satélite capturada do Google Earth em 2015.

Marco de fronteira entre Brasil e Uruguai, no município de Aceguá (RS). Foto de 2014.

As fronteiras podem ser alteradas: recuam, avançam ou deixam de existir. Essas alterações são determinadas por várias causas: guerras (conquista ou perda de territórios), rebeliões internas (independência de uma colônia ou de uma região, por exemplo) ou tratados diplomáticos (como a união de dois ou mais países, a venda de uma parcela do território a outro Estado, etc.).

Se observássemos o mapa-múndi de sessenta anos atrás, notaríamos grandes diferenças em relação ao atual. Muitos países possuíam um território maior; outros eram menores; um grande número de países, principalmente na África, ainda não existia, pois seus territórios eram colônias europeias, com fronteiras diferentes das atuais. Outros países existiam e desapareceram, sendo unificados com outros ou divididos em vários outros Estados, como ocorreu com a antiga União Soviética, por exemplo.

 Texto e ação

1. Responda às questões:
   a) O que é território? Existe algum Estado sem território?
   b) O que são fronteiras e como podem ser definidas?
   c) O que pode fazer com que as fronteiras recuem, avancem ou deixem de existir?

2. O mapa-múndi de sessenta anos atrás é diferente do mapa-múndi que você conhece na atualidade. Cite algumas diferenças entre eles.

5 Formação do Estado e do território no Brasil

Como o Brasil foi construído? Qual é a origem do nosso Estado e como o nosso território foi formado durante séculos?

Antigamente era comum a ideia do "descobrimento" do Brasil, como se ele já estivesse "pronto" e faltasse somente alguém, um navegador português, encontrá-lo. Mas, se o Brasil somos nós — o povo, a sociedade ou a nação brasileira, com a sua cultura, o seu território e as suas instituições —, então ele ainda não existia em 1500. O que havia era um espaço físico, a América do Sul, habitado por inúmeras sociedades indígenas, cada uma com um território diferente. Não tinha nada a ver com o Brasil atual, com o nosso Brasil; nem mesmo com nossos vizinhos de hoje, como a Argentina, o Paraguai ou a Colômbia.

O Brasil, na realidade, foi uma **construção**, na qual os colonizadores portugueses se apropriaram de certas áreas, geralmente expulsando, às vezes escravizando, ou exterminando os indígenas que as ocupavam; com o tempo, expandiram o seu território e criaram neste novo mundo uma sociedade diferente, que um dia se tornou um Estado-Nação independente. Os principais povos que ajudaram a formar a nação brasileira foram os europeus, principalmente portugueses, os indígenas e os negros africanos, que, durante séculos, foram trazidos como cativos.

Soldados índios de Curitiba escoltando selvagens (1834-1839), litografia de Jean-Baptiste Debret.

Essa construção do país durou vários séculos e teve dois aspectos principais: a formação territorial, isto é, a ocupação da terra e sua delimitação por meio de fronteiras; e a criação de uma sociedade ou de uma nação com sua cultura (valores e hábitos) e instituições próprias (em especial o Estado, ou o poder público em todos os níveis e esferas). Leia o texto "A expansão territorial do Brasil" na página ao lado.

O princípio do *uti possidetis*

Depois de ler o boxe sobre a expansão territorial do Brasil, o que você conclui dos mapas aí existentes? O território brasileiro sempre foi o mesmo de hoje ou ele se expandiu? E o povoamento, sempre foi igual ou se expandiu?

Comparando o território brasileiro atual com a área de colonização portuguesa no século XVI, delimitada pelo Tratado de Tordesilhas, assinado em 1494 por Portugal e Espanha, percebe-se que aquela área mal chegava a um terço dos atuais 8,5 milhões de quilômetros quadrados.

Essa expansão do território da colônia e mais tarde do país independente, em detrimento das áreas de colonização espanhola ou de países sul-americanos (Paraguai, Peru, Bolívia, etc.), ocorreu por causa dos deslocamentos de portugueses ou brasileiros para essas áreas, da implantação de habitações e atividades econômicas e da anexação dessas terras pelo princípio do *uti possidetis*.

A expansão territorial do Brasil

Capitanias hereditárias

No início da colonização, em 1534, o rei de Portugal dividiu o Brasil em quinze capitanias hereditárias, faixas de terra que seriam administradas cada uma delas por um donatário, um nobre português rico.

Dois estados

Em 1621, Portugal estava sob o domínio da Espanha, então o rei espanhol Felipe II dividiu o Brasil em dois Estados: Estado do Maranhão e Grão-Pará, com capital em São Luís; e Estado do Brasil, com capital em Salvador.

Províncias (1822)

Em 1822, quando o Brasil se tornou independente, ele estava dividido em dezenove províncias. Naquela época, o oeste de Santa Catarina e uma boa porção a oeste da Amazônia ainda não pertenciam ao país.

Estados (1889)

Em 1889, quando foi proclamada a República, o território brasileiro já tinha crescido um pouco em relação a 1822, mas ainda faltavam várias partes no sudoeste (Santa Catarina) e no noroeste.

Estados e territórios (1943)

Em 1943, o Brasil já tinha o tamanho e o formato atual, pois as últimas aquisições de terras ocorreram em 1903 (o Acre) e em 1904, quando o país ficou com uma parte do território de Pirara, situado ao norte do Amapá, na divisa com a Guiana Francesa. Depois disso, as nossas fronteiras externas (com os demais países sul-americanos) permaneceram; o que mudou bastante foram as fronteiras internas, isto é, entre as unidades da federação. Vejamos alguns exemplos dessas mudanças. Em 1943, ainda existiam os chamados territórios federais (Acre, Amapá, Guaporé, Ponta Porã, Iguaçu e Rio Branco, além do arquipélago de Fernando de Noronha). Depois, eles se tornaram estados ou foram incorporados a estados já existentes (como Iguaçu e Ponta Porã, por exemplo). O estado de Mato Grosso ainda não havia sido dividido em dois, e Tocantins ainda fazia parte de Goiás.

Adaptado de: CAMPOS, Flávio de; DOLHNIKOFF, Miriam. *Atlas*: História do Brasil. São Paulo: Scipione, 2011. p. 57.

O *uti possidetis* — originário da expressão latina *uti possidetis, ita possideatis* (que quer dizer 'como possui, continuará a possuir') — foi uma solução diplomática que conferia a um Estado o direito de se apropriar de um novo território com base na ocupação, na posse efetiva da área, e não em títulos anteriores de propriedade. É evidente que esse princípio foi utilizado apenas entre Portugal e Espanha ou entre Brasil e países da América do Sul, sem nunca levar em conta a posse das diversas tribos indígenas. Isso porque o indígena nunca foi considerado pelos colonizadores um ser humano de pleno direito, mas apenas um empecilho a ser removido ou a ser domesticado e disciplinado para o trabalho.

Apenas nas últimas décadas é que as sociedades indígenas passaram a ter o seu direito sobre terras reconhecido, embora de forma ainda parcial e problemática. A própria ideia do "descobrimento do Brasil" também ignora os indígenas. Afinal, além de o Brasil também ser parte do continente americano (já conhecido antes de 1500), viviam aqui cerca de 5 milhões de indígenas que ocupavam este imenso espaço físico havia milhares de anos.

O atual território brasileiro tem 8 514 876 km² e é um dos mais extensos do mundo. Possui 7 367 km de litoral com o oceano Atlântico e 15 719 km de fronteiras terrestres com os nossos vizinhos sul-americanos. Todos os países deste subcontinente, com exceção do Equador e do Chile, possuem fronteiras com o Brasil. Veja o mapa abaixo.

Pontos extremos e fronteiras

Adaptado de: IBGE. *Atlas geográfico escolar*. 6. ed. Rio de Janeiro: 2012.

Primeiro o Estado, depois a sociedade

Assim como o território, também a nação — isto é, um povo ou sociedade com traços culturais comuns, com um sentimento de identidade, a identidade nacional — foi o resultado de um processo, de uma construção que levou séculos. Nos séculos XVI e XVII, por exemplo, as pessoas livres (isto é, que não eram escravizadas) que aqui viviam não se consideravam brasileiros, mas sim portugueses morando em uma colônia; os indígenas e os negros trazidos da África também não se diziam brasileiros. Somente depois da abolição da escravidão, no final do século XIX, e principalmente no século XX, é que se expandiu a ideia de uma nação brasileira. Com isso, todos os que habitavam este território passaram a se considerar brasileiros. O nacionalismo ou identidade nacional é algo fundamental para a formação de uma nação. No Brasil, essa identidade só se consolidou no século passado.

E o Estado brasileiro, o poder público, como foi formado? Aqui o Estado — isto é, o governo, as leis, os tribunais, a polícia, as Forças Armadas e todos os tipos de repartições públicas — foi criado antes da sociedade, ao contrário do que ocorreu nos países europeus, por exemplo. Lá o Estado foi gerado das contradições e lutas da sociedade, das normas e formas de organização que os diversos grupos humanos desenvolveram no decorrer da História.

Aqui, como fomos durante mais de três séculos colônia de Portugal, este criou primeiro as instituições estatais — capitanias hereditárias e governo central, na época colonial — e só depois disso buscou-se mão de obra escrava na África — trazida à força —, escravizaram-se indígenas e permitiu-se a vinda de pessoas livres europeias, em geral pobres. A sociedade, portanto, foi criada para atender aos objetivos da metrópole colonizadora e até era comum uma forte violência sobre ela: espancamento muitas vezes levando à morte de escravos; prisão arbitrária de pessoas livres, mas pobres; grandes proprietários de terra usando jagunços para tomar áreas de famílias pobres; etc.

A **precedência** do Estado sobre a sociedade gerou um sistema político autoritário, em que o governo não procura servir à sociedade, mas servir-se dela. É como se o Estado — e em particular os governantes — fosse o "dono" do país, podendo fazer o que bem entender. É por esse motivo que até hoje os direitos dos cidadãos no Brasil constituem algo de tão difícil realização: em vez de ser uma realidade, a cidadania é mais uma promessa e uma conquista a ser realizada, uma batalha que envolve todos nós.

Carregadores de água (c. 1835), litografia de Johann Moritz Rugendas.

Precedência: algo que precede, que antecede, que veio antes.

Texto e ação

1. Pense sobre este assunto: do ponto de vista dos indígenas, seria possível falar em descobrimento do Brasil?
2. O território brasileiro foi construído ao longo de vários séculos. E a nação brasileira, como se formou?
3. Explique como foi criado o Estado brasileiro.

6 Os indígenas e a construção do Brasil

Os indígenas sofreram muito com a vinda dos europeus e, no transcorrer dos séculos, com exceção das raras sociedades isoladas que ainda existem na Amazônia, tiveram de se adaptar ao modo de vida chamado de civilizado. Todavia, também contribuíram muito para a formação da cultura brasileira. A começar pelo português falado no Brasil, que incorporou milhares de palavras ou nomes oriundos de idiomas indígenas: *arara, bangu, caipira, canoa, capim, carioca, Iguaçu, Itaipu, Jabaquara, jabuti, jacaré, mandioca, nhe-nhe-nhem, Pará, potiguar, Sergipe, tabajara, lara* e inúmeras outras.

Eles nos legaram ainda o conhecimento sobre inúmeras plantas, incluindo as comestíveis, como a mandioca, a pupunha, a castanha-do-pará, o pinhão, o caju, a guabiroba, o umbu, a jabuticaba, o pequi, o cupuaçu, a pitanga, a piaçaba, a fruta-do--conde, o murici, o cajá, a goiaba, o guaraná, o jenipapo, a erva-mate, etc. Também no uso de plantas ou ervas medicinais, a contribuição indígena foi importantíssima; basta lembrarmos da quinina (que durante muito tempo era o único remédio contra a malária), da babosa, do guaco, da coca, do curare, da embaúba, do timbó, do jaborandi, da copaíba, do jatobá e de muitas outras.

Vários hábitos hoje incorporados em nosso dia a dia (e até mesmo em outras partes do mundo) tiveram sua origem nas sociedades indígenas: a rede de descansar ou dormir; tomar banho pelo menos uma vez ao dia (os europeus costumavam tomar banho no máximo uma vez por semana); inúmeras comidas; lendas e folclore; etc.

A contribuição indígena na formação territorial brasileira é pouco estudada. Contudo, sem eles, o Brasil não teria hoje este imenso território. Eles ajudaram os portugueses em várias guerras, como na retomada de partes do nordeste do país ocupadas pelos holandeses no século XVII, por exemplo.

Os indígenas auxiliaram os portugueses com as suas trilhas na conquista do interior do território. Tinham uma estrada de mais de 2 500 quilômetros de extensão, chamada de Caminho de Peabiru, com inúmeras rotas secundárias (isto é, vicinais), que ligavam a cordilheira dos Andes até o litoral sul do Brasil. Era uma espécie de imensa valeta com 1,4 metro de largura e 40 centímetros de profundidade coberto por gramíneas que impediam a erosão. Essa estrada passou a ser muito utilizada pelos jesuítas e mais tarde pelos bandeirantes. Veja o mapa ao lado.

Rota do Caminho de Peabiru

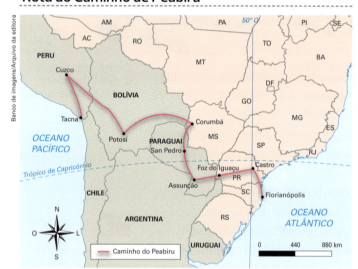

Adaptado de: <http://acampamentopeabiru.blogspot.com.br/2010/11/boletim-informativo-n-01-pagina-04.html>. Acesso em: 9 jan. 2015.

 Texto e ação

Responda às questões:

1. Os indígenas foram apenas dizimados ou exterminados com a colonização portuguesa ou acabaram contribuindo para a formação do novo país? Complete sua resposta com exemplos.

2. Você conhece o significado de todos os termos de origem indígena citados no texto? Faça uma lista das palavras que não conhece e pesquise o significado.

Atividades finais

+ Ação

1. Leia a notícia e faça o que se pede.

Conhecimento indígena é preservado em livro de papel sintético

Agência Fapesp – Um papel sintético feito de plástico reciclado – resultado de uma pesquisa desenvolvida com apoio da Fundação de Amparo à Pesquisa do Estado de São Paulo (Fapesp) – está ajudando a preservar o conhecimento sobre plantas medicinais transmitido oralmente há séculos pelos pajés do povo Huni Kuĩ do rio Jordão, no Acre.

Descrições de 109 espécies usadas na terapêutica indígena, bem como informações sobre a região de ocorrência e as formas de tratamento, foram reunidas no livro Una Isĩ Kayawa, Livro da cura, produzido pelo Instituto de Pesquisa do Jardim Botânico do Rio de Janeiro (IJBRJ) e pela editora Dantes.

A obra teve uma tiragem de 3 mil exemplares em papel comum, cuchê, voltada ao grande público e lançada recentemente no Rio de Janeiro e em São Paulo. Outros mil exemplares, destinados exclusivamente aos índios, foram feitos com papel sintético, que é impermeável e tem a textura de papel cuchê, com o intuito de aumentar a durabilidade no ambiente úmido da floresta. O lançamento foi realizado com uma grande festa em uma das aldeias dos Huni Kuĩ do rio Jordão.

O trabalho de pesquisa e organização das informações durou dois anos e meio e foi coordenado pelo botânico Alexandre Quinet, do Jardim Botânico do Rio de Janeiro. O grande idealizador do projeto, porém, foi o pajé Agostinho Manduca Mateus Ĩka Muru, que morreu pouco tempo antes de a obra ser concluída.

"O pajé Ĩka Muru era um cientista da floresta, observador das plantas. Há mais de 20 anos ele vinha reunindo esse conhecimento até então oral em seus caderninhos, buscando informações com os mais antigos e transmitindo para os aprendizes de pajé. Ele tinha o sonho de registrar tudo em um livro impresso, como os brancos fazem, e deixar disponível para as gerações futuras", contou Quinet.

Adaptado de: TOLEDO, Karina. Disponível em: ‹agencia.fapesp.br/conhecimento_indigena_e_preservado_em_livro_de_papel_sintetico/19667/›. Acesso em: 11 nov. 2014.

Responda às questões:

a) Qual é o tema da notícia?

b) Quem coordenou o projeto de que resultou a publicação do *Livro da cura*?

c) Identifique o idealizador do projeto. O que ele fez para realizá-lo, e em quanto tempo? Qual era o seu sonho? Ele revelou preocupação com as futuras gerações?

d) Comente as duas maneiras utilizadas na impressão do *Livro da cura*.

e) Em sua opinião, a realização de pesquisas pode contribuir para a melhoria da qualidade de vida da população? Explique.

2. Uma das frases abaixo *não* está de acordo com o que você aprendeu sobre a expansão do território brasileiro. Identifique onde está o erro e reescreva no caderno a frase com a informação correta.

a) O contorno do território brasileiro foi sendo construído ao longo do tempo.

b) O Tratado de Tordesilhas demarcava as terras no século XVI, quando o Brasil pertencia a Portugal.

c) Em 1822, o Brasil estava dividido em dezenove províncias. Naquela época, o oeste de Santa Catarina e uma boa porção a oeste da Amazônia não pertenciam ao país.

d) No início do século XVII, o território do Brasil já havia se expandido bastante para oeste por causa da procura de terras férteis para o plantio de café.

3. O território brasileiro abriga não só inúmeras paisagens como também milhões de pessoas com diferentes modos de vida, costumes e tradições.

a) Para você, o que significa viver em um país com mais de 8,5 milhões de quilômetros quadrados e uma população de mais de 201 milhões de habitantes?

b) Apesar de viver em um único território, somos um povo com muitas diferenças. Cite algumas dessas diferenças.

4. Leia o texto e faça o que se pede.

Constituição é o conjunto de leis, normas e regras de um país ou de uma instituição. A Constituição regula e organiza o funcionamento do Estado. É a lei

Unidade 1 • Brasil: território e sociedade **25**

máxima que limita poderes e define os direitos e deveres dos cidadãos. Nenhuma outra lei no país pode entrar em conflito com a Constituição.

Nos países democráticos, a Constituição é elaborada por uma Assembleia Constituinte (pertencente ao poder legislativo), eleita pelo povo. A Constituição pode receber emendas e reformas, porém elas possuem também as cláusulas pétreas (conteúdos que não podem ser abolidos).

A Constituição brasileira, que está em vigência, foi promulgada pela Assembleia Constituinte no ano de 1988.

A CONSTITUIÇÃO. Disponível em: <www.suapesquisa.com/o_que_e/constituicao.htm>. Acesso em: 10 nov. 2014.

a) Responda às questões:
- se você tivesse de explicar para alguém o que é Constituição, o que você diria?
- Quem elabora uma constituição em países democráticos?
- Você sabe por que 25 de março é o Dia da Constituição no Brasil? Se necessário, consulte livros, revistas e *sites* da internet para descobrir.
- Em que parágrafo do texto afirma-se que a Constituição tem alguns "conteúdos que não podem ser abolidos"? Em linguagem técnica, qual é a expressão utilizada no texto para designar tais conteúdos?

b) Certamente, você já ouviu a expressão: "Isto é inconstitucional". Pesquise o que significa uma lei ser considerada inconstitucional e traga sua descoberta para a sala de aula.

5. Em 1943, o Brasil já tinha o tamanho e o formato atual, mas o estado de Mato Grosso ainda não havia sido dividido em dois e Tocantins ainda fazia parte de Goiás. Saiba como e quando foi criado o estado de Tocantins.

- Leia o texto e responda às questões.

O ano era 1987. As lideranças souberam aproveitar o momento oportuno para mobilizar a população em torno de um projeto de existência quase secular e pelo qual lutaram muitas gerações: a autonomia política do norte goiano, já batizado de Tocantins.

A Conorte (Comissão de Estudos dos Problemas do Norte) apresentou à Assembleia Constituinte uma emenda popular, com cerca de 80 mil assinaturas, como reforço à proposta de criação do estado. Foi formada a União Tocantinense, organização suprapartidária que tinha o objetivo de realizar a conscientização política em toda a região Norte para lutar pelo Tocantins também, através de emenda popular. Com objetivo similar, nasceu o Comitê Pró-Criação

do Estado do Tocantins, que conquistou importantes adesões para a causa separatista. "O povo nortense quer o estado do Tocantins. E o povo é o juiz supremo. Não há como contestá-lo", reconhecia o governador de Goiás na época, Henrique Santilo [...].

Pelo artigo 13 do Ato das Disposições Constitucionais Transitórias da Constituição, em 5 de outubro de 1988 nascia o estado do Tocantins. [...] A cidade de Miracema do Norte, localizada na região central do novo estado, foi escolhida como Capital provisória. [...] No dia 5 de outubro de 1989, foi promulgada a primeira Constituição do Estado, feita nos moldes da Constituição Federal. [...] Foi construída para ser a sede do governo estadual, no centro geográfico do Estado, em uma área de 1 024 km², desmembrada do município de Porto Nacional, a cidade de Palmas. Em 1º de janeiro de 1990, foi instalada a capital.

Adaptado de: CRIAÇÃO do estado do Tocantins – 1988. Disponível em: <to.gov.br/m/criacao-do-estado-do-tocantins---1988/74>. Acesso em: 11 nov. 2014.

a) Segundo o texto, qual era o objetivo da União Tocantinense?

b) Em sua opinião, o que o governador Henrique Santilo quis dizer com a expressão: "E o povo é o juiz supremo"?

c) Qual a data da criação do estado de Tocantins?

d) Qual o nome da capital provisória de Tocantins? E da capital oficial?

6. Para verificar a presença do Estado no seu município, faça uma pesquisa seguindo as orientações:

a) Descubra algumas obras públicas de seu município que foram ou estão sendo construídas e verifique os tipos de serviços prestados para a população.

b) Se possível, fotografe essas obras ou recorte imagens de jornais relativas a elas.

c) Investigue a qualidade do serviço de hospitais, escolas ou outras repartições públicas.

d) Leve sua pesquisa para a sala de aula na data combinada com o professor.

e) Em pequenos grupos, a classe deverá fazer a seguinte atividade:
- Com a orientação do professor, organizem o material pesquisado e confeccionem cartazes.
- Criem um título para identificar o tema do trabalho.
- Com base no material produzido pelo grupo, discutam a quantidade e a qualidade do serviço público em seu município. Pensem também nos serviços públicos que faltam e em ações concretas que podem ser feitas para consegui-los com as autoridades locais.

De olho na imagem

1. O dia 24 de outubro é anualmente celebrado em todo o mundo como o dia das Nações Unidas porque foi exatamente nessa data, no ano de 1945, que a Organização das Nações Unidas (ONU) passou a existir oficialmente.

   a) Observem a imagem a seguir e leiam a legenda.

   Bandeira das Nações Unidas com o emblema oficial dessa organização. No emblema, os ramos de oliveira simbolizam a paz; o mapa do mundo representa a área de interesse da Organização das Nações Unidas para alcançar o seu principal objetivo: a paz e a segurança no mundo.

   b) Respondam às questões:
   - Vocês já conheciam a bandeira da ONU?
   - Quais são as cores oficiais das Nações Unidas? Observem a bandeira para responder.
   - Segundo o texto, o que significa o mapa no emblema da ONU? E os ramos de oliveira?

   c) Pesquisem as línguas oficiais da ONU. Tragam para a sala de aula o resultado da pesquisa.

   d) O diplomata brasileiro Osvaldo Euclides de Sousa Aranha (1894-1960), conhecido mundialmente como Osvaldo Aranha, presidiu a II Assembleia Geral da ONU, em 1947, e, dessa maneira, inaugurou uma tradição: todos os anos, é uma autoridade do Estado brasileiro (geralmente o/a presidente) que inaugura a Assembleia Geral da ONU. Consultem livros, revistas e *sites* da internet para conhecer a trajetória política desse personagem da História do Brasil.

2. Vocês conhecem os símbolos que representam o Brasil, o seu estado e o seu município? Vejamos quais são os símbolos que representam o Brasil. São quatro os símbolos nacionais.

   a) Observem as imagens e leiam a descrição abaixo de cada símbolo.

Brasão Nacional

Elaborado na presidência de Deodoro da Fonseca, é de uso obrigatório pelos três poderes da República, pelas Forças Armadas e nos prédios públicos.

Bandeira Nacional

Suas estrelas correspondem ao aspecto do céu do dia 15 de novembro de 1889, no Rio de Janeiro, então capital do Brasil.

Selo Nacional

É usado para autenticar atos do governo, diplomas e certificados expedidos por escolas oficiais ou reconhecidas.

Detalhe da primeira página da partitura do Hino Nacional

Sua letra é de Osório Duque Estrada e data de 1909, mas foi oficializada apenas em 1922.

b) Em livros, revistas e *sites* da internet, pesquisem a letra do Hino Nacional e ouçam a música. Em seguida, respondam:

- Vocês ouvem o Hino Nacional com frequência ou apenas em algumas circunstâncias? Quais são essas circunstâncias ou acontecimentos? Onde ocorrem?

- O que mais chama a atenção de vocês na letra do Hino Nacional? Por quê?

- Vocês têm preferência por alguma interpretação do Hino Nacional (orquestrada ou cantada)? Por quê?

c) Pesquisem em livros, enciclopédias e na biblioteca da escola os símbolos que representam o estado onde vocês vivem.

d) Com o professor, pensem em algumas ações a serem desenvolvidas na escola para que os demais alunos conheçam os símbolos do estado em que vivem e o seu significado.

ATIVIDADES INTERDISCIPLINARES

Conexões

LÍNGUA PORTUGUESA

1. Nesta atividade, você vai trabalhar com um mapa-múndi político. Com ele, você poderá refletir sobre as linhas que separam os países dos seus vizinhos. Que tal começar observando o mapa abaixo e lendo o poema ao lado?

> Tinha tanto remendo a calça do Raimundo que ele estudava nela a geografia do mundo.
>
> DINORAH, Maria. *Barco de sucata*. Porto Alegre: Mercado Aberto, 1991.

Mapa-múndi político

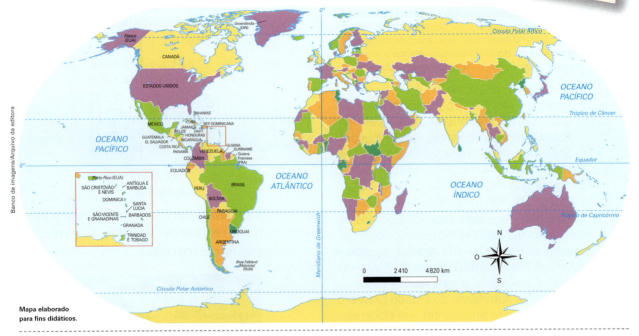

Mapa elaborado para fins didáticos.

Adaptado de: IBGE. *Atlas geográfico escolar*. 6. ed. Rio de Janeiro, 2012.

a) Observe atentamente o mapa-múndi político acima e responda:

- Que relação se pode estabelecer entre o poema e as linhas que separam os países em um mapa-múndi político?

- Que países da América do Sul não fazem fronteira com o Brasil?

b) Escreva um pequeno texto contando o que você sabe sobre a geografia do mundo.

c) Além dos mapas, outros instrumentos nos ajudam a entender a geografia do mundo. Pesquise alguns deles e traga para a sala de aula as informações que você descobriu.

HISTÓRIA E LÍNGUA PORTUGUESA

2. Um mapa representa apenas os países e suas características? Para pensar a respeito, vamos ler um trecho do poema intitulado "Mapa".

Me colaram no tempo, me puseram
uma alma viva e um corpo desconjuntado. Estou
limitado ao norte pelos sentidos, ao sul pelo medo,
a leste pelo Apóstolo São Paulo, a oeste pela minha
educação.
Me vejo numa nebulosa, rodando sou um fluído,
depois chego à consciência da terra, ando como os
outros,
me pregaram numa cruz, numa única vida.
[...]

MENDES, Murilo. *Mapa*. Disponível em: <poesiacronica.blogspot.com.br/2012/07/mapa–murilo–mendes.html>. Acesso em: 11 nov. 2014.

Responda às questões:

a) Em sua opinião, por que o autor também se refere ao tempo?

b) Inspirando-se no autor, que limites você escolheria para se situar ao norte, ao sul, a leste e a oeste?

c) Comente esse trecho do poema "Mapa".

HISTÓRIA E LÍNGUA PORTUGUESA

3. As histórias e lendas mostram a sabedoria dos povos, seu modo de viver e de entender o mundo. No Brasil, os estados têm diferentes lendas e tradições.

a) Leia os textos a seguir.

Texto 1

Açaí

Conta a lenda que há muito tempo, quando ainda não existia a cidade de Belém, vivia neste local uma tribo indígena muito grande. Como os alimentos eram insuficientes, tornava-se muito difícil conseguir comida para todos os índios da tribo. Então o cacique Itaki tomou uma decisão muito cruel. Resolveu que a partir daquele dia todas as crianças que nascessem seriam sacrificadas para evitar o aumento populacional de sua tribo. Até que um dia a filha do cacique, chamada Iaçã, deu à luz uma bonita menina, que também teve de ser sacrificada. Iaçã ficou desesperada, chorava todas as noites de saudades de sua filhinha. Ficou por vários dias enclausurada em sua tenda e pediu a Tupã que mostrasse ao seu pai outra maneira de ajudar seu povo, sem o sacrifício das crianças. Certa noite de lua Iaçã ouviu um choro de criança. Aproximou-se da porta de sua oca e viu sua linda filhinha sorridente, ao pé de uma palmeira.

Inicialmente ficou parada, mas logo depois lançou-se em direção à filha, abraçando-a. Porém misteriosamente sua filha desapareceu. Iaçã, inconsolável, chorou muito até desfalecer. No dia seguinte seu corpo foi encontrado abraçado ao tronco da palmeira, porém no rosto trazia ainda um sorriso de felicidade e seus olhos negros fitavam o alto da palmeira, que estava carregada de frutinhos escuros. Itaki então mandou que apanhassem os frutos, deles foi obtido um suco avermelhado que batizou de Açaí, em homenagem a sua filha (Iaçã invertido). Alimentou seu povo e, a partir deste dia, suspendeu sua ordem de sacrificar as crianças.

Disponível em: <www.sohistoria.com.br/lendasemitos/acai/>. Acesso em: 12 nov. 2014.

Texto 2

Vitória-Régia

Os pajés tupis-guaranis contavam que, no começo do mundo, toda vez que a Lua se escondia no horizonte, parecendo descer por trás das serras, ia viver com suas virgens prediletas. Diziam ainda que se a Lua gostava de uma jovem, a transformava em estrela do Céu. Naiá, filha de um chefe e princesa da tribo, ficou impressionada com a história. Então, à noite, quando todos dormiam e a Lua andava pelo céu, ela querendo ser transformada em estrela, subia as colinas e perseguia a Lua na esperança que esta a visse.

E assim fazia todas as noites, durante muito tempo. Mas a Lua parecia não notá-la e dava para ouvir seus soluços de tristeza ao longe. Em uma noite, a índia viu, nas águas límpidas de um lago, a figura da Lua. A pobre moça, imaginando que a Lua havia chegado para buscá-la, se atirou nas águas profundas do lago e nunca mais foi vista.

A Lua quis recompensar o sacrifício da bela jovem e resolveu transformá-la em uma estrela diferente daquelas que brilham no céu. Transformou-a então numa "Estrela das Águas", que é a planta vitória-régia. Assim, nasceu uma planta cujas flores perfumadas e brancas só abrem à noite, e ao nascer do sol ficam rosadas.

Disponível em: <www.arteducacao.pro.br/Cultura/lendas.htm>. Acesso em: 12 nov. 2014.

b) Comente as lendas que você acabou de ler.

c) Em uma folha de papel à parte, faça desenhos ou colagens para ilustrar os textos.

d) No Brasil, há outras lendas que fazem parte da cultura popular. Pesquise lendas do estado onde você mora e traga para a sala de aula o que você descobriu.

Capítulo 2

Economia e sociedade

O que é economia? E crescimento econômico? Que indicadores são importantes para avaliar a situação econômica de um país e a qualidade de vida de sua população? Existem desigualdades na sociedade brasileira? Este capítulo discute essas e outras questões que envolvem a economia e a sociedade do Brasil.

Profissional examina motor em uma linha de montagem de automóveis em Resende (RJ), em 2015.

Cortador de cana-de-açúcar em um canavial no município de Campos dos Goytacazes (RJ), em 2014.

Para começar nosso estudo, observe as fotos e converse com o professor e os colegas sobre as seguintes questões:

1. Que atividade da economia brasileira você identifica na primeira foto?
2. Há atividades industriais nas proximidades do lugar onde você mora?
3. O que mais chama a sua atenção na segunda foto? Por quê?

1 PIB e renda *per capita*

É comum lermos nos jornais, ou vermos na internet ou na televisão, que a economia chinesa vem se expandindo a todo vapor e que o Brasil, depois de muito tempo estagnado, também vem experimentando certo crescimento na economia. Mas o que significa economia?

Chamamos de **economia** toda a produção e comercialização de bens e serviços. **Bens** são produtos materiais, como automóveis, canetas, móveis, casas, rodovias, etc. **Serviços** são atividades remuneradas exercidas por uma grande diversidade de profissionais, como médicos, professores, advogados, contadores, entre outros.

O **Produto Nacional Bruto (PNB)** de um país corresponde à soma de toda a sua produção anual, tanto de bens quanto de serviços. É quase o mesmo que **Produto Interno Bruto (PIB)**, com a diferença de que este se refere somente à produção interna, dentro do território, de empresas nacionais ou não. O PNB engloba toda a produção nacional, com a exclusão dos capitais enviados ao exterior (remessa de lucros de filiais de empresas estrangeiras, pagamento de parcelas da dívida, etc.) e a inclusão dos capitais recebidos do exterior. A taxa de expansão (ou, às vezes, de retração) do PIB e do PNB de um país é o seu ritmo de crescimento econômico, que pode ser medido mensalmente, por semestre, por ano, durante vários anos seguidos, e assim por diante.

A soma de todos os rendimentos (salários, lucros, juros, honorários, aluguéis, além de outros) da população de um país, durante um ano, compõe a **renda nacional**. Ela mede o rendimento das pessoas ou empresas durante um período e tem valor igual ao da produção econômica durante esse mesmo período. Portanto, o valor anual da renda nacional de um país é exatamente igual ao valor do PNB desse país no mesmo período.

Juros: lucros ou rendimentos que se obtêm sobre dinheiro emprestado.

Honorários: vencimentos ou remuneração daqueles que exercem profissões liberais (advogados, médicos, dentistas, etc.).

Na tabela a seguir, vemos as maiores economias do mundo, isto é, as que possuem os maiores PIBs. Contudo, o valor do PNB ou do PIB de um país ou de uma região mostra apenas o valor total da sua produção econômica. Temos de levar em conta, ainda, a população do país, pois, às vezes, um PNB elevado, quando dividido por uma grande população, resulta em uma baixa renda por habitante. A esse cálculo damos o nome de **renda *per capita***, que é o valor da renda nacional ou do PNB dividido pelo número de habitantes. O resultado indica a renda média da população de um país ou de uma região. Para medir o desenvolvimento econômico de um país, costumam ser usados tanto o PNB ou o PIB, cujos valores geralmente são quase iguais, quanto a renda *per capita*. A tabela mostra também os países com as maiores rendas *per capita* no mundo.

Maiores PIBs e rendas *per capita* do mundo (2013)

Maiores PIBs		Maiores rendas *per capita*	
País	PIB (em trilhões de dólares)	País	Renda *per capita* (PPC em dólares*)
Estados Unidos	16,967	Catar	119 029
China	8,905	Liechtenstein	87 085
Japão	5,875	Kuwait	85 820
Alemanha	3,716	Cingapura	72 371
França	2,789	Brunei	70 883

Adaptado de: FMI. *World Economic Outlook*, Database, 2014. PNUD. *Relatório de desenvolvimento humano 2014*.

* Significa que a renda *per capita* foi convertida em paridade de poder de compra (PPC) para eliminar as diferenças de preços nacionais.

De acordo com os dados da tabela, podemos ver que os Estados Unidos são o país com a maior economia do mundo, com um PIB de quase 17 trilhões de dólares, seguidos pela China, que tem uma produção econômica anual próxima a 9 trilhões de dólares. Porém, nenhum dos cinco países com as maiores economias do mundo entra na lista dos Estados com maiores rendas *per capita*. O país com maior renda *per capita* é o Catar, com uma renda média anual por habitante de pouco mais de 119 mil dólares. A renda *per capita* dos Estados Unidos, de 52 308 dólares, é a 11ª do mundo. E a renda média por habitante da China é de apenas 11 477 dólares (91º lugar no mundo em desenvolvimento humano), abaixo do Brasil (cerca de 14 mil dólares) e até mesmo de vários países considerados pobres, como Costa Rica, Guiné Equatorial, Venezuela e Panamá.

Dessa forma, nem sempre uma grande produção significa alta renda da população. Existem casos em que o PIB não é tão grande, mas a renda média é. É o que ocorre com Catar e Liechtenstein, pequenos Estados com uma produção econômica apenas razoável, porém com elevadíssima renda média por habitante. E o caso da China é o oposto: com uma imensa produção econômica — já é o país mais industrializado do mundo na atualidade, tendo ultrapassado o Japão e os Estados Unidos (cuja economia tem por base os serviços: informática, bancos, companhias de seguros, etc.) —, a China possui uma renda *per capita* que, apesar de vir crescendo rapidamente, ainda é típica de um país pobre ou subdesenvolvido.

E o Brasil? Como fica nesse *ranking* de maiores economias e rendas *per capita* do mundo? Segundo dados de 2013, o Brasil possuía um PIB de aproximadamente 2,3 trilhões de dólares, ocupando o oitavo lugar entre as maiores economias do mundo. No entanto, a renda *per capita*, de 14 275 dólares, colocava o país no 76º lugar no *ranking* mundial, fazendo parte das rendas *per capita* consideradas médias. Veja o mapa abaixo.

Renda *per capita* no mundo (2013)

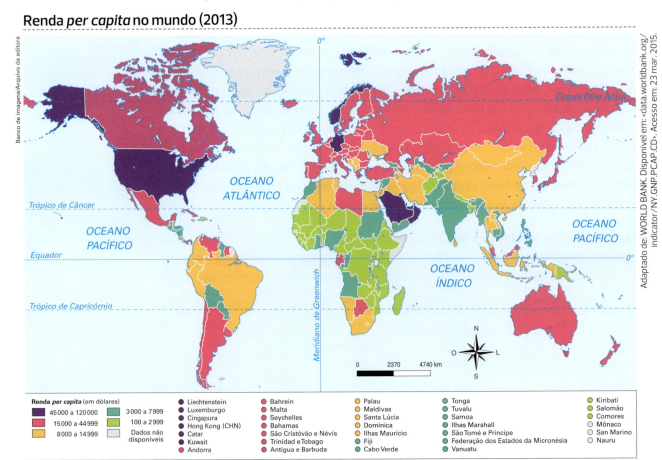

32 Capítulo 2 • Economia e sociedade

Texto e ação

1. A taxa de expansão ou, algumas vezes, de retração do PIB e do PNB de um país mostra o seu ritmo de crescimento econômico. Sobre o assunto, responda:
   a) O que significa PNB? E renda *per capita*?
   b) Qual é a diferença entre Produto Nacional Bruto e Produto Interno Bruto?
   c) Um país pode ter uma economia relativamente pequena e uma alta renda *per capita*? Explique sua resposta.

2. Observe os dados da tabela da página 31 e cite o nome do país com o maior PIB e o do país com a maior renda *per capita* mundial. Depois, comente os dados da tabela citando o nome dos dois países. (No seu comentário, não se esqueça de acrescentar que nem sempre uma grande produção significa alta renda da população.)

3. Observe o mapa "Renda *per capita* no mundo (2013)", na página 32, e compare a renda *per capita* no Brasil e nos demais países do mundo. O que você conclui?

Miséria e fome no Brasil

Apesar de nosso país faturar mais de R$ 4143 trilhões por ano, mais de 16% da população sofre com a fome e a miséria.

O Brasil, apesar de ser um dos países mais ricos do mundo, já que possuímos o oitavo maior PIB do mundo (2014), continua registrando um dos maiores índices de miséria e fome, um triste retrato, e uma dura realidade, que atinge mais de 32 milhões de habitantes em nosso país, ou seja, podemos dizer que aproximadamente 16,30% de nossa população passa fome. [...]

Felizmente nos últimos anos o problema da miséria e da fome está sendo amenizado, porém ainda está longe do ideal. Programas governamentais como o Bolsa Família e o Fome Zero ajudam em parte a amenizar o problema, mas não conseguem atingir 100% da população carente.

Escassez de alimentos

É estranho falar em "escassez de alimentos" no Brasil, já que por aqui são produzidas por ano aproximadamente 145,4 milhões de toneladas de alimentos. Com muito menos de meio por cento dessa produção, já seria possível alimentar mais que o dobro da população que hoje ainda passa fome no Brasil.

A grande maioria dos alimentos produzidos em nosso país são cana-de-açúcar, café, soja, milho. Seus produtores são associações ou empresas estrangeiras, que acabam levando para fora do Brasil a maior parte do que aqui se produz. O restante dos alimentos tem produtores nacionais, que também preferem exportá-los; dessa maneira, o pouco que sobra é vendido "a preço de ouro", quando falamos em consumidor final.

Tristes estatísticas da fome

Cerca de 12,9 milhões de crianças morrem a cada ano no Brasil antes dos 5 anos de vida; estima-se que quase a metade dessas mortes esteja relacionada à miséria na qual as crianças vivem. Outro absurdo em números é que menos de 10% da população de nosso país possui em suas mãos toda a riqueza nacional. [...]

O que causa a fome e a miséria

Além dos fatores já citados acima, podemos destacar que a má administração dos bens, recursos públicos e naturais do nosso país contribui para a fome e a miséria. A corrupção, o desvio de verbas e o pouco interesse da população geral em acompanhar os gastos públicos também abrem espaço para que a miséria continue sendo uma triste realidade de inúmeras pessoas. [...]

Adaptado de: MISÉRIA e fome no Brasil. Disponível em: <www.noticiasesociedade.com.br/novo/index.php?option=com_content&view=article&id=636:2014-06-13-23-15-32&catid=10:direitos-humanos-e-sociais&Itemid=89>. Acesso em: 20 nov. 2014.

Responda às seguintes questões:

1. O que explica a permanência de precárias condições de vida na sociedade brasileira, apesar de o país ter um PIB elevado?
2. Por que podemos falar em "escassez de alimentos" no Brasil atual?
3. Em sua opinião, o PIB é uma fonte confiável para se conhecer a realidade de um país? Explique sua resposta.
4. O que mais chamou a sua atenção no texto? Por quê?

2 Distribuição da renda

Outro indicador importante da situação econômica de uma população — e principalmente do seu bem-estar, do seu padrão de vida — é a distribuição social da renda. Esse é um indicador que mostra como está distribuída a renda nacional pela população — se a renda está muito ou pouco concentrada.

Geralmente nos países ricos, ou desenvolvidos, como observamos na tabela a seguir, a renda nacional é menos concentrada do que nos países pobres ou subdesenvolvidos. Podemos notar que, em países como a Dinamarca ou a Suécia, os 60% mais pobres da população detêm mais de 40% da renda total, ao passo que em países subdesenvolvidos é comum esses 60% mais pobres ficarem com apenas 30% ou menos da renda nacional.

O inverso também é verdadeiro: nos países desenvolvidos, geralmente (pois existem exceções), os 10% mais ricos da população retêm menos de 25% da renda total do país, e nos países subdesenvolvidos é comum que esses 10% mais ricos concentrem 30% ou até mais de 40% da renda nacional. Em suma, podemos dizer que, em países subdesenvolvidos, em geral, a população rica é proporcionalmente mais rica do que a de países desenvolvidos. Por sua vez, os pobres de países subdesenvolvidos são bem mais pobres do que os de nações ricas. Eles são bem mais pobres não somente porque a sua renda *per capita* é menor, mas também porque a renda nacional é muito concentrada nas mãos das camadas mais ricas da sociedade.

O Brasil é um país que se destaca de forma negativa nesse assunto, pois possui uma renda nacional extremamente concentrada nas mãos de uma pequena minoria. Nesse quesito, a situação brasileira é uma das mais concentradas e injustas de todo o mundo.

Distribuição social da renda em países selecionados (2013)

País	Porcentagem da renda nacional dos 10% mais ricos da população	Porcentagem da renda nacional dos 60% mais pobres da população
Dinamarca	21,5%	41,2%
Suécia	22,2%	40,7%
Bélgica	22,6%	21,3%
Argentina	38,9%	22,6%
Paraguai	41%	23,9%
Brasil	42,4%	22,6%

Adaptado de: THE WORLD BANK. *World Development Indicators*, 2014.

Texto e ação

1. Compare os dados do Brasil com os demais países da tabela acima "Distribuição social da renda em países selecionados (2013)". O que você conclui?

2. Faça uma lista com os elementos que estão presentes na paisagem da foto ao lado e depois crie outra legenda para a foto. Na legenda, inclua os elementos da lista que você elaborou.

Deslizamento de terra no município de Natal (RN), em 2014.

3 Outros indicadores

Existem ainda outros indicadores da riqueza ou da pobreza de uma sociedade. Um deles é a **escolaridade** da população. Todo país desenvolvido tem uma população com elevada escolaridade média. O contrário é visto nos países pobres, muitos deles com elevada porcentagem de analfabetos. Além disso, a proporção dos que terminam o ensino médio ou o superior nos países subdesenvolvidos é bem menor do que nos países ricos, que contam ainda com ensino de melhor qualidade, com maior número de horas de aulas por dia (oito ou nove). Em países como o Canadá, a Áustria ou a Dinamarca, por exemplo, a taxa de **analfabetismo** entre a população com 15 anos ou mais de idade é praticamente zero; no Brasil é de 9,6%; na Venezuela, 4,5%; e, em Uganda, de 26,8%. E mais: cerca de 55% dos estudantes que ingressam no ensino fundamental nos países desenvolvidos mencionados — Canadá, Áustria e Dinamarca — finalizam o ensino fundamental, o médio e o superior; essa taxa no Brasil é de 16%; na Venezuela, de 15%; e, em Uganda, de apenas 9%.

Um indicador importante para avaliar as condições de vida de um povo é a porcentagem da população que vive abaixo da linha internacional da pobreza, ou seja, com menos de 2 dólares por dia. No Brasil, mais de 8 milhões de pessoas (4,5% do total) vivem nessa condição degradante, embora esse número já tenha sido bem maior no passado. Na Venezuela, cerca de 10 milhões de pessoas (40% do total) vivem nessa situação de pobreza e, em Uganda, mais de 21 milhões (65% da população total).

Linha internacional da pobreza: é um índice aceito internacionalmente que mede a pobreza absoluta das pessoas em um país ou região. Não existe um consenso sobre qual é o valor exato dessa linha, que costuma ser medida em menos de 1, 2 ou até 5 dólares ao dia.

Sala de aula da Escola Municipal Fernando Sales, na zona rural de Lençóis (BA), em 2014.

Sala de aula de uma escola pública no estado de Illinois, nos Estados Unidos da América, com alunos utilizando tecnologia na aprendizagem, em 2015.

Unidade 1 • Brasil: território e sociedade

Padrão de vida: refere-se à qualidade dos serviços e produtos a que se tem acesso e que dependem do poder aquisitivo de dada população.

Os indicadores ligados à saúde e à longevidade (**expectativa de vida**) da população permitem a visualização do quadro econômico e social de um país. Nos desenvolvidos, a expectativa de vida de recém-nascidos (isto é, quantos anos espera-se que eles vivam, em média, levando-se em conta o **padrão de vida** da população, ou seja, sua alimentação, saúde, atendimento médico-hospitalar, etc.) é bem maior que nos países subdesenvolvidos. Nos países pobres, a taxa de **mortalidade infantil** é muito superior à dos países ricos. Essa taxa mede quantas crianças morrem, para cada grupo de mil crianças, antes de completar 1 ano de idade. Vejamos, abaixo, a tabela com esses dados em alguns países.

Analfabetismo, mortalidade infantil e expectativa de vida em países selecionados (2013)

País	Analfabetos com 15 anos ou mais de idade — 2012 (por cem)	Taxa de mortalidade infantil — 2012 (por mil)	Expectativa de vida — 2013 (em anos)
Áustria	0	3	81,1
Canadá	0	5	81,5
Estados Unidos	0	6	78,9
China	4,9	12	75,3
Índia	37,2	44	66,4
Brasil	9,6	13	73,9
Paraguai	6,1	19	72,3
Venezuela	4,5	13	74,6
Costa do Marfim	43,1	76	50,7

Fontes: ONU. *Human Development Indicators*, 2012; PNUD. *Relatório do desenvolvimento humano 2014*.

Os dados mostram que o Brasil se encontra em uma situação intermediária. É mais parecido com a Venezuela e o Paraguai. Embora tenha melhorado sensivelmente nas últimas décadas, sua situação ainda é bem distante daquela dos países desenvolvidos, como Áustria, Canadá, Dinamarca, Estados Unidos, etc. Mas estamos longe e bem melhores que os países mais pobres do mundo, como Costa do Marfim, Serra Leoa, Afeganistão, Bangladesh, Moçambique, Haiti e alguns outros.

Residências de alto padrão na praia de Porto de Galinhas, no município de Ipojuca (PE), em 2013.

Texto e ação

1. Além do PNB, da renda *per capita* e da distribuição de renda, que outros indicadores econômicos e sociais são utilizados para classificar o desenvolvimento social de um país?

2. Resuma o que são taxas de mortalidade infantil e expectativa de vida.

3. Cerca de 1,8 bilhão de pessoas (27% da população mundial) vivem abaixo da linha internacional da pobreza, ou seja, dispõem de menos de 2 dólares por dia para viver. A maior parte dessa população encontra-se na Ásia e na África. No Brasil, cerca de 8 milhões de pessoas estão nessa situação. Sobre esse assunto:
   a) pesquise a cotação atual do dólar na internet ou em jornais.
   b) com base na sua pesquisa, responda: o que você faria para sobreviver com 2 dólares por dia? E o que será que sua família faria nessa mesma situação?

4. Escolha um dos índices mostrados na tabela ao lado. Compare-o nos diferentes países. O que você conclui?

4 Cidadania no Brasil

A cidadania não é algo que recebemos pronto e apenas usufruímos. Pelo contrário, é sempre uma conquista. Toda sociedade democrática desenvolveu e expandiu a cidadania por meio da ação das pessoas, que pressionaram seus governos para conquistar mais direitos. Esses direitos são constantemente alargados: com o decorrer do tempo, podemos aperfeiçoar ou mesmo criar novos direitos, desde que eles beneficiem toda a sociedade, ou a maioria da população.

Como é a cidadania no Brasil?

Uma grande desigualdade social, como a que existe no país, não é bom para a democracia nem para a cidadania, que, por sinal, são interligadas. Na História do Brasil, desde a época colonial, a sociedade foi criada para servir aos objetivos da metrópole colonizadora, e era comum o uso da violência sobre as pessoas comuns. Nessas condições, a cidadania pouco se desenvolveu no Brasil.

Até o fim do século XIX, a maioria da população era escravizada ou muito pobre e não possuía quase nenhum direito político. É lógico que houve mudanças desde essa época: abolição da escravatura, vinda de grandes contingentes de imigrantes, intensa urbanização com migrações significativas do campo para as cidades, introdução de eleições e do direito de voto (no início, só para os homens com propriedades e uma renda mínima; mais tarde, nas primeiras décadas do século XX, para as mulheres e para todos os adultos, independentemente da faixa de rendimentos), etc.

Porém, a cidadania permanece inacabada. Pode-se dizer que ela vale mais para uns, uma minoria, que para outros, a maioria da população. Dessa forma, a construção da cidadania, base da democracia, não foi concluída no Brasil da segunda década do século XXI. É um desafio para esta e para as novas gerações.

Texto e ação

Responda às seguintes questões:

1. Por que a cidadania só existe em sociedades democráticas?

2. Em sua opinião, existe cidadania no Brasil tal como nos países desenvolvidos e democráticos? Explique.

Atividades finais

+ Ação

1. Considerando que economia é o conjunto de atividades que visam produzir e comercializar bens e serviços, faça o seguinte:

a) Reproduza o quadro abaixo no caderno, completando-o:

Exemplos de bens	Exemplos de serviços

b) Responda às questões:
- Você conhece pessoas que trabalham em alguma das atividades citadas no quadro? Em qual atividade?
- Na sua opinião, as atividades econômicas são importantes para a vida humana?

c) Reflita sobre a importância das atividades econômicas para sua vida, citando situações que demonstrem isso.

2. O ensino e o turismo são exemplos de prestação de serviços.

a) Responda: você seria capaz de explicar a importância da educação para a sua vida? E para o desenvolvimento de um país?

b) Comente e relacione os textos a seguir.

Texto 1

O turismo é uma atividade econômica relacionada às condições geográficas. Depende das características da paisagem natural (condições ambientais, como clima, vegetação, formas de relevo e hidrografia ou proximidade do oceano) e cultural (paisagem arquitetônica, museus, eventos culturais, estrutura do comércio e eventos econômicos, como feiras comerciais, conferências internacionais, etc.).

Nesse sentido, as atividades econômicas relacionadas ao turismo incorporam o espaço geográfico pelo seu valor paisagístico para transformá-lo em um espaço de consumo. [...]

Há, ainda, os casos do espaço destinado ao turismo produzido artificialmente, independentemen-

te de sua história, de seu contexto cultural ou mesmo da paisagem natural.

Adaptado de: A IMPORTÂNCIA do turismo para a economia. Disponível em: <www.geomundo.com.br/geografia-30189.htm>. Acesso em: 27 nov. 2014.

Texto 2

Os turistas estrangeiros estão deixando cada vez mais dinheiro no Brasil. De janeiro a agosto deste ano (2011), o Ministério do Turismo registrou a entrada de 4,4 bilhões de dólares em divisas turísticas no País. Segundo dados da Polícia Federal e do Banco Central, o resultado representa crescimento de 15,6% em relação ao mesmo período de 2010.

Somente em agosto foram contabilizados 605 milhões de dólares, 23,8% acima dos 489 milhões registrados no mesmo mês do ano anterior.

De acordo com o ministro do Turismo, Gastão Vieira, a tendência de alta do dólar poderá proporcionar melhores resultados. "Duas oportunidades se abrem: a imensa janela para fortalecimento do turismo interno e o aumento da entrada de divisas, por meio de mais turistas estrangeiros, que vão procurar mais o Brasil", avaliou.

Contudo, o dólar em baixa cotação possibilitou o crescimento do número de viagens de brasileiros ao exterior e levou ao crescimento do déficit cambial no turismo, que passou de 6 bilhões de dólares, entre janeiro e agosto de 2010, para 9,8 bilhões de dólares no mesmo período em 2011. As saídas registradas somam 14,2 bilhões de dólares.

Adaptado de: TURISMO registra crescimento de 15,6% nos gastos de estrangeiros no Brasil. Disponível em: <www.brasil.gov.br/turismo/2011/09/turismo-registra-crescimento-de-15-6-nos-gastos-de-estrangeiros-no-brasil>. Acesso em: 23 nov. 2014.

3. Para conhecer algumas informações sobre a participação da mulher na educação, na economia e na política brasileira, leia o texto a seguir.

Posição do Brasil em *ranking* de igualdade de gênero

A baixa participação de brasileiras na economia e na política levou o Brasil a cair nove posições em ranking de igualdade de gênero divulgado ontem pelo Fórum Econômico Mundial. Segundo o estudo

38 **Capítulo 2** • Economia e sociedade

"Global Gender Report 2014", o país ficou na 71ª posição em um total de 142 nações analisadas. No relatório de 2013, o país figurava no 62º lugar. O recuo interrompe uma escalada brasileira na tabela desde 2010, quando ocupava o 85º lugar entre 135 países. [...]

A Islândia aparece no relatório como o país mais igualitário do mundo, seguida de perto por Finlândia, Noruega e Suécia. Argentina (31º), Peru (45º), Colômbia (53º), Bolívia (58º) e Chile (66º) são alguns dos países também à frente do Brasil. Na outra ponta do ranking, o Iêmen é o mais desigual. O Paquistão figura na penúltima posição, e o Chade, na antepenúltima. [...]

O índice leva em consideração quatro variáveis: participação e oportunidades econômicas (questões salariais e condições trabalhistas), poderio político (representatividade de homens e mulheres nas diferentes instituições públicas nacionais), desempenho educacional (alfabetização, número de matrículas) e saúde (taxa de natalidade por sexo e expectativa de vida). Os resultados do Brasil nas duas primeiras dimensões, na qual ocupa 81ª e 74ª posição, respectivamente, levaram à piora de desempenho.

No país, segundo o estudo, a participação do sexo feminino em posições de chefia é quase metade da masculina. Comparando apenas a diferença entre salários, nós ficamos lá embaixo da tabela, na 124ª posição. O país que reelegeu pela primeira vez uma mulher para a Presidência da República tem uma das piores representações do gênero feminino no Congresso Nacional: uma parlamentar para cada 10 homens, aproximadamente.

[...] O número de mulheres em cargos de chefia vem aumentando, mas a maior diferença de salários é justamente nos cargos mais altos. Além disso, o aparato de Estado e das empresas para assumir seu papel na reprodução social e humana ainda tem sido muito tímido. Na lei, já conseguimos que as empresas sejam obrigadas a ter creche e lactário, mas isso ainda não ocorre na prática. A cultura da igualdade e da solidariedade ainda é bastante frágil na nossa sociedade – avalia Lúcia Helena, acrescentando que a UBM [União Brasileira de Mulheres] defende que a aguardada reforma política brasileira preveja sistema de listas alternadas de mulheres e homens na disputa eleitoral. [...]

Levará 81 anos para a diferença entre homens e mulheres em todo o mundo ser superada, se o progresso mantiver o ritmo atual. "O relatório continua a destacar a forte correlação entre a diferença de gênero de um país e seu desempenho econômico", escreveram eles, acrescentando: "Como as mulheres representam metade da base potencial de talentos de um país, a competitividade de uma nação a longo prazo depende significativamente de como se educa e se utiliza a mão de obra feminina."

Adaptado de: BRASIL cai nove posições e fica em 71º entre 142 países em igualdade de gênero. Disponível em: <oglobo.globo.com/sociedade/brasil-cai-nove-posicoes-fica-em-71-entre-142-paises-em-igualdade-de-genero-14382831>. Acesso em: 23 nov. 2014.

Responda às questões:

a) Segundo o *ranking* de igualdade entre os sexos, divulgado pelo Fórum Econômico Mundial, o Brasil passou da 62ª posição em 2013 para a 71ª posição em 2014. Como os autores do relatório justificaram essa queda?

b) Que países estão à frente e atrás do Brasil no *ranking* da desigualdade de gênero?

c) Em sua opinião, o que pode ser feito para aproximar as condições de vida e renda entre homens e mulheres no Brasil?

4. Como foi visto neste capítulo, **bens** são produtos materiais, como automóveis, canetas, móveis, casas, rodovias, etc. e **serviços** são atividades remuneradas exercidas por uma grande diversidade de profissionais, como médicos, professores, advogados, contadores, etc.

a) Pesquise textos e imagens de jornais e revistas que revelem informações sobre bens e serviços do estado onde você mora. Leve-os para a sala de aula na data combinada com o professor.

b) Em pequenos grupos, a classe deverá fazer a seguinte atividade:

1) Com a orientação do professor, organizem o material pesquisado e confeccionem cartazes.

2) Criem um título para identificar o tema do trabalho.

3) Com base no material produzido pelo grupo, respondam a estas questões:

- Que atividades econômicas mais se destacam no estado onde vocês moram?
- Quais os tipos de indústria que estão presentes nas paisagens do estado?
- Quais os tipos de estabelecimentos comerciais que existem no estado onde vocês moram?
- Que profissionais (médicos, advogados, dentistas, etc.) mais prestam serviços à população do seu estado?

Unidade 1 • Brasil: território e sociedade   **39**

De olho na imagem

1. Pesquisas recentes indicam que, apesar de a Constituição brasileira proibir o trabalho infantil, há milhares de crianças e jovens trabalhando em nosso país, quando deveriam estar na escola.

   a) Observem o mapa e a fotografia abaixo:

   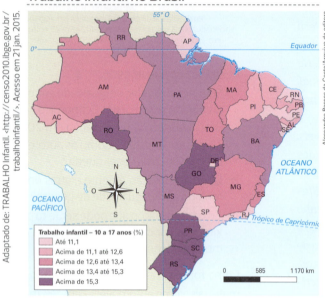

   Meninos engraxates na região central de São Paulo (SP), em 2014.

   b) Respondam às questões:
   - Há alguma relação entre a fotografia e o mapa? Qual?
   - No mapa, qual é a cor que representa o estado onde vocês moram? O que isso significa?
   - Comparem a taxa de atividade de trabalho infantil na faixa etária de 10 anos a 17 anos do estado onde vocês moram com a taxa dos outros estados do Brasil. O que vocês concluem?
   - No lugar onde vocês moram, há crianças que trabalham? O que elas fazem? Elas frequentam a escola?
   - Na opinião de vocês, como a sociedade brasileira pode contribuir para acabar com o trabalho infantil?

   c) Pesquisem sobre projetos e iniciativas governamentais e não governamentais que se preocupam com a questão do trabalho infantil no Brasil. Tragam o material pesquisado para a sala de aula.

2. Quando se fala em desigualdade social, o Brasil é um país que se destaca de modo negativo, pois possui uma renda nacional extremamente concentrada nas mãos de uma pequena minoria. Nesse quesito, a situação brasileira é uma das mais injustas de todo o mundo.

   a) Observem as charges:

   Fonte: www.dukechargista.com.br

   b) Escrevam um pequeno texto mostrando o que vocês entenderam das charges.
   c) Respondam: há relação entre a crítica das charges e o conteúdo do capítulo? Qual?
   d) Pesquisem outras charges que critiquem as desigualdades sociais no Brasil e no mundo. Tragam suas descobertas para a sala de aula.

3. Enfrentar problemas nas áreas de educação, saúde, moradia, saneamento básico, entre outras, e melhorar a distribuição de renda é um desafio urgente no Brasil e no mundo.

   a) Na Cúpula do Milênio, realizada pela ONU em 2000, os governantes de 189 Estados, inclusive o Brasil, definiram os chamados Objetivos de Desenvolvimento do Milênio, para eliminar a pobreza até 2015. Observem a imagem de cada um desses objetivos.

   b) Respondam: na opinião da dupla, qual a importância de a ONU ter estabelecido objetivos e metas de desenvolvimento para os países?

   c) Que tal descobrirem se o Brasil atingiu algum dos oito objetivos de desenvolvimento do milênio ou quais objetivos alcançou no prazo inicialmente previsto? Consultem jornais, livros, revistas e *sites* da internet e façam uma pesquisa a respeito. Resumam as conclusões a que chegaram.

   d) Vocês gostariam de elaborar mais um objetivo que poderia ter sido alcançado pelos países? Qual seria esse objetivo? Façam um desenho para ilustrá-lo.

Objetivos de Desenvolvimento do Milênio

ATIVIDADE INTERDISCIPLINAR

HISTÓRIA E LÍNGUA PORTUGUESA

■ Leia a letra da canção.

Desigualdade social

Eles prometem:
Democracia, liberdade,
Educação, dignidade,
Mas só recebemos:
Miséria, falsidade,
Corrupção e desigualdade
Cadê a nossa igualdade?

Igualdade social, igualdade social,
Queremos apenas ser iguais, igualdade nessa nação
Desigualdade social, desigualdade social,
Agora não queremos mais, pois somos todos cidadãos

Poucos ganham muito
E muitos ganham pouco
Deveria ser ao contrário
Ou só estou louco?
Enquanto uns andam de limusine

Outros andam de carroça
Enquanto uns comem mais do que podem
Outros morrem de fome

Igualdade social, igualdade social,
Queremos apenas ser iguais, igualdade nessa nação
Desigualdade social, desigualdade social,
Agora não queremos mais, pois somos todos cidadãos

Enquanto uns têm conta na Suíça
Outros ainda desconhecem o dinheiro
Enquanto uns vivem em mansão
Outros dormem em chiqueiro
Enquanto uns vivem no luxo e sossegados
Outros passam frio de tanto estarem rasgados
Enquanto uns veem a luz do sol brilhar
Outros veem a luz da noite por não ter onde morar

CHEESE, Ham. *Desigualdade social*. Disponível em: <www.vagalume.com.br/ham-cheese/desigualdade-social.html#ixzz1VJMuzcOn>. Acesso em: 27 nov. 2014.

Responda às questões:

a) Você concorda com a letra da canção?

b) Em sua opinião, o que a letra da canção tem a ver com as desigualdades sociais no Brasil?

c) Traga para a classe recortes de jornais e revistas que mostrem as desigualdades sociais no Brasil e no mundo.

Capítulo

3 População

Neste capítulo, vamos estudar a população do Brasil: seu crescimento, sua estrutura demográfica, as principais etnias que formam nossa gente. E vamos saber como tais fatores atuam na dinâmica político-econômico-social do Estado brasileiro na atualidade.

Mulher com seus bisnetos em Biritiba-Mirim (SP), em 2014.

 Para começar, observe a imagem acima e responda às questões:

1. Em sua opinião, o relacionamento entre crianças e pessoas idosas é importante? Por quê?
2. Você sabe o que significa o processo de envelhecimento da população brasileira?

❶ Crescimento demográfico

Censo ou **recenseamento demográfico** é uma pesquisa realizada em todos os domicílios de um país para colher informações sobre a sua população. No Brasil, ele é realizado de dez em dez anos pelo Instituto Brasileiro de Geografia e Estatística (IBGE).

A população de um país aumenta ou eventualmente diminui por dois processos: a diferença entre o número de pessoas que entraram no país (imigrantes) e o número das que saíram (emigrantes), e o chamado **crescimento natural** ou **vegetativo**, que é a diferença entre os nascimentos e os óbitos.

No caso do Brasil, apenas este último processo é relevante na atualidade, pois a imigração só teve influência significativa no crescimento da população brasileira no período que se estendeu de fins do século XIX até o ano de 1934.

No período compreendido entre os dois últimos recenseamentos realizados no Brasil (2000 e 2010), o número de habitantes do país cresceu 1,17% ao ano.

A população total do país passou de pouco mais de 169 milhões em 2000 para mais de 190 milhões em 2010. O crescimento populacional do Brasil — como ocorre praticamente em todo o mundo — vem diminuindo com o tempo. Era de 1,89% ao ano na década de 1980-1991, passou para 1,6% no período de 1991 a 2000, caindo para 1,17% após essa data. Assim, o país assistiu — e provavelmente continua a assistir — a uma sensível diminuição das taxas de crescimento demográfico, como podemos ver na tabela abaixo.

Evolução demográfica do Brasil (1950-2010)

Ano	População	Taxas médias anuais
1950	51 944 397	2,39% (1940-1950)
1960	70 070 457	2,99% (1950-1960)
1970	93 139 037	2,89% (1960-1970)
1980	119 002 706	2,49% (1970-1980)
1991	146 825 475	1,89% (1980-1991)
2000	169 799 170	1,6% (1991-2000)
2010	190 755 799	1,17% (2000-2010)

Fonte: IBGE, 2011.

A população se distribui pelo território de forma bastante irregular. Isso significa que a **densidade demográfica** é variável de acordo com a região. Existem áreas no país (como a Amazônia) com menos de um habitante por quilômetro quadrado e outras (grandes cidades como São Paulo, por exemplo) com mais de mil habitantes por quilômetro quadrado. Veja o mapa a seguir.

Densidade demográfica: índice que expressa a quantidade de indivíduos de uma população por unidade de área, ou seja, o número de habitantes por quilômetro quadrado (hab./km²).

Brasil: densidade demográfica

Adaptado de: IBGE. *Atlas geográfico escolar*. Rio de Janeiro, 2012. p. 114.

A tabela a seguir apresenta as taxas de natalidade e mortalidade no Brasil desde 1940. Note que os números se referem a quantos nascimentos ou mortes ocorrem para cada grupo de mil habitantes (por mil = ‰).

Crescimento vegetativo no Brasil (1940–2010)

Período	Taxa de natalidade (por mil – ‰)	Taxa de mortalidade (por mil – ‰)	Crescimento natural (por cem – %)
1940–1950	44,4	20,9	2,35
1950–1960	43,2	14,2	2,90
1960–1970	38,7	9,8	2,89
1970–1980	33,0	8,1	2,49
1980–1991	26,8	7,9	1,89
1991–2000	24,1	7,8	1,63
2000–2010	18,12	6,35	1,17

Fontes: IBGE. Censos Demográficos de 2000 e 2010.

Transição demográfica

Como mostra a tabela da página 44, as taxas de mortalidade vêm diminuindo no Brasil desde os anos 1940. Esse decréscimo foi anterior à redução das taxas de natalidade, o que é comum no mundo todo. Em geral, costuma ocorrer primeiro uma queda na mortalidade e somente após uma ou duas décadas é que se verifica uma queda semelhante na natalidade. A esse período damos o nome de **transição demográfica**, no qual o crescimento da população se acentua muito.

Nos países desenvolvidos, a transição demográfica ocorreu durante o século XIX. Atualmente, eles possuem taxas de natalidade e de mortalidade baixas, com um crescimento vegetativo pequeno. Às vezes, chegam a apresentar taxas negativas de crescimento.

Os países subdesenvolvidos encontram-se em duas fases ou estágios. Alguns — como Argentina, Coreia do Sul, Uruguai e Brasil — já estabilizaram seu crescimento demográfico em baixas taxas. Outros, como grande parte das nações africanas e asiáticas — Zimbábue, Chade, Nigéria, Uganda, Paquistão, Afeganistão —, apresentam mortalidade em declínio e altas taxas de natalidade.

Taxas de mortalidade no Brasil

Por que a população brasileira cresceu tanto nas últimas décadas e as taxas de mortalidade diminuíram no país? A queda nas taxas de mortalidade no Brasil e suas razões podem ser resumidas em alguns pontos.

Desde o final do século XIX, os índices de mortalidade no Brasil vêm diminuindo, tendo sido registradas as taxas de 30,2‰ em 1890, 26,4‰ em 1920, 14,2‰ em 1960 e 6,35‰ em 2010. Essa redução foi consequência, principalmente, da melhoria nas condições sanitárias e higiênicas do país, com o saneamento de lagoas e pântanos, a dedetização de locais de trabalho e de moradia, a expansão das redes de esgotos e água encanada, a vacinação em massa da população, entre outros fatores. A disseminação do uso de sulfas, antibióticos e inseticidas possibilitou o controle de um grande número de enfermidades que, embora sejam consideradas pouco graves atualmente, provocavam muitas mortes prematuras.

Rua 25 de Março na cidade de São Paulo (SP), em 2014, repleta de pessoas.

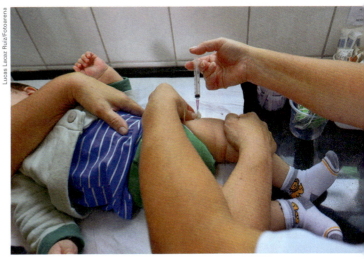

Criança é vacinada durante campanha de vacinação contra um tipo de gripe em São José dos Campos (SP), em 2014.

Houve uma alteração nas principais causas das mortes ao longo do tempo: no início do século XX, as doenças que causavam mais mortalidade eram as infecciosas, as parasitárias e as dos aparelhos respiratório e digestório; nos últimos anos, foram observados a diminuição dessas doenças e o aumento de outras, como distúrbios dos sistemas circulatório e nervoso e maior incidência de casos de câncer. Assim, houve grande declínio de doenças como tuberculose, pneumonia, gastrenterite, malária e outras — embora não tenham sido erradicadas — e o aumento de doenças como o câncer e as cardiovasculares.

Na média geral, o índice de mortalidade caiu. No entanto, o índice médio não expressa precisamente a realidade do país, pois as desigualdades sociais são muito grandes e as taxas de mortalidade variam de acordo com a região do país e o nível de renda da população. Em resumo, as classes altas apresentam índices de mortalidade menores do que os das camadas de renda mais baixa.

Taxas de natalidade no Brasil

Como mostra a tabela da página 44, também as taxas de natalidade vêm diminuindo no Brasil. E por quê? O declínio nos nascimentos está associado a dois fatores principais: a queda nas taxas de mortalidade e o processo de urbanização, que se intensificou a partir de 1950.

Podemos atribuir esse fato à diminuição das taxas de mortalidade infantil (o que significa que um número cada vez maior de crianças passou a chegar à idade adulta graças à melhoria das condições de higiene, saúde, infraestrutura e educação) e à introdução de inúmeras leis que, pouco a pouco, foram garantindo a aposentadoria de trabalhadores idosos, primeiro nas cidades e, a partir dos anos 1970, no meio rural.

População nos censos demográficos (1872–2010)

Fonte: IBGE. *Sinopse do Censo Demográfico 2010.* Rio de Janeiro, 2011.

A urbanização também provocou uma queda nos índices de nascimentos, pois, no meio urbano, especialmente nas grandes cidades, em geral, as mulheres têm filhos mais tarde. A **taxa de fecundidade** da mulher brasileira, por exemplo, passou de 5,8 filhos em 1970 para apenas 1,9 em 2010. As famílias brasileiras, dessa forma, passaram a ter um número médio de filhos bem menor do que no passado.

Com a urbanização e a concentração populacional em grandes centros urbanos, também a idade média de as pessoas se casarem aumentou e, consequentemente, a média de filhos por família diminuiu.

Há ainda o fato de que nas cidades, geralmente, o número de filhos é menor do que no meio rural. Isso porque os cuidados para criá-los são maiores: falta de espaço para as crianças brincarem, necessidade de alguém para levá-las à escola, alto custo de vida, entre outros motivos. Além disso, no campo é comum os mais novos ajudarem a família nas tarefas, o que, na cidade, é mais difícil.

Apesar de terem diminuído de modo significativo nas últimas décadas, os índices de natalidade no Brasil ainda são relativamente altos quando comparados aos dos países desenvolvidos. Nos Estados Unidos a taxa é de 12,6‰, no Japão e na Suécia é de 8,4‰. Todavia, a taxa de natalidade no Brasil (cerca de 18‰ entre 2000 e 2010), que ainda se encontra em queda, é sensivelmente mais baixa do que aquelas ainda registradas nos países campeões de crescimento demográfico, como Níger (47,6‰), Uganda (45,8‰), Somália (44,1‰) ou Haiti (35,8‰).

Taxa de fecundidade: índice que mede a quantidade média de filhos por mulher no final de sua idade reprodutiva.

Texto e ação

1. A população de um país ou de uma região cresce ou diminui com base em dois processos: a diferença entre nascimentos e mortes e a diferença entre imigração e emigração. Fundamentado nessa afirmação, responda:
   a) O que é crescimento vegetativo ou natural?
   b) Por que, no caso do Brasil, se considera principalmente o saldo resultante entre a natalidade e a mortalidade como uma das principais causas do crescimento da população?

2. Observe a tabela "Crescimento vegetativo no Brasil (1940-2010)" (página 44) e responda às questões:
   a) Qual foi o período de maior crescimento vegetativo no Brasil? E o de menor crescimento? Explique sua resposta.
   b) Ao comparar as taxas de natalidade com as taxas de mortalidade no Brasil no período de 1940 a 2010, o que você conclui?

3. Explique por que as taxas de mortalidade no Brasil diminuíram.

4. Explique por que os índices de natalidade no Brasil vêm diminuindo bastante nas últimas décadas.

5. Reveja o mapa "Brasil: densidade demográfica" (página 44) e responda às questões:
   a) Que cor indica as áreas de maior densidade demográfica? Onde essas áreas se localizam?
   b) Que cor indica as áreas de menor densidade demográfica? Onde essas áreas se localizam?
   c) Qual é a densidade demográfica do estado onde você mora?
   d) Você conhece algum fator que explique a concentração da população brasileira na faixa litorânea?

6. A foto da direita da página 45 está relacionada a uma das principais causas da diminuição da mortalidade no Brasil. Sobre o assunto:
   a) comente os elementos que fazem parte da foto;
   b) explique a importância da vacinação como um dos fatores que contribuíram para a diminuição da mortalidade no Brasil.

Unidade 1 • Brasil: território e sociedade

Geolink 1

Brasileiras estão tendo menos filhos e engravidam cada vez mais tarde

[...] As mulheres brasileiras estão tendo menos filhos e, quando engravidam, o fazem cada vez mais tarde. O número de nascimentos caiu 13,3% entre 2000 e 2012, quando a taxa de fecundidade foi de 1,77 filho por mulher, contra 2,29 em relação ao período anterior. Além disso, já são 30% das brasileiras que têm o primeiro filho depois dos 30 anos (sendo de 22,5% em 2000). As conclusões são da pesquisa "Saúde Brasil", divulgada ontem [28 de outubro de 2014] pelo Ministério da Saúde.

[...]

O estudo mostra que desde 2005 a taxa de fecundidade tem se mantido abaixo de 2,1 filhos por mulher, ou seja, menor do que a necessária para que a população não venha a diminuir no futuro. Além disso, o índice de mulheres abaixo de 19 anos com filhos caiu de 23,5% para 19,2%.

Para a diretora do Departamento de Ações Programáticas e Estratégicas do Ministério da Saúde, Thereza de Lamare Franco Netto, o aumento da idade para ter o primeiro filho indica aspectos positivos, como maiores oportunidades no mercado de trabalho e, ao mesmo tempo, traz algumas preocupações, uma vez que, quanto maior a idade, maior também a dificuldade de engravidar.

[...]

Num país de contrastes e proporções continentais, a tendência não é homogênea. Nas camadas de menor escolaridade e em regiões menos desenvolvidas, as famílias são maiores, e as adolescentes ainda têm filhos por falta de planejamento. A Região Norte está acima da taxa de reposição: 2,24 filhos por mulher, enquanto a Sul tem a menor taxa: 1,66. As mães com 30 anos ou mais são mais numerosas no Sudeste (34,6%) e no Sul (33,6%). Em seguida vêm Centro-Oeste (28,8%), Nordeste (26,1%) e Norte (21,2%).

Mesmo com uma tendência de queda, a América Latina, com exceção da África subsaariana, ainda tem a maior fecundidade da adolescência no mundo – pondera José Eustáquio Alves, professor da Escola Nacional de Ciências Estatísticas, lembrando que é alto o índice de gravidezes indesejadas na adolescência, fruto, diz, do pouco acesso a contraceptivos e da baixa educação sexual.

Já Laura Machado, da HelpAge, cobra mais políticas para idosos, visto que a tendência é de envelhecimento:

— A grande questão é: quem vai cuidar de quem? Pois mães mais velhas, que requisitariam a ajuda das avós na criação dos filhos para se manterem no mercado de trabalho, precisarão, ao contrário, cuidar tanto de filhos quanto das mães, já idosas e mais dependentes.

[...]

Mãe, aos 39 anos, e sua primeira filha.

SOUZA, André de; VANINI, Eduardo; MILHORANCE, Flávia. *Brasileiras estão tendo menos filhos e engravidam cada vez mais tarde, mostra pesquisa.* Disponível em: <oglobo.globo.com/sociedade/saude/brasileiras-estao-tendo-menos-filhos-engravidam-cada-vez-mais-tarde-mostra-pesquisa-14398520>. Acesso em: 12 nov. 2014.

Responda às seguintes questões:

1. Qual é o tema do texto?
2. Há alguma relação entre a diminuição da taxa de fecundidade da mulher e sua participação no mercado de trabalho? Explique.
3. Identifique as diferenças regionais a respeito do número de nascimentos por mulher.
4. Identifique a reivindicação de Laura Machado. Você concorda com esse ponto de vista? Por quê?

2 Estrutura da população por idade e por sexo

É comum dividirmos a estrutura etária (por idade) de uma população em três faixas: jovens (do nascimento até os 19 anos), adultos (de 20 até 59 anos) e idosos ou terceira idade (de 60 anos em diante). Atualmente, por causa do crescimento do número e da proporção dos idosos, existe uma tendência a considerar idosos as pessoas com 65 anos ou mais.

As nações que possuem, há várias décadas, baixos índices de natalidade e mortalidade e uma expectativa de vida (vida média) elevada — caso dos países desenvolvidos — têm a maioria de sua população na faixa etária dos adultos (entre 55% e 60% do total). Nesses países, a porcentagem de idosos é relativamente alta (mais de 15%) e a faixa dos jovens geralmente está abaixo de 30% da população total.

Já os países subdesenvolvidos, especialmente aqueles que apresentam baixa expectativa de vida, têm uma população majoritariamente jovem (50% ou mais) e a faixa dos idosos bastante reduzida (nunca chega a 10% e, às vezes, nem a 5% da população total).

No Brasil, segundo dados do último recenseamento geral da população, realizado em 2010, a faixa etária dos jovens abrange 33,5% da população; a dos adultos, 55,1%; e a dos idosos, 11,4%. Nas últimas décadas, o percentual de idosos e adultos aumentou, enquanto o de jovens diminuiu. Em 1950, a configuração etária no Brasil era a seguinte: jovens (52,3%), adultos (43,1%) e idosos (4,6%). Essa mudança deveu-se ao aumento da expectativa de vida e à diminuição das taxas de mortalidade e natalidade.

Dessa forma, podemos dizer que o Brasil praticamente já completou a sua transição de país jovem para maduro. Todavia, a porcentagem de idosos (11,4%) ainda é pequena se comparada à de países desenvolvidos. Em 2014, a população idosa com mais de 65 anos atingiu o percentual de 25,6% no Japão, 17,7% na Suécia, 21% na Itália e 13% nos Estados Unidos. Em todo caso, avançamos bastante e já estamos bem distantes dos países em que a proporção de idosos na população total é pequena: Moçambique (5%), Costa do Marfim (6%) ou Índia (7,5%).

Idoso votando no Rio de Janeiro (RJ). Foto de 2014.

Pirâmide etária

Costuma-se representar a estrutura etária (e também a divisão por sexo) de uma população por meio de um gráfico chamado de **pirâmide etária**. Vamos analisar agora três gráficos desse tipo sobre a população brasileira em diferentes anos.

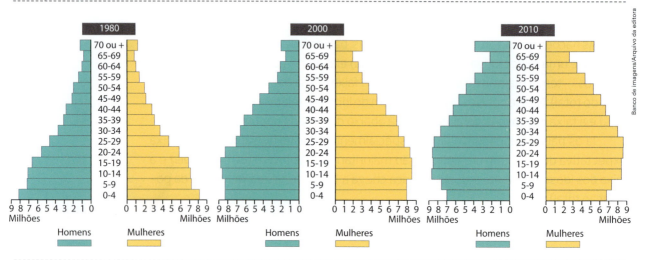

Três pirâmides etárias do Brasil

Adaptado de: IBGE. Censos Demográficos 2000 e 2010.

Podemos visualizar a "transição demográfica" do Brasil com a progressiva diminuição das taxas de mortalidade (o que resulta em uma maior proporção de idosos) e de natalidade (que reduz a porcentagem de jovens). O primeiro gráfico mostra como o Brasil, em 1980, era um país jovem. O segundo, de 2000, apresenta uma transição, e o terceiro gráfico, de 2010, indica uma estrutura etária típica de país maduro. O Brasil, portanto, não é mais um país predominantemente jovem.

Nos países jovens, a base da pirâmide é mais larga e o topo bem estreito, o que indica uma elevada proporção de jovens e um número reduzido de idosos (esse é o motivo de o gráfico se chamar pirâmide).

Quando a pirâmide etária foi criada, há mais de um século, todos os países apresentavam grande proporção de jovens em seu efetivo demográfico, o que resultava em um gráfico de formato triangular ou piramidal. Porém, atualmente, apenas os países mais pobres, em número cada vez menor, possuem um gráfico com esse formato. Como os índices de mortalidade e de natalidade tendem a diminuir e, em consequência, a proporção de adultos e idosos tende a aumentar em relação à de jovens, esse gráfico vai ficando mais parecido com um retângulo. No entanto, o nome *pirâmide etária* permanece.

Família com membros de várias idades em Lagoa da Prata (MG). Foto de 2014.

Mais mulheres do que homens

Além das faixas etárias, uma pirâmide de idades também fornece informações da proporção dos sexos em cada faixa: um lado do gráfico representa as pessoas do sexo masculino; o outro, as do sexo feminino.

De acordo com os resultados do último Recenseamento Demográfico do Brasil, realizado em 2010, o número de mulheres é ligeiramente superior ao de homens: cerca de 97,3 milhões de pessoas do sexo feminino (51% do total) e 93,4 milhões do sexo masculino (49% do total). A taxa de mortalidade é um pouco superior entre os homens, decorrendo, daí, uma vida média maior para o sexo feminino — aproximadamente quatro anos a mais em relação aos homens, o que é comum no mundo todo.

No entanto, essa proporção entre os dois sexos varia de acordo com a região do país. Geralmente, nas áreas de imigração — as que estão recebendo novos contingentes pelas migrações internas —, como Rondônia, Mato Grosso e Roraima, a proporção de homens é superior à de mulheres. Já nas áreas de emigração — locais de onde se originam migrantes —, como Ceará, Pernambuco e Minas Gerais, a porcentagem de mulheres é maior, superando a média nacional. Vale ressaltar que essas diferenças raramente ultrapassam o índice de 3% ou 4%, para mais ou para menos, entre um sexo e outro.

Manifestação pelo fim da violência contra as mulheres, realizada em Curitiba (PR). Foto de 2014.

Texto e ação

1. É comum dividir a estrutura etária (por idade) de uma população em três faixas: jovens (do nascimento até os 19 anos), adultos (de 20 até 59 anos) e idosos ou terceira idade (de 60 anos em diante). Recentemente, vários países classificam como idosos as pessoas a partir de seu 65º aniversário. Sobre o assunto, faça as seguintes atividades:
    a) Compare a estrutura etária dos países desenvolvidos com a estrutura etária dos países mais pobres.
    b) Responda: segundo o IBGE, qual era a estrutura etária no Brasil em 2010?

2. Explique, com suas palavras, o que é uma pirâmide de idades e o que vem ocorrendo com a pirâmide etária brasileira.

3. O envelhecimento da população — isto é, o aumento do número e da proporção de idosos — é algo normal e vem ocorrendo em praticamente todo o mundo. Vimos que, no Brasil, os idosos eram apenas 4,6% da população nacional em 1950 e 11,4% em 2010. Sobre esse assunto, reflita e procure responder:
    a) Quais são os aspectos positivos do envelhecimento da população?
    b) E quais são os aspectos negativos?

Geolink 2

Homens e mulheres: com problema inverso ao dos chineses?

Em 2010, segundo os resultados do Censo, havia no Brasil cerca de 4 milhões de mulheres a mais do que o número total de homens. Esse "excedente" feminino em relação à população masculina tende a aumentar com o tempo: em 2000 era de apenas 2,5 milhões e em 2050, segundo estimativas, chegará a 8 milhões. Qual é o motivo disso?

Em primeiro lugar, as mulheres em média vivem mais do que os homens. Enquanto a expectativa de vida de um bebê do sexo masculino no Brasil é de 71 anos, essa mesma expectativa em uma criança recém-nascida do sexo feminino é de 78 anos (2013). Isso é normal, pois no mundo todo as taxas de mortalidade masculina são ligeiramente superiores às de mortalidade feminina e, com isso, a expectativa de vida é maior entre as mulheres. As razões para esse fato são muito discutidas: alguns pesquisadores enfatizam a biologia, argumentando que o organismo feminino, apropriado para a gestação, é mais resistente. Outros, pelo contrário, preferem atribuir essa diferença a fatores culturais, em especial o modo de vida: os homens bebem e fumam mais do que as mulheres, têm atividades mais pesadas ou mais arriscadas, envolvem-se muito mais em conflitos, etc.

Em todo caso, o Brasil tem uma característica original neste aspecto: uma elevada mortalidade na população masculina entre 15 e 29 anos de idade. Isso é uma decorrência da crescente violência urbana no país, com frequentes assassinatos (homicídios), mortes no trânsito e acidentes no trabalho, entre outras causas, que em geral vitimam mais os homens. Dados de 2012 mostraram que, do total de homicídios ocorridos no Brasil, 93,3% atingiram a população masculina dessa faixa etária. E que a taxa de homicídos masculinos (54,3 por 100 mil habitantes) foi 11 vezes superior à de homicídios femininos (4,8). É exatamente nessa faixa etária que os jovens estão começando a namorar ou a se casar. E, também, que a maior proporção de mulheres tende a se expandir. Parece que vamos ter um problema inverso ao dos chineses.

Na China, por causa do forte controle de natalidade, que durou várias décadas — e ainda existe, mas de forma mais branda —, as famílias faziam exames pré-natal para detectar o sexo do embrião. No caso de ser feminino, praticavam o aborto. Isso porque eles acreditavam que um filho homem seria melhor para o seu futuro, quando estivessem idosos. Mas o resultado disso é que existem dezenas de milhões de jovens chineses do sexo masculino que são "excedentes", isto é, a mais do que o número de moças na mesma faixa de idade. Lá, há mais homens que mulheres; aqui é o inverso, há mais mulheres do que homens.

Adaptado de: IBGE. Censo Demográfico de 2010. Disponível em: <www.ibge.gov.br/apps/populacao/projecao/>. Acesso em: 12 nov. 2014; WAISELFISZ, Julio Jacobo. *Os Jovens do Brasil*. Mapa da Violência 2014. Brasília: FLACSO Brasil/Secretaria de Políticas de Promoção da Igualdade Racial/Secretaria Nacional de Juventude/Secretaria Geral da Presidência da República, 2014; ATTANÉ, Isabelle. *A China, velha antes de ser rica*. Disponível em: <www.diplomatique.org.br/artigo.php?id=963>. Acesso em: 13 nov. 2014.

Pessoas numa rua de São Paulo (SP), na qual predominam as mulheres. Foto de 2014.

Responda às seguintes questões:

1. É comum existir uma proporção de mulheres maior que a de homens na população total de um país? Por quê?
2. Comente o terceiro parágrafo do texto.
3. Compare o crescimento populacional da China com o do Brasil. Em sua opinião, qual é a situação mais difícil? Explique.

As mulheres e o trabalho

Quanto ao trabalho **remunerado**, as mulheres ainda estão em desvantagem em relação aos homens. Em 2010, cerca de 39 milhões de mulheres trabalhavam exercendo atividades remuneradas; o número de homens que exercem essas atividades era de 53 milhões. Contudo, a proporção de mulheres que exercem atividades remuneradas vem aumentando bastante nas últimas décadas e, provavelmente, talvez em 2020 ou 2030, seja igual à dos homens.

Remunerado: que recebe um salário ou uma remuneração em dinheiro.

As razões que impelem a mulher ao mercado de trabalho, por um lado, são as mesmas que determinam o aumento de adolescentes ou às vezes até de crianças trabalhando no Brasil: complementar a renda familiar ou, em muitos casos, a mulher encabeça a família por causa do desemprego ou da ausência do homem. Mas, por outro lado, isso também reflete maior atuação das mulheres objetivando maior independência e as mesmas oportunidades que os homens.

Brasil: participação das mulheres na força de trabalho

Ano	1940	1960	1980	2010
Homens	81%	82,5%	73%	56,5%
Mulheres	19%	17,5%	27%	43,5%

Fonte: IBGE. Recenseamentos gerais.

Em muitos casos, o salário do chefe de família não é mais suficiente para sustentá-la. Disso decorre a necessidade de os filhos (de ambos os sexos) e, cada vez mais, a mulher, trabalharem para aumentar o orçamento familiar. Além disso, nos últimos anos, muitas empresas passaram a preferir o trabalho feminino em algumas atividades, seja porque a mulher se adapta melhor ao serviço (como no setor de cosméticos, por exemplo), seja, principalmente, porque, muitas vezes, podem pagar menos às mulheres.

O fato de a participação feminina no mercado de trabalho ser ainda relativamente pequena (tendo em vista que elas constituem cerca de 51% da população nacional) não quer dizer que as mulheres geralmente trabalham menos que os homens. Na realidade, a mulher comumente realiza a maior parte das atividades domésticas, e essa função de dona de casa não é computada nas estatísticas relativas à população ocupada ou com atividades remuneradas. E mesmo quando a mulher trabalha fora do lar, ela continua a exercer boa parte das atividades domésticas, um trabalho dobrado, que é denominado "dupla jornada de trabalho" (ou seja, no serviço e em casa).

Mulher trabalhando em uma fábrica de roupas, em Acari (RN). Foto de 2014.

Em geral, mesmo quando as mulheres têm maior escolaridade, em média seus salários são menores que os dos homens, apesar de essa diferença ter diminuído sensivelmente nas últimas décadas. Entre as pessoas que trabalhavam em 2010, por exemplo, 75% das mulheres e 61% dos homens recebiam até 2 salários mínimos por mês. No outro extremo, entre os trabalhadores que recebiam mais de vinte salários mínimos por mês, incluíam-se 1,3% dos trabalhadores do sexo masculino e apenas 0,4% do sexo feminino. Essa diferença tende, gradativamente, a diminuir.

Dos cargos administrativos ou executivos (diretores, gerentes, presidentes de empresas), que geralmente são bem remunerados, as mulheres ocupam apenas cerca de 20% do total. Essa proporção já é bem maior que no passado e demonstra um relativo avanço das mulheres na sociedade brasileira, mas ainda é pequena e distante da tão sonhada igualdade profissional entre os sexos.

Texto e ação

1. Responda: o que os números da tabela da página 53 revelam sobre a participação da mulher no mercado de trabalho no período de 1940 a 2010? E sobre a participação dos homens?

2. Cite dois motivos que levaram muitas empresas nos últimos anos a dar preferência para o trabalho das mulheres.

3. Explique o que significa a afirmação: "Muitas mulheres hoje em dia exercem 'dupla jornada de trabalho'".

Geolink 3

Inserção das mulheres no mercado de trabalho e desigualdades salariais

[...]
Entre 2000 e 2010 as mulheres aumentaram sua participação no mercado de trabalho em 4,5% contra o decréscimo dos homens de 4%. O estudo mostra que homens jovens estão com mais dificuldade de se inserirem no mercado de trabalho, enquanto grupos acima de 50 anos têm aumentado sua participação. Entre as mulheres jovens houve sim crescimento da participação no mercado de trabalho, mas as crises econômicas acabam por dificultar o acesso dos mais jovens ao mercado de trabalho.

A região Nordeste é onde a mulher tem baixa presença no mercado de trabalho, com participação de 48,2% contra 60,8% das mulheres da região Sul, por exemplo.

O estudo mostra que as mulheres têm cada vez mais acesso ao emprego formal com todos os direitos assegurados, como férias, décimo terceiro salário, licença-maternidade e licença por doença. No que diz respeito à formalização dos trabalhadores, houve crescimento entre mulheres e homens jovens e de cor preta ou parda certamente corrigindo desigualdades históricas. Afinal, apesar do aumento, as taxas seguem ainda inferiores às de jovens brancos.

Apesar de a formalização ter beneficiado as mulheres no que se refere à carteira de trabalho assinada, ainda não foi possível reduzir a diferença em relação aos homens. Houve queda de 3% no número de trabalhadoras domésticas sem carteira assinada (quase sempre pretas e pardas), e também no número de trabalhadoras domésticas com carteira de trabalho. Esse número no futuro deve sofrer variação, já que [...] (desde 2013) a lei iguala o direito das domésticas com outras trabalhadoras [...].

[...] houve, entre a população idosa, redução do número de mulheres sem rendimentos: 28,7% para 15,5%. Isso se deve a políticas previdenciárias e de assistência social do governo, como o Bolsa Família, por exemplo. No ano 2000, 19,8% das pessoas tinham renda de até 1 salário mínimo e esse número cresceu para 28% em 2010. Vale ressaltar que pessoas acima dos 60 anos são as que mais se enquadram nesses números.

Mas a valorização do salário mínimo e o aumento da proteção social contribuíram para que o rendimento médio das mulheres fosse maior no período (2000-2010). Apesar disso, pouco mudou na desigualdade de rendimento entre mulheres e homens no período. Enquanto os homens recebiam em média 1 587 reais, as mulheres ganhavam 1 074 reais, também em média. No Nordeste o salário da mulher chega a ser 47% inferior ao da mulher na região Sudeste.

Quando falamos de mulheres pretas ou pardas, estas recebiam em média 35% do que recebiam homens brancos. Mulheres brancas recebiam 52% a mais, em média, do que as mulheres pretas ou pardas. Já mulheres brancas recebem em média 67% do salário dos homens brancos.

PINTO, Marcus Vinicius. *IBGE*: mulheres ainda ganham menos no mercado de trabalho. Disponível em: <http://economia.terra.com.br/mulheres-ainda-ganham-menos-no-mercado-de-trabalho,2931ead14f269410VgnVCM4000009bcceb0aRCRD.html>. Acesso em: 14 nov. 2014.

Responda às seguintes questões:

1. Do que trata a notícia acima, datada de 31 de outubro de 2014?

2. Identifique as desigualdades apontadas pelo autor no que se refere às diferenças de gênero (homem-mulher), étnicas (mulheres brancas, pretas e pardas) e regionais.

3. Já observou, em sua experiência pessoal (caso você participe do mercado de trabalho), ou em sua família, ou, ainda, no lugar onde você vive, a ocorrência de tais desigualdades? Comente como se manifestam.

3 Etnias

Considera-se que a população brasileira foi constituída, ao longo de cinco séculos, por três principais grupos étnicos: o **indígena**, o **negro africano** e o **branco europeu**.

A miscigenação, ou cruzamento, entre os grupos étnicos foi bastante intensa no Brasil, dando origem aos mestiços ou "pardos" (como são denominados nas estatísticas oficiais): o **mulato** (branco + negro); o **caboclo** ou **mameluco** (branco + indígena); e o **cafuzo** (indígena + negro).

Vejamos os dados oficiais a respeito dos diversos grupos étnicos na população brasileira:

Brasil: grupos étnicos na população total

Etnias	% da população em 1950	% da população em 1980	% da população em 2010
Brancos	61,7	54,7	48,4
Negros	11	5,9	6,8
Pardos	26,5	38,5	43,8
Amarelos e indígenas*	0,6	0,6	0,9
Não declarados	0,2	0,3	0,1
Total	100,0	100,0	100,0

Fonte: IBGE. Recenseamentos gerais de 1950, 1980 e 2010.

* Na etnia amarela são incluídos os asiáticos em geral (japoneses, chineses, coreanos, etc.).

Negra da Bahia, litografia de J.-B. Debret.

Maxacali e Camacã, litografia de J. M. Rugendes.

O que esses dados mostram? Eles demonstram que, ao contrário do que se pensava até recentemente, o Brasil não é um país de maioria branca ou de origem europeia. Os dados dos censos anteriores exageravam o número de brancos porque havia muito preconceito contra os não brancos, e muitos pardos, mesmo tendo antepassados negros ou indígenas, preferiam se declarar brancos no recenseamento. Mas isso mudou com o tempo, com as campanhas de valorização dos afrodescendentes e dos indígenas, e atualmente são poucos os que têm receio de declarar ter ancestrais não brancos. De fato, a população brasileira é bastante miscigenada, com intensos cruzamentos entre brancos, africanos e indígenas.

Os negros ou afro-brasileiros

Trazidos durante séculos para o Brasil para trabalhar como escravos, os africanos vivem em uma situação de desvantagem. É lógico que essa situação já melhorou bastante em comparação com o passado, mas na maior parte dos casos os afrodescendentes continuam a ocupar um lugar inferior na sociedade brasileira, ganhando em média salários mais baixos e vivendo em piores condições que a população branca.

Obra sem título, óleo sobre tela de A. Eckhout.

Dados recentes mostram desigualdades entre brancos, negros e pardos quanto à taxa de alfabetização: a taxa de analfabetismo dos brancos corresponde a 5,9%, a 14,4% entre os negros e a 13% entre os pardos. Em média, os adultos brancos possuem 2,7 anos de estudos, os pardos 1,1 e os negros apenas 0,9. Os afrodescendentes — incluindo negros e grande parte dos denominados pardos (que também podem ser descendentes de indígenas ou de africanos e indígenas) — constituem cerca de 63%

dos pobres e 69% dos indigentes do Brasil. A taxa de desemprego entre a população negra é duas vezes maior, ou até mais, do que entre a população branca. Em 2013, constatou-se que os trabalhadores negros ganhavam, em média, 57,4% do salário recebido pelos brancos. A média salarial dos trabalhadores brancos correspondia a R$ 2 396,74 mensais, enquanto a dos trabalhadores negros era de R$ 1 374,79. Assim, a desigualdade social é muito forte no Brasil, tanto entre os brancos quanto em outros grupos étnicos; mas a situação dos negros, com raras exceções, é a pior. Tal como ocorre com as mulheres, os negros também são vítimas de preconceitos dos que os consideram "inferiores" e devendo ocupar posições subalternas no conjunto da população.

Eufemismo: palavra ou expressão usada no lugar de outra para suavizar uma ideia, tornando-a menos rude ou mais suave.

Quando lemos anúncios em jornais de empregos ou de residências para alugar, deparamo-nos, às vezes, com a exigência de "boa aparência", o que, em regra, é apenas um **eufemismo** para recusar os afro-brasileiros.

Um fato interessante a esse respeito é que, ainda no início da década de 2010, mais de 80% das empregadas domésticas do Brasil possuíam ascendência afro-brasileira, ou seja, eram negras, cafuzas ou mulatas, e essa atividade quase sempre era uma forma de escravidão. Até então, o Brasil era o país onde havia mais domésticas em todo o mundo, concentradas nas residências de classe média ou alta; isso é raro na maioria dos demais países, especialmente nos desenvolvidos, em face dos elevados salários desses empregados e das oportunidades para todos de estudarem e conseguirem melhores empregos. Na verdade, essa instituição comum no Brasil, a empregada doméstica, surgiu exatamente após a abolição da escravatura como uma forma de continuar empregando os ex-escravos por baixos salários e sem o tratamento devido aos homens livres proletários, que, graças às mobilizações que realizaram, conquistaram, posteriormente, vários direitos, entre os quais os trabalhistas.

Em março de 2013, foi aprovada a Proposta de Emenda à Constituição (PEC) número 66/2012, mais conhecida como "PEC das Domésticas", que lhes estendeu os direitos que a Constituição de 1988 estabelece para os trabalhadores de outros setores e categorias: registro em carteira profissional, jornada diária de 8 horas, jornada semanal de 44 horas, Fundo de Garantia por Tempo de Serviço, pagamento de horas extras, adicional noturno, etc. Supõe-se que essa medida jurídica, certamente seguida de outras para contemplar mais reivindicações (auxílio-creche, por exemplo), seja decisiva para uma ampla mudança social no Brasil atual.

Carteira de Trabalho e Previdência Social, documento em que se registra a vida profissional da grande maioria dos cidadãos.

A etnia indígena

Existem hoje aproximadamente 820 mil indígenas no Brasil, o que representa cerca de 0,47% da população brasileira. Boa parte deles está concentrada na Amazônia — cerca de 350 mil, especialmente no estado do Amazonas —, embora existam inúmeros grupos indígenas no Nordeste e no Centro-Sul do país.

Há vários tipos de sociedades indígenas, com culturas (idiomas, valores, mitos, regras para os casamentos, arquitetura das residências, etc.) muito diferentes. Reconhecem-se 215 grupos indígenas diferentes no país, com 170 línguas distintas. Há certa variedade também no que se refere ao grau de contato com a sociedade nacional, que vai desde os grupos indígenas **isolados** (contatos raros e acidentais com os "civilizados") aos **integrados** (que já se exprimem em português e até trabalham em cidades), passando por estágios intermediários como os de **contato intermitente** e os de **contato permanente** com os brancos.

O importante, contudo, é a preservação da cultura indígena e do sentimento de pertencer — e pretender continuar pertencendo — a uma sociedade específica, com tradições e costumes próprios.

O grande problema dos indígenas no Brasil é a terra. Depois de ocupar, desde tempos ancestrais, todo o atual território brasileiro até a vinda dos colonizadores portugueses, perderam suas terras ao longo do tempo. Isso ocorre ainda hoje, embora de forma bem menos intensa. Em 1973, o governo brasileiro criou o Estatuto do Índio e se comprometeu a demarcar todas as terras indígenas — estabelecer limites, reconhecê-los legalmente e garantir sua proteção — em um prazo de cinco anos. O tempo passou, mas pouco foi feito: apenas 10% dos grupos indígenas, aproximadamente, têm suas terras demarcadas ou legalmente asseguradas. Veja o mapa abaixo.

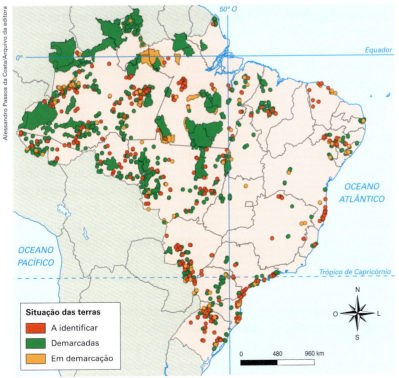

Adaptado de: IBGE. *Atlas geográfico escolar*. 6. ed. Rio de Janeiro, 2012. p. 112.

Unidade 1 • Brasil: território e sociedade

Em 2010, existiam cerca de 611 áreas indígenas no país, que, juntas, correspondem a 13% do território nacional. Contudo, somente pouco mais da metade delas foi demarcada e regularizada. E, segundo levantamentos realizados pela Fundação Nacional do Índio (Funai), um órgão estatal, cerca de 70% dessas terras estavam parcialmente invadidas por grupos de madeireiros, fazendeiros, posseiros, garimpeiros, etc.

Indígenas Pataxó na Reserva da Junqueira, em Porto Seguro (BA). Foto de 2015.

Na atualidade, índios e afrodescendentes discutem problemas e desafios

Etnias indígenas e o maior grupo de afrodescendentes do Brasil estão neste mês [julho de 2014] no Parque Nacional da Chapada dos Veadeiros para discutir problemas em comum e os desafios de seus povos.

Há dias, representantes das etnias Fulni-ô, Kayapó, Yawalapiti, Truká, Krahô, Wauará, Kamayurá, Xavante e Kariri-Xocó realizam reuniões e atividades culturais diárias em uma aldeia construída para a ocasião perto de São Jorge, município com 500 habitantes em Goiás.

No 14º Encontro de Culturas Tradicionais, cujo encerramento está programado para o próximo sábado [2 de agosto de 2014], também participam membros da comunidade quilombola Kalunga, o maior núcleo brasileiro de descendentes de africanos.

Além de realizar ritos religiosos e de expor seus artesanatos, música e dança, os participantes compartilham as dificuldades e desafios de seus povos.

Entre as principais preocupações se destacam o reconhecimento e a demarcação de terras tradicionais, a luta contra o racismo e a preservação da cultura e língua própria.

[...]

Um estudo do Conselho Missionário Indigenista (Cimi) divulgado este mês revelou que o Executivo de Dilma [Rousseff] tem a média mais baixa de demarcação de terras indígenas no Brasil do período democrático.

Segundo Toé (cacique da etnia Fulni-ô), seu povo continua enfrentando a invasão de terras por grandes fazendeiros e as autoridades não respeitam a lei que reconhece a justiça indígena dentro de seus territórios.

"Alguns criminosos entram na reserva para fugir da Polícia e a Polícia reage com violência em nossas aldeias", explicou.

"Acreditamos que podemos mudar a sociedade e criar um Brasil diferente a partir da nossa história", afirmou a militante Marta Cezaria, perante um grande grupo de mulheres Kalunga, ao que o líder dos kayapó, Takaruma, respondeu: "Os índios e quilombolas têm que se unir para defender os direitos escritos na Constituição".

Segundo Juliano Basso, principal impulsor do projeto, o objetivo é propiciar o diálogo entre povos tradicionais do Brasil e aproximar sua sabedoria do resto da sociedade.

"O povo brasileiro surgiu da mistura de culturas, mas ficamos com a ideia europeia de desenvolvimento e queremos agregar outras noções diferentes. Aqui vemos a maneira de viver de povos que convivem com a natureza. Continuamos perdendo culturas no Brasil, e quando desaparece um povo se perde a experiência de quem conseguiu criar toda uma tecnologia de vida", avaliou Basso à EFE (é a primeira agência de notícias em espanhol; tem um escritório no Rio de Janeiro).

Ele acrescenta que a Aldeia Multiétnica, com choças típicas dos povos Xinguana, Krahô, Kayapó e Fulni-ô, é um exemplo de sustentabilidade, já que são construídas pelos participantes com materiais do entorno e dispõem de horta e galinheiro.

O cuidado do local fica a cargo de uma família Kalunga de quatro membros, encarregada de manter o espaço nos demais dias do ano.

"Os índios não são coisa do passado, mas do futuro. É preciso levar o conhecimento indígena ao conjunto da sociedade", declarou o arquiteto Marcelo Rosenbaum durante visita à Aldeia Multiétnica.

O encontro também fomenta a "economia criativa", que permite às etnias participantes obter renda mediante a troca e a venda de artesanato, além da oficina de pintura corporal.

ÍNDIOS e afrodescendentes discutem problemas no coração do Brasil. Disponível em: <http://noticias.terra.com.br/brasil/politica/indios-e-afrodescendentes-discutem-problemas-no-coracao-do-brasil,c349b07c78c87410VgnCLD200000b2bf46d0RCRD.html>. Acesso em: 14 nov. 2014.

Os grupos étnicos branco e asiático

O elemento branco que participou da formação étnica do Brasil pertence a vários grupos, sobretudo aos de origem europeia. Durante a época colonial, entraram predominantemente os portugueses, mas não foram os únicos:

- de 1580 a 1640, durante a chamada União Ibérica (período em que Portugal ficou sob o domínio da Espanha), vieram para cá muitos espanhóis;
- de 1630 a 1654, durante a ocupação holandesa no Nordeste, vieram flamengos ou holandeses, que aqui permaneceram mesmo após os portugueses retomarem a área;
- nos séculos XVI e XVII, aportaram franceses, ingleses e italianos.

Durante o período de 1500 a 1822, contudo, os portugueses predominaram de forma ampla. Após a Independência, ocorreu nova entrada maciça de elementos brancos, principalmente no período de 1850 até 1934. Após 1934, a imigração para o Brasil diminuiu sensivelmente, de modo que chegou a ser irrelevante para o incremento populacional do país. Vejamos os principais grupos de imigrantes que vieram para o país:

Portugueses — No conjunto dos elementos brancos, constituem o grupo mais numeroso na formação étnica do Brasil. Vieram de várias províncias de Portugal e também das ilhas dos Açores e da Madeira. No decorrer da colonização do país, misturaram-se com indígenas e negros e espalharam-se por todo o território nacional. Mas existem grandes concentrações de imigrantes portugueses e descendentes em alguns grandes centros urbanos, em especial no Rio de Janeiro e em São Paulo.

Italianos — Depois dos portugueses, formam o grupo branco mais numeroso que entrou no Brasil. Vieram principalmente para São Paulo, embora sejam encontrados em grande número no Rio Grande do Sul (Bento Gonçalves, Garibaldi, Caxias do Sul), em Santa Catarina (Nova Trento, Nova Veneza), no Paraná e no Rio de Janeiro.

Espanhóis — Representaram o terceiro grupo mais numeroso dentro do elemento branco. Fixaram-se sobretudo em São Paulo e, em menor proporção, no Rio de Janeiro, em Minas Gerais e no Rio Grande do Sul.

Outros grupos — Outros grupos de brancos de origem europeia que se destacam na composição étnica da população brasileira são:

- *alemães*: radicados principalmente em Santa Catarina (Blumenau, Joinville) e no Rio Grande do Sul (São Leopoldo, Novo Hamburgo), encontram-se também em São Paulo, no Paraná e no Espírito Santo;
- *eslavos* (poloneses, russos e ucranianos, principalmente): fixaram-se notadamente no Paraná (Curitiba, Ponta Grossa);
- *holandeses*: constituíram um grupo bem menor que os anteriores e se destacaram pela atividade agrícola em alguns municípios de São Paulo, do Paraná e do Rio Grande do Sul.

Quanto às etnias de origem asiática, as mais importantes para o Brasil são:

Famílias de agricultores italianos em uma hospedaria de imigrantes no estado do Pará. Foto de 1898.

- *sírio-libaneses*: falam o árabe e dedicam-se sobretudo ao comércio; em sua maioria são cristãos, embora tenham vindo também muitos muçulmanos; espalharam-se pelo país;
- *japoneses*: classificados nas estatísticas como "amarelos", foram, em termos numéricos, os imigrantes asiáticos mais importantes para a população brasileira. Radicaram-se principalmente no estado de São Paulo (na capital, nas cidades de Marília, Tupã e Assis, e no Vale do Ribeira, onde se dedicaram ao cultivo de chá), no Paraná (Londrina, Maringá), em Mato Grosso, no Pará (região de Bragança, cultivando a pimenta-do-reino) e no Amazonas (próximo a Manaus, cultivando inicialmente a juta e o arroz).

Navio Kasato-Maru, que trouxe a primeira leva de imigrantes japoneses em 1908, atracado no porto de Santos (SP).

Texto e ação

1. Compare a situação da população branca com a da população negra no Brasil, especialmente em relação à educação e ao desemprego. O que você conclui?

2. "O grande problema dos indígenas no Brasil é a terra." Comente essa frase com o apoio do texto do boxe da página 58.

3. Em sua opinião, a aprovação da "PEC das Domésticas" em 2013, poderá contribuir para mudanças sociais importantes, a começar por mudanças no cotidiano das famílias brasileiras? Explique. Considere, se for o caso, a experiência de sua família, ou da família de colegas e amigos.

4. Responda às questões:
   a) Quais são os principais imigrantes que vieram para o Brasil?
   b) Em que período ocorreram as maiores entradas anuais de imigrantes no Brasil?
   c) Em que estados brasileiros se fixaram os imigrantes portugueses e italianos?
   d) Em termos numéricos, os japoneses foram os imigrantes asiáticos mais importantes para a população brasileira. Para onde se dirigiram esses imigrantes? Que produtos cultivavam?

Atividades finais

+ Ação

1. Você vai ler a seguir um depoimento real prestado por um escritor brasileiro. Por meio dele, você terá oportunidade de refletir sobre alguns episódios que ocorrem na saga dos imigrantes.

Meus pais, lavradores no sul do Líbano, desembarcaram em Santos em 1918. Minha mãe com 18 anos, meu pai com 20. Recém-casados, traziam nos dedos as alianças, de que logo se desfizeram para começar a vida no Brasil. E tiveram apoio. Minha mãe foi acolhida por sua tia em São Paulo, enquanto meu pai foi para Campos, no estado do Rio de Janeiro, onde parentes seus tinham uma venda de beira de estrada. Trabalhou com eles durante seis meses e, ao voltar a São Paulo para reencontrar minha mãe, além de trazer um pé-de-meia, veio alfabetizado em português, tinha tido aulas à noite com um ex-escravo negro, à luz de lamparina.

Depoimento de Radunan Nassar, extraído da revista Época, 17 abr. 2000, p. 148.

Responda às questões:
- **a)** O que mais chamou sua atenção no depoimento?
- **b)** Você conhece algum imigrante libanês? O que motivou a imigração da família dele?

2. A lei n. 12 288, de 20 de julho de 2010, instituiu o Estatuto da Igualdade Racial. No art. 1º, explicita "o combate à discriminação e às demais formas de intolerância étnica", e o art. 2º afirma o direito da população negra à participação plena no Estado e na sociedade brasileira.

Em 2014, ocorreu uma importante manifestação da cultura negra no Rio de Janeiro. Vamos conhecê-la? Leia a notícia e faça o que se pede.

Exposição "Livres para sempre"

Contando a história do tráfico de escravos no mundo, a exposição Forever Free – Livres para Sempre está aberta ao público no Museu da Justiça do Rio de Janeiro, com o apoio do Centro de Informação das Nações Unidas para o Brasil (Unic Rio).

O lançamento aconteceu [em 14 de maio de 2014] com participação do público e de diversas autoridades. [...]

O diretor da Unic Rio [Giancarlo Summa] reconheceu o bom desempenho do judiciário brasileiro

no combate ao trabalho escravo e às situações análogas à escravidão, que ainda hoje persistem. "Como cidadãos conscientes, é nossa responsabilidade resolver as causas profundas da escravidão moderna, para proporcionar proteção e assistência às vítimas e para assegurar que não haja impunidade para os autores de tais práticas."

Segundo Summa, no Brasil os últimos anos testemunharam grandes melhorias para os brasileiros afrodescendentes. "No entanto, construir pontes que aproximem as realidades de brancos e negros no país continua sendo um grande desafio a ser enfrentado pela sociedade brasileira como um todo", destacou. As Nações Unidas têm contribuído com o poder judiciário brasileiro, nos últimos anos, em apoio às políticas públicas pró ações afirmativas.

Como parte do evento, foi exibido o documentário A rota do escravo – A alma da resistência, produzido pela Organização das Nações Unidas para a Educação, a Ciência e a Cultura (Unesco) e adaptado para o português pelo Unic Rio, seguido de uma mesa-redonda com o tema "Negros e a lei: da abolição à ação afirmativa". [...]

Gomes (professor de história da Universidade Federal do Rio de Janeiro – UFRJ) ressaltou que o combate ao racismo deve ser encarado de forma transversal. Para ele, muitos dos debates sobre temas que pedem o enfrentamento do racismo – como segurança, educação e saúde – excluem a questão racial, tratada muitas vezes de forma isolada, como se fosse um tema totalmente independente e sem relação com a realidade social.

Adaptado de: CULTURA negra no Brasil é destaque em lançamento de exposição da ONU sobre tráfico de escravos. Disponível em: <http://unicrio.org.br/cultura-negra-no-brasil-e-destaque-em-lancamento-de-exposicao-da-onu-sobre-trafico-de-escravos>. Acesso em: 16 nov. 2014.

- **a)** Responda às questões:
  - Qual é o tema da notícia?
  - Ainda há práticas que lembram o trabalho escravo do período colonial? Explique.
  - Comente o último parágrafo da notícia e dê sua opinião.
- **b)** Se possível, acesse o *site* <www.palmares.gov.br/?p=11177> para conhecer na íntegra o Estatuto da Igualdade Racial.

Unidade 1 • Brasil: território e sociedade **61**

3. Costuma-se dividir a população dos países em jovens, adultos e idosos.

Pesquise em jornais, revistas e na internet imagens e textos sobre as condições de vida dos jovens no Brasil em relação ao desemprego. Traga o material pesquisado para ser discutido na sala de aula.

4. Vamos conhecer um pouco mais dos povos que imigraram para o Brasil?

a) Escolha um destes povos para seu trabalho de pesquisa: japoneses, italianos, portugueses, espanhóis, alemães, eslavos e sírio-libaneses.

b) Procure saber:
- quando e de onde vieram;
- informações culturais: língua, religião, comidas, festas típicas, dança, música, etc.

c) Depois, produza textos, cartazes ou álbuns de imagens para apresentar o que você pesquisou.

De olho na imagem

1. O Brasil já foi um país de grande movimento migratório.

    a) Observem a imagem a seguir e leiam a legenda.

A Hospedaria dos Imigrantes, que hoje abriga o Memorial do Imigrante, era um enorme conjunto de prédios que funcionava como uma espécie de hotel mantido pelo governo. Por ela passou a maioria dos imigrantes recém-chegados a São Paulo. Essa fotomontagem, feita em 2007, comemora os 120 anos do início de funcionamento do local.

b) Respondam às questões:
- Na opinião da dupla, o que representa a parte colorida da imagem? E a parte em preto e branco?
- No selo, à esquerda da imagem, está escrito 120 anos. O que isso significa?
- Quando começou a funcionar a Hospedaria dos Imigrantes? Qual era sua função na época?

c) Com base no conteúdo do intertítulo "Os grupos étnicos branco e asiático" da página 59, criem uma nova legenda para a fotomontagem.

d) Se possível, acessem o *site* <http://museudaimigracao.org.br>. Nele vocês encontrarão a documentação, a memória e os objetos dos imigrantes que vieram ao Brasil em busca de esperança, aventuras, fortuna ou simplesmente fugindo de uma situação difícil na sua pátria, de meados do século XIX até os dias de hoje.

2. Os cálculos estatísticos constatam que o Brasil tende a ter cada vez mais pessoas idosas e menos crianças. Vamos conhecer os artigos 2º e 3º do Estatuto do Idoso, instituído no Brasil pela Lei nº 10 741, de 1º de outubro de 2003, destinado a proteger as pessoas com idade igual ou superior a 60 anos:

Art. 2º O idoso goza de todos os direitos fundamentais inerentes à pessoa humana, sem prejuízo da proteção integral de que trata esta lei, assegurando-lhe, por lei ou por outros meios, todas as oportunidades e facilidades, para preservação de sua saúde física e mental e seu aperfeiçoamento moral, intelectual, espiritual e social, em condições de liberdade e dignidade.

Art. 3º É obrigação da família, da comunidade, da sociedade e do Poder Público assegurar ao idoso, com absoluta prioridade, a efetivação do direito à vida, à saúde, à alimentação, à educação, à cultura, ao esporte, ao lazer, ao trabalho, à cidadania, à liberdade, à dignidade, ao respeito e à convivência familiar e comunitária.

PRESIDÊNCIA da República. Estatuto do Idoso. Disponível em: <www.planalto.gov.br/ccivil_03/leis/2003/l10.741.htm>. Acesso em: 16 nov. 2014.

Idosos em atividade física no parque Barigui, em Curitiba (PR). Foto de 2014.

a) Observem a imagem ao lado.
b) Comparem a esperança de vida ao nascer do Brasil com a dos demais países da tabela da página 36. O que vocês concluem?
c) Respondam: na família de vocês, há pessoas com mais de 60 anos? O que elas fazem? Como são tratadas pelos familiares?
d) O que mais chamou a atenção de vocês nos artigos 2º e 3º do Estatuto do Idoso?

3. O mapa abaixo representa o tráfico internacional de escravos de 1500 a 1900. Observe-o e, em seguida, responda às questões:
a) O que representam as setas no mapa?
b) Em direção de que país o fenômeno representado é mais intenso? Explique atribuindo um valor para esse deslocamento.

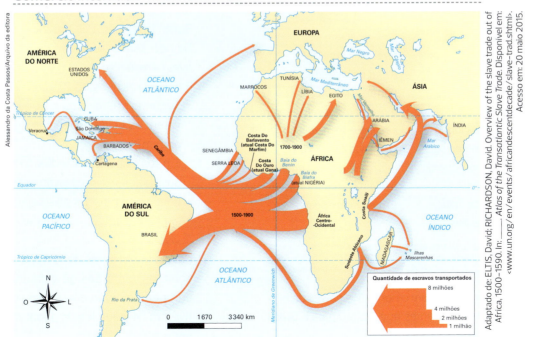

Unidade 1 • Brasil: território e sociedade 63

4. A Assembleia Geral da ONU adotou uma resolução que cria a Década Internacional de Afrodescendentes. Sobre isso:

a) Veja a foto e leia a notícia.

A Assembleia Geral da ONU adotou na última segunda-feira [23 de dezembro de 2013], por consenso, uma resolução que cria a Década Internacional de Afrodescendentes. Intitulada "Pessoas Afrodescendentes: reconhecimento, justiça e desenvolvimento", a década será celebrada de 1º de janeiro de 2015 a 31 de dezembro de 2024. O objetivo é aumentar a conscientização das sociedades no combate ao preconceito, à intolerância, à xenofobia e ao racismo. [...]

ASSEMBLEIA Geral da ONU aprova Década Internacional de Afrodescendentes. Disponível em: <http://unegroriodejaneiro.blogspot.com.br/2014/01/assembleia-geral-da-onu-aprova-decada.html>. Acesso em: 16 nov. 2014.

b) Responda às questões:
- Na opinião da dupla, qual o significado dos traços que partem do contorno do continente africano representado na imagem?
- Com que objetivo a Assembleia Geral da ONU criou a Década Internacional de Afrodescendentes?
- Você, seus familiares, amigos ou vizinhos podem fazer algo que contribua para que os objetivos da Década Internacional de Afrodescendentes sejam atingidos? Explique.

ATIVIDADES INTERDISCIPLINARES

HISTÓRIA E LÍNGUA PORTUGUESA

1. Há muitos poemas e letras de canção que falam sobre os sonhos de pessoas que deixaram seus países de origem e vieram para o Brasil em busca de uma vida melhor.

a) Leia a seguinte letra de canção:

Sonho imigrante

A terra do sonho é distante
e seu nome é Brasil
plantarei a minha vida
debaixo de céu anil.
Minha Itália, Alemanha
Minha Espanha, Portugal
talvez nunca mais eu veja
minha terra natal.
Aqui sou povo sofrido
lá eu serei fazendeiro
terei gado, terei sol
o mar de lá é tão lindo
natureza generosa
que faz nascer sem espinho
o milagre da rosa.
O frio não é muito frio
nem o calor muito quente
e falam que quem lá vive
é maravilha de gente.

NASCIMENTO, Milton; BRANT, Fernando. Sonho imigrante. Disponível em: <www.letras.com.br/#!milton-nascimento/sonho-imigrante>. Acesso em: 16 nov. 2014.

b) Faça uma lista com o nome dos países de origem dos imigrantes que vieram para o Brasil citados na letra da canção.

c) Localize esses países no mapa-múndi. Escreva o nome do continente a que pertence cada país.

d) Você ou seus pais são filhos de imigrantes? Qual é o país de origem? Você sabe o nome do lugar (ou da cidade) de onde partiram em direção ao Brasil? Onde e em que ano chegaram no Brasil? Se necessário, converse com seus pais (ou avós) a respeito.

e) Responda às questões:
- Segundo a letra da canção, que motivos levaram os imigrantes a sair de seu país de origem?
- Em sua opinião, qual teria sido a expectativa dos imigrantes em relação ao Brasil?
- Caso você ou seus pais sejam imigrantes, explique por que escolheram o Brasil para viver.

f) Pesquise em livros de História informações sobre as condições de vida dos imigrantes europeus quando chegaram ao Brasil. Eles tiveram dificuldades de adaptação? Quais e por quê?

64 Capítulo 3 • População

HISTÓRIA E LÍNGUA PORTUGUESA

2. Migrações são deslocamentos da população no espaço. Atualmente, existem mais pessoas que saem do Brasil do que entram, ou seja, a emigração é mais intensa que a imigração. Até pouco tempo, mais de três milhões de brasileiros viviam no exterior. Porém, a crise da economia mundial de fins da década de 2001, que persistiu na primeira metade da década de 2010, pode alterar essa situação. Leia a notícia e faça o que se pede.

O governo prepara um programa de estímulo para que parte dos quase três milhões de brasileiros que vivem no exterior retornem ao país e sejam aproveitados por empresas nacionais e estrangeiras. Essa é uma das medidas em estudo para atrair mão de obra especializada. Segundo o presidente do Conselho Nacional de Imigração (CNI), Paulo Sérgio de Almeida, uma das vantagens de trazer esses brasileiros é o procedimento de contratação, que para estrangeiros pode demorar meses. As propostas serão debatidas no âmbito de uma comissão especial, que será criada este mês [fevereiro de 2013], envolvendo os ministérios do Trabalho, da Justiça e das Relações Exteriores.

Almeida explicou que o fluxo migratório mais recente de brasileiros para o exterior foi para empregos de baixa qualificação. Hoje, há estudantes e especialistas que se formaram lá fora e, com a crise global, poderiam voltar para o Brasil. [...]

O Ministério das Relações Exteriores estima que, em 2012, havia cerca de 2,5 milhões de brasileiros no exterior, mas o número pode ser maior. Segundo o Itamaraty, a projeção tem por base os relatórios consulares (RCNs), elaborados anualmente. Mas muitos brasileiros estão em situação irregular e evitam se submeter a sondagens e censos.

Especialistas dizem que não há como dimensionar o déficit de mão de obra especializada no Brasil, em um momento em que grandes obras de infraestrutura, logística e construção civil estão em andamento. No país, os profissionais mais demandados são engenheiros e técnicos nas áreas de petróleo, gás e tecnologia. [...]

Adaptado de OLIVERA, Eliane. *Governo elabora programa para repatriar brasileiros qualificados que trabalham no exterior.* Disponível em: <http://oglobo.globo.com/economia/governo-elabora-programa-para-repatriar-brasileiros-qualificados-que-trabalham-no-exterior-7599941>. Acesso em: 16 nov. 2014.

Responda às questões:

a) Por que o governo brasileiro decidiu, em 2013, elaborar um programa de estímulo para que brasileiros que vivem no exterior retornem ao país? Explique.

b) O que você entendeu pela expressão "brasileiros em situação irregular"?

c) Os brasileiros que esse programa de estímulo pretende atrair têm formação profissional compatível com as carências de mão de obra no Brasil atualmente? Comente.

ARTE, HISTÓRIA E LÍNGUA PORTUGUESA

3. Em São Paulo, no bairro Vila Mariana, os familiares de Lasar Segall (1891-1957) eternizam suas obras por meio do museu inaugurado em 21 de setembro de 1967, que leva o nome do artista lituano.

a) Veja a seguir uma das obras de Lasar Segall que tem como tema a imigração.

b) Responda às questões:
- Qual é o título da obra?
- O que mais chama a sua atenção ao observá-la? Por quê?
- Como são as expressões dos rostos das pessoas? Há crianças entre elas?
- Na sua opinião, por que o artista utilizou essas cores para representar as pessoas?

c) Se possível, acesse o *site* <www.museusegall.org.br> para conhecer melhor a vida e a obra de Lasar Segall.

Emigrantes III, pintura de Lasar Segall de 1936 (óleo sobre tela, 86 cm x 197 cm).

Unidade 1 • Brasil: território e sociedade

Ponto de chegada

O que você estudou

Nesta Unidade, você desenvolveu ou aprimorou várias habilidades, como:

- diferenciar as noções de sociedade, povo, nação, Estado e país, aplicando-as na compreensão da realidade brasileira;
- entender e saber expressar a diferença entre Estado e governo;
- selecionar os indicadores econômicos mais importantes para medir o desenvolvimento social de um país;
- comparar o PIB da economia brasileira e a renda *per capita* de sua população com os de outros países do mundo;
- reconhecer o papel da escolarização e da expectativa de vida na definição do padrão de vida de uma população;
- compreender e saber expressar oralmente e por escrito as diversidades étnicas, sociais e territoriais no Brasil;
- desenvolver a compreensão sobre a necessidade de diminuir as desigualdades sociais, étnicas e de gênero por meio da extensão e ampliação de direitos a todos, numa perspectiva de construção e aprimoramento da cidadania no Brasil.

Mix cultural

Biblioteca

Contos indígenas brasileiros, de Daniel Munduruku, Global. Coletânea de mitos originários de diversos povos indígenas que revela um pouco sobre as suas maneiras de sentir, habitar e de tecer interpretações que dão sentido ao mundo.

***Espanhóis**: imigrantes no Brasil*, de Ismara Izepe de Souza, Ibep. O livro aborda os costumes e as tradições trazidas e difundidas pelos imigrantes espanhóis, que contribuíram para a formação da cultura e do povo brasileiro. A autora também apresenta os impactos da imigração espanhola na constituição da história latino-americana.

História das mulheres no Brasil, Mary del Priore (Org.), Contexto. O livro aborda a história das mulheres do passado que contribuíram para a formação da população brasileira. As análises abordam diversas regiões do país e classes sociais variadas.

Lendas do Sol Nascente, de Walcyr Carrasco, Moderna. A cultura japonesa é povoada de histórias míticas, que carregam narrativas poéticas, contos assustadores e aventuras. Difundidas pelo mundo por meio das artes e dos imigrantes japoneses, elas são uma amostra de sua cultura e tradições milenares.

***Merica, Merica!**: italianos no Brasil*, de Luiz Galdino, Senac. Inspirado na história de famílias italianas que vieram para o Brasil, para trabalhar em cafezais do estado de São Paulo, o texto ficcional retrata jovens paulistanos. O livro, fundamentado em informações históricas, revela a contribuição dessa comunidade de imigrantes para o país.

Os orixás sob o céu do Brasil, **de Marion Villas Boas, Biruta.** A religiosidade e o culto aos orixás são traços muito importantes e significativos da cultura africana. Além de apresentar as lendas dos orixás, este livro conta um pouco sobre a origem do candomblé e a sua relação com a escravidão dos povos africanos no Brasil.

Os príncipes do destino: **histórias da mitologia afro-brasileira, de Reginaldo Prandi, Cosac Naify.** Com ilustrações, reúne uma coleção de contos que fazem parte da cultura e do imaginário afro-brasileiro.

Sírios e libaneses, **de Oswaldo Truzzi, Ibep.** Apresenta as origens históricas e culturais dos sírios e libaneses que chegaram ao Brasil no fim do século XIX e ficaram conhecidos popularmente como turcos.

Geografia nos sites

- **<www.atlasbrasil.org.br>** — *Site* do Atlas do Desenvolvimento Humano no Brasil. Disponibiliza a consulta ao Índice de Desenvolvimento Humano Municipal (IDHM) e indicadores de demografia, educação, renda, trabalho, habitação e vulnerabilidade dos municípios e Regiões Metropolitanas brasileiras.
- **<www.ibge.gov.br>** — *Site* do Instituto Brasileiro de Geografia e Estatística (IBGE), com dados e textos sobre a população brasileira.
- **<www.ipea.gov.br>** — *Site* do Instituto de Pesquisa Econômica Aplicada (Ipea), que disponibiliza informações sobre a economia brasileira.
- **<www.museudaimigracao.org.br>** — *Site* do Museu da Imigração do estado de São Paulo. Disponibiliza um acervo digitalizado de fotografias, documentos, jornais, mapas e listas de bordo da antiga Hospedaria de Imigrantes.
- **<www.onu-brasil.org.br>** — *Site* da ONU, no qual há *links* para outras organizações e informações sobre a população mundial.
- **<www.palmares.gov.br>** — A Fundação Cultural Palmares é um órgão ligado ao Ministério da Cultura e visa promover a divulgação, proteção e preservação da cultura negra. Em seu *site* é possível acessar informações sobre políticas públicas, publicações e estatísticas sobre as comunidades quilombolas em cada estado do país.
- **<www.pierreverger.org>** — *Site* da Fundação Pierre Verger. Disponibiliza o acervo fotográfico de Pierre Verger sobre a cultura africana e afro-brasileira, reunido a partir de suas viagens e pesquisas.
- **<www.unesco.org.br>** — *Site* da Unesco, organismo da ONU que busca valorizar a educação e a tecnologia e preservar os valores culturais de cada um dos povos do mundo.

Geografia nas telas

Janela molhada. **Direção: Marcos Enrique Lopes. Brasil, 2010.** O documentário conta a história de imigrantes italianos que se instalaram em Pernambuco e criaram em 1920 a primeira produtora de cinema do estado. O filme também trata da preservação e restauração de acervos cinematográficos.

Os japoneses do Vale do Ribeira. **Direção: Chico Guariba. Brasil, 2007.** Por meio de uma rica iconografia da época e de depoimentos de imigrantes japoneses e de seus filhos, o documentário conta a história da colonização japonesa na região do Vale do Ribeira e Sudoeste Paulista.

Quilombo da família Silva. **Direção: Sérgio Valentim. Brasil, 2012.** Documentário que retrata a luta pelo direito à terra empreendida pelo Quilombo Família Silva, localizado numa das terras mais valorizadas de Porto Alegre. Graças a sua resistência foi o primeiro quilombo urbano reconhecido e titulado do Brasil.

Escavação de túnel de metrô em São Paulo (SP). Foto de 2014.

Unidade 2

Brasil: utilização do espaço

Nesta Unidade, vamos estudar o processo de industrialização e as principais atividades industriais desenvolvidas no Brasil para melhor compreender a dinâmica da produção e organização do espaço geográfico nacional, hoje caracterizado pela urbanização.
Esse estudo levará você a desenvolver várias competências, como:
- aprimorar sua capacidade para compreender e explicar as relações entre industrialização e urbanização, aplicando-as no espaço brasileiro;
- expressar as diferenças entre o rural e o agrário;
- reconhecer os problemas urbanos mais graves, inclusive os do local onde mora;
- expressar de forma lógica e crítica as consequências da presença das atividades industriais e de prestação de serviços nas mudanças que ocorrem no espaço rural do país.

Ponto de partida

Observe a foto desta abertura e converse com o professor e com os colegas sobre as seguintes questões:
1. Que paisagem você identifica nessa foto? O que ela revela sobre a utilização do espaço brasileiro?
2. Em sua opinião, como se interligam as diferentes atividades desenvolvidas pelas pessoas no campo e na cidade?

Capítulo 4
Industrialização

Neste capítulo, vamos conhecer o que é indústria, como ela se desenvolveu e quais são os seus tipos. Vamos estudar o processo de industrialização do Brasil, além das principais atividades industriais desenvolvidas no país. Vamos ver também que a atividade industrial é a que mais modifica o espaço geográfico.

Embalagem de óleo de soja antes de receber o rótulo de identificação do produto. Foto de 2013.

Linha de produção de envasamento de óleo de soja em uma cooperativa de Maringá (PR). Foto de 2013.

Para começar, observe as fotos acima e responda:

1. As fotos mostram duas etapas de uma indústria de bens de consumo não duráveis. O que você sabe sobre essa indústria?

2. Você ou sua família utilizam produtos desse tipo de indústria? Quais e por quê?

3. Essa indústria aumenta o bem-estar da população ao fornecer alimentos, no entanto contribui para destruir o meio ambiente. Comente essa afirmação, lembrando que, muitas vezes, florestas nativas são substituídas pelo asfalto, pela fábrica, pela plantação de culturas agrícolas direcionadas para a exportação, etc.

4. Existe alguma indústria na cidade ou no bairro onde você mora? Qual ou quais? De onde vem a matéria-prima? E para onde vai a produção?

1 Do artesanato à indústria moderna

A fabricação de bens necessários à vida humana teve início desde que o ser humano começou a transformar diversos elementos da natureza para fazer artefatos, como vasos, arcos e flechas, instrumentos de madeira, etc. Mas essa fabricação de bens a partir de matérias-primas fornecidas pela natureza conheceu diferentes momentos ao longo da História até chegar às profundas alterações realizadas atualmente pela indústria. As principais etapas desse processo foram o *artesanato*, a *manufatura* e a *indústria moderna*.

Artesanato

Durante muitos séculos ou milênios, o artesanato foi a maneira pela qual as pessoas, com inteligência e trabalho, produziram seus primeiros objetos de uso: potes e vasos de cerâmica feitos de argila, machados, facas, roupas, arcos e flechas, entre muitos outros.

A principal característica do artesanato é a ausência da divisão social do trabalho: cada pessoa faz um objeto por inteiro, do início até o fim. Assim, desde a ideia inicial da confecção de um casaco, por exemplo, o artesão realiza todas as etapas, até obter o produto final: escolhe o modelo e o tecido, faz o molde, corta o pano, costura as partes, põe o forro, prega os botões.

Os instrumentos de trabalho são muito simples (facas, tesouras, martelos, agulhas, linhas de costura, etc.) e geralmente pertencem ao próprio trabalhador, o artesão. O principal objetivo da atividade artesanal é atender às necessidades do artesão e de sua família, embora muitas vezes ocorram também a troca e a venda dos produtos.

De maneira simplificada, podemos dizer que o artesanato depende basicamente da capacidade de trabalho do artesão e de suas qualidades ou habilidades, pois se trata de um trabalho manual e individualizado. Veja a foto ao lado.

Mulher produzindo panela de barro no bairro de Goiabeiras, em Vitória (ES). Foto de 2014.

Unidade 2 • Brasil: utilização do espaço

Manufatura

A manufatura é considerada uma etapa intermediária entre o artesanato e a indústria moderna. Predominou na Europa nos séculos XVI, XVII e XVIII e tem como principal característica o uso de máquinas simples (teares manuais, por exemplo) e a divisão social do trabalho: cada trabalhador ou grupo de trabalhadores fica responsável por uma tarefa. É o conjunto de tarefas de todos os trabalhadores, ou grupos, que permite obter o produto final. Apesar disso, ainda é a habilidade das pessoas que comanda o processo de trabalho, e não as máquinas. Veja a imagem a seguir.

Produção de calçados em uma fábrica de Franca (SP). Foto de 2014.

Pintura de Bernardino Poccetti representando a manufatura entre os séculos XVI e XVII.

Indústria moderna

A indústria moderna resultou da Revolução Industrial, que ocorreu inicialmente no Reino Unido (Inglaterra) em meados do século XVII e depois se espalhou para praticamente todo o mundo. Ao contrário do artesanato e da manufatura, a indústria moderna tornou a fabricação de bens ou objetos materiais a atividade econômica mais importante da sociedade. O uso maciço de máquinas cada vez mais complexas é sua principal característica.

O emprego de máquinas modernas permite que a indústria possa produzir em larga escala e em série. **Em larga escala**, porque as fábricas produzem enormes quantidades de bens, em níveis jamais atingidos pelo artesanato ou pela manufatura; **em série**, porque a máquina uniformiza a produção, isto é, os produtos industrializados são feitos de acordo com um padrão comum, que os torna iguais. Em geral, os produtos artesanais costumam ser de melhor qualidade que os industriais, pois são feitos sem pressa e com maior cuidado. No entanto, os bens industrializados levam a vantagem da quantidade, da produção gigantesca em curto prazo. Por esse motivo, na maior parte das vezes, estes produtos custam menos que os produtos artesanais.

Em resumo, podemos afirmar que as características básicas da indústria moderna são: a **mecanização** (uso intenso de máquinas) e a **produção em série**. Veja a foto abaixo.

Fernando Frazão/Conteúdo Expresso

Produção de automóveis em Porto Real (RJ): robôs fazem a soldagem das peças metálicas do chassi. Foto de 2013.

Texto e ação

1. Diferencie artesanato de manufatura.
2. Quais são as principais características da indústria moderna? O que a diferencia da manufatura?

② Classificação da indústria moderna

A indústria moderna apresenta atualmente uma grande diversificação, podendo ser dividida em três tipos: *indústria de transformação*, *indústria extrativa* e *indústria de construção*. A seguir você vai conhecer cada um deles.

Indústria de transformação

Com esse tipo de indústria é que se iniciou a Revolução Industrial. A indústria de transformação recebe esse nome porque transforma produtos naturais — isto é, as matérias-primas extraídas da natureza ou fornecidas pela agropecuária — em produtos industrializados. Como exemplos, podemos citar a transformação: do couro em calçados, bolsas, cintos e roupas; da madeira em móveis; do aço e do ferro em tesouras, facas, máquinas, tratores, etc.; do petróleo em plásticos, fertilizantes, gasolina e óleo *diesel*; do algodão em tecidos; e da cana-de-açúcar em açúcar ou álcool.

As indústrias de transformação continuam sendo o tipo mais comum de atividade industrial. De acordo com a natureza dos bens que produzem, podemos classificá-las em: *indústrias de bens de produção*, *indústrias de bens intermediários* e *indústrias de bens de consumo*.

Indústrias de bens de produção — fabricam produtos que serão utilizados por outras indústrias. É o caso das indústrias siderúrgicas, que produzem aço. O aço é indispensável à fabricação de vários produtos industrializados, como automóveis e máquinas. Entre as indústrias de bens de produção, destacam-se, por sua importância, as siderúrgicas (aço e ferro), as metalúrgicas (metais) e as petroquímicas (óleo *diesel*, gasolina, plásticos, asfalto, etc.). Podemos observar que os produtos fabricados por esse tipo de indústria são básicos, isto é, indispensáveis para a existência de inúmeras fábricas. Por essa razão, tais indústrias são conhecidas também como **indústrias de base**.

Fábrica de móveis em Arapongas (PR). Foto de 2014.

Indústrias de bens intermediários — produzem máquinas e equipamentos utilizados por outras fábricas. Destacam-se as indústrias mecânicas (máquinas) e as indústrias de equipamentos (peças, ferramentas, etc.).

Indústrias de bens de consumo — fabricam produtos que serão consumidos diretamente pelas pessoas. Podem ser divididas em:

- *indústrias de bens de consumo não duráveis*: fabricam bens que são consumidos rapidamente: alimentos, cigarros, roupas, remédios, bebidas, etc.;
- *indústrias de bens de consumo duráveis*: produzem bens que são consumidos em um período de tempo relativamente longo: móveis, eletrodomésticos, automóveis, microcomputadores, etc.

A indústria de transformação é o tipo de atividade industrial mais importante na economia de um país. Foi a partir de seu surgimento e de sua extraordinária expansão que puderam se desenvolver os outros tipos de indústria: extrativa e de construção. É ela que fornece os recursos necessários a essas indústrias, a começar pelas máquinas e equipamentos.

Ernesto Reghran/Pulsar Imagens

Capítulo 4 • Industrialização

Indústria extrativa

Quando a indústria passou a ser o setor-chave da economia, na Revolução Industrial, ela transformou outras atividades. O extrativismo, por exemplo, em grande parte, tornou-se indústria extrativa. Isso porque as duas características essenciais da produção industrial — mecanização e produção em série — passaram a fazer parte também do extrativismo.

Praticado por homens e mulheres desde a Pré-História, o extrativismo tornou-se uma atividade industrial nos setores que têm importância fundamental para o crescimento econômico. É o caso da mineração, feita com o emprego de máquinas modernas que conseguem extrair quantidades enormes de minério das jazidas. São exemplos de indústria extrativa a extração de petróleo e as minas de ferro ou bauxita altamente mecanizadas. Veja a foto abaixo.

Mina de ferro em Congonhas (MG): pá carregadeira despeja o minério. Foto de 2014.

Indústria de construção

Com a Revolução Industrial, a atividade de construção se transformou, pelo menos em grande parte, em uma indústria. A construção de instalações de grande porte, como portos, rodovias e pontes, bem como a de edifícios e até mesmo casas, passou a ser feita com máquinas, utilizando quase sempre paredes pré-fabricadas. Obtém-se, assim, uma produção rápida e em série. Na indústria de construção, destacam-se:

- *indústria da construção naval*: fabricação de navios;
- *indústria da construção civil*: casas e edifícios residenciais, comerciais ou de serviços;
- *indústria da construção pesada*: rodovias, aeroportos, túneis, pontes, usinas hidrelétricas. Veja a foto na página 76.

Operários em obra de uma linha de metrô em São Paulo (SP). Foto de 2014.

O mapa abaixo apresenta a participação das indústrias no PIB de todos os países. Observe-o.

Participação da indústria no PIB

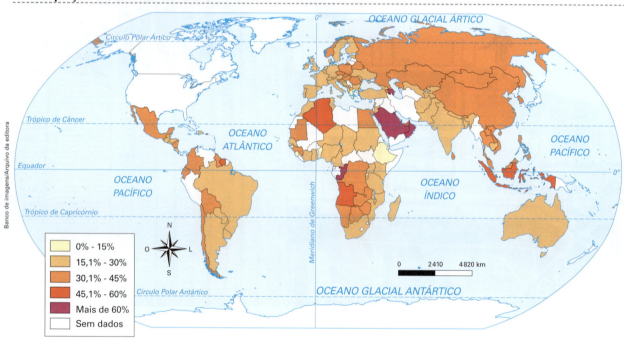

Adaptado de: THE WORLD BANK. Disponível em: <http://databank.worldbank.org/data/views/reports/map.aspx>.
Acesso em: 13 abr. 2015.

Texto e ação

1. Explique por que a indústria de bens de transformação também é conhecida como indústria de base.
2. Comente a importância da indústria de bens intermediários.
3. O que é a indústria de bens de consumo? Dê três exemplos de bens de consumo duráveis e três de bens de consumo não duráveis.
4. Explique o que é indústria extrativa. Cite dois exemplos.
5. Por que, com a Revolução Industrial, o extrativismo e a construção se transformaram em uma indústria?
6. Observe a legenda do mapa acima e responda:
   - O que você constata sobre a participação das indústrias no PIB dos países de todo o mundo?

3 Indústria e energia

O que é energia? É a capacidade de realizar trabalho: utilizamos energia para levantar um peso, apertar um parafuso, movimentar um automóvel ou acionar uma máquina.

Fontes de energia são elementos que permitem aos seres humanos produzir e multiplicar sua capacidade de trabalho. São exemplos de fontes de energia: a força muscular humana; a força de animais de tração, como o boi, o cavalo, o burro; a madeira, o carvão, o petróleo e outros combustíveis, que fornecem calor; o vento e a água corrente, cuja força pode ser usada para movimentar máquinas e fornecer energia elétrica. Veja a foto a seguir.

A indústria exige cada vez mais energia. Até a Revolução Industrial, quando a humanidade quase não usava máquinas, as principais fontes de energia eram a força muscular dos homens e dos animais domésticos, a madeira e o carvão, bem como o vento e a água, utilizados para mover moinhos. Essas são as fontes de energia tradicionais. Depois surgiram as modernas fontes de energia, cujo emprego se multiplicou com a atividade industrial: o carvão mineral, o petróleo, a água — agora empregada para gerar eletricidade — e o átomo — que fornece energia nuclear.

Com a Revolução Industrial, o carvão passou a ser intensamente explorado. Depois, com o advento da indústria automobilística, o petróleo o suplantou como a principal fonte de energia mundial. Durante o século XX, ocorreram inúmeras guerras pelo controle de jazidas de petróleo, o chamado "ouro negro". Mas o petróleo é — assim como, em escala menor, o carvão mineral —, ao mesmo tempo, uma bênção e uma maldição. Uma bênção porque enriquece algumas pessoas e companhias, move veículos e aviões, produz eletricidade em usinas termelétricas. E uma maldição porque agravou as desigualdades sociais nos países exportadores, sobretudo do Oriente Médio, produziu uma intensa exploração dos trabalhadores, gerou guerras sangrentas nessa região e, talvez o pior de tudo, suscitou uma enorme poluição do ar e das águas em quase todo o mundo.

Na segunda metade do século XX, começou-se a falar nas energias alternativas, que deverão substituir, no futuro, o petróleo e o carvão, duas fontes muito poluidoras e não renováveis, ou seja, que um dia vão se esgotar totalmente. Entre as fontes alternativas, temos os ventos, não apenas para mover moinhos, mas para gerar eletricidade, as marés, a biomassa, a energia solar, entre outras. Será que as fontes alternativas vão evitar, ou diminuir consideravelmente, os danos acarretados ao meio ambiente?

Parque eólico, que aproveita o vento para produzir energia, em Bom Jardim da Serra (SC). Foto de 2014.

Texto e ação

Responda às seguintes questões:

1. O que é energia e por que a industrialização necessita cada vez mais de energia?
2. Quais foram as fontes de energia que se expandiram com a industrialização?
3. Mencione algumas fontes alternativas que, na sua opinião, ocasionariam menos danos ambientais do que o carvão e o petróleo. Explique sua resposta.

Unidade 2 • Brasil: utilização do espaço

4 A industrialização no Brasil

Denomina-se **industrialização** o processo de implantação de indústrias em um país ou uma região. Com base nesse processo, geralmente a atividade industrial se transforma no setor-chave da economia, aquele que impulsiona os demais.

A industrialização ocasiona a urbanização e a subordinação do campo à cidade. O meio rural passa a produzir essencialmente para o meio urbano: matérias-primas para a indústria (algodão para a indústria têxtil, soja e outros produtos para indústrias de óleo, uva para a indústria vinícola, etc.) e gêneros alimentícios para a população que se concentra nas cidades. Como veremos adiante, a industrialização também modifica profundamente o espaço geográfico, destruindo grande parte da natureza original e colocando no lugar uma segunda natureza, isto é, um meio ambiente humanizado com asfalto, construções, plantações no lugar da mata nativa e enormes cidades, entre outras coisas.

No Brasil, um dos países subdesenvolvidos mais industrializados do mundo — ele só perde para a China entre os países que não são considerados ricos ou desenvolvidos —, a industrialização teve início no fim do século XIX, embora a atividade agrícola tenha predominado na economia brasileira até meados do século XX.

Fatores que propiciaram a industrialização

Quais foram os fatores que propiciaram a industrialização do Brasil? Podemos resumi-los em três.

Acumulação de capitais: processo de acumulação de bens, de patrimônio, de riqueza.

O primeiro foi a **acumulação de capitais** proporcionada pela exportação de café, que era a principal atividade econômica do país na época, no final do século XIX e início do XX. O dinheiro obtido com a venda do café ao exterior permitiu a compra de máquinas para as indústrias que começavam a surgir.

O segundo foi a substituição gradativa do trabalho escravo pelo trabalhado assalariado, que ocorreu com a vinda de imigrantes para trabalhar nas fazendas de café do estado de São Paulo a partir de 1870 e continuou depois com a abolição da escravatura em 1888 (veja a foto ao lado). Vale lembrar que o trabalho operário realizado nas fábricas é sempre um trabalho assalariado.

Imigrante japonês peneirando café com um brasileiro em uma fazenda do interior do estado de São Paulo, na década de 1930.

Por fim, podemos citar o crescimento de um mercado consumidor interno, consequência da expansão do trabalho assalariado. Durante o período da escravidão, apenas os fazendeiros e os comerciantes participavam efetivamente do mercado consumidor, pois os escravizados — a maioria da população — não tinham nenhum rendimento e, por isso, não podiam comprar. A partir do emprego da mão de obra assalariada, também os trabalhadores passam a fazer parte desse mercado consumidor, embora dispusessem de baixos salários.

Concentração industrial

Esse conjunto de elementos fortemente interligados ocorreu no fim do século XIX, em especial na região do país que hoje conhecemos como Centro-Sul, sobretudo em São Paulo. A lavoura cafeeira paulista experimentou, na época, extraordinária expansão e, por esse motivo, concentraram-se nessa região, em particular nos arredores da cidade de São Paulo, os benefícios trazidos pela crescente exportação de café: desenvolvimento de meios de transporte (ferrovias e rodovias) e serviços bancários, instalação de usinas geradoras de eletricidade, entre outros.

Não podemos esquecer que a cidade de São Paulo, que se tornou a mais industrializada do país, foi favorecida também pela sua posição geográfica. Como se constituiu em um ponto de passagem obrigatória das mercadorias produzidas no interior do estado para o porto de Santos (o mais importante do país desde essa época), São Paulo expandiu-se com o intenso comércio e o desenvolvimento do setor bancário, ligados principalmente ao café.

Em virtude desses fatores, a cidade de São Paulo concentrou de maneira mais expressiva o volume de capital obtido pela exportação de café. Na cidade, também se desenvolveu o mercado consumidor mais importante do país, tanto pelo número de compradores quanto pela maior variedade de produtos industrializados oferecidos.

A industrialização brasileira teve início com a produção de bens de consumo não duráveis, isto é, de bens voltados para a satisfação das necessidades básicas da população, como as indústrias de alimentos, tecidos, bebidas e calçados, entre outras. Essas indústrias não exigem grandes investimentos para serem instaladas e costumam proporcionar lucros em pouco tempo. Por isso, em geral, são as primeiras a se instalar em um país subdesenvolvido, com carência de capitais.

Apenas por volta dos anos 1930, é que se implantaram no Brasil as indústrias de base, especialmente a siderúrgica. E, nos anos 1950, se iniciou a indústria automobilística, que se mantém como a principal atividade industrial do país pelo valor que produz.

Com o tempo, a grande concentração de indústrias na cidade de São Paulo foi atingindo os municípios vizinhos, como Santo André, São Bernardo do Campo, São Caetano do Sul e Diadema (o chamado ABCD), e a Baixada Santista (Santos, Cubatão, etc.). Com isso, essa região tornou-se a região industrial mais expressiva de toda a América Latina. Desde o fim da Segunda Guerra Mundial, em 1945, a cidade de São Paulo e seus arredores tornaram-se a porção do espaço geográfico preferida pelas empresas *transnacionais* para a instalação de suas filiais em território brasileiro. Veja o mapa acima, que representa a distribuição espacial da indústria no Brasil atual.

Brasil: atividade industrial

Adaptado de: IBGE. *Atlas geográfico escolar*. 6. ed. Rio de Janeiro, 2012.

Transnacional: o mesmo que multinacional, ou seja, empresa que atua em vários países do mundo.

Desconcentração industrial

Desde os anos 1970, vem ocorrendo uma relativa desconcentração da atividade industrial no país. Embora ainda estejam mais concentradas em São Paulo, as indústrias aos poucos se espalham por outros estados do Brasil, destacando-se: Minas Gerais e Rio de Janeiro, na região Sudeste; Bahia, Ceará e Pernambuco, no Nordeste; cidade de Manaus, na Amazônia; e estados do Sul (Paraná, Santa Catarina e Rio Grande do Sul). Veja a foto ao lado.

Fábrica de tratores em Canoas (RS). Foto de 2014.

Por que vem ocorrendo esta desconcentração industrial no Brasil, com um crescimento menor em São Paulo e maior em outras áreas? São diversos os motivos. O primeiro se chama **deseconomia de escala**. A deseconomia de escala ocorre quando uma aglomeração — neste caso, São Paulo e seus arredores — se torna desfavorável às novas localizações empresariais por causa dos custos elevados com impostos, segurança, terrenos demasiadamente caros, congestionamentos frequentes no trânsito, poluição, maiores custos com alimentação e moradia, o que implica maiores salários, etc.

Na década de 1960, a cidade de São Paulo mostrava um relativo esgotamento e havia, até os anos 1970, uma procura por novas instalações industriais não na própria capital, mas nos seus arredores (ABC, Baixada Santista, região de Campinas). A partir dos anos 1980, essa realocação dos investimentos industriais prosseguiu tanto para o interior do estado de São Paulo quanto, principalmente, para outros estados da federação. Veja as fotos a seguir.

Pátio de uma fábrica de automóveis em São Bernardo do Campo (SP), município vizinho à cidade de São Paulo. Foto de 1969.

Fábrica de automóveis em Jacareí (SP). Foto de 2014.

Para a deseconomia de escala na Grande São Paulo, também contribuiu a grande combatividade de diversos sindicatos de trabalhadores na região, que, nos anos 1970, foram a vanguarda das reivindicações salariais e da promoção de greves. Tratava-se de um novo sindicalismo, mais atuante na defesa dos direitos das categorias profissionais. A média salarial na indústria era — e ainda é — bem maior em São Paulo, particularmente na capital e arredores, do que no restante do país, sobretudo no Nordeste e na Amazônia.

Outro fator que explica essa desconcentração industrial é a chamada **guerra fiscal**. O que significa isso? É o nome que se dá para uma espécie de competição entre estados ou municípios para atrair novos investimentos. São oferecidos incentivos variados para atrair empresas: terrenos baratos ou até doados pelo poder público, isenção de alguns impostos durante vários anos (até mesmo décadas), instalações elétricas e de água, asfalto, telefonia, entre outros. Dessa forma, o maior crescimento industrial apresentado por algumas áreas ou regiões a partir de 1970 contou com grande ajuda estatal, tanto do governo federal quanto, principalmente, dos governos estaduais e municipais.

Texto e ação

1. Industrialização é o nome dado ao processo de implantação de indústrias em um país ou região. No Brasil, alguns fatores propiciaram a industrialização. Explique cada um deles.

2. Explique como a posição geográfica colaborou para São Paulo se tornar a cidade mais industrializada do país.

3. Vamos refletir sobre a atividade industrial no Brasil observando dois mapas.
    a) Analise o mapa na página 79 sobre a atividade industrial no Brasil: observe o título, a legenda, o tamanho e a distribuição dos símbolos.
    b) Compare-o com o mapa "Brasil: densidade demográfica", do capítulo anterior (na página 44). Existe alguma relação entre industrialização e concentração demográfica? Explique sua resposta.

4. Diversas causas explicam a descentralização industrial no Brasil. Explique o que é deseconomia de escala e o que é guerra fiscal.

Unidade 2 • Brasil: utilização do espaço

5 Indústria e espaço geográfico

Qualquer povo ou sociedade modifica a natureza, embora com forma e intensidade diferentes. Alguns povos convivem com ela de maneira mais harmônica; outros, como a moderna sociedade industrial, a modificam profundamente.

A ação humana sobre a natureza para garantir a sobrevivência dos indivíduos é uma característica encontrada nas mais diversas sociedades humanas, nos diferentes momentos da História.

A Revolução Industrial representou um marco, uma virada na ação humana sobre a natureza, pois criou novas e mais potentes máquinas (tratores, motosserras) e multiplicou a população mundial. Veja a foto abaixo.

Motor a vapor exposto na Universidade Politécnica de Madri, Espanha. Utilizando principalmente o carvão como combustível, a máquina a vapor impulsionou a Revolução Industrial primeiro no Reino Unido e depois em outros países.

Até meados do XVIII, a ação humana sobre a natureza não ocasionava transformações profundas e irreversíveis. O ser humano construía habitações, caçava e domesticava animais, recolhia frutos das árvores e derrubava uma parte pequena das matas para fazer plantações. Podemos dizer que havia um equilíbrio nas relações do ser humano com a natureza. Foi a partir da Revolução Industrial — iniciada na segunda metade do século XVIII — que a natureza passou a ser profundamente modificada, até chegar ao grave problema atual de poluição e degradação do meio ambiente.

É por isso que a Revolução Industrial constitui um marco, um momento importante na mudança das relações da humanidade com a natureza. É por isso também que dizemos que foi com a Revolução Industrial que os seres humanos — ou melhor, a sociedade moderna ou industrial — passaram a produzir o seu espaço geográfico, ou seja, passaram não apenas a se adaptar à natureza circundante, mas a modificá-la profundamente, produzindo um meio ambiente artificial, uma segunda natureza ou natureza humanizada.

No Brasil — Com a industrialização, as paisagens naturais do Brasil também são profundamente alteradas: florestas são derrubadas; cidades crescem em número e tamanho; rios são represados para fornecer energia elétrica; veículos multiplicam-se nas ruas e estradas. Com tudo isso, a natureza original quase não existe mais, com raras exceções, em especial no norte do país, na Amazônia.

Como se vê, a industrialização e a modernização da sociedade produzem resultados positivos, por um lado, e negativos, por outro. Entre os positivos, podemos mencionar a elevação da expectativa de vida das pessoas em geral (em virtude da higiene, de campanhas de vacinação, avanços na medicina e na alimentação), o aumento no bem-estar das famílias, com mais escolas, eletrodomésticos, automóveis, etc. Em contrapartida, existem os elementos negativos, especialmente a destruição da natureza original e a enorme poluição do ar e dos rios, o acúmulo de lixo nas cidades, os engarrafamentos de trânsito, etc.

Texto e ação

1. Por que a indústria é a atividade humana que mais modifica a natureza e o espaço geográfico? Cite exemplos.
2. A atividade industrial fabrica uma série de produtos que aumentam a circulação de bens, de ideias e de pessoas pelo país e por todo o mundo: automóveis, trens, aviões, rádio, televisão, telefones, computadores e suas redes, etc. Será que, com isso tudo, podemos afirmar que a indústria "torna o mundo menor", isto é, diminui as distâncias? Explique sua resposta.
3. A chamada modernização da sociedade — industrialização e urbanização — produz resultados positivos e negativos para a sociedade e para o planeta como um todo. Explique isso utilizando exemplos em cada caso.

Geolink

Montadoras de automóveis chinesas no Brasil

Pouco mais de quatro anos atrás [2009/2010], quem acompanhou a entrada das montadoras da China no mercado nacional [Jac Motors e Chery] possivelmente não esperava que o barulho fosse durar tão pouco. Para as chinesas, 2011 foi um ano muito especial — de alta nos emplacamentos e ganhos de participação de mercado. Mas de lá para cá, as vendas só caíram.

[...] Mas nem tudo é culpa do cenário [queda nas vendas] e das decisões tributárias do governo federal [aumento do Imposto sobre Produtos Industrializados — IPI — para os carros importados]. Logo no começo das importações, as chinesas foram alvo de duras críticas devido a questões no pós-venda — especialmente no que tange à reposição de peças.

[...] Para Alarico Assumpção Junior, presidente da Federação Nacional da Distribuição de Veículos Automotores (Fenabrave), esse deverá ser o ponto mais delicado a ser enfrentado pelas montadoras asiáticas por aqui. "Para quem está chegando no mercado, é sempre mais difícil manter a organização", diz. "Ainda não sabem exatamente como o cliente se comporta, todo o ciclo da rede de fornecimento e distribuição, entre outros. Não é fácil, muito menos barato criar isso tudo no Brasil. Leva tempo."

Com concessionárias sendo fechadas, impostos sendo corrigidos e mercado em retração, o próximo passo seria a suspensão dos investimentos. Formalmente, isso não aconteceu e, para Rene Martinez, da EY, não vai acontecer.

Principalmente porque o planejamento dessas companhias é feito a longo prazo e as incertezas inerentes ao país já são mais que conhecidas. Para fazer a operação dar certo, até o corpo executivo está sendo escolhido a dedo. "Se você rodar o Linkedin por exemplo, vai ver que os executivos que estão à frente de chinesas por aqui são ex-Ford, ex-GM ou ex--Volks", explica. "Estão buscando estrutura ao lado de pessoas capacitadas."

O susto, no entanto, é natural, já que diante de condições mais adversas, qualquer movimento no setor automotivo é "como um transatlântico mudando de rota", nas palavras do especialista. "É muito difícil abandonar o mercado. Chega um certo momento em que o valor investido na posição da marca e na estratégia já não deixa mais a empresa ir embora. Nessas horas, a marca se redireciona, muda os planos e acredita."

LADEIA, Bárbara. Carros chineses enfrentam cenário e concorrência hostis no Brasil. Disponível em: <http://economia.ig.com.br/empresas/industria/2014-01-10/carros-chineses-enfrentam-cenario-e-concorrencia-hostis-no-brasil.html>. Acesso em: 18 nov. 2014.

Responda às seguintes questões:

1. O que aconteceu com as vendas das montadoras chinesas que se instalaram no Brasil no período de 2011 a 2014?
2. Cite os principais problemas enfrentados pelas montadoras chinesas no Brasil, na primeira metade da década de 2010.
3. Há risco de as montadoras chinesas de automóveis desistirem de seus investimentos no Brasil? Explique.
4. Em sua opinião, a presença das montadoras chinesas no Brasil pode lhes abrir outros mercados na América do Sul? Por quê?
5. Você estabeleceu relações entre o tema do texto e o que estudou nesse capítulo? Quais? Explique.

Atividades finais

+ Ação

1. Uma das frases abaixo não está de acordo com o que foi visto sobre a industrialização no Brasil. Identifique-a e reescreva-a corretamente no caderno.

   a) A substituição gradativa do trabalho escravo pelo trabalho assalariado foi um dos fatores que proporcionaram a industrialização no Brasil.

   b) Em 1945, a cidade de São Paulo e seus arredores tornaram-se a porção do espaço geográfico preferida pelas empresas multinacionais para a instalação de suas filiais em território brasileiro.

   c) O Norte do Brasil é a região de maior concentração industrial no país.

   d) A média salarial na indústria era — e ainda é — bem maior em São Paulo, particularmente na capital e em seus arredores, do que no restante do país.

2. O alumínio, metal leve e resistente, mas flexível (o que facilita seu emprego industrial) e não tóxico, é utilizado por várias indústrias desde a segunda metade do século XX. É o resultado de uma exploração industrial altamente mecanizada do minério de bauxita, ou seja, é um exemplo de transformação do antigo extrativismo. Em relação a esse tema, faça o que se pede.

   a) Leia o texto.

   Em 2007, cerca de 50% da produção mundial de alumínio foi realizada em países integrantes dos BRICs: Brasil (1,1 milhão t), Rússia (3,9 milhões t), Índia (1,2 milhão t) e China (12,5 milhões t). Destacaram-se ainda, naquele ano, as produções de Austrália (1,9 milhões t), Canadá (3 milhões t), Estados Unidos (2,5 milhões t) e Noruega (1,3 milhão t). O consumo mundial de alumínio evoluiu de 4,2 milhões de toneladas, em 1960, para 38,1 milhões de toneladas, em 2007 (taxa de 4,8% a.a.). O RT [Relatório Técnico]-62 registra que, em 1960, o cobre tinha um consumo mundial superior ao do alumínio, mas com o decorrer dos anos o alumínio passa a ter o maior volume de consumo e produção entre os metais não ferrosos. Destaca também o consumo da China que, de 4,5 milhões de toneladas, em 2000, ascendeu para

   10,2 milhões de toneladas em 2006 (taxa de 14,6% a.a.). Com consumo per capita superior a 20 kg/habitante/ano, os países desenvolvidos respondem por cerca de 70% do consumo mundial. O alumínio tem os seus preços cotados na London Metal Exchange – LME [Bolsa de Metais de Londres]. Em 2007, os preços médios registrados foram de US$ 2 638,42/tonelada (metal primário) e US$ 2 192,78/tonelada (metal secundário).

   > J. MENDO CONSULTORIA. Cadeia do alumínio (Relatório Técnico 62). Disponível em: <www.mme.gov.br/portalmme/opencms/sgm/galerias/arquivos/plano_duo_decenal/a_transformacao_mineral_no_brasil/P53_RT79_Anxlise_Sxntese_da_Transformaxo_Mineral_no_Paxs_Anexo_II.pdf>. Acesso em: 18 nov. 2014.

   b) Quais foram os maiores produtores de alumínio em 2007? O que tais produtores tinham e têm em comum?

   c) Os preços mundiais do alumínio são definidos nos países desenvolvidos ou nos países subdesenvolvidos? Em que cidade?

   d) O alumínio é totalmente reciclável em número ilimitado de vezes. Converse com o professor e os colegas sobre a reciclagem desse metal.

3. As indústrias trouxeram riquezas para São Paulo, mas também geraram problemas; um deles é o lixo industrial. Vamos aprender o que é lixo industrial?

   a) Leia o texto.

   O lixo industrial é originado nas atividades dos diversos ramos da indústria, tais como: o metalúrgico, o químico, o petroquímico, o de papelaria, da indústria alimentícia, etc.

   O lixo industrial é bastante variado, podendo ser representado por cinzas, lodos, óleos, resíduos alcalinos ou ácidos, plásticos, papel, madeira, fibras, borracha, metal, escórias, vidros, cerâmicas. Nesta categoria, inclui-se grande quantidade de lixo tóxico. Esse tipo de lixo necessita de tratamento especial pelo seu potencial de envenenamento.

   > AMBIENTE BRASIL. Classificação, origem e características do lixo. Disponível em: <http://ambientes.ambientebrasil.com.br/residuos/residuos/classificacao,_origem_e_caracteristicas.html>. Acesso em: 18 nov. 2014.

Capítulo 4 • Industrialização

b) Responda às questões:
- Segundo o texto, por que o lixo tóxico necessita de tratamento especial?
- Em sua opinião, o que acontece com o meio ambiente quando o lixo industrial não recebe o destino correto?

c) Pesquise qual é o destino do lixo industrial no município ou estado onde você mora. Traga sua descoberta para a sala de aula.

4. Pesquise o nome, a localização e o setor de atividade de empresas multinacionais situadas no estado onde você mora.

Na data marcada pelo professor, traga o material pesquisado para a sala de aula. Nessa data, o professor vai dividir a classe em grupos para direcionar estas atividades:

a) Leitura das informações pesquisadas.
b) Organização do material de acordo com a decisão do grupo (em forma de fichas, cartazes, transparências, etc.).
c) Conversa sobre as seguintes questões:
- Que tipo de indústria multinacional predomina no estado onde vocês vivem?
- Onde essas indústrias se localizam?
- Como a presença das multinacionais modificou as paisagens do estado?
- Na opinião de vocês, que fatores atraíram essas indústrias?

d) Apresentação do material produzido e das respostas para os demais grupos, com a orientação do professor.

De olho na imagem

1. Observem a imagem ao lado e, depois, tentem responder às questões que seguem.
   a) Vocês conhecem alguma indústria parecida com a da foto? Onde ela se localiza?
   b) Vocês conhecem alguém que trabalha em uma fábrica? Como é o trabalho dessa pessoa?
   c) Na opinião de vocês, como é o trabalho dos operários da indústria de calçados representada na foto?

Fábrica de calçados em Franca (SP). Foto de 2014.

2. Os resíduos tóxicos lançados por veículos e indústrias poluem o ar, prejudicando a qualidade de vida da população.
   a) Observem a imagem ao lado.
   b) Agora, respondam:
   - Que tipo de indústria está poluindo o ar do município de Guaíra (SP)? Citem duas características desse tipo de indústria.
   - Existe alguma indústria poluidora no município onde vocês moram?
   c) Pesquisem alguns efeitos do ar poluído para a saúde das pessoas.

Usinas de açúcar e álcool em Guaíra (SP). Foto de 2014.

3. Observem a imagem ao lado e façam o que se pede.
   a) Elaborem uma descrição da imagem.
   b) Agora, respondam:
      - Qual é o tema tratado?
      - Há alguma relação entre a imagem e a expansão industrial no Brasil e no mundo? Qual?

ATIVIDADES INTERDISCIPLINARES

Conexões

HISTÓRIA E MATEMÁTICA

1. Observe o gráfico ao lado e, depois, responda às questões.
   a) Interprete o gráfico: Qual é o tema? Em que período esse tema é representado? O que diz a legenda? O que você concluiu?
   b) Comente a relação entre o que você estudou neste capítulo e o tema do gráfico.

   Adaptado de: SARTI, Fernando; HIRATUKA, Célio. Disponível em: <http://jornalggn.com.br/blog/brasil-debate/os-empregos-qualificados-gerados-pela-industria-por-fernando-sarti-e-celio-hiratuka>. Acesso em: 19 nov. 2014.

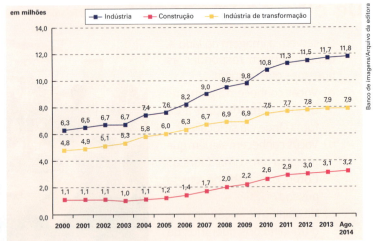

ARTE E HISTÓRIA

2. O trecho a seguir trata da realidade vivida pelos operários no início do século XX em São Paulo. Leia-o com atenção e, em seguida, observe a pintura ao lado.

   [...] Cada fábrica tinha um aspecto fosco e hostil de presídio, com seus guardas de portão fardados e armados, operários e operárias submetidos a vexatórias revistas e a humilhantes observações, quando não recebiam ameaças de toda sorte.

   DIAS, E. Trabalho urbano e conflito social. In: GERAB, William Jorge; ROSSI, Waldemar. *Indústria e trabalho no Brasil:* limites e desafios. São Paulo: Atual, 1997. p. 41.

Operários, pintura de Tarsila do Amaral, de 1933.

   a) Em relação ao quadro da artista plástica Tarsila do Amaral:
      - Que impressão você tem ao observá-lo?
      - Que elementos reforçam a ideia de que as pessoas representadas são operários?
      - Faça uma análise sobre esses operários: como eles estão vestidos, como é a expressão de cada um, se há diversidade, etc.
   b) Em sua opinião, como era a vida dos operários nesse período? E as condições de trabalho?
   c) Compare a realidade vivida pelos operários na década de 1930 com a realidade atual dos operários.

Capítulo 4 • Industrialização

Capítulo

5 Urbanização

Neste capítulo, estudaremos o que é urbanização e conheceremos como e quando ela ocorreu no Brasil. Vamos compreender o que são metrópoles, o que é e qual é a rede urbana do Brasil. Vamos também analisar o espaço urbano brasileiro, saber o que são sítio urbano, situação e função das cidades e, por fim, conhecer os chamados problemas urbanos.

Vista de Belo Horizonte (MG), com favela (ao fundo, à direita) em parte da Serra do Curral. Foto de 2014.

Para começar, observe a imagem e responda às seguintes questões:

1. Que elementos da cidade você identifica na paisagem fotografada?
2. Em sua opinião, esses elementos são comuns a todas as cidades? Por quê?

❶ O que é urbanização?

Quase todo mundo pensa que urbanização é a mesma coisa que crescimento das cidades, mas necessariamente não é. Vamos saber por quê?

Urbanização significa um crescimento do meio urbano proporcionalmente maior que o do meio rural, ou seja, representa uma migração gradativa da população do campo para a cidade. Isso ocorre em consequência do chamado **êxodo rural**, ou **migração rural-urbana**. Por sua vez, o crescimento urbano consiste na expansão das cidades e pode existir sem que, necessariamente, haja urbanização. Esta só ocorre quando o crescimento urbano é superior ao rural, ou seja, quando há migrações do campo para as cidades e a população urbana aumenta proporcionalmente em relação à rural.

Em alguns países, como Cingapura — uma cidade que ocupa toda uma ilha —, existe crescimento urbano, mas não há um processo de urbanização, pois 100% da população vive na área urbana. Em Cingapura, a expansão da cidade consiste em sua renovação, na construção de imensos prédios e de novas estações de metrô, etc. A urbanização já ocorreu aí e se encerrou com a totalidade da população vivendo na zona urbana.

A urbanização do Brasil

No Brasil, a urbanização de fato ocorreu com a industrialização e as migrações do campo para a cidade a partir do final do século XIX e, sobretudo, na segunda metade do século XX. Antes disso, havia um crescimento urbano, porém não necessariamente uma urbanização. Na realidade, a urbanização brasileira se expandiu de fato quando a indústria se tornou o setor mais dinâmico da economia nacional, o que apenas aconteceu no século XX.

Tráfego de veículos engarrafado ou congestionado em uma avenida de São Paulo (SP). Foto de 2014. Não há vias suficientes para a circulação dos milhões de veículos da grande metrópole nacional.

Quando as atividades primárias de exportação predominavam na economia nacional — cana-de-açúcar (séculos XVI e XVII), mineração (do fim do século XVII ao século XVIII), café (de meados do século XIX até início do século XX) e outros períodos —, a população urbana permaneceu relativamente estável, representando de 6% a 8% do total. Isso é facilmente explicado pela predominância da força de trabalho no setor primário (agricultura), pela quase inexistência do setor secundário (indústrias) e pela pequena necessidade de mão de obra no setor terciário (principalmente comércio e administração).

Com a industrialização da economia brasileira, iniciou-se uma intensa urbanização, ocorrendo aumento proporcional dos empregos no setor secundário e no terciário (bancos, comércio, escolas, seguradoras, setor público, etc.). A porcentagem da população urbana sobre o total dos habitantes do país passou de cerca de 16% em 1920 para 31% em 1940, 45% em 1960 e 84,4% em 2010. Veja o gráfico abaixo.

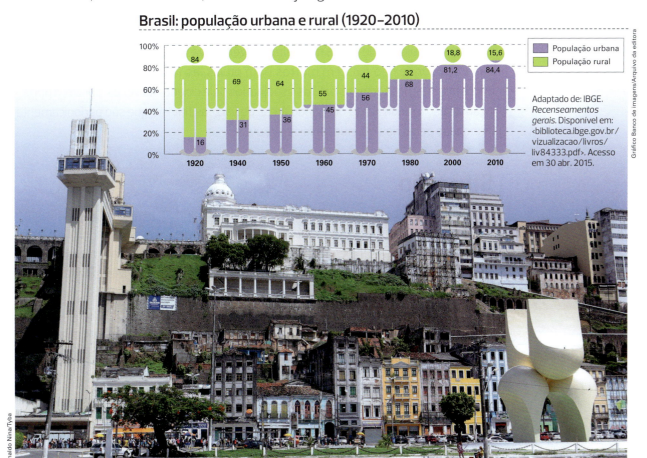

Vista de Salvador (BA), com o elevador Lacerda à esquerda. Foto de 2014.

Texto e ação

1. Diferencie urbanização de crescimento urbano.
2. Quando predominavam na economia brasileira as atividades primárias de exportação (do século XVI até início do século XX), a população urbana representava de 6% a 8% do total. Por que a população urbana permaneceu mais ou menos estável nesse período?
3. Explique o que os dados do gráfico acima indicam sobre os percentuais de população rural e urbana no Brasil no período de 1920 a 2010.
4. Em sua opinião, por que muitas pessoas deixam o espaço rural e passam a viver nas cidades?

Unidade 2 • Brasil: utilização do espaço

② As cidades: sítio urbano, situação, função, centro e expansão

Sítio urbano

O terreno sobre o qual a cidade se constrói recebe o nome de **sítio urbano**. Sítio urbano, portanto, é a área ocupada pela cidade, é o terreno com as suas características de relevo: altitudes, colinas e baixadas, vales, brejos, etc. Algumas cidades se situam em áreas litorâneas, outras em planaltos interiores, outras no sopé (base) de montanhas, e assim por diante.

O sítio urbano exerce alguma influência sobre as características da cidade e sua expansão. Na cidade do Rio de Janeiro, por exemplo, muitos morros, sujeitos a desabamentos provocados pelas chuvas, são áreas desvalorizadas e foram ocupadas por favelas; a população de renda mais alta em geral vive na orla marítima. Na cidade de São Paulo, onde não existem morros nem praias, as favelas não se localizam em encostas, mas nos terrenos baldios espalhados pela cidade. Às vezes, porém, a população de baixa renda acaba ocupando áreas de várzeas fluviais, que são periodicamente inundadas pelos rios quando há fortes chuvas.

Situação

Outro elemento de uma cidade é a **situação**, que se refere à sua localização geográfica, ou seja, ao local onde a cidade se situa em relação ao espaço mais amplo: as estradas e os meios de comunicação, a distância em relação aos grandes centros urbanos, a presença ou não de riquezas naturais nas vizinhanças, etc. É o mesmo que localização relativa, diferente da localização absoluta, que são as coordenadas do local (latitude e longitude). Por exemplo, Belém, capital do Pará, localiza-se numa área estratégica da Amazônia brasileira, uma verdadeira porta de entrada e saída da região (através do rio Amazonas, perfeitamente navegável em território nacional).

A situação não é algo estático, ao contrário, é dinâmica: pode se alterar com as mudanças históricas. A situação de Belém continua sendo importantíssima, mas, com o desenvolvimento da aviação e a construção de rodovias do Centro-Sul do país até a Amazônia ocidental (Acre, Rondônia e Amazonas), sua localização já não é tão estratégica como no passado, quando só a navegação garantia o transporte até essa imensa região ao norte e noroeste do país.

Função

Função é a atividade principal de uma cidade, em razão da qual ela se expandiu. Por exemplo, algumas cidades vivem ou se desenvolvem em função do comércio, outras em função das indústrias que nelas existem, outras dependem bastante do turismo, e assim por diante.

Podemos reconhecer várias funções principais. Veja o quadro:

Função principal	Ocorre quando a cidade...	Exemplos
Político-administrativa	... depende basicamente de sediar órgãos públicos, principalmente governos.	Brasília, Washington, etc.
Industrial	... cresce principalmente por causa das indústrias.	São Bernardo do Campo (SP), Volta Redonda (RJ), Cubatão (SP), etc.
Comercial	... vive basicamente em torno do comércio.	Cidade do Panamá, no Panamá, Ciudad del Este, no Paraguai, Uberlândia (MG), cuja situação faz dela um estratégico entreposto comercial.
Portuária	... se destaca pela importância do seu porto.	Paranaguá (PR), Santos (SP) e outras.
Turística	... vive principalmente do turismo.	Mônaco, Guarujá (SP), Balneário Camboriú (SC), Búzios (RJ), Campos do Jordão (SP), etc.
Religiosa	... depende basicamente da sua importância religiosa.	Fátima, em Portugal, Aparecida (SP), Meca, na Arábia Saudita, Jerusalém, em Israel, e outras.
Militar	... abrigou ou abriga instalações militares estratégicas	Natal (RN), Resende (RJ), etc.
Universitária	... depende bastante das faculdades ou universidades, que atraem grande número de pessoas e movimentam o seu comércio.	Viçosa (MG), São Carlos (SP), etc.

Observe estas fotos:

As fotos mostram aspectos gerais de duas cidades brasileiras, cujas principais funções são: 1) industrial – Volta Redonda (RJ) e 2) portuária – porto de Paranaguá (PR). Fotos de 2014.

Em geral, quando uma cidade é muito grande (acima de 500 mil habitantes), ou mesmo média (acima de 50 mil), ela exerce diferentes funções, mesmo que uma delas se sobressaia. Por exemplo: o Rio de Janeiro é ao mesmo tempo uma cidade comercial, portuária, industrial, turística e político-administrativa. São Paulo é um centro urbano financeiro, industrial, comercial e político-administrativo.

Centro e expansão

Toda cidade possui o seu **centro**, que é a área onde se concentram mais pessoas, onde há mais comércio e outros serviços: bancos, consultórios, etc. O centro da cidade não precisa estar localizado na área central do espaço urbano. Ele pode estar situado, por exemplo, na orla marítima. Portanto, o centro de uma cidade não se define pela sua localização central, e sim por seu movimento (de pessoas, veículos, comércio) e suas construções. Em geral, o centro (ou os centros, pois pode haver mais de um) possui edifícios mais elevados que as demais partes da cidade, ruas, avenidas e praças mais movimentadas e construções que se destacam na vida cultural da cidade (igreja matriz, teatro, principais agências bancárias, etc.).

As pequenas cidades possuem um centro tradicional, onde geralmente há uma igreja e a praça principal. No entanto, as médias e grandes cidades podem ter mais de um centro: o centro de negócios (bancos, comércio) numa área e o centro de lazer (bares, restaurantes, praças ou avenidas mais movimentadas pelos pedestres) em outra. Pode existir um centro velho, tradicional, e um (ou mais de um) centro novo, que vem substituindo o antigo como uma área de terrenos mais valorizados, um local de maior movimento de comércio, bancos, pessoas.

Uma cidade pode crescer de duas formas: pela construção de elevados edifícios ou galerias subterrâneas (**crescimento vertical**) e pela expansão de seu espaço urbano (**crescimento horizontal**). No crescimento horizontal da cidade, há uma expansão da **periferia**, ou seja, das áreas ou bairros mais distantes. No Brasil, as periferias dos grandes centros urbanos geralmente são áreas pobres, com pouca infraestrutura (água encanada, esgoto, eletricidade, asfalto, linhas telefônicas, transporte coletivo, etc.). Em alguns países, como os Estados Unidos, existem periferias urbanas muito valorizadas, chamadas de **subúrbios**, onde residem populações de alta renda, que se deslocaram das áreas centrais para ter mais espaço (casas com amplos jardins e quintais e muito verde nas ruas), fugindo dos congestionamentos, da poluição intensa, etc. Também no Brasil isso já acontece, com a formação de condomínios de residências para as classes alta ou média nas áreas periféricas dos grandes centros urbanos.

Quando uma cidade se expande, ela pode se encontrar com outra cidade vizinha. Nesse caso, temos uma **conurbação**, que significa a junção de dois espaços urbanos, geralmente causada pela expansão de uma cidade maior que atingiu os limites de uma ou algumas cidades menores. Como exemplo de conurbação, podemos citar o encontro da cidade de São Paulo com Santo André, São Caetano do Sul, Osasco e várias outras cidades vizinhas.

Texto e ação

1. Explique as diferenças entre sítio, situação e função urbana.
2. Como se define o centro de uma cidade?
3. Uma cidade pode crescer de duas formas. Explique cada uma delas.
4. Função é a atividade principal de uma cidade em razão da qual ela se expandiu. Cite exemplos de cidades que possuem várias funções ao mesmo tempo.
5. É fácil ou difícil explicar o que é conurbação urbana? Por quê?
6. Você mora em uma cidade? No centro ou em um bairro da periferia? Descreva sua experiência.

Geolink

Algo mudou no crescimento das cidades brasileiras?

Existem vários mitos sobre o crescimento das cidades brasileiras. Um dos mais fortes é o de que cidades como São Paulo, Rio e Belo Horizonte crescem por conta da migração de nordestinos. [...] Desde pelo menos a década de 1990, os dados do censo vêm mostrando que esse mito não corresponde bem à verdade.

O número de pessoas que saíram do Nordeste para outras regiões caiu de cerca de 800 mil, entre 1995 e 2000, para 97 mil entre 1999 e 2004. [...] Além disso, o destino das pessoas que saem do Nordeste há muito tempo deixou de ser as grandes cidades do Sudeste. Os polos de migração do país hoje – na verdade, há mais de dez anos – localizam-se, principalmente, na região de expansão da fronteira agrícola, em estados como Mato Grosso, Goiás, Amazonas e Amapá. Uma novidade mais recente é que os estados do Espírito Santo, Santa Catarina e Rio Grande Norte também vêm atraindo população no último período.

Outro mito que costuma aparecer na imprensa [...] é o do fim da superconcentração populacional, construído a partir de uma leitura equivocada dos dados que mostram que são as cidades médias as que mais crescem no Brasil. De fato, algumas cidades que não são capitais e não estão em regiões metropolitanas tiveram grande crescimento e se transformaram em polos regionais. Mas o discurso do fim da superconcentração não corresponde à realidade, pois esconde um fenômeno muito forte e importante, que é o contínuo crescimento das periferias urbanas e metropolitanas. Em 1991, a população das regiões metropolitanas representava 34,9% do total; em 2000, 36%; e hoje, 36,2%.

Em resumo: preços altos do solo, especulação imobiliária, políticas habitacionais que fortalecem a produção de novas moradias apenas em municípios das periferias, investimentos em expansão rodoviária que geram eixos de expansão, tudo isso tem provocado uma migração intrametropolitana, que faz com que os municípios da fronteira metropolitana explodam em termos populacionais. A Grande São Paulo é um bom exemplo disso: 34 dos 39 municípios que formam a região metropolitana cresceram mais do que a capital.

Percebe-se que uma parte importante das tais cidades médias que mais crescem, na verdade, está nas metrópoles e em suas fronteiras. [...]

O mapa ao lado [...] é do IBGE. A linha verde marca as regiões metropolitanas.

ROLNIK, Raquel. *Algo mudou no crescimento das cidades brasileiras?* Disponível em: <http://raquelrolnik.wordpress.com/2011/07/21>. Acesso em: 20 nov. 2014.

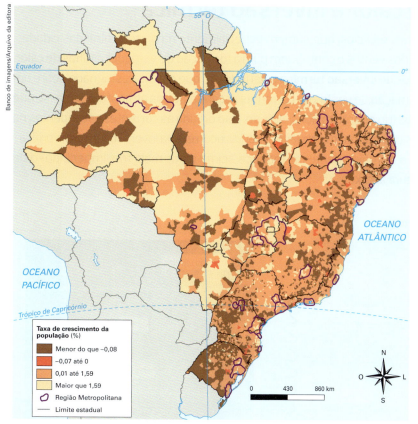

Brasil: taxa de crescimento da população segundo os municípios (2000–2010)

Adaptado de: ROLNIK, Raquel. *Algo mudou no crescimento das cidades brasileiras?* Disponível em: <http://raquelrolnik.wordpress.com/2011/07/21>. Acesso em: 20 nov. 2014.

Responda às seguintes questões:

1. Segundo a autora do texto, existem vários mitos sobre o crescimento das cidades brasileiras. Quais são eles?
2. Quais são os polos de migração do país nos últimos dez anos?
3. A concentração populacional está aumentando ou diminuindo nas regiões metropolitanas?

Unidade 2 • Brasil: utilização do espaço

3 Problemas ambientais urbanos: ilhas de calor e inversão térmica

Uma alteração ambiental que a industrialização acarreta nos centros urbanos é a formação de um microclima específico nessa área, denominado **clima urbano**.

O clima de uma área não depende apenas de condições locais, mas de fatores planetários (massas de ar, circulação atmosférica, insolação), que são os mais importantes para as condições climáticas. Todavia, os fatores locais (maior ou menor presença de água, de vegetação, de gás carbônico no ar, etc.) também influenciam o clima, embora sua importância se restrinja a áreas pequenas. Daí o nome **microclima** para designar climas de áreas restritas, principalmente de algumas cidades. De modo geral, as cidades industrializadas são mais quentes e mais chuvosas que as áreas rurais vizinhas.

A elevação das médias térmicas dos centros urbanos ocorre por causa de diversos fatores: o efeito estufa provocado pelo aumento do gás carbônico na atmosfera; o asfaltamento de ruas e avenidas; a presença de extensas massas de concreto; a ausência de vegetação; etc.

Ilhas de calor e inversão térmica

Os enormes edifícios, que surgem especialmente na parte central das cidades, limitam a ação dos ventos e contribuem para a formação de verdadeiras **ilhas de calor**.

Chamamos de **inversão térmica** o período em que o ar fica estagnado sobre um local, sem a formação de ventos ou correntes ascendentes na atmosfera. Sabe-se que o ar é tanto mais frio quanto maior a altitude. Isso origina as correntes ascendentes na atmosfera, pois o ar quente é mais leve. Quando ocorre uma inversão térmica, verifica-se o inverso: o ar mais quente permanece acima do ar mais frio, impedindo-o de subir. Veja a figura abaixo.

Inversão térmica

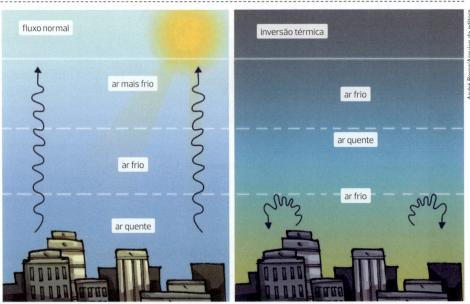

Disponível em: <http://ambiente.hsw.uol.com.br/inversao-termica.htm>. Acesso em: 24 maio 2015.

O ar frio fica, então, estagnado e carregado de poluentes, que podem gerar riscos à saúde, ocasionando bronquite, agravamento de doenças cardíacas, irritação nos olhos, tonturas, náuseas e dor de cabeça.

A inversão térmica costuma ocorrer muito no sul do país e em São Paulo, principalmente no inverno. Ela pode durar vários dias e decorre geralmente do encontro de uma frente fria com uma quente, que ficam imóveis, em equilíbrio momentâneo.

Texto e ação

1. O que são ilhas de calor?
2. Que fatores da cidade influenciam o clima?
3. O que é inversão térmica?
4. Por que a inversão térmica gera riscos à saúde das pessoas?

4 Regiões metropolitanas

A intensa urbanização que vem ocorrendo no Brasil, especialmente a partir de 1950, tem sido acompanhada por um processo de **metropolização**, isto é, concentração demográfica nas metrópoles. **Metrópoles** são determinadas cidades grandes (em geral com mais de 1 milhão de habitantes) que polarizam uma imensa área ao seu redor, com formação de áreas ou regiões metropolitanas. Isso significa que as grandes cidades, principalmente as metrópoles, cresceram em ritmo superior ao das pequenas e médias cidades, pelo menos até por volta dos anos 1990.

Com o crescimento acelerado das grandes cidades e o processo de conurbação — junção ou "encontro" de cidades vizinhas —, que frequentemente ocorrem em metrópoles, certos problemas urbanos, como transporte, abastecimento de água, esgoto e uso do solo, não devem mais ser tratados isoladamente em cada cidade vizinha, mas sim em conjunto. Surgiu daí a definição de **áreas ou regiões metropolitanas**: "Conjunto de municípios contíguos [vizinhos ou espacialmente interligados] e integrados socioeconomicamente a uma cidade central, com serviços públicos e infraestrutura comuns" (lei federal aprovada em 1973).

Polarizar: atrair para si, exercer um papel de polo de atração das cidades vizinhas ou mesmo distantes. Uma cidade exerce polarização quando habitantes de outras cidades vão até ela em busca de produtos ou serviços de melhor qualidade ou menor preço.

Autonomia dos estados

Essas regiões metropolitanas foram estudadas e definidas pelo Instituto Brasileiro de Geografia e Estatística (IBGE) nos anos 1970 e depois incluídas na Constituição de 1988, que as tirou da esfera federal e deu autonomia aos estados para estabelecer as suas áreas metropolitanas. No início eram nove — São Paulo, Rio de Janeiro, Salvador, Belo Horizonte, Recife, Fortaleza, Porto Alegre, Belém e Curitiba —, que, juntamente com Brasília, ainda são as principais regiões metropolitanas do país, não obstante o surgimento recente de inúmeras outras em várias partes do território nacional. Veja o mapa na página seguinte.

Autonomia: direito ou capacidade de se dirigir por leis próprias, sem imposições de ordem alguma.

Brasil: regiões metropolitanas (2015)

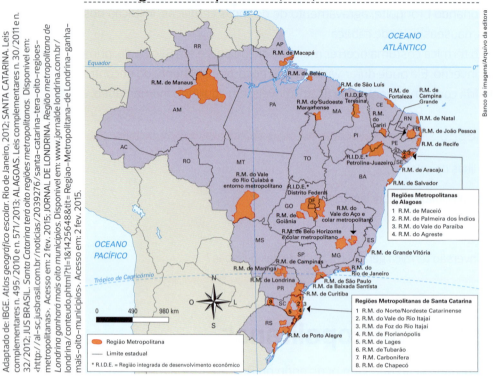

Com a autonomia para os estados criarem as suas próprias regiões metropolitanas, o seu número aumentou muito e, em 2010, já existiam 36 regiões metropolitanas no Brasil. Esse número tende a aumentar cada vez mais, pois existe ainda um processo de urbanização e um crescimento horizontal das cidades, o que, com frequência, dá origem a conurbações.

Planejamento integrado

Cada região metropolitana, pelo menos na teoria, possui um planejamento integrado de seu desenvolvimento urbano, que é elaborado por um conselho deliberativo (ou seja, de decisão) nomeado pelo governo de cada estado, com o auxílio de um conselho consultivo (isto é, de consulta) formado por representantes de cada município integrante da região. Procura-se, desse modo, tratar de forma global certos problemas que afetam o conjunto da área metropolitana e que, antes, ficavam a cargo apenas das prefeituras de cada município.

Contudo, esses conselhos não representam um poder independente e à margem dos poderes locais dos municípios. É apenas uma ação coordenada do estado com os municípios da região, que continuam exercendo com independência todas as suas funções no plano municipal.

População

Quando somamos a população das quinze principais metrópoles do país com a das cidades que pertencem às suas respectivas áreas metropolitanas, verificamos que, em 1950, elas reuniam por volta de 25% da população nacional. Em 1990, esse número subiu para 34% e, em 2010, para 36,4% da população total do Brasil. Como se vê, essa metropolização foi intensa no período de 1950 a 1990.

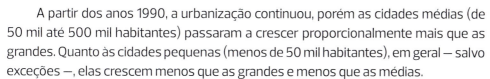

A partir dos anos 1990, a urbanização continuou, porém as cidades médias (de 50 mil até 500 mil habitantes) passaram a crescer proporcionalmente mais que as grandes. Quanto às cidades pequenas (menos de 50 mil habitantes), em geral — salvo exceções —, elas crescem menos que as grandes e menos que as médias.

Veja na tabela abaixo a classificação das quinze principais regiões metropolitanas no que se refere à sua população, bem como o crescimento dessa população no período de 2000 a 2010.

Ranking das maiores regiões metropolitanas do Brasil				
Regiões metropolitanas	População em 2000	População em 2010	Posição	Crescimento de 2000 a 2010
São Paulo	20 279 627	22 433 448	1	10,6%
Rio de Janeiro	11 481 923	12 528 986	2	9,1%
Belo Horizonte	4 819 288	5 457 940	3	12,3%
Recife	3 337 565	4 375 642	4	10,3%
Porto Alegre	3 906 159	4 174 332	5	6,8%
Salvador	3 120 303	3 728 753	6	14,1%
Brasília	2 962 688	3 722 141	7	25,6%
Fortaleza	3 056 769	3 671 713	8	17,9%
Curitiba	2 768 394	3 184 709	9	14,4%
Campinas	2 338 148	2 883 245	10	19,5%
Goiânia/Anápolis	2 054 209	2 538 108	11	23,5%
Belém	2 107 581	2 461 102	12	16,7%
Manaus	1 472 987	1 892 981	13	28,5%
Grande Vitória	1 583 887	1 852 424	14	16,9%
Baixada Santista	1 476 820	1 663 082	15	12,6%

Fonte: IBGE. *Censo demográfico 2010.*

Texto e ação

1. Explique o que é metropolização.

2. Defina o que é área ou região metropolitana.

3. Observe atentamente o mapa "Brasil: regiões metropolitanas (2015)" e responda às questões:
   a) Qual é a fonte do mapa?
   b) Quantas regiões metropolitanas estão localizadas no mapa?
   c) A localização das regiões metropolitanas no território brasileiro chamou a sua atenção? Justifique sua resposta.

4. Consulte a tabela "*Ranking* das maiores regiões metropolitanas do Brasil", acima, e responda:
   a) Quais são as regiões metropolitanas que mais cresceram proporcionalmente de 2000 a 2010?
   b) Quais cresceram percentualmente menos?
   c) Você mora (ou residiu por algum tempo) em um município que faz parte de alguma área metropolitana? Qual? Se esse não é o seu caso, identifique a região metropolitana mais próxima do lugar onde você vive.
   d) Já viajou para conhecer alguma região metropolitana brasileira? Em caso afirmativo, identifique a cidade (e, se possível, o bairro) da região metropolitana visitada e conte a sua experiência para o professor e os colegas. Se tiver fotografias, mostre-as.

INFOGRÁFICO
Urbanização da humanidade

Onde vive a população mundial?
Durante mais de 99% da história da humanidade, a imensa maioria da população viveu no campo. No entanto, desde meados do século passado, a população mundial vem se urbanizando a um ritmo rápido. Em 2010, a maioria da população do globo passou a viver nas cidades, e, em 2050, segundo projeções da ONU, cerca de 70% da população mundial viverá no meio urbano.
Mas existem grandes diferenças espaciais: em alguns países, como Argentina, Bélgica, Israel, Kuwait, Luxemburgo, Catar e Cingapura, mais de 90% da população total vive no meio urbano; em outros, como Bangladesh, Índia, Níger, Moçambique, Paquistão e Serra Leoa, a maioria da população vive no meio rural, embora exista um processo de urbanização.

Taxa de urbanização é a proporção (percentagem) da população urbana em relação à população total de um país ou de uma região.

Taxa de urbanização

Taxa de urbanização

Percentual	Número de países por classe
0,0 a 35,0	49
35,1 a 50,0	38
50,1 a 70,0	58
70,1 a 90,0	52
90,1 a 100,0	29

Brasil: 84,4 Mundo: 51,6

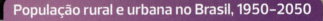

Adaptado de: IBGE. *Atlas do Censo de 2010*, Rio de Janeiro, 2013. Disponível em: <http://biblioteca.ibge.gov.br/index.php/biblioteca-catalogo?view=detalhes&id=264529>. Acesso em: 8 maio 2015.

A população do Brasil vem crescendo a um ritmo menor que no passado e, por volta de 2040, começará a decrescer, em consequência de um saldo negativo entre **nascimento + imigração − óbitos + emigração**.
A urbanização também deverá estabilizar-se entre 91% e 92% da população total vivendo em cidades.

População rural e urbana no Brasil, 1950–2050

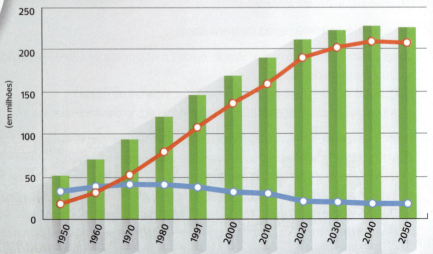

Adaptado de: IBGE, Recenseamentos gerais; UNITED NATIONS, Projeções do *World Urbanization Prospects*, 2014.

Cidades para milhões de pessoas

Segundo a ONU, em 2020, cerca de 600 cidades em todo o mundo terão pelo menos 1 milhão de habitantes, e quase 30 delas estarão no Brasil. Existirão mais de 30 aglomerações urbanas com pelo menos 10 milhões de habitantes — as chamadas megacidades — no mundo, e o Brasil continuará com duas: São Paulo e Rio de Janeiro. Com isso, o grande desafio é fornecer moradias decentes, sistema de transporte eficiente, segurança, eletricidade, água encanada e tratada, rede de esgotos, áreas verdes e de lazer, etc. para essa imensa população que se concentra cada vez mais em áreas urbanas.

Maiores aglomerações urbanas do mundo e do Brasil em 2015

(segundo projeções com base nos dados de 2010 e a taxa de crescimento de cada localidade entre 2000 e 2010)

Posição no *ranking* mundial	Aglomeração urbana*	População em 2015
1	Tóquio (Japão)	37 843 000
2	Jacarta (Indonésia)	30 539 000
3	Nova Délhi (Índia)	24 998 000
4	Manilha (Filipinas)	24 123 000
5	Seul (Coreia do Sul)	23 480 000
6	Xangai (China)	23 416 000
7	Karachi (Paquistão)	22 123 000
8	Pequim (China)	21 009 000
9	Nova York (Estados Unidos)	20 630 000
10	Guangzhou-Foshan (China)	20 597 000
11	São Paulo	20 365 000
26	Rio de Janeiro	11 727 000
88	Belo Horizonte	4 517 000
126	Porto Alegre	3 413 000
128	Fortaleza	3 401 000
132	Recife	3 347 000
136	Salvador	3 190 000
143	Curitiba	3 102 000
169	Campinas	2 645 000
180	Brasília	2 536 000

*Aglomeração urbana inclui a cidade principal e as demais a ela próximas e interligadas. Campinas, por exemplo, inclui a cidade principal e 19 municípios: Americana, Itatiba, Valinhos, Vinhedo, Hortolândia, Indaiatuba, etc.

Fonte: DEMOGRAPHIA WORLD URBAN AREAS: 11th Annual Edition: 2015. Disponível em <http://www.demographia.com/>. Acesso em: 8 maio 2015.

Aglomerados subnormais

No Brasil, o Recenseamento Geral de 2010 constatou que cerca de 11,5 milhões de pessoas viviam em "aglomerados subnormais", popularmente conhecidos como favelas, invasões, grotas, comunidades, mocambos, baixadas, ressacas ou palafitas, conforme a região. Em todo o mundo, segundo a ONU em 2010, 827 milhões de pessoas viviam em moradias precárias e irregulares ou em habitações sem as mínimas condições de higiene.

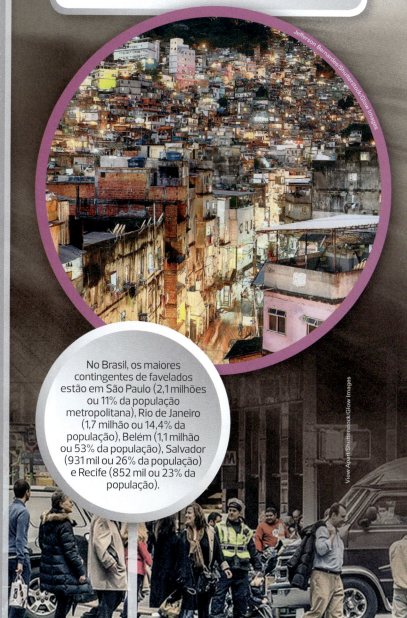

No Brasil, os maiores contingentes de favelados estão em São Paulo (2,1 milhões ou 11% da população metropolitana), Rio de Janeiro (1,7 milhão ou 14,4% da população), Belém (1,1 milhão ou 53% da população), Salvador (931 mil ou 26% da população) e Recife (852 mil ou 23% da população).

5 Rede urbana

Como vimos, a urbanização brasileira só começou no momento em que a indústria se tornou o setor mais importante da economia nacional. Assim, esse processo representa um dos aspectos da passagem de uma economia agrário-exportadora para uma economia urbano-industrial, o que só ocorreu no século XX e se intensificou a partir de 1950.

Com isso, o predomínio do campo sobre a cidade, que existia desde a época colonial, foi diminuindo cada vez mais. Os principais interesses econômicos e a maior parte da força de trabalho do país passaram a se localizar não mais no campo, mas no meio urbano. Por sinal, um dos aspectos da urbanização é que o campo se torna subordinado à cidade de várias maneiras.

Primeiro, ele fornece mão de obra e gêneros alimentícios para o meio urbano; agora não mais se comercializam apenas os **excedentes** nas cidades, como ocorria no período colonial, mas se produz essencialmente para o comércio urbano.

Excedente: o que sobra; o excesso.

Segundo, o setor agrário de exportação continua a ser importante para a economia nacional, contudo agora sua renda é utilizada principalmente para pagar as importações de maquinaria ou petróleo para o setor industrial (e a dívida externa, que, em grande parte, foi gerada por esse setor), e não mais para importar bens manufaturados de consumo, que já são fabricados internamente.

Por fim, certos insumos procedentes do meio urbano, como fertilizantes e adubos, além de crédito bancário e máquinas agrícolas, assumem importância cada vez maior. Portanto, o meio rural brasileiro não produz mais exclusivamente para o mercado externo, independente das cidades, como era regra até o fim do século XIX. A partir da industrialização, o meio rural passou a operar em função do meio urbano.

Hierarquia urbana

Além de passar a comandar o meio rural, do qual são "vizinhas" ou mesmo se localizam bem distantes, como no caso das metrópoles, as cidades também estabelecem entre si uma rede de relações na qual há uma hierarquia (isto é, quem é superior ou inferior, quem comanda ou é comandado), um sistema de relações econômicas e sociais em que umas cidades se subordinam a outras. Em geral, as cidades maiores polarizam as cidades menores.

Serra da Saudade (MG). Foto de 2011. Em 2014, a população estimada do município era de 822 habitantes.

Barreiras (BA). Foto de 2013. Em 2014, a população estimada do município era de 152 mil habitantes.

No Brasil existem milhares de cidades (ou municípios, pois toda cidade brasileira é sede de um município) — cerca de 5 570 em 2014 —, geralmente classificadas em pequenas, médias ou grandes, embora haja diferenças dentro de cada uma dessas categorias. As cidades pequenas ou locais são aquelas com até 50 mil habitantes. As médias têm de 50 mil a 500 mil; as grandes, mais de 500 mil habitantes. Costuma-se considerar metrópole uma cidade com mais de 1 milhão de habitantes. Veja as fotos da página anterior e ao lado.

As cidades pequenas, que existem em grande número (milhares), dependem das médias (centenas) ou das grandes. As cidades médias, por sua vez, subordinam-se às grandes e estas às metrópoles. Em outras palavras, a modernização do país, resultante do crescimento da economia urbano-industrial, produziu uma divisão territorial do trabalho, tecendo uma verdadeira rede na qual existe uma subordinação do campo à cidade, bem como das cidades menores às maiores.

Uberlândia (MG), em 2014. A população estimada nesse ano era de 654 mil habitantes.

Metrópoles

No topo do sistema integrado de cidades, situam-se as duas **metrópoles globais** do país: São Paulo e Rio de Janeiro. São Paulo também é chamada, pelo IBGE, de **grande metrópole nacional**, para diferenciá-la das outras duas **metrópoles nacionais**: Rio de Janeiro e Brasília.

Rio de Janeiro (RJ), uma das duas metrópoles globais do país. Foto de 2014.

São Paulo (SP), uma das duas metrópoles globais do país. Foto de 2014.

Essas três metrópoles, cada uma à sua maneira, polarizam (isto é, exercem influência, fazem convergir para si) praticamente todo o território brasileiro e, mais além, exercem forte influência sobre parte da América do Sul e até da África. Elas praticamente comandam a vida econômica, política e social da nação com suas indústrias, universidades e centros de pesquisas científicas e tecnológicas, bancos, bolsas de valores, mídia, grandes estabelecimentos comerciais, serviços públicos, etc. No nível mundial, elas são polarizadas apenas pelas maiores metrópoles globais do mundo: Nova York, Londres, Tóquio e outras.

Logo abaixo das metrópoles nacionais, e acima de todas as outras cidades, há oito metrópoles, ou **metrópoles regionais**, isto é, grandes cidades que, de uma forma ou de outra, polarizam imensas regiões dentro do território nacional: Porto Alegre, Curitiba, Belo Horizonte, Salvador, Recife, Fortaleza, Goiânia e Manaus.

Nessa escala hierárquica da rede urbana brasileira aparecem, na sequência, setenta **capitais regionais**, cidades que, ainda que sejam polarizadas pelas anteriores, polarizam uma extensa região: Campinas, Florianópolis, São Luís, Natal, Aracaju, Vitória, João Pessoa, Santos, Maceió, Londrina e inúmeras outras. Em seguida, temos os 169 **centros regionais**, ou **sub-regionais**, que, geralmente, são polarizados por uma metrópole regional (além das nacionais e globais) e, por sua vez, polarizam uma boa parte da região comandada pela metrópole regional. Como exemplos desses centros, temos Garanhuns (PE), Floriano (PI), Ourinhos (SP), Lages (SC), Santa Rosa (RS), Catanduva (SP), Corumbá (MS) e Paritins (AM), entre vários outros.

Depois dos centros regionais, vêm os **centros de zona**, em número de 556, entre os quais temos Aparecida (SP), Brasileia (AC), Monte Carmelo (MG), São Félix do Araguaia (MT), Canindé (CE), Limoeiro (PE), etc. Por fim, os **centros locais** (cerca de 4 500), ou pequenas cidades, cuja atuação não vai além da área de seu município. Em geral, as cidades locais têm uma população inferior a 10 mil habitantes. Como se vê, a imensa maioria das cidades brasileiras possui menos de 10 mil habitantes e, se estivessem na Europa, seriam consideradas apenas vilas ou aglomerados rurais, e não cidades.

102 Capítulo 5 • Urbanização

Brasil: urbanização e rede urbana

Adaptado de: IBGE. Atlas geográfico escolar. 6. ed. Rio de Janeiro, 2012.

Texto e ação

1. O que é rede urbana? O que isso tem a ver com hierarquia? Explique com suas palavras.

2. No Brasil, as cidades geralmente são classificadas em pequenas, médias ou grandes, embora existam diferenças dentro de cada uma dessas categorias. Em que situação uma cidade é considerada pequena, média ou grande?

3. Classifique, na rede urbana brasileira, a cidade onde você mora:
   - É uma metrópole (global, nacional ou regional)?
   - É uma capital ou um centro regional?
   - É uma cidade local?
   - Qual(is) cidade(s) poliariza(m) a sua?
   - Qual(is) cidade(s) ou vila(s) é (são) polarizada(s) por ela?

4. Responda às questões:
   a) Por que São Paulo, Brasília e Rio de Janeiro são consideradas metrópoles nacionais?
   b) O que são centros regionais? Cite alguns exemplos.

5. Analise o mapa "Brasil: urbanização e rede urbana", acima, observando o título, a legenda, a escala e a rosa dos ventos. Em seguida, consulte o traçado das rodovias em um mapa político ou em um atlas e responda: qual é a relação entre o traçado das rodovias e a localização das três metrópoles nacionais?

Unidade 2 • Brasil: utilização do espaço

6 Problemas sociais urbanos

O processo de urbanização do Brasil, fruto de uma industrialização tardia em uma sociedade na qual a renda está muito concentrada nas mãos de uma minoria, trouxe uma série de problemas urbanos. Esses problemas, na maior parte, são ocasionados por vários fatores: a rápida urbanização; o tipo de desenvolvimento econômico no qual a distribuição social da renda é extremamente concentrada, o que gera muitos bolsões de pobreza no país e, em especial, nas periferias das grandes cidades; e relativo descaso do poder público — federal, estadual e municipal —, que geralmente prefere investir em outros setores e não resolver os problemas de moradia, transportes ou serviços urbanos (segurança, tratamento e encanamento da água, rede de esgotos, asfaltamento das vias públicas, etc.).

Moradia popular

A carência de moradias populares é um dos graves problemas do Brasil atual. As favelas vêm aumentando em número e população nos grandes centros urbanos — e até mesmo nos médios — de forma significativa desde a década de 1950. Algumas vezes, desocupa-se uma favela para a construção de uma obra no terreno, e parte da sua população é transferida para conjuntos habitacionais construídos com recursos públicos. No entanto, o aparecimento de novas favelas e o crescimento das já existentes sempre ocorrem em ritmo bem mais acelerado.

O mesmo acontece com os cortiços, que são moradias nas quais se amontoam diversas famílias em um espaço reduzido. Eles também tiveram seu número multiplicado nas últimas décadas. Além disso, a maioria da população transferida para conjuntos habitacionais acaba retornando às favelas e aos cortiços (ou às casas precárias na periferia), pois o desemprego e o subemprego inviabilizam o pagamento das prestações da moradia. Assim, os conjuntos habitacionais construídos para abrigar populações de baixa renda acabam, muitas vezes, servindo à classe média empobrecida.

Favela da Maré no Rio de Janeiro (RJ), com água poluída. Foto de 2014.

Um outro tipo de habitação popular que vem se multiplicando nos grandes centros urbanos do país, especialmente na Grande São Paulo, é a casa própria construída pelo trabalhador com a ajuda de familiares e amigos em um lote de terra comprado na periferia da cidade. A construção pode demorar vários anos, e o material (tijolos, cimento, encanamento, tinta, etc.) vai sendo adquirido aos poucos, com recursos da pequena **poupança** que a família se obriga a fazer para esse fim, muitas vezes deixando de se alimentar adequadamente.

Poupança: parte dos rendimentos que uma pessoa economiza, ou seja, deixa de gastar.

Transporte coletivo e infraestrutura urbana

A carência e a precariedade do transporte coletivo — ônibus, trens ou metrô — são outros dois grandes problemas das metrópoles brasileiras, aliados à insuficiência da infraestrutura urbana: água encanada e tratada, pavimentação de ruas, iluminação e eletricidade, rede de esgotos e de telefonia, etc. Embora a cada ano aumente a área atendida por esses serviços, o rápido crescimento da mancha urbana, ou área construída, torna-os sempre insuficientes. No estado de Minas Gerais, por exemplo, em 2010 cerca de 13% dos domicílios não eram servidos por rede de água encanada e 32% não tinham rede de esgotos; no Maranhão essas porcentagens eram de 33% e 88%; em Rondônia, de 60% e 95%.

A insuficiência dos recursos aplicados na infraestrutura decorre não apenas da rápida expansão das cidades, especialmente das grandes e médias, mas também da existência de terrenos baldios ou espaços ociosos. Como a terra, sobretudo no meio urbano, constitui um bem imóvel que costuma se valorizar com o tempo, muitos proprietários deixam áreas enormes sem uso à espera de um bom negócio. É comum as empresas imobiliárias, ao realizar um loteamento na periferia, onde ainda não existem grandes ofertas de serviços de infraestrutura, deixarem um espaço de terra sem lotear entre a área que estão vendendo e o bairro mais próximo. Após a fixação da população na área loteada, ocorrerão reivindicações para que o local seja provido de infraestrutura. Quando isso acontecer, os espaços ociosos serão vendidos ou loteados com um lucro bem maior.

A isso chamamos de **especulação imobiliária**. Ela beneficia um grupo reduzido de pessoas e prejudica a maioria da população, pois agrava a carência de infraestrutura, além de levar os moradores da periferia para locais cada vez mais distantes do centro da cidade.

Passageiros numa estação de metrô no Rio de Janeiro (RJ). Foto de 2014.

Violência urbana

Outro problema urbano que vem se expandindo no Brasil é a violência urbana. Trata-se da violência concentrada nas cidades, em especial nas grandes e médias: roubos e furtos, assassinatos, estupros, sequestros, agressões, violência no trânsito, entre outros casos.

A impunidade é um dos principais fatores responsáveis pela multiplicação dos crimes e da violência em nossa sociedade. Existe no país um sistema judiciário lento e de má qualidade, que, indiretamente, incentiva o crime quando não pune culpados, ou pune apenas os mais humildes. Além disso, a força policial no país costuma ser despreparada para combater o crime, autoritária e, algumas vezes, até mesmo corrupta.

Não podemos ainda esquecer o fator desemprego, que leva muitas pessoas a cometerem atos criminosos. Boa parte dos desempregados está concentrada nas metrópoles brasileiras.

Observe o mapa ao lado. Ele mostra as taxas de homicídio na população brasileira em cada estado.

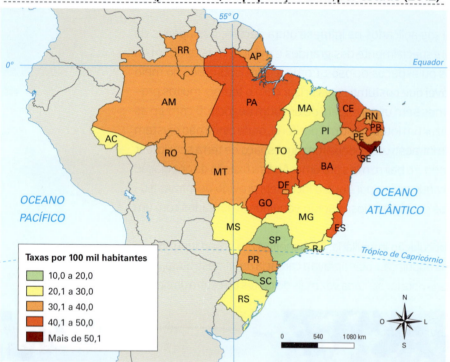

Brasil: taxas de homicídio (por 100 mil) na população total, por estado (2012)

Taxas por 100 mil habitantes
- 10,0 a 20,0
- 20,1 a 30,0
- 30,1 a 40,0
- 40,1 a 50,0
- Mais de 50,1

Adaptado de: WAISELFISZ, Julio Jacobo. *Mapa da violência 2014*: os jovens do Brasil. Brasília: Secretaria-Geral da Presidência da República. Secretaria Nacional de Juventude. Secretaria de Políticas de Promoção da Igualdade Racial, 2014. Disponível em: <www.mapadaviolencia.org.br/pdf2014/Mapa2014_jovensBrasil_Preliminares.pdf>. Acesso em: 23 mar. 2015.

Texto e ação

1. A respeito dos problemas urbanos no Brasil, realize as seguintes atividades:
   a) Faça uma lista com os problemas urbanos mais comuns em diversas cidades do Brasil.
   b) Responda:
      - Quais dos problemas listados mais afetam a cidade onde você mora?
      - Qual deles é o mais grave e como poderia ser resolvido?

2. Considerando as ideias apresentadas no item que acabamos de estudar, responda:
   a) Que tipo de habitação popular se multiplicou muito nas últimas décadas nos grandes centros urbanos do país, especialmente na Grande São Paulo? Como se caracteriza esse tipo de construção?
   b) Como você explicaria o que é especulação imobiliária?
   c) O que é violência urbana?

3. Observe o mapa "Brasil: taxas de homicídio (por 100 mil) na população total, por estado (2012)" e escreva um pequeno comentário sobre ele. No seu texto, não se esqueça de considerar a situação de violência no estado onde você mora.

Atividades finais

+ Ação

1. Leia o texto e faça o que se pede.

   Seca na Região Metropolitana de São Paulo

   [...] "Sempre nos lembramos do boom populacional das décadas de 1950 e 1960, mas esquecemos do brutal aumento da população entre o fim do século XIX e a década de 1940", diz Ricardo Toledo Silva, professor da Faculdade de Arquitetura e Urbanismo da Universidade de São Paulo (FAU-USP) e pesquisador em gestão integrada da infraestrutura hídrica urbana e saneamento. Os registros indicam que o impacto dos dois fatores – seca mais crescimento populacional – provocou falta de água em outras épocas na região. "Entre 1874 e 1900 a capital teve sua população aproximadamente multiplicada por 10 (de 23 253 para 239 820 pessoas), e entre 1874 e 1940, por 57 (de 23 253 para 1 326 261)", conta Toledo. "É um salto muito grande. Havia menos gente do que hoje, mas todos conviviam em áreas pequenas." O crescimento descontrolado dos núcleos urbanos degrada o ambiente, impermeabiliza o solo, cria ilhas de calor, ocupa zonas ribeirinhas e afeta a precipitação de chuva.

   [...]

   A atual [seca], de 2014, promete ser a pior de todas, desde que as medições começaram a ser feitas na Região Metropolitana de São Paulo – RMSP, em 1930.

   [...]

   "Para evitar a falta de água são necessárias medidas estruturais de longo prazo, como um novo ordenamento territorial urbano e também regional, à parte as obras de infraestrutura hídrica", diz Toledo. Antes limitado à pequena província de São Paulo, no século XIX, agora o planejamento envolve toda a macrometrópole paulista, que engloba 180 municípios – incluindo a capital –, onde vivem 31 milhões de pessoas. Foi feito um Plano Diretor de Aproveitamento dos Recursos Hídricos para a Macrometrópole Paulista, cujos relatórios finais estavam prontos em outubro de 2013. O estudo aponta para a necessidade de criação de novos sistemas de captação e reserva, maior controle de perdas, uso racional da água e adoção de seu reúso.

   MARCOLIN, Neldson. *Seca na metrópole*. Disponível em: <http://revistapesquisa.fapesp.br/wp-content/uploads/2014/10/086-087_Memoria_224-2.pdf>. Acesso em: 20 nov. 2014.

   Responda às questões:
   a) Ocorreu falta de água em São Paulo nos séculos XIX e XX? Por quê?
   b) A cidade de São Paulo, inicialmente, e a Região Metropolitana de São Paulo, depois, podem ser apontadas como exemplo de "crescimento descontrolado dos núcleos urbanos"? Explique.
   c) Cite as consequências que tal crescimento descontrolado provocou (e provoca) em São Paulo. Destaque pelo menos uma que foi estudada nesse capítulo.
   d) Que medidas devem ser tomadas tendo em vista evitar a falta de água? Você já está participando ativamente dessa tarefa? E sua família? Como?
   e) A partir da leitura do texto, é possível pensar que as secas ocorrem apenas em regiões áridas e semiáridas? Justifique.

2. Sobre a presença das ilhas de calor na Amazônia, leia o texto abaixo e faça o que se pede.

   Ilhas de calor em Manaus e Belém

   Polos de desenvolvimento da Amazônia brasileira, encravadas na imensa, quente e úmida floresta tropical, Manaus e Belém começam a apresentar alterações climáticas típicas das grandes cidades. Entre 1961 e 2010, a temperatura média da capital amazonense aumentou 0,7° grau Celsius (°C) e atingiu 26,5 °C, segundo levantamento do Instituto Nacional de Pesquisas Espaciais (Inpe). No mesmo período, a temperatura média da capital paraense subiu 1,51 °C e alcançou 26,3 °C. Em ambos os casos, a elevação se deve principalmente ao crescimento da área urbanizada das cidades, processo que se acentuou nas duas últimas décadas, embora efeitos mais globais, ligados às mudanças climáticas de grande escala, também possam ter tido algum *impacto sobre esse índice. Em 1973, as áreas urbanas de Manaus e da Região Metropolitana de Belém eram, respectivamente, de 91 e 76 quilômetros quadrados. Em 2008, esses números haviam subido para 242 e 270 quilômetros quadrados [...].*

Com mais prédios, concreto e asfalto tomando o lugar da vegetação nativa, o chamado efeito ilha urbana de calor, fenômeno conhecido há tempos por paulistanos e cariocas, também apareceu com força nas duas principais capitais da região Norte. Numa mesma hora do dia, a temperatura nas áreas dessas cidades mais densamente povoadas e ocupadas por construções e edifícios é consistentemente maior do que nas zonas rurais próximas, onde a floresta se mantém preservada. Os dados sobre ilhas de calor são mais nítidos no caso de Manaus, hoje a sétima cidade brasileira mais populosa, com mais de 1,8 milhão de habitantes, à frente de capitais do Nordeste, como Recife, e do Sul, como Porto Alegre e Curitiba. A diferença de temperatura entre as partes mais urbanizadas da metrópole amazonense e uma área de floresta distante cerca de 30 quilômetros, a Reserva Biológica do Cuieiras, atinge picos de mais de 3 °C em 5 dos 12 meses do ano.

PIVETTA, Marcos. Ilha de calor na Amazônia. Disponível em: <http://revistapesquisa.fapesp.br/2012/10/11/ilha-de-calor-na-amazonia/>. Acesso em: 20 nov. 2014.

a) Consultando um mapa político do Brasil, localize as duas capitais da Amazônia citadas no texto.

b) Responda às seguintes questões:
- Que modificações climáticas ocorreram em Manaus e Belém entre 1961 e 2010? Explique o que as provocou.
- Que consequência tais modificações acarretaram nessas cidades?
- O que mais chamou a sua atenção no texto?

3. As cidades possuem o seu centro e muitas podem ter mais de um centro.

a) Você conhece o centro (ou centros) da cidade onde mora?

b) Pense na área central de sua cidade e registre no caderno:
- nome de praças e ruas principais;
- como é o movimento dos veículos e das pessoas;
- o que existe de importante ou de interessante;
- como são as construções;
- esse local é o centro desde a fundação da cidade ou é um centro novo? Neste último caso, o que aconteceu com o centro velho?

c) Se necessário, visite a área central de sua cidade para verificar os dados que você não conhecia ou dos quais não se lembrava.

4. A paisagem urbana é marcada por vias de circulação, ruas, avenidas, por onde transitam veículos e pessoas. E por falar em veículos e pessoas, veja, no texto que segue, o que a Sociedade Brasileira de Ortopedia e Traumatologia Regional Santa Catarina (SBOT-SC) constatou em 2013.

Acidentes de trânsito correspondem, em média, a 53% do atendimento dos hospitais públicos de Santa Catarina

O aumento de casos relacionados a ortopedia e traumatologia ainda ocorre em sua maioria por imprudência.

Os acidentes ainda são o principal reflexo e problema da falta de atenção e respeito no trânsito. De acordo com as estatísticas dos hospitais, com o relato dos profissionais de saúde e dos próprios acidentados, a maioria dos acidentes continua envolvendo motocicletas, homens e jovens, entre 20 e 35 anos. Muitos deles ocorrem por imprudência e o depoimento dos envolvidos acaba sendo comum, de que nunca imaginaram que podiam sofrer um acidente, até que aconteceu. E só após o ocorrido tomaram consciência da importância do tema.

Os médicos que atuam nas emergências diariamente perdem as contas de quantos atendimentos de acidentes relacionados ao trânsito fazem e apontam a situação como uma epidemia, em que a vacina e cura só estão disponíveis na educação e com mudanças radicais na mobilidade urbana.

Libório Soncini, médico cirurgião e diretor do Hospital Celso Ramos, com 35 anos de experiência em emergência, afirma que há 20 anos só 10% dos atendimentos nos hospitais eram de pessoas acidentadas. Hoje esse mesmo grupo corresponde a 53% dos atendimentos, sendo que destes 90% são acidentes com motocicletas. "Hoje o hospital é que está tratando desta epidemia não causada pela saúde, mas a vacina não está conosco. Há outras doenças para serem tratadas, mas os acidentados ocupam mais da metade do hospital. Por patologia e individualmente são o maior custo do hospital."

Disponível em: <http://sbotsc.org.br/index.php?q=acidentes%20de%20transito>. Acesso em: 23 nov. 2014.

a) Resuma o texto, considerando os seguintes aspectos: o que provoca os acidentes; o veículo predominante; o público mais atingido (sexo e faixa etária); o aumento percentual nos últimos vinte anos (1993-2013); o ponto de vista dos médicos e as soluções que indicam.

b) Dos elementos mencionados anteriormente, cite um que você pode relacionar com o que já aprendeu no Capítulo 3 deste livro.

c) Há alguma relação entre o tema deste texto com a sua vida, de sua família ou de seus vizinhos? Qual? Explique.

5. Pesquise em jornais ou revistas algumas paisagens urbanas do Brasil. Na data marcada pelo professor, traga fotos das paisagens escolhidas para a classe. Nessa data, o professor vai dividir a classe em grupos para orientar as seguintes atividades:

- Escolher algumas paisagens e colar o material em uma cartolina.
- Com base no material elaborado, responder às seguintes questões:
    a) Como as construções estão distribuídas?
    b) Existem ruas ou avenidas? São largas ou estreitas? O que você observou nas ruas?
    c) Há ruas arborizadas? Existem praças ou jardins?
    d) Com que outros elementos o solo foi ocupado?
    e) Como você descreveria a paisagem urbana?
    f) Existe alguma semelhança entre as paisagens escolhidas e o lugar onde você vive? Justifique sua resposta.

De olho na imagem

1. Vendendo frutas, roupas ou produtos vindos da China, é grande o número de vendedores ambulantes nas paisagens urbanas, principalmente dos municípios mais populosos do Brasil.
    a) Observem a imagem.

Vendedor ambulante em praia de Florianópolis (SC). Foto de 2015.

b) Respondam às questões:
- Nas paisagens urbanas do município onde vocês moram há vendedores ambulantes como o retratado na foto? Há outros tipos de trabalhadores ambulantes?
- Na opinião da dupla, há dificuldades no trabalho realizado nas ruas e nas calçadas das cidades? Quais?

c) Comentem o texto a seguir:

> As atividades dos trabalhadores de rua não são reconhecidas pelos órgãos públicos. Fazem parte da chamada economia informal, que também inclui os empresários, isto é, aqueles que produzem as mercadorias e os serviços. Assim, a economia informal se relaciona à economia formal por meio da produção, comercialização e distribuição de mercadorias e serviços. Porém, os trabalhadores e os empresários da economia informal não contam com os direitos legais estabelecidos pelos órgãos do Estado. A economia informal urbana tende a acompanhar a crescente urbanização da humanidade, sobretudo nos países subdesenvolvidos.

Adaptado de: KREIN, José Dari; PRONI, Marcelo Weishaupt. *Economia informal:* aspectos conceituais e teóricos. Disponível em: <www.oitbrasil.org.br/sites/default/files/topic/employment/pub/economia_informal_241.pdf>; IBGE. *Economia Informal Urbana 2003.* Disponível em: <www.ibge.gov.br/home/estatistica/economia/ecinf/2003/ecinf2003.pdf>. Acesso em: 23 nov. 2014.

Unidade 2 • Brasil: utilização do espaço

2. Muitos arquitetos se dedicam ao estudo e a pesquisas dos fenômenos urbanos. Carla Caffé, arquiteta que trabalha com desenho, teatro, publicidade e cinema, parou para observar de que é feita a cidade de São Paulo.

a) Vejam um dos desenhos da artista:

Minhocão, desenho de Carla Caffé publicado no livro *São Paulo na linha* (São Paulo: DBA, 2000).

b) Respondam às questões:
- Na opinião da dupla, por que a artista elaborou seu trabalho em preto e branco?
- Que elementos inspiraram a obra da artista?
- Que visão de cidade a artista quis passar?

3. O lixo é um dos maiores problemas ambientais do mundo e também dos municípios brasileiros.

a) Observem a imagem.

Caminhão de coleta seletiva de lixo em Brasília (DF). Foto de 2014.

b) Agora respondam:
- Há serviço de coleta de lixo no município onde vocês moram?
- Na opinião da dupla, o trabalho do coletor de lixo é perigoso? Por quê?

c) A coleta seletiva é um tipo de coleta no qual o lixo é separado de acordo com o material de que é feito (papel, vidro, plástico, alumínio, etc.), que poderá ser reaproveitado ou reciclado, isto é, transformado em outros produtos.

Leiam alguns cuidados que devemos ter ao embalar o lixo para a coleta regular ou a coleta seletiva.
- Objetos cortantes como vidros, copos, lâmpadas e louças devem ser enrolados em papéis (jornais, revistas ou papelão).
- O mesmo cuidado deve ser tomado com as tampas serrilhadas de latas de conserva. Sempre que puder, dobre-as para dentro. Embale também pregos, parafusos, lascas de madeira e agulhas.

Outro problema para os coletores de lixo são os cães das residências. Vejam alguns cuidados que devem ser tomados:
- Não pendure o saco de lixo pelo lado de dentro do portão para evitar que o cão morda o coletor.
- Evite deixar o portão entreaberto e os animais soltos na rua. Coloque o lixo fora de casa somente nos horários próximos da passagem do caminhão.

d) Pensem e registrem no caderno outras ações que podemos ter para que os coletores de lixo trabalhem com mais segurança e rapidez.

e) Conversem sobre a charge a seguir. No texto produzido pela dupla comentem se é possível observar, no município onde vocês moram, a situação criticada na charge.

4. Leia o texto, observe o mapa e faça o que se pede.

A precariedade urbana: habitações irregulares em São Paulo

Certas cidades podem ser "lidas" como um retrato e como um mapa. Como retrato, no processo de favelização visível nas últimas décadas, com barracos informais, construções irregulares e puxadinhos improvisados, onde vivem "invisíveis" milhares de habitantes galgados nas fronteiras imaginárias das cidades brasileiras. Como mapa, nos levantamentos geográficos, com análise de estatísticas rigorosas e cruzamentos de informações de outras pesquisas, detalhando a localização e as condições dos "assentamentos precários" nos territórios. Essa foi a proposta do Diagnóstico dos assentamentos precários nos municípios da macrometrópole paulista [...].

[...]

SAYURI, Juliana. *Macrometrópole movediça*. Disponível em: <http://revistapesquisa.fapesp.br/wp-content/uploads/2014/07/pg082-085.pdf>. Acesso em: 21 nov. 2014.

a) Podemos dizer que, ao estudarmos os problemas urbanos, nós "lemos" as cidades brasileiras "como um retrato e como um mapa"? Por quê?

b) Ao apresentar o *Diagnóstico dos assentamentos precários nos municípios da macrometrópole paulista*, Juliana Sayuri usa o termo movediça. Você concorda com o uso desse adjetivo para qualificar o que acontece na macrometrópole paulista, do ponto de vista da moradia? Explique.

c) Observe atentamente o mapa abaixo elaborado pela equipe responsável por esse diagnóstico e responda às questões:

- Quantas são e quais são as regiões metropolitanas que essa equipe identificou no estado de São Paulo?
- Considerando a legenda, o que você concluiu sobre os assentamentos precários?

Retrato da precariedade

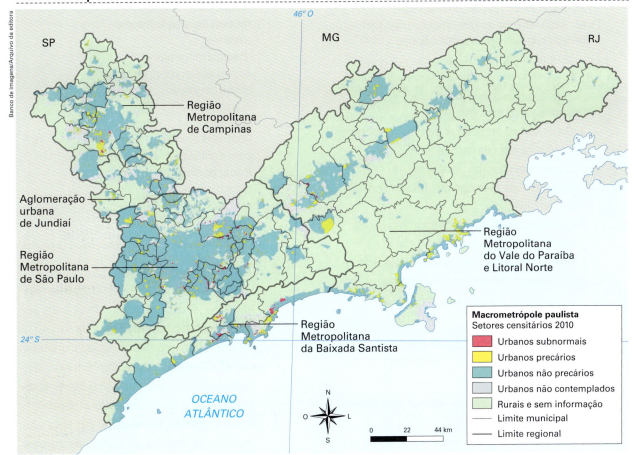

Adaptado de: <http://revistapesquisa.fapesp.br/wp-content/uploads/2014/07/pg082-085.pdf>. Acesso em: 28 jan. 2015.

Unidade 2 • Brasil: utilização do espaço

Conexões

ATIVIDADES INTERDISCIPLINARES

HISTÓRIA E LÍNGUA PORTUGUESA

1. Leia atentamente a letra da canção abaixo. Depois, realize as atividades propostas.

Metrópole

"É sangue mesmo, não é mertiolate"
E todos querem ver
E comentar a novidade.
"É tão emocionante um acidente de verdade"
Estão todos satisfeitos
Com o sucesso do desastre:
Vai passar na televisão
"Por gentileza, aguarde um momento.
Sem carteirinha não tem atendimento –
Carteira de trabalho assinada, sim, senhor.
Olha o tumulto: façam fila, por favor.
Todos com a documentação.
Quem não tem senha não tem lugar marcado.
Eu sinto muito, mas já passa do horário.
Entendo seu problema, mas não posso resolver:
É contra o regulamento, está bem aqui, pode ver.
Ordens são ordens.
Em todo caso já temos sua ficha.
Só falta o recibo comprovando residência.
Pra limpar todo esse sangue, chamei a faxineira –
E agora eu vou indo senão perco a novela
E eu não quero ficar na mão".

RUSSO, Renato. Metrópole. Intérprete: Renato Russo. In: LEGIÃO URBANA. *Dois*. São Paulo: EMI, 1986. 1 LP. Faixa 7.

a) Responda às questões:
- Quais são os problemas de uma metrópole citados na letra da canção?
- O que mais chamou a sua atenção?
- Que visão de metrópole é passada na letra da canção?
- Que outro título você daria para essa canção? Por quê?

b) Escolha uma região metropolitana do Brasil e pesquise o roteiro proposto no quadro.

Nome da região metropolitana	
Nome dos municípios que formam a região metropolitana	
População dos municípios em 2010	
Principais problemas sociais	

LÍNGUA PORTUGUESA

2. No Brasil, algumas cidades têm sérios problemas de engarrafamentos originados, muitas vezes, do grande número de veículos particulares e da precariedade do transporte coletivo.

a) Veja a foto da página 88:
b) Analise o texto e o poema a seguir.

Engarrafamento significa perda de tempo, consumo excessivo de combustível, poluição atmosférica, stress, prejuízos diversos, falta de planejamento urbano, deficiência do transporte coletivo, ausência de consciência ambiental e uma desregrada utilização dos recursos naturais envolvidos na cadeia produtiva automotiva.

MEIO ambiente engarrafado. Disponível em: <www.vivaitabira.com.br/viva-colunas/index.php?IdColuna=297>. Acesso em: 21 nov. 2014.

Engarrafamento

Nada a fazer
no meio do engarrafamento
a não ser
desamarrar os nós
do pensamento e se deixar levar
para a longínqua
Transilvânia,
Atlântida,
Pasárgada
para o galho mais alto de um sonho.
E de lá de cima,
olhar o mundo
com profunda
paciência.

MURRAY, Roseana. *Paisagens*. Belo Horizonte: Lê, 2005.

c) Responda às questões:
- O texto e o poema tratam de engarrafamento no trânsito. Qual deles reflete mais sua opinião sobre o assunto?
- No município onde você mora, acontecem engarrafamentos de trânsito? Em caso afirmativo, como você e seus familiares se comportam durante um congestionamento?
- Em sua opinião, o que pode ser feito para diminuir os engarrafamentos nas grandes cidades?

Capítulo 5 • Urbanização

HISTÓRIA E LÍNGUA PORTUGUESA

3. A respeito das favelas, que tal conhecer o ponto de vista daquele que é considerado o maior poeta brasileiro do século XX? Leia a crônica abaixo e faça o que se pede.

> Urbaniza-se? Remove-se? [...] O tempo gasto em contá-las, é tempo de outras surgirem. [...] Enquanto se contam, ama-se em barraco e a céu aberto, novos seres se encomendam ou nascem à revelia. Os que mudam, os que somem, os que são mortos a tiros são logo substituídos. Onde haja terreno vago. Onde ainda não se erguem um caixotão de cimento esguio (mas se vai erguer) surgem fumaça de lenha em jantar improvisado... Extingue-se a pau e a fogo? Que fazer com tanta gente brotando do chão, formigas de um formigueiro infinito? Ensinar-lhes paciência, conformidade, renúncia? Cadastrá-los e fichá-los para fins eleitorais? Prometer-lhes a sonhada, mirífica, rósea fortuna distribuição (oh!) de renda? Deixar tudo como está, para ver como é que fica? Em seminários, simpósios, comissões, congressos, cúpulas de alta prosopopeia elaborar a perfeita e divina decisão? [...] Um som de samba interrompe tão sérias indagações e cada favela extinta ou bairro transformada com direito a pagamento de Comlurb, ISS, Renda, outra aparece, larvar, rastejante, insinuante, grimpante, desafiante de gente qual gente: amante, esperante, lancinante... O mandamento da vida explode em riso e ferida.
>
> ANDRADE, Carlos Drummond de. Crônica das favelas nacionais. Rio de Janeiro, *Jornal do Brasil*, 06/10/1979.

a) Procure no dicionário o significado das palavras que você desconhece.
b) Identifique aquele que é considerado o maior poeta brasileiro do século XX. Você já havia lido algo publicado por ele? O quê?
c) Algo chamou a sua atenção na crônica? Por quê?
d) A situação que o poeta retratou em 1979 mudou radicalmente depois? Comente.

ARTE E HISTÓRIA

4. No Brasil, a maioria das pessoas mora em cidades. O espaço da cidade, também chamado de espaço urbano, é uma construção dos grupos sociais.

a) Observe as obras reproduzidas abaixo.

Detalhe de *Viaduto do Chá: centro de São Paulo* (1982), óleo sobre tela de Agostinho Batista de Freitas.

São Paulo (1924), óleo sobre tela de Tarsila do Amaral.

b) Responda às questões:
- De que pintura você mais gostou e por quê?
- Existe alguma semelhança entre as paisagens retratadas e o lugar onde você vive? Justifique sua resposta.
- Em sua opinião, como eram a vida e o trabalho das pessoas de cada um dos lugares pintados pelos artistas?

c) Dê outros títulos às pinturas.
d) Para conhecer outras obras de Tarsila do Amaral e de Agostinho Batista de Freitas, você pode acessar, respectivamente, os *sites* <www.tarsiladoamaral.com.br> e <http://cultura.culturamix.com>.

Unidade 2 • Brasil: utilização do espaço

Capítulo 6
Meio rural

Neste capítulo, vamos estudar o espaço rural brasileiro e conhecer as principais atividades desenvolvidas no campo. Vamos examinar como o campo, o meio rural, vem sendo transformado nas últimas décadas e verificar como é o uso da terra rural no Brasil.

Hotel-fazenda em São José do Vale do Rio Preto (RJ). Foto de 2014.

Usina de açúcar e álcool em Valparaíso (SP). Foto de 2014.

Para começar, observe as imagens acima e responda às seguintes questões:

1. Que elementos do campo você identifica nas paisagens fotografadas?
2. Existem nessas fotografias elementos que antigamente não eram vistos no espaço rural, mas apenas no espaço urbano. Quais são eles? Em sua opinião, por que isso acontece?

1 O novo rural brasileiro

Muitas pessoas confundem rural com agrário, que são duas coisas interligadas, porém distintas. O rural diz respeito ao campo, ao espaço não urbano, ao passo que o agrário se refere às atividades chamadas **primárias**: agricultura, pecuária e extrativismo. Essas atividades são realizadas em geral no meio rural, embora possam eventualmente ser encontradas nas cidades (em chácaras dentro do perímetro urbano, em quintais, em algumas áreas urbanas periféricas). São atividades voltadas para a produção de alimentos para a população (ou para o gado) e à produção de matérias-primas a serem transformadas pela atividade secundária (a indústria). Portanto, não se deve confundir rural com agrário, apesar de quase sempre estarem associados.

O espaço rural, principalmente nos dias atuais, não sedia apenas atividades agrárias. Nele também se localizam outras atividades, que vêm se multiplicando nas últimas décadas: hotéis-fazendas, turismo rural e ecológico, clínicas de repouso (spas), colônias de férias, fábricas ou condomínios isolados, comércio de pequeno porte, etc. É provável que, nos próximos anos (as estatísticas indicam que isso ocorrerá entre 2015 e 2020), a maior parte da população do meio rural brasileiro se dedique a atividades não agrárias, pois o crescimento desse tipo de emprego tem ocorrido em um ritmo bem maior do que o das atividades propriamente agrárias. Esse é o chamado "novo rural brasileiro".

Um elemento importante nesse novo rural é a expansão do **agronegócio** (do inglês *agribusiness*, "negócios agrícolas"), que consiste numa integração entre as atividades primárias e o setor industrial. Em um sentido mais amplo — tal como foi criado nos Estados Unidos da América —, o termo designa toda uma cadeia ou um sistema integrado de produções (adubos, fertilizantes, cereais, máquinas agrícolas, criações de animais, etc.) que dependem umas das outras.

Em um sentido mais restrito, bastante empregado no Brasil, o agronegócio refere-se especificamente às indústrias cujos produtos têm por base um produto agrícola, como, por exemplo, a indústria de:

- *cigarros*, baseada no cultivo do fumo;
- *bebidas*, que utiliza cana-de-açúcar, cevada, uva, etc.;
- *óleos comestíveis*, que beneficia a oliva, a soja, o girassol, a canola e outros produtos agrícolas;
- *calçados*, que usa o couro;
- *laticínios*, que fabrica queijos, iogurtes, manteiga e outros produtos derivados do leite;
- *beneficiamento de carnes diversas*, que produz salsichas, carnes enlatadas, frangos congelados, etc.

Carregamento de resíduos de indústria de suco de laranja em Uraí (PR). Foto de 2014.

Produção de queijos em Sacramento (MG). Foto de 2013.

O agronegócio representa um último estágio da integração entre a agropecuária e a atividade industrial, ou, como preferem alguns, de subordinação do produtor rural aos interesses industriais. É muito comum que inúmeras produções, mesmo quando são realizadas por pequenos agricultores ou criadores — casos do fumo, da criação de frangos ou de porcos, do cultivo de uvas e outros —, sejam determinadas pelos interesses da indústria. Geralmente é esta quem financia esses produtores — fornecendo equipamentos, insumos, etc. —, e eles, em contrapartida, vendem toda a sua produção para essa indústria, que, aliás, acaba estabelecendo os preços para as matérias-primas.

Ocupação da terra pela agropecuária

A agropecuária ocupa cerca de 27% do território nacional. Isso quer dizer que, dos 8,5 milhões de quilômetros quadrados que formam o território brasileiro, cerca de 73% são constituídos por terras não aproveitadas economicamente, ou seja, onde não há lavouras nem criação de gado. Apenas 6% desse total, aproximadamente, é formado por terras onde se pratica a agricultura (permanente ou temporária). As áreas de pastagens para a criação perfazem cerca de 21% do total. Portanto, costuma-se dizer que há uma subutilização do espaço geográfico brasileiro.

Essa ideia de subutilização é problemática, pois não se poderia pensar em 100% do território nacional ocupado por cidades, vilas, estradas ou campos de cultivo e de criação. Isso seria bastante inapropriado, pois sempre há a necessidade de amplas reservas florestais e de se conservar, especialmente, as poucas áreas de matas originais que ainda restam (floresta Amazônica, trechos da mata Atlântica, do Cerrado e do Pantanal). Precisamos lembrar também das reservas indígenas e extrativas, que devem ser preservadas.

No entanto, mesmo descontando essa necessidade de manter enormes áreas em condições naturais pouco alteradas, sobram ainda grandes trechos de terras já desmatadas e não aproveitadas economicamente. Calcula-se que existam mais de 100 milhões de hectares nessas condições, o que corresponde a um território maior do que os estados de Minas Gerais e São Paulo juntos. No entanto, as informações sobre esse tema são pouco confiáveis, pois, em muitos casos, o que está nos cadastros oficiais não corresponde à realidade no campo, advindo daí as dificuldades em detectar as grandes propriedades rurais improdutivas no Brasil. Em todo caso, mesmo sendo exagerado, esse número sobre terras improdutivas — isto é, não aproveitadas economicamente — deve ser mais ou menos correto.

A subutilização do território para a agropecuária torna-se muito grave quando recordamos que uma parcela da população se alimenta mal, com um consumo diário deficiente de proteínas, calorias e sais minerais. Além disso, os melhores solos e os maiores investimentos na agricultura estão voltados para o cultivo de exportação ou para a produção de matérias-primas industriais, em vez da produção de alimentos para o consumo interno.

É comum o cultivo de certos produtos, cuja exportação aumenta bastante, acabar se expandindo para áreas onde antes se cultivavam gêneros alimentícios básicos. Foi o que ocorreu, nas últimas décadas, com a soja e a laranja, cuja valorização no mercado internacional levou à expansão de seus cultivos em detrimento do feijão e da mandioca.

Palmeiras de açaí na zona rural de Santarém (PA). Além de ser utilizado como alimento, o fruto dessa palmeira transforma-se em suco; o óleo de açaí é bastante usado para fins culinários e cosméticos. Foto de 2014.

 Texto e ação

1. Qual é a diferença entre rural e agrário?
2. Sobre o "novo rural brasileiro", responda:
   a) O que é o agronegócio?
   b) No Brasil, o agronegócio refere-se especificamente às indústrias cuja produção tem por base um produto agrícola. Quais são essas indústrias?
3. Costuma-se dizer que há uma subutilização do espaço geográfico brasileiro. Sobre esse assunto, responda:
   a) Qual é o percentual do território brasileiro ocupado pela agropecuária? O que isso quer dizer?
   b) Por que não podemos confiar plenamente nos dados sobre terras improdutivas no Brasil?
   c) Existe alguma relação entre a subutilização do território para a agropecuária e a alimentação de parte da população brasileira? Qual?

② Produtos agrícolas

É comum agruparmos os produtos agrícolas brasileiros em duas categorias: as "culturas de pobre", nas quais se incluem o feijão, o milho, a mandioca e boa parte da produção do arroz, e as "culturas de rico", como são conhecidas as plantações de cana-de-açúcar, café, soja, algodão, trigo, entre outras.

As primeiras — destinadas principalmente à produção de alimentos para a população —, desde o período colonial, são relegadas a segundo plano, cultivadas nas piores terras e em pequenas propriedades. As "culturas de rico", ao contrário, destinam-se principalmente à exportação ou à transformação industrial, como ocorre com parte da produção da cana, do fumo, do algodão, etc. Também desde o período colonial ocupam os melhores solos e são cultivadas em especial nas médias ou grandes propriedades rurais.

Essas diferenças são relativas, pois muitos produtos destinados ao consumo interno podem eventualmente ser exportados se apresentarem valorização no mercado internacional, como ocorreu nas últimas décadas com a laranja. Da mesma forma, os produtos destinados à exportação também são consumidos dentro do país, mas em geral se exporta o produto de melhor qualidade e deixa-se o de pior para o consumo interno. Assim, em Nova York ou em Londres, toma-se um cafezinho brasileiro melhor que em São Paulo ou no Rio de Janeiro.

As grandes propriedades cultivam, eventualmente, os gêneros alimentícios para a população, mas essa tarefa, em geral, cabe às pequenas propriedades. Muitos minifúndios também cultivam algodão, café e outras "culturas de rico", embora a maior parte desses produtos, principalmente cana-de-açúcar e soja, se concentre nas médias e nas grandes propriedades.

Os produtos extremos são mandioca e feijão, de um lado, e cana-de-açúcar, de outro. Os imóveis rurais com dimensão de até 100 hectares, que abrangem pouco menos de 20% da área total das propriedades agrárias, produzem mais de 88% da mandioca e 75% do feijão nacional. No entanto, na produção da cana-de--açúcar, eles contribuem apenas com 16% do total, aproximadamente. Já os imóveis com área superior a mil hectares, que abrangem cerca de 45% da superfície total dos imóveis rurais, produzem perto de 50% da cana-de-açúcar e somente 3% da mandioca e 5% do feijão.

Quais são os principais produtos agrícolas do Brasil? Vamos conhecê-los a seguir.

Café

Originário do norte da África, o café foi introduzido no Brasil em 1727, na Amazônia, onde seu cultivo não obteve sucesso. No início do século XIX, foi transplantado para o Rio de Janeiro e expandiu-se para o Vale do Paraíba, entre o Rio de Janeiro e São Paulo, onde sua cultura prosperou de forma satisfatória, fato que coincide com o aumento do seu consumo internacional. É uma planta que tende a esgotar rapidamente o solo, caso não se tomem medidas adequadas para sua preservação.

Foi o que aconteceu no Vale do Paraíba após algumas décadas de colheitas, em decorrência do relevo acidentado, das frequentes chuvas e da inobservância das curvas de nível. A partir do Vale do Paraíba, os cafezais estenderam-se, ainda no estado de São Paulo, até a região de Campinas e Sorocaba e, depois, até Ribeirão Preto. Daí se espalharam em direção a Presidente Prudente, Marília, Assis e, finalmente, atingiram o norte do Paraná, onde se destaca a cidade de Londrina.

No início do século XIX, o café representava cerca de 20% das nossas exportações e era o terceiro produto em importância, após o açúcar e o algodão. Passou a ser, no fim daquele século, o primeiro artigo na pauta das exportações do país, representando mais de 60% dos produtos comercializados pelo Brasil no mercado internacional.

Nessa época é que o Brasil se tornou o grande fornecedor internacional, chegando a produzir cerca de 75% do total mundial. Atualmente, o país ainda ocupa o posto de maior produtor e exportador do mundo, mas sua produção chega no máximo a 15% do total mundial. Ocorre, porém, que a importância desse produto nas exportações do país diminuiu bastante, representando cerca de 5,3% do valor total exportado, em 2013. Apesar disso, continua a ser um produto relativamente importante na pauta de nossas exportações. Em 2013, Minas Gerais participava com mais da metade da produção cafeeira do Brasil, seguida por Espírito Santo, São Paulo e Paraná.

Trabalhadores escravos em terreiro para secagem de café em uma fazenda na região do Vale do Paraíba (SP). Foto de 1882.

Terreiro de café no município de Conceição da Aparecida (MG): agricultor usa trator para revirar os grãos. Foto de 2014.

Soja

Planta leguminosa de grande valor proteico, a soja expandiu-se bastante nas áreas de cerrado do Brasil central. Ela é o grande destaque da agricultura brasileira desde os anos 1980, e o Brasil já se tornou o segundo produtor mundial e o maior exportador. Em 1990, nosso país produziu cerca de 20 milhões de toneladas de soja e, em 2011, a produção chegou a atingir os 140 milhões. A soja e seus derivados (principalmente óleos e farelos) ultrapassam de longe o café no volume total das vendas de produtos agropecuários, alcançando mais de 10% do valor total das exportações brasileiras. De fato, nos últimos anos o Brasil se tornou o maior exportador mundial de soja, ultrapassando os Estados Unidos.

A soja foi o cultivo que mais cresceu no Brasil nas últimas três décadas e, atualmente, é o ramo mais importante do setor oleaginoso. Os principais produtores nacionais de soja são, pela ordem: Mato Grosso, Paraná, Rio Grande do Sul, Goiás e Mato Grosso do Sul; mas essa cultura também se espalha por partes de São Paulo, oeste da Bahia e sul do Maranhão, entre outros estados cultivadores.

Plantação de soja em Macapá (AP). Foto de 2014.

Alto custo para todos

A conversão de florestas para o uso da terra com elevados custos sociais e ambientais está crescendo a cada dia com o desmatamento, as queimadas e o desrespeito aos interesses e direitos das comunidades locais.

As plantações de soja em larga escala geram impactos negativos na biodiversidade porque grandes áreas são convertidas para monoculturas visando à produção comercial.

Enquanto as monoculturas oferecem benefícios econômicos que não podem ser ignorados, seus resultados vêm predominantemente de desmatamentos e desaparecimentos da vegetação natural, o que resulta em perda de grande quantidade de habitat naturais para os animais silvestres.

Os defensivos agrícolas como pesticidas e herbicidas também matam os vestígios de biodiversidade capazes de coexistir com as plantações e diminuem sensivelmente as chances de recuperação dos habitat naturais.

As florestas e suas funções naturais são removidas das paisagens e então surgem problemas como erosão do solo e poluição da água com defensivos agrícolas usados nas plantações.

WWF. Alto custo para todos. Disponível em: <www.wwf.org.br/natureza_brasileira/reducao_de_impactos2/agricultura/agr_soja/agr_soja_problemas>. Acesso em: 6 dez. 2014.

Cana-de-açúcar

Colheita de cana-de-açúcar no município de Morro Agudo (SP). Foto de 2013.

Originária da Ásia, a cana-de-açúcar foi introduzida no Brasil pelos colonizadores portugueses no século XVI. Durante séculos, a Zona da Mata nordestina foi a grande produtora no país. Os férteis solos de massapê e a menor distância em relação ao mercado europeu propiciaram condições favoráveis a esse cultivo. Além de produzir o açúcar, que em parte é exportado e em parte abastece o mercado interno, a cana serve também para a produção de álcool, importante fonte de energia.

A imensa expansão dos canaviais no Brasil, especialmente em São Paulo, está ligada ao uso do álcool como combustível em automóveis. Os principais estados produtores são: São Paulo, Paraná, Alagoas, Goiás e Pernambuco.

Laranja

Nos anos 1990, a citricultura passou por grande expansão no Brasil, em virtude do aumento das exportações de suco de laranja e da participação das empresas multinacionais na produção de suco. Na última década, porém, a área plantada e a produção total vêm diminuindo. A principal região produtora é o estado de São Paulo, com destaque para os municípios de Itápolis, Mogi-Guaçu, Bebedouro, Matão, Tambaú, Itapetininga e Limeira. A produção de laranja é quase totalmente controlada pelas indústrias de suco.

O grande aumento nas exportações brasileiras de suco de laranja está ligado principalmente a crises periódicas da citricultura norte-americana. Medidas restritivas às importações do produto brasileiro, implementadas pelo governo norte-americano, contudo, levaram à retração dessa cultura no Brasil.

Plantação de laranja em São João da Boa Vista (SP). Foto de 2014.

Arroz

Originário da Ásia, o arroz é um produto básico para a alimentação brasileira. Há no país duas variedades principais: o arroz de várzea ou irrigado, que é cultivado nos vales fluviais e oferece rendimento maior; e o arroz de sequeiro, que depende da estação das chuvas. Rio Grande do Sul, Santa Catarina, Mato Grosso, Maranhão e Pará destacam-se na produção nacional de arroz.

Plantação de arroz no município de Iguape (SP). Foto de 2014.

Trigo

Cereal cultivado em clima temperado, o trigo é o produto básico para a fabricação de pães e massas. O Brasil tradicionalmente importa esse produto da Argentina, dos Estados Unidos e do Canadá. Nos anos 1950, começou-se a incentivar o cultivo do trigo, cuja importação e compra da produção interna são, desde 1962, monopolizadas pelo Banco do Brasil, que o revende aos moinhos. Até os anos 1970, o Brasil importava cerca de 80% do trigo que consumia.

Nos anos 1980, esse gênero alimentício foi o único destinado ao mercado interno que sofreu grande expansão, graças aos subsídios governamentais quanto a créditos bancários, assistência técnica, etc., e o país passou a importar apenas 25%. No decorrer dos anos 1990, após a criação do **Mercosul**, houve retração dessa cultura por causa da maior competitividade do produto argentino e, em 2010, mais de 50% do trigo aqui consumido foi importado. Apesar disso, a produção interna praticamente dobrou de 2000 até 2013, e continua crescendo; mas o consumo aumentou mais ainda. Os principais produtores de trigo no Brasil são Paraná e Rio Grande do Sul.

Mercosul: Mercado Comum do Sul, uma associação entre vários países sul-americanos, especialmente Brasil, Argentina, Uruguai e Paraguai, os fundadores. Destina-se principalmente a incentivar o comércio entre esses países por meio da eliminação das tarifas de importação, que são taxas ou impostos que um país cobra para permitir a comercialização de produtos estrangeiros em seu território.

Colheita de trigo no município de Rolândia (PR). Foto de 2014.

Unidade 2 • Brasil: utilização do espaço

Algodão

O algodão produzido no Brasil destina-se à exportação e às indústrias têxtil e de alimentos (produção de óleo comestível). Pela sua importância industrial, tem a maior parte da comercialização controlada por grandes empresas do ramo têxtil ou de alimentos enlatados ou por intermediários, que revendem o produto para a indústria. Existem dois tipos principais de algodão no Brasil: o arbóreo ou de fibra, predominante no Nordeste, e o herbáceo ou de caroço, o mais importante em termos de produção e que predomina no Centro-Sul. Destacam-se na produção do algodão os estados de Mato Grosso, Bahia e Goiás.

Plantação de algodão no município de São Desidério (BA). Foto de 2013.

Feijão

Produto básico na alimentação nacional, embora desvalorizado comercialmente, o feijão é um alimento produzido quase sempre em pequenas propriedades, que utilizam técnicas agrícolas tradicionais. Paraná, Minas Gerais, Bahia, São Paulo, Goiás e Ceará destacam-se na produção nacional do feijão.

Plantação de feijão no município de Poços de Caldas (MG). Foto de 2014.

Uva

A uva é empregada sobretudo na fabricação do vinho. O estado do Rio Grande do Sul produz cerca da metade do total cultivado no país, seguido por São Paulo e Pernambuco.

Parreiral irrigado no município de Petrolina (PE). Foto de 2014.

Fumo

O tabaco produzido no Brasil é destinado, em grande parte, às indústrias de cigarros. Os principais estados produtores são Rio Grande do Sul, Santa Catarina e Paraná.

Plantação de fumo no município de São Mateus do Sul (PR). Foto de 2014.

Cacau

Originário da Amazônia, o cacau foi introduzido no sul da Bahia e aí se desenvolveu favoravelmente graças ao cultivo **sombreado**. A Bahia produz cerca de 70% do total nacional. Ele é utilizado na fabricação de chocolates, licores, produtos farmacêuticos e cosméticos, e grande parte de sua produção é exportada.

Cacau em Camamu (BA). Foto de 2015.

Sombreado: produzido na sombra de outras árvores, evitando a exposição direta ao sol.

 Texto e ação

1. Elabore uma lista dos principais produtos cultivados no Brasil.

2. Com base nessa lista, faça o que se pede:
   a) Cite o nome dos produtos agrícolas cultivados no Brasil utilizados na alimentação da sua família.
   b) Como e onde esses produtos são comprados?

3. Observe atentamente as duas primeiras fotos da página 119 e responda:
   a) Que semelhanças e diferenças você observa entre elas?
   b) Em sua opinião, como era a vida das pessoas que aparecem na foto em preto e branco? E das pessoas que trabalham no cafezal de uma fazenda em Minas Gerais nos dias atuais?

4. A soja é uma planta leguminosa de grande valor proteico.
   a) Sobre esse assunto, responda:
      • Por que nas últimas décadas a soja é o grande destaque da agricultura brasileira?
      • Que estados no Brasil são os maiores produtores de soja?
   b) Descreva a plantação de soja retratada na última foto da página 119.

Unidade 2 • Brasil: utilização do espaço   123

3 Pecuária

A criação de gado bovino é praticada sobretudo nas grandes propriedades rurais, com mais de mil hectares. A avicultura e a suinocultura costumam predominar nas pequenas propriedades. A pecuária bovina leiteira é intensamente praticada em pequenas propriedades, pois a produção de carne é bem mais valorizada do que a de leite e, além disso, houve nas últimas décadas um aumento da exportação de carne bovina industrializada. O Brasil, atualmente, é o maior exportador mundial de carne bovina e de carne de frango, e é o quarto exportador de carne suína (de porcos), que é a mais consumida em todo o mundo.

Apesar do aumento dessas exportações, o consumo interno de carne bovina diminuiu desde os anos 1970 até por volta de 2000, quando voltou a aumentar um pouco. Por outro lado, o consumo da carne de frango vem aumentando bastante no Brasil desde os anos 1970. A avicultura apresentou ótimo desenvolvimento nas últimas décadas, com a função de exportar, suprir o mercado interno e compensar parcialmente o declínio do consumo *per capita* (por habitante) da carne bovina.

Outro tipo de carne que vem apresentando crescimento quanto à produção e à exportação (e também ao consumo interno) é a suína. Em 2013, a produção da carne suína atingiu o seu auge — mais de 3 milhões de toneladas —, tornando o Brasil o quarto maior produtor mundial, num *ranking* liderado pela China (10 milhões de toneladas). Assim como ocorre com a carne de aves, também a produção, a exportação e o consumo da carne suína vêm se expandindo no Brasil.

Pecuária bovina

A criação bovina é o tipo de pecuária mais importante no Brasil, tanto por fornecer a segunda carne mais consumida (depois da carne de frango) quanto por produzir leite para as indústrias de laticínios e para o consumo da população.

Pantaneiro com rebanho de gado bovino no município de Aquidauana (MS). Foto de 2014.

O rebanho nacional — um dos maiores do mundo junto com o dos Estados Unidos e o da Índia — somava 209 milhões de cabeças em 2013. Isso quer dizer que tem mais boi do que gente no país. Mas, quando dividimos o número de bois por habitante, chegamos à cifra de 1,04, uma proporção bovino/habitante inferior à da Argentina (2,2), Austrália (2,3) ou Uruguai (3,0). O rebanho bovino brasileiro ainda se concentra no Centro-Sul, apesar de uma recente expansão pela Amazônia, onde contribui para o desmatamento da floresta. Os estados com maior quantidade de cabeças de gado são Mato Grosso, Minas Gerais, Mato Grosso do Sul, Goiás, Pará e Rio Grande do Sul. No Centro-Sul, sobressai ainda uma pecuária melhorada, com gado de raças selecionadas, ao passo que no Nordeste e na Amazônia predomina uma pecuária primitiva, com criações extensivas de gado zebu rústico ou "crioulo".

Na realidade, no Brasil inteiro predomina a raça de bovinos zebu, originária da Índia e muito bem adaptada ao clima do país. Contudo, em diversas áreas do Centro-Sul, o zebu sofreu aprimoramentos genéticos e modificou-se para melhor, adquirindo maior peso e crescimento mais rápido. Assim, os gados nelore, gir e guzerá, de ótimo rendimento, são o resultado de melhoramentos e desenvolvimentos da raça zebu. Em áreas bem restritas, notadamente no Rio Grande do Sul, cria-se gado de origem europeia, sobretudo raças holandesas e dinamarquesas, como *hereford*, *polle angus* e *durham*.

Outras criações

Além do gado bovino, a pecuária brasileira destaca-se na criação de:

Criação de frangos para abate em Santa Lúcia (PR). Foto de 2013.

- **suínos**: depois da avicultura e do rebanho bovino, o suíno tem o maior contingente do país, com cerca de 40 milhões de porcos. Também é mais numeroso no Centro-Sul, destacando-se em sua criação Rio Grande do Sul (detém metade da produção nacional), Santa Catarina, Paraná e Minas Gerais;
- **ovinos**: os carneiros são criados em especial no Rio Grande do Sul, que atualmente detém aproximadamente 25% das 18 milhões de cabeças existentes no país. Depois vêm Bahia (20% do total), Ceará e Piauí;
- **caprinos**: é muito comum a criação de caprinos no Brasil, especialmente no Nordeste, onde se adaptaram muito bem e são muito importantes para o fornecimento de carne e leite à população regional. Há 10 milhões desses animais no país, criados principalmente nos estados da Bahia, Pernambuco e Piauí;
- **aves**: com aproximadamente 1,3 bilhão de aves — galinhas, galos, frangas, frangos, pintos e codornas —, o Brasil possui a maior criação da América e, no mundo, é inferior apenas à de alguns países asiáticos e à da Rússia. A avicultura cresceu bastante nas últimas décadas, concentrando-se em particular nos estados do Centro-Sul do país, especialmente no Paraná e em São Paulo.

Texto e ação

1. A criação bovina é o tipo de pecuária mais importante no Brasil. Responda às questões:
   a) Que raça de bovinos predomina no Brasil?
   b) Onde ela se originou?
2. Além do gado bovino, a pecuária brasileira destaca-se na criação de outros animais. Quais são eles? Em que estados do Brasil são criados?

Geolink

Agricultores de uma nova fronteira agrícola fazem a colheita da soja no Piauí

Agricultores da região do Médio Parnaíba, no Piauí, começaram a colheita da soja. A área vem se destacando como uma nova fronteira agrícola.

O município de Miguel Leão fica a 88 quilômetros de Teresina e para os produtores de soja, a fase na região é de adaptação e experiência.

No começo do ano, uma fazenda plantou cerca de 500 hectares. A colheita iniciou há duas semanas e os resultados são animadores. A expectativa é de atingir 3,2 mil quilos de soja por hectare. De olho no futuro, o produtor Roberto Macedo já planeja triplicar a área plantada, a partir do próximo ano.

Os municípios de Miguel Leão, Regeneração e São Pedro estão na região centro-sul do estado, formando o Médio Parnaíba piauiense. A região passou

a atrair produtores de soja e hoje é a mais nova fronteira agrícola do Piauí. Os produtores já adiantam que pretendem ampliar a área dedicada à soja na próxima safra.

Além de estar perto de Teresina, as condições naturais são muito favoráveis. O solo, por exemplo, tem 48% de argila, o que ajuda a ter mais água.

Em outra fazenda, a área plantada de soja é bem maior, são 3,7 mil hectares. A colheita está a todo vapor e deve durar mais duas semanas. "A gente estimou uma produção e está sendo bem melhor do que isso", diz Luís Carlos Torrete, gerente agrícola.

Disponível em: <http://g1.globo.com/economia/agronegocios/noticia/2014/05/agricultores-de-uma-nova-fronteira-agricola-fazem-colheita-da-soja-no-pi.html>.
Acesso em: 2 dez. 2014.

Faça o que se pede:

1. Identifique os municípios do Piauí que compõem "a mais nova fronteira agrícola" do estado. Qual é o produto agrícola cultivado?

2. Cite dois fatores que favorecem o cultivo da soja no Piauí.

---

④ Estrutura fundiária e reforma agrária

Denomina-se **estrutura fundiária** a forma como as propriedades agrárias de uma área ou país estão organizadas, isto é, seu número, tamanho e distribuição social. Vejamos a tabela abaixo sobre esse assunto. Apesar de o último Censo Agropecuário, de 2006, não ter pesquisado o tamanho das propriedades, pelos censos anteriores e também pela diminuição do número de imóveis rurais de 1985 até 2006, percebemos que existe uma concentração das terras.

Brasil: distribuição dos imóveis rurais segundo a dimensão

Dimensão dos imóveis (ha*)	Número de propriedades (proporção sobre o total)			Área dos imóveis (proporção sobre o total)		
	1970	1985	2006	1970	1985	2006
	4 924 019 imóveis	5 834 799 imóveis	5 204 130 imóveis	294 862 142 ha	376 286 577 ha	354 865 534 ha
menos de 10	51,4%	53,1%	N/d**	3,1%	2,6%	N/d
de 10 a 100	39,3%	37,1%	N/d	20,4%	18,5%	N/d
de 100 a 1000	8,5%	8,9%	N/d	36,9%	35,0%	N/d
mais de 1000	0,8%	0,9%	N/d	39,6%	43,9%	N/d
Total	100%	100%	100%	100%	100%	100%

Fonte: IBGE, Censo Agropecuário 2006.

* **ha**: significa 'hectare', medida agrária equivalente a cem ares (um are tem 100 m²).

** **N/d**: significa 'não disponível', ou seja, informação que não foi coletada nesse Censo.

Capítulo 6 • Meio rural

De fato, um dos grandes problemas agrários do Brasil é a extrema concentração da propriedade. A maior parte das terras ocupadas e os melhores solos encontram-se nas mãos de pequeno número de proprietários — chamados de latifundiários —, muitas vezes com enormes áreas ociosas, não utilizadas para a agropecuária, apenas à espera de valorização. Em contrapartida, um imenso número de pequenos proprietários possui áreas ínfimas — os minifúndios —, insuficientes para garantir-lhes, e a suas famílias, um nível de vida decente e com boa alimentação. Mais grave ainda é o fato de que essa concentração da propriedade fundiária tem aumentado muito ao longo dos anos, conforme podemos concluir pela tabela.

Essa concentração fundiária — isto é, da propriedade rural — prejudica a produção de alimentos porque as grandes propriedades, em geral, se voltam mais para os gêneros agrícolas de exportação. Vários estudos calcularam que de 60% a 70% dos gêneros alimentícios destinados ao abastecimento do país procedem da produção de pequenos lavradores, que trabalham em base familiar. Portanto, a concentração ainda maior da estrutura fundiária explica a queda da produção de alguns gêneros alimentícios básicos e o crescimento de produtos agrícolas de exportação.

Pequena propriedade rural em Mucugê (BA). Foto de 2014.

Reforma agrária

Desde os anos 1950 se discute, no Brasil, a **reforma agrária**, que consiste em uma redistribuição das propriedades do meio rural, ou seja, em uma melhor distribuição da terra.

De maneira genérica, a reforma agrária é uma mudança na estrutura fundiária do país efetuada pelo Estado, que desapropria grandes fazendeiros com propriedades improdutivas e distribui lotes de terras a famílias camponesas.

É uma política que já foi adotada em vários países, como o Japão, após a Segunda Guerra Mundial, ou a Coreia do Sul, mais recentemente. Nos Estados Unidos, país que possui a maior produção agropecuária do mundo, não existe uma concentração da terra rural, predominando de forma absoluta as propriedades familiares, e não os latifúndios.

Essa diferença na ocupação da terra nesses dois imensos países americanos — Estados Unidos e Brasil — decorreu da ocupação do interior em cada caso: lá, o governo no século XIX incentivava os imigrantes que vinham da Europa deixando as famílias se tornarem pequenas proprietárias de terras ainda incultas; aqui, ao contrário, o governo procurou evitar que os imigrantes virassem proprietários de terras com uma lei promulgada em 1850, que proibia o acesso à terra, exceto se as pessoas tivessem dinheiro para comprar. Por isso, lá predominaram as propriedades familiares, geralmente pequenas ou médias, ao passo que aqui predominaram as grandes propriedades de terra.

Apesar de ser intensamente discutida e de terem sido criados órgãos governamentais que deveriam implementá-la — o último foi o Instituto Nacional de Colonização e Reforma Agrária (Incra), que ainda existe e se encontra vinculado ao Ministério do Desenvolvimento Agrário, criado em 2000 —, a reforma agrária nunca foi amplamente executada no Brasil, embora tenha sido e continue sendo executada de forma parcial. Uma evidência da falta de uma ampla reforma agrária encontra-se na persistência — e até agravamento — da enorme concentração na propriedade fundiária. A realização da reforma agrária no Brasil é lenta porque existem inúmeros obstáculos, que estudaremos a seguir.

Observe no mapa abaixo como atualmente a terra é utilizada no Brasil.

Uso da terra no Brasil

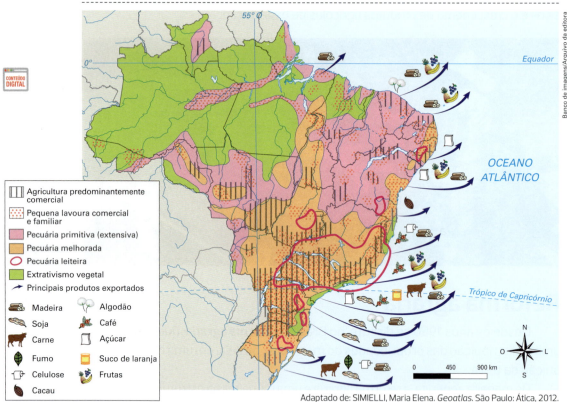

Adaptado de: SIMIELLI, Maria Elena. *Geoatlas*. São Paulo: Ática, 2012.

O que impede a realização da reforma agrária?

Lobby: nome dado a um grupo que, para ver atendidos seus interesses e aspirações, pressiona o governo ou os políticos (deputados, senadores, etc.).

O que impede uma verdadeira reforma agrária no Brasil? As dificuldades em promover uma ampla reforma agrária no Brasil são várias. Uma delas é que existem fortes interesses contrários dos grandes proprietários rurais, que muitas vezes acabam predominando: esses proprietários formam **lobbies** ou grupos de pressão para convencer os políticos — tal como ocorreu na Constituinte de 1988, por exemplo — e abortam as tentativas de mudanças na legislação que procuram facilitar a desapropriação de terras.

Também existem dificuldades jurídicas: em muitos casos, os proprietários ganham na justiça indenizações milionárias ou até bilionárias, várias vezes acima do preço de mercado dos imóveis, como pagamento das terras desapropriadas, algo que ocorreu muito nos anos 1990 e início do século XXI e que às vezes ainda ocorre por causa da corrupção ou dos interesses comuns entre proprietários e determinados fiscais ou funcionários do Incra encarregados de avaliar o imóvel, que exageram o seu valor tendo em vista negociar uma comissão para isso, e eventualmente alguns juízes, que, por diversos motivos — seja pela identificação ou conivência com os proprietários, seja por acreditarem nos laudos dos fiscais —, dão sentenças favoráveis a essas indenizações abusivas.

Talvez o maior impedimento para uma ampla e generalizada reforma agrária no Brasil seja o custo de manutenção dos **assentados**. Uma reforma agrária bem-feita não se resume apenas em **desapropriar** terras improdutivas e distribuí-las para os trabalhadores rurais. Se fosse só isso, seria bem menos complicado: consistiria tão somente em detectar as terras improdutivas (algo que não é tão fácil como parece), desapropriá-las (o que, como já vimos, também é complicado por causa das indenizações) e distribuí-las entre os camponeses sem-terra, pessoas que têm vocação para o trato com a terra e alguma experiência nessa atividade.

Essa distribuição, porém, não é algo tão fácil de fazer. Isso porque existe um grande número de oportunistas que se infiltram nos movimentos e se misturam aos verdadeiros sem-terra. São pessoas que não têm o menor interesse em se fixar no campo e trabalhar na terra (às vezes, nem precisam dela), mas sim em ganhar um pedaço de terra para depois vendê-lo e obter lucro. Alguns movimentos que congregam os sem-terra e lutam pela reforma agrária até mesmo incentivam a vinda dessas pessoas, chamando os desempregados dos centros urbanos (que, em geral, não têm experiência nem vocação para serem camponeses) para engrossar as suas fileiras, pois quanto mais gente eles tiverem maior será a sua pressão e evidência na mídia (na televisão, nos jornais), e com isso vão receber mais verbas do governo federal e até mesmo de instituições internacionais.

Para custear os assentamentos, é preciso haver financiamento com juros baixíssimos (caso contrário, os assentados não conseguirão pagar) para a compra de adubos, sementes e, eventualmente, de máquinas, entre outras coisas. Os assentamentos precisam de estradas e caminhões para escoar a produção, precisam de garantias de um preço mínimo para cada produto que cultivam, etc., e isso tudo é extremamente custoso. Foi por falta dessas condições — o apoio aos assentados — que vários projetos de reforma agrária fracassaram no Brasil, especialmente na Amazônia, onde, após alguns anos, os assentados venderam suas terras para grandes proprietários por não conseguirem sustentar a família com essa atividade.

Assentado: pessoa que vive em um assentamento de terra, ou seja, um núcleo de povoamento constituído por camponeses ou trabalhadores rurais.

Desapropriar: tirar a propriedade de alguma pessoa ou empresa. A desapropriação é feita pelo Estado, geralmente visando a algum interesse público, como, por exemplo, a melhor distribuição das terras rurais, a construção de linhas de metrô ou de rodovias, etc.

Produção de legumes e verduras em assentamento no município de Tremembé (SP). Foto de 2014.

Texto e ação

1. Explique como é a estrutura fundiária no Brasil.
2. Observe o mapa "Uso da terra no Brasil" e responda:
   a) Ao ler a legenda do mapa, o que você diria sobre o uso da terra no Brasil? E no estado onde você mora?
   b) Ao atentar para a distribuição da cor verde no mapa, o que mais chama a sua atenção? E em relação à cor laranja?

Atividades finais

+ Ação

1. Para realizar as atividades a seguir, releia o item 2, "Produtos agrícolas", deste capítulo, sobre os principais cultivos no Brasil.

   a) Faça um quadro. Na primeira coluna, escreva os principais cultivos do Brasil; na segunda, escreva o nome de produtos consumidos ou utilizados em sua casa que se originam desses cultivos (matéria-prima). Veja o exemplo:

Principais cultivos	Produtos derivados
cacau	chocolate
cana-de-açúcar	açúcar

   b) Comente as informações do quadro abaixo.

   ### Para que serve a soja

Proteína crua	Produto integral	Produtos oleaginosos	
		Óleo refinado	Lecitina
• Farinha e granulado (pães, doces, biscoitos, massas, linguiças e salsichas, cereais, bebidas, nutrientes, alimento para bebês, etc.). • Adesivos, estrutura de tintas, indústria têxtil e indústria de papel. • Adubos e remédios. • Aditivos para alimentos. • Alimento para gado, aves, peixes e animais domésticos.	• Ingrediente de balas, cereais, confeitaria. • Farinha de soja. • Pão. • Gordura. • Alimento para gado. • Broto de soja. • Base para tempero. • Derivados de soja (enzima, queijo de soja, leite de soja, molho para carne).	• Óleo de cozinha, maioneses, margarinas, produtos farmacêuticos, tempero para saladas, gordura vegetal. • Ingredientes para calefação, desinfetante, isolante elétrico, inseticida, tecidos, tinta para impressão, sabão.	• Produtos de padaria, balas, coberturas de chocolate, produtos farmacêuticos, fabricação de margarinas, gorduras. • Fabricação de álcool, tinta, inseticidas, cosméticos, pigmentos, produtos químicos.

   c) Responda: você se alimenta com produtos derivados da soja? Se respondeu sim, cite o nome dos produtos.

2. Nas prateleiras dos supermercados, nas feiras livres ou nos eventos sobre meio ambiente é cada vez mais comum a propaganda e a venda de alimentos orgânicos. Para saber o que é alimento orgânico, leia o texto a seguir.

   O alimento orgânico não é somente "sem agrotóxicos" como se veicula normalmente. Além de ser isento de insumos artificiais como os adubos químicos e os agrotóxicos (e isso resulta na isenção de uma infinidade de subprodutos como nitratos, metais pesados, etc.), ele também deve ser isento de drogas veterinárias, hormônios e antibióticos e de organismos geneticamente modificados. Durante o processamento dos alimentos é proibido o uso das radiações ionizantes (que produzem substâncias cancerígenas, como o benzeno e formaldeído) e aditivos químicos sintéticos, como corantes, aromatizantes, emulsificantes, entre outros.

   Alimento orgânico vem da agricultura orgânica que na legislação brasileira de 2007 tem como objetivos a autossustentação da propriedade agrícola no tempo e no espaço, a maximização dos benefícios sociais para o agricultor, a minimização da dependência de energias não renováveis na produção, a oferta de produtos saudáveis e de elevado valor nutricional, isentos de qualquer tipo de contaminantes que ponham em risco a saúde do consumidor, do agricultor e do meio ambiente, o respeito à integridade cultural dos agricultores e a preservação da saúde ambiental e humana.

Você deve também entender que alimento orgânico não é menor ou de aspecto inferior do que o convencional. Normalmente esse tipo de alimento provém de uma fazenda orgânica em sua fase inicial de produção ou de um sistema produtivo que não aplica adequadamente as práticas da agricultura orgânica.

Um alimento orgânico de qualidade é competitivo, saboroso e mais saudável que o convencional.

AZEVEDO, Elaine de. O que é alimento orgânico? Disponível em: <www.portalorganico.com.br/sub/21/o_que_e_alimento_organico>. Acesso em: 6 dez. 2014.

Responda às questões:

a) Quando um produto é considerado orgânico?

b) Comente o segundo parágrafo do texto.

c) Os produtos orgânicos fazem parte da sua alimentação e de seus familiares? Se você respondeu sim, cite o nome desses alimentos.

3. A horta fazia parte da moradia das pessoas, inclusive nas cidades, antes da intensificação do processo de industrialização–urbanização no Brasil. Vamos conhecer a atuação da Embrapa Hortaliças, e saber por que, atualmente, a horta desperta o interesse das famílias ou das escolas? Leia o livro *Hortas*, que faz parte da Coleção *500 perguntas 500 respostas*, da Embrapa.

a) Responda às questões:
- O que significa a sigla Embrapa?
- Quais são suas curiosidades sobre as hortas?

b) Pergunte aos seus familiares o que eles gostariam de saber sobre as hortaliças.

c) Relacione as suas dúvidas e de seus familiares no caderno e pesquise no *site* <http://mais-500p500r.sct.embrapa.br/view/arquivoPDF.php?publicacaoid=90000006> as respostas para elas.

4. Leia o texto abaixo e depois faça o que se pede.

Agropecuária: vilã ou vítima?

Cientistas britânicos defendem maior debate sobre a produção de alimentos no contexto das mudanças climáticas. Pesquisas no Brasil, um dos líderes mundiais no ramo, buscam respostas para o desafio de produzir mais e poluir menos.

As mudanças climáticas já em curso colocam a agricultura e a pecuária no banco de réus. Por um lado, a lavoura e o pasto são importantes fontes de gases estufa. Por outro, sofrem diretamente os impactos das mudanças climáticas.

Fica a pergunta: será possível produzir alimentos para os 9,1 bilhões de habitantes que a Terra terá em 2050 sem comprometer o meio ambiente?

Um artigo publicado por pesquisadores britânicos na revista Science discute essa questão e critica a ausência de programas voltados especificamente para a agricultura nos principais acordos climáticos fechados no cenário internacional.

A agricultura é uma das principais fontes de CO_2 e de outros gases de impacto no aquecimento global. [...]

"A agricultura é uma das principais fontes de CO_2 e emite muitos outros gases estufa com grande impacto no aquecimento global; cerca de 47% do metano (CH_4) lançado na atmosfera e 58% do óxido nitroso (N_2O) vêm dessa atividade e algo precisa ser feito para mudar esse cenário", diz o artigo.

Mais produção sem expansão

No Brasil, segundo dados de 2007 do Ministério do Meio Ambiente, a agropecuária responde por 25% de todo o carbono emitido anualmente. A previsão da Organização das Nações Unidas para Agricultura e Alimentação é que a produção agropecuária do país, que já é uma das maiores do planeta, cresça 40% até 2019.

Mas, felizmente, esse aumento vem acompanhado de uma redução proporcional da área de cultivo, o que significa que a agropecuária brasileira está se tornando mais eficiente e sustentável.

"Nos últimos 30 anos, a produção de alimentos no Brasil cresceu cerca de 150% e a área de cultivo apenas 20%", afirma o engenheiro agrônomo da Embrapa Hilton Silveira Pinto. "O Brasil tem hoje a melhor tecnologia em agricultura do mundo."

A opinião de Pinto ecoa no cenário internacional. Recentemente, a revista Nature publicou uma reportagem que cita o Brasil como uma grande fazenda global e enfatiza a otimização da produção de alimentos que ocorre no país.

Mesmo com os avanços na produção, as lavouras brasileiras não devem sair ilesas das transformações no clima. Uma pesquisa coordenada por Silveira Pinto mostra que o aquecimento global pode levar a prejuízos nas safras de grãos de até 7,4 bilhões de reais em 2020.

"A tendência é que a área de seca se estenda até o oeste da Bahia e o sul do Piauí e o Maranhão, regiões que hoje têm uma ótima produção de grãos."

O café e a soja, principais produtos de exportação brasileiros, devem ser os mais afetados. Segundo o estudo, esses alimentos terão sua área de plantio reduzida em 10% daqui a 10 anos.

Unidade 2 • Brasil: utilização do espaço **131**

O pesquisador ressalta que, apesar dos prejuízos, não haverá falta de alimento. "Algumas culturas serão afetadas negativamente, mas outras serão beneficiadas", afirma. "Um exemplo é a cana, que se comporta melhor em altas temperaturas e 'gosta' de teores mais altos de CO_2".

Espaço para melhoras

De acordo com o relatório do programa do governo britânico publicado no final de janeiro [27/01/2011], a produção mundial de alimentos teria que crescer pelo menos 40% nas próximas duas décadas para evitar o aumento da fome global.

Para o economista Sérgio de Zen, da Escola Superior de Agricultura Luís de Queirós da Universidade de São Paulo (Esalq/USP), o Brasil é um dos únicos países com condições de atender a essa demanda alimentar. Mas, para isso, ainda é preciso melhorar o seu sistema produtivo, principalmente na pecuária.

"A nossa agricultura é relativamente eficiente, mas a pecuária tem potencial para se desenvolver mais", afirma. "Precisamos de mais investimentos, tanto da sociedade quanto do estado, para adaptar a produção."

Um estudo sobre os impactos ambientais da pecuária de corte brasileira, liderado pelo economista, aponta que a produção de carne aumentará 25% e o rebanho 7% em 2025. Já as emissões de metano, principal gás estufa liberado pela pecuária, crescerão 3%.

Isso mostra que, apesar da necessidade de avanços tecnológicos e mais recursos, o futuro da pecuária aponta para um caminho mais sustentável.

Em busca de soluções

Apesar dos percalços, pesquisadores afirmam que é preciso e possível conciliar aumento de produção e redução de impactos ambientais. "A agropecuária não é problema, é até solução", diz Pinto. "Novas tecnologias podem melhorar a agricultura, e a pecuária ainda absorver CO_2."

Uma técnica que já vem sendo empregada para reduzir as emissões de carbono é a integração entre lavoura, pasto e floresta. Nesse sistema, as emissões provenientes da pecuária são sequestradas pelas plantas da floresta e da plantação.

"Essa combinação tem se mostrado uma ótima experiência no Cerrado", afirma a pesquisadora Magda Lima, da Embrapa Meio Ambiente.

Outra alternativa é o plantio direto, técnica adotada no Brasil na década de 1970 e hoje disseminada pela zona rural do país. Nessa forma de plantação, o agricultor não usa o arado e semeia diretamente em buracos no solo. Desse modo, o carbono fica fixado na terra e não é lançado na atmosfera.

Essas e outras soluções para o problema das emissões da agropecuária integram o projeto Agricultura de Baixas Emissões de Carbono (ABC), plano do Ministério da Agricultura, Pecuária e Abastecimento (Mapa) [...].

MOUTINHO, Sofia. *Ciência Hoje On-line*. Disponível em: <http://cienciahoje.uol.com.br/noticias/2011/02/agropecuaria-vila-ou-vitima/?searchterm=None>. Acesso em: 4 dez. 2014.

a) Explique as relações entre as mudanças climáticas e as atividades agropecuárias.

b) As mudanças climáticas atingem todos os cultivos da mesma maneira? Explique.

c) Identifique as técnicas utilizadas no Brasil que permitem reduzir as emissões de carbono na atmosfera.

d) Comente a frase: com relação à produção de alimentos, o desafio consiste em produzir mais e poluir menos.

5. Pesquise em jornais, revistas ou na internet notícias relacionadas a acontecimentos ocorridos no espaço rural brasileiro que podem ser considerados agressivos ao meio ambiente.

Em sua pesquisa, você deve incluir as seguintes informações:

- onde e quando ocorreram esses acontecimentos;
- tipo de agressão ao meio ambiente;
- consequências para o meio ambiente e para a sociedade;
- fontes consultadas — nome e data do jornal, período e nome da revista, endereço do *site*, etc.

Na data marcada pelo professor, traga o material pesquisado para a sala de aula. Nessa data, o professor vai dividir a classe em grupos para orientar as seguintes atividades:

a) Reproduzir em um papel transparente o mapa político do Brasil e colá-lo no centro de uma cartolina.

b) Colar ao redor do mapa as notícias que mais atraíram a atenção do grupo. Fazer setas indicando o estado do Brasil a que cada notícia se refere.

c) Com base no material elaborado, escrever um texto comentando as consequências desses acontecimentos para o meio ambiente e para o futuro do planeta.

Capítulo 6 • Meio rural

De olho na imagem

1. Observem a imagem e leiam a legenda.

Trabalhador aplicando inseticida em plantação de milho, no município de Riacho de Santana (BA). Foto de 2014.

a) Façam uma lista dos elementos visíveis na foto.
b) Na opinião da dupla:
   - O que o trabalhador está fazendo?
   - Por que o uso da máscara?
   - Que danos o uso de agrotóxicos pode provocar ao meio ambiente e às pessoas?
c) Pensem nos produtos *in natura* (não industrializados) que vocês consomem e respondam:
   - Vocês sentem um gosto diferente, de agrotóxico, em algum produto?
   - Vocês ou as pessoas de casa lavam bem as frutas, os legumes e as verduras antes de consumi-los?

2. A mídia (TV, jornais, revistas) tem feito cobertura de várias manifestações de trabalhadores rurais sem-terra.
   a) Observem as imagens.

Ocupação de um edifício em Brasília (DF) pelos trabalhadores rurais sem-terra. Foto de 2014.

Acampamento de trabalhadores rurais sem-terra no município de Campo Grande (MS). Foto de 2015.

133

b) Agora, respondam às questões:
  - O que as fotos estão retratando?
  - Onde e quando ocorreram esses episódios?
  - Qual é o nome e a sigla do movimento que organizou os protestos.
c) Pesquisem informações atuais sobre manifestações organizadas por trabalhadores rurais sem-terra. Na pesquisa, vocês devem incluir as seguintes informações:
  - Onde e quando ocorreram esses fatos.
  - Fontes consultadas (nome e data do jornal, período e nome da revista, endereço do *site*, etc.).

3. Para tornar visível a participação da agricultura familiar na alimentação diária dos brasileiros, o Ministério do Desenvolvimento Agrário (MDA) criou o Selo da Identificação da Participação da Agricultura Familiar (Sipaf).

a) Observem as imagens e leiam as informações abaixo.

Selo do Ano Internacional da Agricultura Familiar (AIAF).

Selo de Identificação da Participação da Agricultura Familiar (Sipaf).

Cresce produção da agricultura familiar em perímetros da Codevasf

Em 24 perímetros de irrigação coordenados pela Companhia de Desenvolvimento dos Vales do São Francisco e do Parnaíba (Codevasf), a agricultura familiar respondeu por um valor bruto de produção (VBP) de 729 milhões de reais durante o ano de 2013, o equivalente a um crescimento de 20% no comparativo com 2012.

A atividade – considerada pela Organização das Nações Unidas para Alimentação e Agricultura (FAO) a forma predominante de agricultura no setor de produção de alimentos – garante o sustento da família do produtor Arnóbio Gonçalves Cesário, que vive há 35 anos no perímetro de irrigação Jaíba, em Minas Gerais.

"A condição de criar minha família vem da agricultura familiar, além de os agricultores familiares contribuírem para a redução da fome da população do Brasil", afirma o produtor. Arnóbio aprendeu a atividade com o pai e formou-se em técnico agropecuário. Hoje, ele mora no perímetro com a esposa, que está grávida, e uma filha. Nos cerca de oito hectares que ocupa, a família cultiva, principalmente, banana, limão e sementes.

De acordo com o balanço da diretoria de Irrigação da Codevasf, os agricultores familiares produziram 804,5 mil toneladas de itens agrícolas em 2013, com destaque para frutas – como banana, coco, limão, manga e uva –, além de outros itens que integram a cesta de produtos, como cebola, feijão, arroz e cana-de-açúcar. A área ocupada por esses produtores nos perímetros foi de 53,5 mil hectares. Em 2012, a produção familiar havia alcançado 760,2 mil toneladas, em 48,9 mil hectares plantados.

Disponível em: <www.brasil.gov.br/infraestrutura/2014/06/cresce-producao-da-agricultura-familiar-em-perimetros-da-codevasf>.
Acesso em: 6 dez. 2014.

b) Com base nas informações do texto, escrevam um comentário sobre a participação da agricultura familiar nos perímetros da irrigação coordenados pela Codevasf.
c) Identifiquem o ponto de vista do agricultor familiar citado no texto. Vocês concordam com essa opinião? Comentem.
d) Respondam: se vocês pudessem substituir o selo que identifica o produto da agricultura familiar, como seria o desenho? Por quê?

ATIVIDADE INTERDISCIPLINAR

Conexões

MATEMÁTICA

■ Observe os gráficos a seguir e depois responda às questões.

Pessoas ocupadas na agricultura (2013)

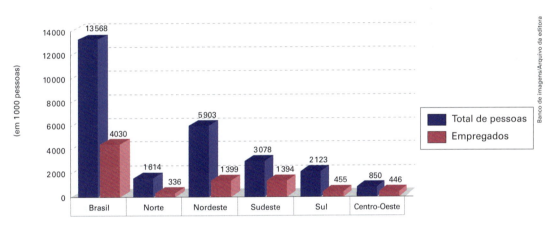

Adaptado de: IBGE. Pesquisa Nacional por Amostra de Domicílios (Pnad). Brasília, 2013.

Empregados na agricultura — em % (2013)

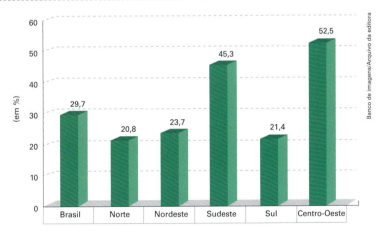

Adaptado de: IBGE. Pesquisa Nacional por Amostra de Domicílios (Pnad). Brasília, 2013.

a) O que os gráficos representam?
b) Segundo o IBGE, que região brasileira ocupa o maior número de pessoas na agropecuária? E o menor?
c) Ainda segundo o IBGE, proporcionalmente, que região brasileira emprega o maior número de trabalhadores na agropecuária? E o menor?
d) O que os números revelam sobre o pessoal ocupado na agropecuária na região onde você mora?

Unidade 2 • Brasil: utilização do espaço

Ponto de chegada

O que você estudou

Nesta Unidade, você utilizou e desenvolveu, entre outras, as seguintes habilidades:

- identificar a atividade industrial como aquela que mais modifica o espaço geográfico mundial;
- relacionar industrialização e urbanização no Brasil;
- diferenciar urbanização e crescimento urbano;
- classificar de diversas formas a indústria moderna;
- identificar o conjunto de elementos inter-relacionados que favoreceram a concentração da indústria em São Paulo e, ao mesmo tempo, como e por que existe hoje uma desconcentração industrial no espaço brasileiro;
- reconhecer a degradação ambiental no campo e na cidade;
- selecionar os problemas urbanos mais graves do Brasil, localizá-los no território e imaginar possíveis soluções;
- identificar os principais produtos agrícolas do Brasil e relacioná-los com o mercado (interno ou externo) e com a estrutura fundiária.

Mix cultural

 Biblioteca

A quem pertence a cidade?, de Liliana Iacocca, Moderna/Salamandra. O livro ajuda as crianças a entenderem o seu papel como cidadãs ao colocar em discussão o direito de cada um a ter seu espaço na cidade.

Brasil: ***do café à indústria***, de Roberto Catelli Jr., Brasiliense. Estuda o processo histórico da implantação e apogeu do café, sua contribuição para a industrialização brasileira e a transição para o trabalho livre.

Cenas urbanas, de Julio Emilio Braz, Scipione. Os dez contos que compõem esta obra apresentam o universo de desequilíbrio social dos grandes centros urbanos e contrapõem realidades distintas.

Prosas urbanas, de Moacyr Scliar, Ignácio de Loyola Brandão, Cora Coralina e outros, Global Editora. Antologia de contos e crônicas escritas por autores brasileiros contemporâneos. As histórias ficcionais versam sobre a vida cotidiana em cidades grandes e pequenas.

Quais as mudanças tecnológicas, econômicas e sociais da globalização?, Ricardo Dreguer e Roberto Caner, Moderna. O livro apresenta de forma interdisciplinar uma série de temas relacionados à globalização e à Revolução Industrial.

Sonhar é possível?, de Giselda Laporta Nicolelis, Atual. Relato sobre a vida de moradores de um cortiço no bairro do Bixiga, na cidade de São Paulo.

Verdes canaviais, de Vera Vilhena de Toledo e Cândida Vilares Gancho, Moderna. As autoras lançam um olhar sensível sobre o canavial e expõem as contradições envolvidas na atividade agroindustrial canavieira.

Geografia nos *sites*

- <http://vivafavela.com.br/> — *Site* do projeto Viva Favela. Vincula notícias e informações sobre as favelas e periferias do Rio de Janeiro visando a sua integração social.
- <www.cidades.gov.br/> — *Site* do Ministério das Cidades, com indicadores, notícias sobre habitação, saneamento, transporte urbano, trânsito, programas de urbanização e meio ambiente e legislação sobre ocupação dos espaços nas cidades.
- <www.cni.org.br/> — No *site* da Confederação Nacional das Indústrias encontram-se notícias, publicações, pesquisas e o acompanhamento dos indicadores econômicos ligados ao setor.
- <www.embrapa.br> — *Site* da Empresa Brasileira de Pesquisa Agropecuária, com *links* dedicados a engenharia de produção, agroindústria, monitoramento de queimadas, agrometeorologia, agricultura familiar, etc.
- <www.incra.gov.br> — *Site* do Instituto Nacional de Colonização e Reforma Agrária. Apresenta balanços, relatórios, notícias e estatísticas sobre a reforma agrária no Brasil.
- <www.mdic.gov.br/> — *Site* do Ministério do Desenvolvimento, Indústria e Comércio Exterior. Apresenta notícias, publicações, indicadores econômicos. Pode-se encontrar informação sobre todos os setores da cadeia produtiva: agronegócio, construção civil, eletrônico, automotivo, têxtil, etc.
- <www.mst.org.br/> — *Site* do Movimento dos Trabalhadores Rurais Sem Terra. Apresenta informações sobre a história e notícias desse movimento social. É possível acessar uma biblioteca virtual com publicações sobre a questão da reforma agrária e a luta pela terra.
- <www.museudocafe.org.br/> — *Site* do Museu do Café. É possível fazer um passeio virtual pelo Salão do Pregão, onde se negociava sacas de café na antiga Bolsa Oficial de Café.

Geografia nas telas

Dia de festa. Direção: Toni Venturi. Brasil, 2006. O documentário apresenta o Movimento dos Sem-Teto do Centro de São Paulo (MSTC) e, a partir da história de quatro mulheres líderes desse movimento social, discute a lógica de distribuição de moradia nas grandes cidades.

Distopia 021: um projeto de cidade global. Direção de: coletivos Rio40Caos e Antena Mutante. Brasil, Colômbia, 2012. É um documentário sobre a revitalização da zona portuária do Rio de Janeiro e o afastamento e expulsão da população pobre para áreas mais distantes por conta da especulação imobiliária.

Fantasmas urbanos. Direção: Matheus Marestoni. Brasil, 2013. O documentário levanta a questão da ocupação dos edifícios abandonados do centro da cidade de São Paulo por pessoas sem teto.

Infâncias roubadas. Direção: Len Morris. Estados Unidos, 2004. Esse documentário mostra a triste realidade de 246 milhões de crianças de países do mundo todo que sofrem com a exploração do trabalho infantil.

Unidade 3

Área desmatada no estado do Pará. Foto de 2014.

Brasil: paisagens naturais e ação da sociedade

Nesta Unidade, você vai estudar as paisagens naturais do Brasil e conhecer algumas transformações que ali ocorreram. Com isso, você vai adquirir competências como:

- compreender a inter-relação entre os elementos naturais e sociais por meio do estudo das grandes paisagens naturais brasileiras;
- entender e expressar a relação entre as formas de relevo e a ocupação humana no Brasil;
- reconhecer e valorizar a biodiversidade nos biomas brasileiros mais importantes;
- problematizar a inter-relação desenvolvimento econômico-tecnológico e ambiente;
- entender que as paisagens naturais são ocupadas e reconstruídas pela sociedade.

 ## Ponto de partida

Observe a foto e converse com o professor e os colegas de classe sobre estas questões:
1. Qual é o nome dessa paisagem e onde ela se localiza?
2. Por que essa degradação ocorre? Como ela poderia ser evitada?

Capítulo

7 Relevo e clima

Neste capítulo, vamos estudar relevo e clima. Associados a outros elementos da natureza — como estrutura geológica, vegetação e hidrografia —, eles formam diferentes conjuntos: as chamadas **paisagens naturais**.

Aspecto da mata Atlântica no município de Tapiraí (SP). Foto de 2015.

Aspecto da caatinga no município de Crateús (CE). Foto de 2014.

 Para começar, observe as fotos acima e responda:

1. Vemos duas paisagens distintas. Descreva os elementos percebidos em cada paisagem.
2. Em sua opinião, onde o relevo teve mais influência na formação dessas paisagens?
3. Considerando o fator clima, aponte a paisagem que apresenta maior ocorrência de chuvas e a que apresenta menor ocorrência.

1 A dinâmica da natureza

A paisagem é sempre o resultado da interação dinâmica entre os diversos elementos da natureza. Interligados, esses elementos agem uns sobre os outros, de modo que, se um deles sofrer alterações, isso trará modificações em todo o conjunto ou sistema.

Por exemplo, a vegetação depende do clima e do solo. Quase todos os tipos de vegetação, principalmente os vegetais de raízes profundas, dificultam a erosão do solo; a ausência de vegetação facilita a erosão. As folhas e os frutos que caem das árvores são absorvidos pelo solo e o enriquecem de matéria orgânica. Em certas áreas que sofreram intenso desmatamento, notou-se que, além de as chuvas diminuírem, houve um ligeiro aumento da temperatura, o que significa alteração do clima local.

O clima é influenciado pelo relevo: as áreas elevadas, por exemplo, são mais frias; barreiras montanhosas podem dificultar a penetração de nuvens úmidas em determinados locais. O relevo também é modificado pelo clima, em especial pela ação das chuvas, dos ventos e pela variação da temperatura. O volume de água dos rios pode variar de acordo com a quantidade de chuvas ou com o derretimento da neve, assim como uma parte da água evaporada dos rios contribui para aumentar o nível de umidade da atmosfera. Em alguns locais onde os rios foram represados e formaram enormes lagos artificiais, observou-se um aumento dos índices de pluviosidade (chuvas).

Assim, diferentes combinações desses elementos naturais — os que mais interessam diretamente ao ser humano ou ao espaço habitado e transformado pela sociedade — formam paisagens diversificadas. Como o território brasileiro é muito extenso (8,5 milhões de quilômetros quadrados), é de esperar que não apresente uma paisagem natural homogênea em toda a sua extensão, mas uma ampla variedade de paisagens. Veja as fotos ao lado.

Aspecto do município de São Joaquim (SC), coberto de neve em 22 de julho de 2013.

Praia no Rio de Janeiro (RJ), com o morro do Pão de Açúcar ao fundo, em dezembro de 2014.

Texto e ação

1. Explique a afirmação: "A paisagem é o resultado da interação dinâmica entre os diversos elementos da natureza".

2. Com um imenso território, o Brasil apresenta uma enorme variedade de paisagens. Sobre esse assunto:
   a) Faça uma lista com algumas paisagens do Brasil que você conhece para preencher o quadro a seguir.
   b) Reproduza o quadro no caderno. Na coluna da esquerda, escreva as paisagens que podem ser consideradas naturais e, na coluna da direita, as paisagens que podem ser chamadas de humanas ou culturais.

Paisagens do Brasil	
Paisagens naturais	Paisagens culturais

   c) Escolha uma das paisagens do quadro e escreva um pequeno texto contando como você conhece essa paisagem: por meio de passeios, viagens, fotos, filmes, televisão, internet, etc.

Unidade 3 • Brasil: paisagens naturais e ação da sociedade

2 Estrutura geológica e relevo

Chamamos de **estrutura geológica** as rochas que compõem determinado local e podem ser dispostas em diferentes camadas, ser de diferentes tipos, idades e originadas por distintos processos naturais. A importância da estrutura geológica depende das riquezas minerais a ela associadas e do seu papel na constituição do solo e do relevo.

O ponto de partida para compreender a estrutura geológica de um lugar é saber quais são os tipos de rocha ali predominantes. Dependendo do tipo de rocha que aparecer em maior quantidade, podemos reconhecer três tipos principais de estruturas geológicas:

Escudos cristalinos ou maciços antigos — Compostos de rochas cristalinas (ígneas, ou magmáticas, e metamórficas), são estruturas bastante resistentes e rígidas (foto abaixo). De idades geológicas bem antigas (das eras Pré-Cambriana e Paleozoica), originam relevos planálticos e, eventualmente, algumas depressões (isto é, áreas rebaixadas).

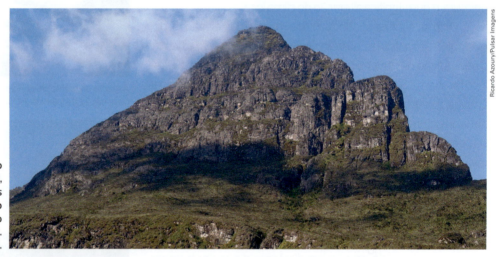

Pico da Neblina, ponto mais alto do Brasil, formado por rochas cristalinas, no município de Santa Isabel do Rio Negro (AM). Foto de 2012.

Bacias sedimentares — Mais recentes que os escudos, datam das eras Paleozoica, Mesozoica e Cenozoica. Constituídas por detritos acumulados e compostas de rochas sedimentares, originam planícies, planaltos sedimentares e depressões (foto abaixo, à esquerda).

Dobramentos modernos — Áreas que sofreram grandes dobramentos (elevações do terreno) em consequência de pressões originadas no interior do planeta, no período Terciário (era Cenozoica), e que formam relevo montanhoso, como as grandes cadeias de montanhas jovens ou terciárias (Alpes, Andes, Himalaia, Rochosas e outras). Veja a foto abaixo, à direita.

Com formações areníticas esculpidas pela ação dos ventos e das chuvas, o Parque Estadual de Vila Velha, em Ponta Grossa (PR), está localizado em uma área de bacia sedimentar. Foto de 2015.

Santiago do Chile, com montanhas da cordilheira dos Andes ao fundo. Foto de 2014.

Estrutura geológica do relevo brasileiro

A estrutura geológica do relevo brasileiro é constituída por escudos cristalinos, que abrangem pouco mais de um terço (36%) do território nacional, e por bacias sedimentares, que ocupam cerca de dois terços (64%). Não existem dobramentos modernos no Brasil.

Como o território brasileiro é predominantemente tropical, com elevadas temperaturas, chuvas quase sempre abundantes e reduzida atividade geológica interna (vulcanismos, terremotos, dobramentos), os agentes que provocam maiores modificações no relevo brasileiro, além do ser humano, são o clima (chuvas, ventos, temperatura) e a hidrografia (rios).

As altitudes do relevo brasileiro, em geral, são modestas. Apenas dois picos se aproximam de 3 mil metros de altitude: o pico da Neblina (2 993 m) e o pico 31 de Março (2 972 m), ambos localizados próximo à fronteira do estado do Amazonas com a Venezuela. Cerca de 41% do território nacional tem, no máximo, 200 m de altitude; 37% têm até 500 m; e 14,7%, até 900 m de altitude.

Isso se deve à inexistência de dobramentos modernos no Brasil, pois o território que atualmente configura o país não foi, durante o Período Terciário, atingido pelos dobramentos que se verificaram na costa oeste da América do Sul e deram origem à cordilheira dos Andes. Além disso, a antiguidade dos terrenos mais elevados do país — os escudos cristalinos do Período Arqueozoico — fez com que eles se desgastassem pelo constante processo erosivo, que modificou as formas de relevo mais salientes.

Entretanto, o predomínio de baixas altitudes não significa que o relevo brasileiro seja basicamente de planícies, como se pensava no passado. Na realidade, o relevo brasileiro é constituído basicamente de planaltos, com alguns chapadões e serras, além de depressões, que são áreas rebaixadas em relação às regiões vizinhas. As planícies ocupam bem menos de um quinto do território nacional. Veja a foto abaixo.

Muitas áreas outrora tidas como planícies são, de fato, depressões ou planaltos de baixas altitudes (os planaltos sedimentares ou típicos). O maior exemplo é a planície Amazônica. Há alguns anos, costumava-se considerar planície toda a imensa área que margeia o rio Amazonas e seus afluentes (mais de 1 600 km^2, com altitude de 0 a 200 m). No entanto, apenas 1% dessa área, aproximadamente, é, de fato, planície: os 99% restantes são depressões ou baixos platôs (áreas bastante aplainadas pela erosão, com inúmeras colinas).

Serra da Mantiqueira no município de Itatiaia (RJ). Foto de 2015.

O relevo e a sua importância

Dependendo de suas características, o relevo favorece ou dificulta a ocupação humana. Ele pode ser um obstáculo ao uso da terra no campo ou na cidade e dificultar, além de encarecer, a construção de grandes obras de engenharia (estradas, aeroportos, hidrelétricas, etc.). Áreas montanhosas com rochas sólidas costumam ser obstáculos. Mas o relevo também pode facilitar a ocupação humana. Ele ainda pode ter um grande valor cênico (como paisagem a ser vista), como o sítio urbano do Rio de Janeiro ou a chapada dos Guimarães, em Goiás, servindo de atração turística. Veja a foto abaixo.

Chapada dos Guimarães no município de mesmo nome (MT). Foto de 2014.

Alguns tipos de relevo são inapropriados para construções, como áreas de várzeas de rios, que são periodicamente inundadas pelas enchentes nas épocas de fortes chuvas, ou as encostas ou vertentes de morros e montanhas, que podem ser erodidas pela infiltração da água das chuvas no solo e provocar desabamentos ou escorregamentos de terras – o que às vezes leva ao soterramento de habitações irregulares.

Principais unidades de relevo

Vamos conhecer agora as principais unidades do relevo terrestre. Em primeiro lugar temos as quatro macrounidades (macro = grande), ou unidades principais, que são os planaltos, as planícies, as montanhas e as depressões. Depois, temos outras unidades do relevo, muitas delas microunidades (micro = pequeno), ou seja, formas de relevo que, em geral, se situam dentro ou ao lado de uma daquelas unidades maiores.

Vejamos a definição de cada uma das quatro macrounidades:

Planaltos — São terrenos altos, variando de planos (chapadas) a ondulados (colinas, morros). Geralmente em um planalto predominam os processos de erosão.

Planícies — São terrenos planos e quase sempre baixos, formados pela acumulação de sedimentos de origens diversas: fluvial, marinha, lacustre, eólica ou glacial.

Depressões — São áreas rebaixadas. Quando situadas abaixo do nível do mar, são denominadas **depressões absolutas**; quando acima do nível do mar, mas abaixo das áreas vizinhas, são chamadas de **depressões relativas** — estas últimas existem em grande quantidade no Brasil.

Montanhas — São terrenos altos e fortemente ondulados, podendo ter várias origens: dobramentos, vulcanismo, blocos falhados, etc.

Observe a ilustração e o mapa abaixo.

Grandes unidades de relevo

Adaptado de: FLORENZANO, Teresa Gallotti (Org.). *Geomorfologia:* conceitos e tecnologias atuais. São Paulo: Oficina de Textos, 2008.

Brasil: relevo

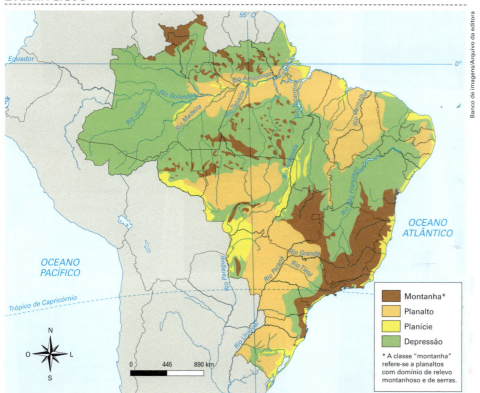

Adaptado de: FLORENZANO, Teresa Gallotti (Org.). *Geomorfologia:* conceitos e tecnologias atuais. São Paulo: Oficina de Textos, 2008.

Outras unidades de relevo

Vamos estudar agora as seguintes unidades de relevo:

Chapadas — São grandes superfícies planas, típicas de planaltos sedimentares, em geral de estrutura horizontal e acima de 600 metros de altitude. No Brasil, elas são comuns nas regiões Centro-Oeste (chapadas dos Guimarães, dos Veadeiros e dos Parecis) e Nordeste (chapadas Diamantina, do Apodi, do Araripe, do Corisco).

Tabuleiros — Áreas de relevo plano, de origem sedimentar, de baixa altitude e com limite abrupto. Típicas da costa do Nordeste brasileiro.

Morros — Médias elevações do terreno, com domínio de topos arredondados, amplitudes entre 100 m e 200 m e altas declividades.

Terraços — Patamares em forma de degraus, localizados nas encostas dos vales.

Falésias — É uma forma de litoral, constituída por barreiras abruptas entre o continente e o oceano. A mais famosa no Brasil aparece na praia de Torres, no Rio Grande do Sul.

Serras — São terrenos acidentados com forte desnível, formados por morros. Não confundir com escarpas, pois nas serras é possível subir por um lado e descer pelo lado oposto, enquanto na escarpa só é possível subir e descer pelo mesmo lado. Exemplos: serras da Mantiqueira e Geral.

Escarpas — Terrenos muito íngremes, de 300 m a 800 m de altitude, que lembram um degrau, localizados na transição de um planalto para uma área mais baixa. Às vezes são chamadas impropriamente de serras, como no caso da serra do Mar, que na realidade é a escarpa ou borda do planalto Atlântico na sua transição para a Baixada Santista.

Texto e ação

1. Cite exemplos de formas de relevo que dificultam a ocupação humana.

2. Cite exemplos de formas de relevo cuja ocupação irregular ocasiona frequentes catástrofes. Você conhece algum caso desse tipo no Brasil ou em seu município? Qual ou quais?

3. Observe a figura sobre as principais unidades de relevo no Brasil (página 145) e responda às questões a seguir em seu caderno:
   - Que formas de relevo estão representadas na figura?
   - Qual delas predomina no estado onde você mora?

4. De modo geral, o relevo brasileiro apresenta altitudes modestas. Sobre o assunto, responda em seu caderno:
   a) Qual é a relação entre os dobramentos modernos e o predomínio de baixas altitudes no Brasil?
   b) Qual é a diferença entre planaltos e planícies?

5. Observe atentamente o mapa da página 145 e responda:
   a) Ao observar a legenda do mapa, o que você diria sobre o relevo brasileiro?
   b) Qual é a cor que indica as montanhas? Onde elas se localizam?
   c) Ao observar a distribuição das cores, o que você diria sobre a localização das planícies brasileiras?
   d) Você conhece o relevo do seu município? Como ele é?

6. Observe as fotos:

Planície do Pantanal, com o rio Paraguai no município de Corumbá (MS). Foto de 2014.

Maciço das Prateleiras, no Parque Nacional de Itatiaia, na serra da Mantiqueira. Itatiaia (RJ). Foto de 2014.

Agora responda às questões:
a) Que formas de relevo são apresentadas nessas paisagens?
b) Você já viu alguma dessas formas de relevo no município onde você mora, em filmes, jornais ou revistas?

Unidade 3 • Brasil: paisagens naturais e ação da sociedade

Geolink

O estudo do relevo brasileiro

A primeira classificação do relevo brasileiro identificou oito unidades e foi elaborada na década de 1940 pelo geógrafo Aroldo de Azevedo. No ano de 1958, essa classificação tradicional foi substituída pela tipologia do geógrafo Aziz Ab'Sáber, que acrescentou duas novas unidades de relevo. Mas essa ainda não foi a definitiva... A classificação aceita atualmente foi elaborada em 1995, pelos estudos do geógrafo e pesquisador Jurandyr Ross, do Departamento de Geografia da USP [Universidade de São Paulo]. Estabelece 28 unidades de relevo, que podem ser divididas em planaltos, planícies e depressões. Observe o que representa cada uma delas:

Planaltos – Superfícies com elevação e aplainadas, marcadas por escarpas onde o processo de desgaste é superior ao de acúmulo de sedimentos.

Planícies – Superfícies relativamente planas, onde o processo de deposição de sedimentos é superior ao de desgaste.

Depressão absoluta – Região que fica abaixo do nível do mar.

Depressão relativa – Fica acima do nível do mar. A Periférica Paulista, por exemplo, é uma depressão relativa.

Montanhas – Elevações naturais do relevo, podendo ter várias origens, como falhas ou dobras.

Pontos culminantes do Brasil

Pico	Serra	Altitude (m)
da Neblina	Imeri (Amazonas)	2 993
31 de Março	Imeri (Amazonas)	2 972
da Bandeira	do Caparaó (Espírito Santo/Minas Gerais)	2 891
Roraima	Pacaraima (Roraima)	2 734

O relevo brasileiro tem formação muito antiga, que teve origem principalmente nas atividades internas do planeta Terra e em vários ciclos climáticos. A erosão, por exemplo, foi provocada pela mudança constante de climas úmido, quente, semiárido e árido. Outros fenômenos da natureza, como ventos e chuvas, também contribuíram no processo de erosão.

Adaptado de: MAPAS do Brasil. Disponível em: <http://smartkids.com.br/especiais/mapas-brasil.html>. Acesso em: 28 nov. 2014.

Responda às seguintes questões:

1. Qual é o ponto mais alto do território brasileiro? Onde se localiza?
2. Algum dos pontos culminantes do Brasil está localizado no estado onde você mora? Se respondeu sim, como ele se chama? Onde se localiza?
3. Você sabe qual é o ponto mais alto do município onde você mora? Se necessário, pesquise sobre esse assunto.

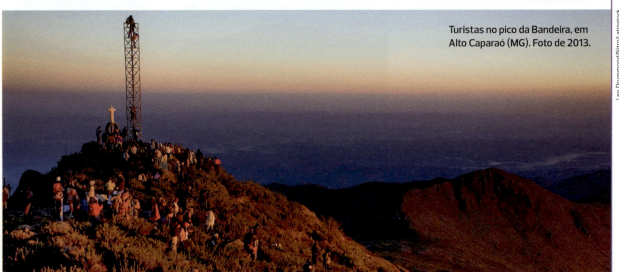

Turistas no pico da Bandeira, em Alto Caparaó (MG). Foto de 2013.

③ Clima e massas de ar

Ao conjunto de variações do tempo atmosférico de um determinado local da superfície terrestre damos o nome de **clima**. Para compreender o clima de um local, temos de estudar os diversos tipos de tempo atmosférico que ali costumam ocorrer durante anos seguidos (geralmente em um período de trinta anos). O resultado desse estudo, uma espécie de síntese dos tipos de tempo que geralmente ocorrem no local, definirá o clima.

O tempo e o clima se referem aos mesmos fenômenos atmosféricos: temperatura, pressão atmosférica, ventos, umidade do ar e precipitações (chuva, neve, geada, orvalho e granizo). O tempo, no entanto, se refere a um momento específico (tempo chuvoso, por exemplo), enquanto o clima se refere aos tipos de tempo que costumam ocorrer em determinado local durante um ano (o clima de Manaus, por exemplo, é quente e úmido, embora em alguns dias o tempo possa estar seco ou, às vezes, até menos quente).

O elemento mais importante para explicar as mudanças no comportamento dos fenômenos atmosféricos são as **massas de ar**, que são porções espessas e extensas da atmosfera, com milhares de quilômetros quadrados de extensão e características próprias de pressão, temperatura e umidade determinadas pela região na qual se originam. Em razão das diferenças de pressão, as massas de ar estão em constante movimento.

Existem massas de ar polares, equatoriais, tropicais oceânicas e continentais, que se movimentam constantemente e, com frequência, ocupam o lugar umas das outras. A dinâmica das massas de ar é responsável pela maior parte das alterações do tempo de um lugar (frio, chuvas, etc.).

O encontro entre duas massas de ar de diferentes temperaturas recebe o nome de **frente**. Ocorre uma frente fria, por exemplo, quando uma massa polar se desloca e empurra outra massa, tropical, ocupando o seu espaço.

As massas de ar que influenciam o clima do Brasil

O clima brasileiro é influenciado pelas seguintes massas de ar (veja o mapa ao lado):

Massa Equatorial Atlântica (mEa) — Quente e úmida, domina a parte litorânea da Amazônia e do Nordeste em alguns períodos do ano e tem seu centro de origem no oceano Atlântico (ao norte da linha do equador, próximo ao arquipélago dos Açores).

Massa Equatorial Continental (mEc) — Também quente e úmida, com centro de origem na parte ocidental da Amazônia, domina a porção noroeste do território amazônico durante praticamente todo o ano. Localizada acima dos continentes, é a única massa continental úmida no globo, pois, como regra, as massas de ar oceânicas são úmidas, e as continentais, secas. Sua umidade pode ser explicada principalmente pela presença da floresta Amazônica, como veremos melhor a seguir.

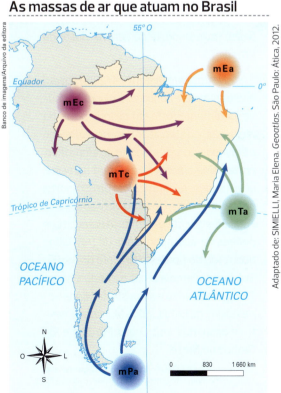

As massas de ar que atuam no Brasil

Adaptado de: SIMIELLI, Maria Elena. *Geoatlas*. São Paulo: Ática, 2012.

Massa Tropical Atlântica (mTa) — Quente e úmida, originária do oceano Atlântico nas imediações do trópico de Capricórnio, exerce grande influência sobre a parte litorânea do Brasil, desde o Nordeste até o Sul.

Massa Tropical Continental (mTc) — Quente e seca, origina-se na depressão do Chaco, entre o norte da Argentina e o Paraguai, e abrange uma área de atuação muito limitada. Permanece em sua região de origem durante quase todo o ano, mas às vezes sofre uma retração pelo avanço de alguma frente polar.

Massa Polar Atlântica (mPa) — Fria e úmida, forma-se nas porções do oceano Atlântico próximas à Patagônia (sul da Argentina). Atua mais no inverno, quando penetra no Brasil como frente fria, provocando chuvas e o declínio da temperatura. Embora a frente fria chegue, às vezes, até a Amazônia, ela influencia mais o clima do sul do país, em especial o das áreas localizadas abaixo do trópico de Capricórnio, que passa pela cidade de São Paulo.

Texto e ação

1. Muitas pessoas usam indiscriminadamente os termos tempo e clima. Diferencie-os.

2. No Brasil atuam cinco massas de ar diferentes. Reproduza o quadro abaixo no caderno e dê a origem e as características de cada uma delas usando as informações do texto e do mapa da página anterior.

Massa de ar	Região de origem	Principais características

Condições do tempo

Pancadas de chuva localmente forte em grande parte do centro-norte do Brasil.

Nesta sexta-feira [10/4/2015] haverá muitas nuvens e pancadas isoladas de chuva localmente forte em grande parte da região Norte do Brasil, do Recôncavo Baiano e Salvador, no centro-norte do Maranhão, norte do Piauí, noroeste do Ceará, noroeste, oeste, sudoeste e sul de Mato Grosso, norte, oeste, sudoeste de Mato Grosso do Sul. Pancadas de chuva com curta duração que podem ser acompanhadas de trovoadas ocorrerão no nordeste de Mato Grosso do Sul, Goiás, demais áreas de Mato Grosso, Triângulo Mineiro e noroeste de Minas Gerais, oeste da Bahia, sul do Maranhão, centro e oeste do Piauí, Ceará, Paraíba e Rio Grande do Norte.

Adaptado de: CONDIÇÕES do tempo. Disponível em: <http://tempo.cptec.inpe.br>. Acesso em: 19 abr. 2015.

Brasil: previsão do tempo (10/4/2015)

Adaptado de: INPE. Centro de previsão do tempo e estudos climáticos. Disponível em: <www.cptec.inpe.br>. Acesso em: 15 abr. 2014.

4 Os tipos de clima do Brasil

De acordo com a atuação das massas de ar, verificamos a existência de seis tipos de clima no Brasil: equatorial úmido, litorâneo úmido, tropical continental, tropical semiárido, tropical de altitude e subtropical úmido. Veja o mapa a seguir.

Brasil: clima

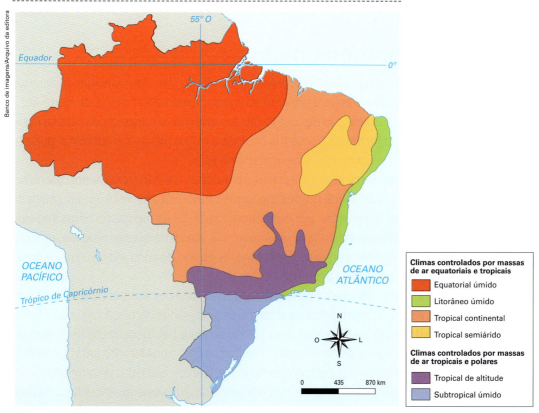

Adaptado de: SIMIELLI, Maria Elena. *Geoatlas*. São Paulo: Ática, 2012.

Clima equatorial úmido

O clima equatorial úmido abrange principalmente a área da Amazônia brasileira. É dominado pela Massa Equatorial Continental (mEc) em quase toda a sua extensão e durante o ano todo. Apenas na porção litorânea da Amazônia há alguma influência da Massa Equatorial Atlântica (mEa). Algumas vezes, no inverno, a frente fria atinge o sul e o sudoeste dessa região, ocasionando uma queda da temperatura denominada **friagem**. Embora as massas de ar continentais sejam geralmente secas, a mEc é úmida por localizar-se sobre a Amazônia, que, além de fornecer umidade para essa massa de ar pela **evapotranspiração** dos vegetais, tem em seu território a mais rica bacia hidrográfica do planeta, com inúmeros rios caudalosos.

Trata-se, portanto, de um clima quente e úmido. As **médias térmicas mensais** variam de 25 °C a 28 °C, ocorrendo baixa amplitude térmica anual (diferença entre a média mensal mais quente e a mais fria). O resfriamento no inverno é pequeno. As médias pluviométricas são altas (de 1 500 mm a 2 500 mm por ano), e a estação seca é geralmente curta (poucos meses ao ano, ou nenhum, em alguns lugares).

Evapotranspiração: processo pelo qual as matas perdem água por uma combinação de evaporação (dos solos) e de transpiração (das plantas).

Média térmica mensal: média das temperaturas verificadas num mês em determinado lugar.

Unidade 3 • Brasil: paisagens naturais e ação da sociedade

Floresta Amazônica no arquipélago Anavilhanas, no rio Negro, estado do Amazonas. Foto de 2014.

Alísio: vento que sopra durante o ano todo sobre extensas regiões, a partir das altas pressões subtropicais na direção das baixas pressões equatoriais.

Índice pluviométrico: número que indica a quantidade de chuva que cai em uma área durante certo período.

Como se trata de uma região de calmaria, causada pelo encontro dos **alísios** do hemisfério norte com os do hemisfério sul, as precipitações que aí ocorrem são, em sua maioria, chuvas de convecção. Ou seja, resultam do movimento ascendente do ar quente carregado de umidade, que provoca a condensação do vapor de água da atmosfera ao encontrar temperaturas baixas nas altitudes mais elevadas.

Clima litorâneo úmido

Influenciado pela Massa Tropical Atlântica (mTa), o clima litorâneo úmido abrange a porção do território brasileiro próxima ao litoral, desde o Rio Grande do Norte até a parte setentrional do estado de São Paulo. No inverno, um avanço da Massa Polar Atlântica (mPa) na forma de frente fria desloca a mTa e passa a predominar durante dias ou semanas nessa área (principalmente no Sul).

Notam-se nesse clima duas estações principais: o verão, geralmente mais chuvoso (com exceção do litoral nordestino, onde chove mais no inverno por causa da influência da mEa), e o inverno, período menos chuvoso. As médias térmicas são elevadas, assim como os **índices pluviométricos**. É um clima quente e úmido, embora apresente maior diferença entre as duas estações do ano, ao contrário do clima da Amazônia, em que quase não há diferença.

Ao contrário do clima equatorial da Amazônia (zona de calmaria causada pelo encontro dos alísios), o clima tropical caracteriza-se pela grande circulação de ar, tanto pela penetração da frente fria (S → N) quanto, principalmente, pela penetração do ar oceânico (L → O), que, ao encontrar as áreas montanhosas (serra do Mar, chapada Diamantina e chapada da Borborema), ocasiona as chuvas de relevo, chamadas de orográficas.

Esse tipo de chuva ocorre quando o ar úmido em movimento encontra uma área montanhosa e é obrigado a elevar-se, ocasionando resfriamento, condensação e precipitações. Em Itapanhaú (São Paulo), próximo à serra do Mar, registrou-se o maior índice de pluviosidade no Brasil (4 514 mm/ano), marcado por intensas chuvas orográficas. As médias pluviométricas desse clima situam-se entre 1 500 e 2 000 mm/ano. Portanto, é um clima menos úmido do que o equatorial.

Pico do Marumbi, na serra do Mar, no município de Morretes (PR). Foto de 2015.

Clima tropical continental

O clima tropical continental abrange Minas Gerais, Goiás, parte de São Paulo, Mato Grosso do Sul, parte de Mato Grosso, trechos da Bahia, do Maranhão, do Piauí e do Ceará. É um clima tropical típico, ou seja, quente e semiúmido, com uma estação chuvosa (o verão) e outra seca (o inverno).

Durante o verão, esse clima é dominado pela Massa Equatorial Continental (mEc), que provoca chuvas frequentes. No inverno, há um recuo da mEc, que se limita à Amazônia, e ocorre a penetração da Massa Tropical Atlântica (mTa), que já perdeu a umidade na faixa litorânea e nas áreas montanhosas. Às vezes, há também penetração da frente polar, que provoca uma ligeira redução da temperatura e um período de chuvas escassas. As médias térmicas situam-se entre 20 °C e 28 °C, e a pluviosidade em torno de 1 500 mm/ano.

Clima tropical semiárido

Esse tipo de clima abrange a região conhecida como Sertão do Nordeste. É um tipo de clima quente e seco, com médias anuais de pluviosidade geralmente inferiores a 1 000 mm — a menor média do Brasil foi registrada em Cabaceiras, na Paraíba: 278 mm/ano. Além disso, as chuvas concentram-se num período curto, geralmente três meses ao ano. Às vezes, esse período é ainda menor ou simplesmente não ocorre durante um ano ou mais, o que ocasiona as conhecidas secas regionais. Esse baixo e irregular índice pluviométrico pode ser explicado pela situação da região em relação à circulação das massas de ar e pelo seu relevo.

O Sertão nordestino é um local de encontro de quatro sistemas atmosféricos oriundos das massas de ar mEc, mTa, mEa e mPa. As poucas chuvas que aí ocorrem se devem à influência da mEc no verão, que, ao aproximar-se dessa área, vai se tornando menos úmida do que no seu centro de origem (Amazônia ocidental).

No inverno, ocorre a influência da mTa e dos alísios oriundos da mEa e, às vezes, a penetração da frente fria. Mas essas correntes de ar já chegam secas à região, pois perderam a umidade com as chuvas nas áreas litorâneas e nas chapadas do Nordeste (Diamantina e da Borborema).

Em alguns locais de maior altitude (denominados brejos), a frente fria costuma provocar chuvas de relevo durante o inverno. Aos poucos, esses locais se transformam em verdadeiras ilhas verdes no meio da caatinga (vegetação regional).

Brejo de altitude na serra do Araripe, em Exu (PE). Foto de 2014.

Clima tropical de altitude

É o clima das áreas de maior altitude da região Sudeste. É influenciado pela Massa Tropical Atlântica (mTa), que é úmida. Com verões menos quentes e invernos mais frios do que o clima tropical continental, apresenta índice pluviométrico acima de 1 700 mm. No inverno, registram-se baixas temperaturas e ocorrem geadas em virtude da atuação da Massa Polar Atlântica (mPa).

Clima subtropical úmido

O clima subtropical úmido abrange o Brasil meridional, isto é, a porção do território brasileiro localizada ao sul do trópico de Capricórnio. Predomina a mTa, que provoca chuvas abundantes, principalmente no verão. No inverno, é frequente a penetração da frente polar, que dá origem a chuvas frontais — precipitações resultantes do encontro da massa de ar quente com a massa de ar fria, quando ocorre grande condensação do vapor de água atmosférico. O índice médio anual de pluviosidade é elevado (superior a 1500 mm) e as chuvas são bem distribuídas durante o ano, inexistindo uma estação seca.

É o tipo de clima que, ao contrário dos demais climas do Brasil — todos quentes —, pode ser classificado como mesotérmico, isto é, de temperaturas médias (a média do mês mais frio é inferior a 18 °C). A amplitude térmica anual é elevada, a maior dos climas brasileiros. Existe, assim, uma sensível diferença entre verão (bem quente) e inverno (frio, às vezes com geadas e até neve em alguns locais). Nesse tipo de clima, começamos a perceber mais nitidamente um esboço de primavera e outono, estações que, na prática, não existem na maior parte do território brasileiro, o que caracteriza uma transição para o clima temperado (existente no Uruguai e na Argentina).

Porto Alegre (RS), com clima subtropical úmido. Foto de 2014.

Texto e ação

1. De acordo com a atuação das massas de ar, cite os principais tipos de clima do Brasil.

2. Observe o mapa da página 151 e responda:
   a) Qual é o título do mapa? O que as cores indicam?
   b) Que tipo de clima predomina na região Norte do Brasil? Quais são as principais características desse clima? Para responder a essas questões, consulte também o texto do capítulo.
   c) De acordo com as informações do mapa, que tipo de clima predomina no estado onde você mora? Em sua opinião, como esse tipo climático interfere na vida das pessoas?

5 Solo urbano e enchentes no Brasil

Praticamente todos os anos, no período das chuvas — sobretudo em dezembro e janeiro na maior parte do país —, ocorrem enchentes nas cidades brasileiras que, às vezes, ocasionam inundações e até desabamentos de encostas.

A chuva que cai sobre o solo pode seguir dois caminhos: infiltrar-se no subsolo, formando lençóis subterrâneos de água, ou escorrer pela superfície, formando enxurradas, regatos, córregos e rios. Alguns desses cursos de água são temporários, só existem quando chove; outros são perenes, existindo durante todo o ano. O que garante a perenidade dos cursos de água é o lençol subterrâneo.

A capacidade de retenção de água pelo subsolo depende da permeabilidade do solo. Em solos arenosos a permeabilidade é alta, o que significa que a água se infiltra facilmente no subsolo. Em solos argilosos, a permeabilidade é baixa. Em solos rochosos, compactados, cimentados ou asfaltados, a permeabilidade é nula.

Em síntese, quanto maior a permeabilidade do solo, mais água da chuva consegue se infiltrar no subsolo e, consequentemente, menos água vai escoar pela superfície. Quando não existiam construções em uma área, a permeabilidade do solo geralmente era alta e grande parte da água das chuvas se infiltrava. Com a urbanização, as construções e o asfalto, o solo torna-se praticamente impermeável, exceto nas raras áreas verdes. Assim, não há mais infiltração da água das chuvas, que em sua totalidade corre pela superfície, por ruas e avenidas, ocasionando inundações. A solução é construir redes de galerias de águas pluviais, mas com as fortes chuvas elas são insuficientes e vivem entupidas pelo excesso de lixo.

Essa situação piora nas várzeas dos rios, muitas vezes ocupadas por construções e moradias. Todo rio tem um leito normal e um leito maior, para onde ele transborda nos períodos de cheias, quando recebe mais água das chuvas ou do derretimento de neve.

As várzeas são esse leito maior do rio, o qual, de modo inevitável, vai ocupá-las nas épocas de cheias mais intensas, que são absolutamente normais e já existiam bem antes da construção da cidade. Dessa forma, a maneira inadequada de ocupação humana de certas áreas e a carência de galerias de água pluvial (ou da obstrução destas causada pelo excesso de lixo) são responsáveis pelas enchentes e inundações, que, por vezes, provocam catástrofes (desabamentos de encostas, inundação de casas e estabelecimentos comerciais, entre outras consequências).

Casa atingida por deslizamento de terra em Petrópolis (RJ). Foto de 2013.

Texto e ação

1. Por que antes da edificação de uma cidade em certa área não existem inundações?
2. Por que as construções provocam inundações e enchentes em uma cidade?
3. Em sua cidade, ocorrem inundações ou enchentes em épocas de chuvas? Há galerias de água pluvial? Se existem, elas conseguem resolver esse problema?
4. Em sua opinião, você e sua família podem fazer alguma coisa para evitar ou diminuir as consequências de enchentes no município onde vivem? O quê?

Unidade 3 • Brasil: paisagens naturais e ação da sociedade

Atividades finais

+ Ação

1. A ação dos ventos, das águas das chuvas e das geleiras ao longo do tempo vai modificando o relevo terrestre e formando outras paisagens, naturais e humanas na Terra, dada a inter-relação entre os fenômenos da natureza e a ocupação humana. Vamos conhecer a forte ação das águas das chuvas no Brasil?

a) Leia uma notícia divulgada em 31 de março de 2014.

Maior enchente do século afeta 26 municípios e quase meio milhão de pessoas em Rondônia

O ano de 2014 começou com grandes prejuízos à população de Rondônia devido ao transbordamento de grandes rios que cortam vários municípios.

Além de inundações e perdas de bens materiais, a população está enfrentando a proliferação de doenças endêmicas e condições precárias de locomoção. Várias estradas e rodovias do estado foram afetadas pelas inundações, sendo que o principal eixo de escoamento pelo estado, a rodovia federal BR-364, foi danificada na região de Cacoal, no centro-sul, e permanece por quase 60 dias submersa rumo ao estado do Acre.

As distribuidoras de medicamentos, alimentos, combustível e serviços estão impedidas de realizar o trabalho nos municípios devido à cheia recorde, jamais registrada nos rios Madeira e Mamoré entre o norte e oeste do estado.

De acordo com a Defesa Civil de Rondônia, mais de 20 mil pessoas ficaram desalojadas ou desabrigadas.

Até este domingo (30), 23 dos 52 municípios do estado já haviam computado algum tipo de dano em razão das chuvas ou das inundações.

Os municípios de Cabixi, Pimenteiras do Oeste, Pimenta Bueno, Espigão D'Oeste, Cacoal, Rolim de Moura, Presidente Médici, Nova Brasilândia D'Oeste, Alvorada D'Oeste, Urupá, Ji-Paraná, São Miguel do Guaporé, Seringueiras, São Francisco do Guaporé, Costa Marques, Mirante da Serra, Jaru, Guajará-Mirim, Nova Mamoré, Buritis, Alto Paraíso e Porto Velho foram os que até o momento mais registraram ocorrências.

Em todo o estado, já passa de meio milhão o número de pessoas direta ou indiretamente afetadas por alagamentos, inundações, deslizamentos e bloqueios de rodovias, levando-se em consideração dados demográficos do Instituto Brasileiro de Geografia e Estatística (IBGE) de 2010.

Em Porto Velho, o rio Madeira atingiu o valor histórico de 19,74 metros às 8h15min deste domingo. A maior cheia da capital de Rondônia era de 17,52 metros em 8 de abril de 1997.

Ji-Paraná, o segundo município mais populoso do estado, também registrou enchente recorde, com nível do rio Machado de 11,65 metros no dia 27 de fevereiro. A cheia máxima era de 11,55 metros em janeiro de 1986.

Na fronteira oeste, os 12,78 metros de cota máxima atingida pelo rio Mamoré, em Guajará-Mirim, em 1984, foram superados pela cheia atual, que já ultrapassou os 13,80 metros.

Além do esforço por parte da população, o poder público municipal, principalmente, se empenha no trabalho de resgate das famílias e na abertura de novos meios para escoar a produção agrícola e também a população.

Disponível em: <http://maisro.com.br/maior-enchente-do-seculo-afeta-26-municipios-e-quase-meio-milhao-de-pessoas-em-rondonia/>. Acesso em: 30 nov. 2014.

b) Responda às questões:

- Que agente externo da modificação do relevo pode ser identificado na notícia?
- Em 2014, os estudiosos registraram novos recordes de enchente no estado de Rondônia. Identifique os rios que transbordaram seus leitos, os municípios atingidos e os recordes referidos na notícia. Se possível, localize esses rios em um mapa físico e os municípios mais afetados em um mapa político.

156 Capítulo 7 • Relevo e clima

- Como a população dos municípios atingidos por tais enchentes foi afetada? Quantas pessoas foram atingidas por suas consequências?
- Explique as consequências das enchentes para a população dos municípios mais atingidos.
- Que providências foram tomadas pelo poder público municipal?
- Se você ou alguém de sua família mora em um desses municípios, relate essa experiência para o professor e os colegas. Nesse caso, você considera que as providências tomadas pelo poder público municipal foram suficientes? Explique.
- Em sua opinião, o relato divulgado por essa notícia contribui para explicar a existência de relações entre os elementos da natureza e a ocupação humana? Explique.

2. A notícia apresentada na atividade 1 se referiu à atuação da Defesa Civil de Rondônia. Provavelmente, você já ouviu falar desse órgão governamental ou viu, em jornais televisivos, seus profissionais atuando durante alguma catástrofe provocada pelos fenômenos da natureza, pela ação humana ou, geralmente, pela inter-relação entre ambos. Então, vamos conhecer a Defesa Civil e saber quais são suas funções.

- Leia o texto abaixo e depois comente-o com o professor e os colegas.

[...] *Para que serve a Defesa Civil?*

—A Defesa Civil é um órgão do governo (federal, estadual ou municipal) que trabalha antes, durante e depois de um desastre.

—Trabalha antes, ensinando às pessoas tudo o que devem fazer para evitar desastres; por meio de palestras, distribuição de cartilhas e fôlderes e também realizando cursos. Assim, as pessoas ficam preparadas e não são colhidas de surpresa. Isso é chamado de prevenção.

—Trabalha durante, auxiliando outros órgãos, como os bombeiros, a polícia e outros, a socorrer pessoas que foram atingidas por desastres, dando toda a ajuda necessária e chamando outras instituições que podem ajudar também. Chamamos essa ação de socorro.

—Trabalha após um desastre, quando auxilia as pessoas que perderam suas casas, colocando-as em abrigos e fornecendo alimentos, roupas, cobertores e colchões para que possam ir vivendo até retornarem para suas casas. Além disso, coordena e organiza o recebimento das doações e o trabalho de várias pessoas, como médicos, assistentes sociais, psicólogos, voluntários e todos aqueles que estarão trabalhando para ajudar e cuidar dos desabrigados. Esse é o trabalho de assistência.

—Quando o desastre acaba, o trabalho da Defesa Civil ainda continua, até que consiga deixar as pessoas tranquilas e os locais atingidos em ordem novamente. Para isso, precisa restaurar os serviços essenciais, como água, energia elétrica e telefone, reconstruir casas, pontes, galerias de água e esgoto, sempre trabalhando em conjunto com vários segmentos da sociedade. É um trabalho um pouco mais demorado, mas muito importante, que é chamado de reconstrução.

Como você pode ajudar?

—É muito simples: procure estar bem informado sobre os problemas que existem no lugar onde você vive, pois assim você pode se preparar melhor para enfrentá-los com muito mais tranquilidade.

—Procure a Defesa Civil, os bombeiros ou os policiais para que possam orientá-lo e ensiná-lo como cuidar melhor de você, dos seus amigos e da sua família. Você será orientado também sobre como poderá participar e colaborar em situações emergenciais.

PARA que serve a Defesa Civil? Disponível em: ‹http://defesacivilrosul.blogspot.com/2009/02/para-que-serve-defesa-civil.html›. Acesso em: 30 nov. 2014.

3. Para saber a função que a Polícia Rodoviária Federal desempenhou durante as fortes enchentes que ocorreram em Rondônia e atingiram o Acre em 2014, leia o texto a seguir. Depois, faça o que se pede.

BR-364 é fechada e isola Acre

A Polícia Rodoviária Federal divulgou nota esclarecendo sobre o fechamento da BR-364, no trecho do km 868 até o km 871 – sentido Acre –, devido à cheia do rio Madeira, que já está tomando conta de parte da pista e dificultando o acesso dos veículos. Para piorar ainda mais a situação, os trechos alagados apresentam correntezas. O Departamento Nacional de Infraestrutura de Transportes (DNIT) demarcou o trecho de risco sinalizando com estacas. Confira abaixo a nota (atualizada):

Nota da PRF – Em virtude do trecho compreendido do km 868 até o km 871 da BR-364 sentido Acre estar tomado pelas águas do rio Madeira e apresentar forte correnteza no local, a Polícia Rodoviária Federal em conjunto com o DNIT, visando a manutenção da segurança e preservação de vidas dos usuários da rodovia, interrompeu o tráfego dos veículos pequenos nesse local, às 19 horas de ontem (19/2), da BR-364, sentido Acre.

Unidade 3 • Brasil: paisagens naturais e ação da sociedade **157**

No que se refere aos veículos maiores, o DNIT está fazendo a instalação de estacas para sinalizar a rodovia; caso a sinalização surta o efeito esperado, os veículos grandes poderão passar, caso contrário, a pista será interrompida também para essa categoria de veículos.

Pedimos a compreensão e o apoio da população para aguardarem para efetuarem sua viagem, pois, na primeira hora de amanhã, uma equipe de técnicos do DNIT irá efetuar uma avaliação da rodovia e, caso esta apresente melhores condições de transitabilidade, a pista será liberada.

Estamos trabalhando visando garantir a segurança dos usuários da rodovia.

Disponível em: <www.rondoniaovivo.com/noticias/enchente-br-364-e-fechada-e-isola-acre/111341#.VHsbejEggfg>. Acesso em: 30 nov. 2014.

a) Se possível, localize em um mapa político a BR–364 e identifique os principais municípios de Rondônia que essa rodovia atravessa. Faça o mesmo em relação ao estado do Acre.

b) Por que a Polícia Rodoviária Federal decidiu interditar, por algum tempo, o tráfego de veículos pequenos em um trecho da BR–364 no começo de 2014?

c) Em sua opinião, o isolamento de um estado por falta de condições de segurança para o tráfego pode acarretar consequências graves para a sua população? Explique.

4. Durante o inverno, em alguns anos, neva um pouco no Sul do Brasil. Excepcionalmente, isso já aconteceu na primavera. Vamos conhecer a experiência registrada em São Joaquim (SC), uma das cidades procuradas pelos turistas brasileiros que queriam conhecer a neve em 2013?

a) Leia o texto e faça o que se pede.

Cidade catarinense registra neve em plena primavera

A cidade de São Joaquim, localizada a cerca de 200 quilômetros de Florianópolis, registrou neve em plena primavera na tarde desta terça-feira [23 de setembro de 2013]. O fenômeno ocorreu perto das 13 h e durou pouco mais de um minuto. Até mesmo na área central foram flagrados flocos de neve.

Essa foi a sexta vez em 2013 que a cidade registra a ocorrência de neve. De acordo com as informações do centro de recursos ambientais do Estado (Ciram), uma massa de ar polar manterá a temperatura extremamente baixa em Santa Catarina nos próximos dias.

A condição de neve deve se manter até o fim da manhã desta quarta, embora seja remota a possibilidade de acúmulos como os registrados em julho e agosto passado. "As condições de frio aliado à umidade alta no estado favorecem a condição de neve entre a tarde e noite desta terça e madrugada e manhã de quarta-feira", afirmou a meteorologista Gilsânia Cruz.

Disponível em: <http://filosofiaclimatica.blogspot.com.br/2013/09/neve-em-plena-primavera-no-brasil.html>. Acesso em: 30 nov. 2014.

b) Localize São Joaquim em um mapa político. A seguir, faça o mesmo em um mapa físico e responda:
  • Em qual das unidades de relevo, que você estudou nas páginas 145 e 146 deste capítulo, São Joaquim se insere?
  • A localização de São Joaquim nessa unidade de relevo contribui para a queda de neve? Explique.
  • Há alguma relação entre esse texto e o mapa das massas de ar que atuam no Brasil, na página 149? Explique.
  • Você já viu a neve no Brasil? Em outro país? Onde? Conte para o professor e os colegas essa experiência.
  • Se ainda não viu a neve, gostaria de visitar São Joaquim durante o inverno? Em caso afirmativo, que tal consultar jornais, revistas e *sites* da internet para organizar sua viagem a São Joaquim?

5. Todos os dias, jornais e emissoras de rádio e televisão dão a previsão do tempo referindo-se à influência das massas de ar no território brasileiro.

a) Assista a um programa jornalístico nacional. Registre no caderno informações relativas a massas de ar. Não se esqueça de anotar o dia em que você viu o programa.

b) Compare as informações do mapa da página 149 com as que você coletou. Anote suas conclusões no caderno.

6. Que tal ampliar seus conhecimentos sobre o relevo brasileiro?

a) Escolha uma das formas de relevo do Brasil indicadas no mapa da página 145.

b) Pesquise imagens variadas e mais informações sobre a forma de relevo escolhida. Onde pesquisar? Em jornais, revistas, livros e, se possível, na internet.

c) Na data combinada com o professor, leve o material pesquisado para a classe.

De olho na imagem

1. "Uma área mais ou menos plana, de baixa altitude, onde predomina a acumulação ou sedimentação." A frase caracteriza uma das formas de relevo do Brasil.

    a) Observem a imagem:

    Iguape (SP): centro histórico da cidade. Foto de 2014.

    b) Qual é a forma de relevo representada na foto?
    c) Com que cor essa forma de relevo está indicada no mapa da página 145?

2. A ação inadequada do ser humano em relação à natureza pode causar consequências muito negativas ao meio ambiente.

    a) Observem as imagens a seguir.

    Área de extração de minério de ferro em Congonhas (MG). Foto de 2014.

Unidade 3 • Brasil: paisagens naturais e ação da sociedade 159

Erosão em área desmatada para pastagem em Sumidouro (RJ). Foto de 2014.

b) Respondam às questões:
- O que mais chamou a atenção da dupla ao observar as fotos?
- Na opinião de vocês, qual é a melhor maneira de combater a erosão do solo?
- No estado onde vocês moram é explorado algum minério? Pesquisem sobre isso, se necessário.

c) Conversem sobre os comentários a seguir.

> A mineração alterou a paisagem de Itabira, dando novo perfil topográfico às serras agora descaracterizadas. [...]
> As cidades mineradoras muitas vezes sofrem consequências ambientais. A atividade mineira quando praticada de maneira descontrolada pode causar danos ao meio ambiente. A cidade de Itabira, por exemplo, teve sua paisagem natural alterada, com a remodelação de seu relevo. A questão da água também é muito séria. A necessidade de rebaixar o lençol freático cada vez que a mineração o atinge comprometeu as nascentes existentes e o abastecimento de água para a população. Existe, ainda, o problema da poluição dos córregos e do solo causada pela lavagem do minério.
>
> FECHAMENTO de mina: a evolução das cidades mineradoras. Disponível em: <www.ietec.com.br/site/techoje/categoria/detalhe_artigo/957>. Acesso em: 30 nov. 2014.

d) Pesquisem de que maneira o relevo do seu município foi transformado pela ação humana.

3. No verão, muitas cidades brasileiras sofrem com as chuvas, que transformam ruas e avenidas em verdadeiros rios.

a) Observem as imagens abaixo.

160 Capítulo 7 • Relevo e clima

b) Agora, respondam às questões:
- Qual é a crítica sobre as enchentes apresentada nas charges?
- Quais são os meses mais chuvosos no município onde vocês moram? Ocorrem enchentes nesse período?

c) Pesquisem em jornais e revistas artigos e imagens sobre enchentes no Brasil e elaborem um pequeno texto sobre a ação humana na natureza.

Conexões

ATIVIDADES INTERDISCIPLINARES

CIÊNCIAS DA NATUREZA E LÍNGUA PORTUGUESA

1. "Águas de março" é uma das mais conhecidas composições de Antonio Carlos Brasileiro de Almeida Jobim (1927–1994), o Tom Jobim.

   a) Leia a letra da canção:

   ### Águas de março

   É pau, é pedra, é o fim do caminho
   É um resto de toco, é um pouco sozinho
   É um caco de vidro, é a vida, é o sol
   É a noite, é a morte, é um laço, é o anzol
   É peroba do campo, é o nó da madeira
   Caingá, candeia, é o Matita Pereira

   É madeira de vento, tombo da ribanceira
   É o mistério profundo, é o queira ou não queira
   É o vento ventando, é o fim da ladeira
   É a viga, é o vão, festa da cumeeira
   É a chuva chovendo, é conversa ribeira
   Das águas de março, é o fim da canseira
   É o pé, é o chão, é a marcha estradeira
   Passarinho na mão, pedra de atiradeira

   É uma ave no céu, é uma ave no chão
   É um regato, é uma fonte, é um pedaço de pão
   É o fundo do poço, é o fim do caminho
   No rosto o desgosto, é um pouco sozinho

   É um estrepe, é um prego, é uma ponta, é um ponto
   É um pingo pingando, é uma conta, é um conto
   É um peixe, é um gesto, é uma prata brilhando
   É a luz da manhã, é o tijolo chegando
   É a lenha, é o dia, é o fim da picada
   É a garrafa de cana, o estilhaço na estrada
   É o projeto da casa, é o corpo na cama
   É o carro enguiçado, é a lama, é a lama

   É um passo, é uma ponte, é um sapo, é uma rã
   É um resto de mato, na luz da manhã
   São as águas de março fechando o verão
   É a promessa de vida no teu coração

   É uma cobra, é um pau, é João, é José
   É um espinho na mão, é um corte no pé
   É um passo, é uma ponte, é um sapo, é uma rã
   É um belo horizonte, é uma febre terçã
   São as águas de março fechando o verão
   É a promessa de vida no teu coração

   JOBIM, Antonio Carlos. Águas de março. In: ___. *Dois Lados — Tom Jobim*. Universal, 2011. CD 1. Faixa 1.

   Nascer do sol em Balneário Barra do Sul (SC). Foto de 2012.

   b) Faça o que se pede:
   - Identifique dois fenômenos naturais citados na letra dessa canção.
   - Pesquise como o vento e a chuva interferem nas paisagens e na vida das pessoas do lugar onde você mora.

Unidade 3 • Brasil: paisagens naturais e ação da sociedade

CIÊNCIAS DA NATUREZA, HISTÓRIA E LÍNGUA PORTUGUESA

2. Ao apresentar resultados de recentes pesquisas feitas em rochas sedimentares do Brasil Central, Carlos Fioravanti faz uma comparação com pesquisas a respeito dos fatos históricos. Vamos conhecê-la?

a) Leia a notícia abaixo e faça o que se pede.

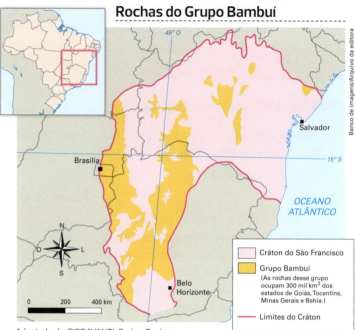

Um historiador pode facilmente desnortear um geólogo se perguntar qual a idade da vasta camada de rochas sedimentares conhecida como Grupo Bambuí, que forma uma pequena área dos estados de Goiás e Tocantins e boa parte de Minas Gerais e Bahia. [...] Os geólogos começaram a estudar essa região há 30 anos, mas a idade atribuída a ela ainda é incerta: varia de 740 milhões a 550 milhões de anos [...]. Estudos em andamento indicam que a idade das rochas pode até ser mais recente [...]. O grande problema para a definição de uma data mais precisa é que as rochas do coração do Brasil são sedimentares, ou seja, formadas pela combinação e fusão de fragmentos de outras rochas e detritos terrestres ou marinhos. [...]

[...] Se quisessem, os geólogos poderiam provocar os historiadores perguntando quando começou a Segunda Guerra Mundial. A resposta mais provável será 1º de setembro de 1939, quando os alemães invadiram a Polônia. Essa, porém, é uma "resposta europeia", na visão do historiador inglês Niall Fergusson. Para ele, a "resposta real" é 7 de julho de 1937, quando o Japão invadiu a China, iniciando uma guerra que em poucos meses mobilizou 850 mil soldados. Fergusson considera outras possibilidades: a guerra pode ter começado talvez antes, em 1931, quando o Japão ocupou a Manchúria, um território chinês, em um episódio sangrento que deixou 200 mil mortos, ou em 1935, quando Mussolini invadiu a Abissínia (atual Etiópia), ou ainda em 1936, quando os alemães e os italianos ajudaram Franco a conter os rebeldes na guerra civil da Espanha, já testando as táticas que usariam depois contra outros países. Talvez os geólogos e os historiadores tenham mais em comum do que imaginam.

Adaptado de: FIORAVANTI, Carlos. Rochas rejuvenescidas: camadas rochosas do Brasil central podem ser até 200 milhões de anos mais jovens do que se pensava. Revista *Pesquisa Fapesp*. Disponível em: <http://revistapesquisa.fapesp.br/2012/05/11/rochas-rejuvenescidas/>. Acesso em: 30 jan. 2015.

Rochas expostas em Bom Jesus da Lapa (BA), cujas idades variam de acordo com o método empregado.

Adaptado de: ROCHAS rejuvenescidas: camadas rochosas do Brasil Central. Disponível em: <http://revistapesquisa.fapesp.br/2012/05/11/rochas-rejuvenescidas/>. Acesso em: 30 jan. 2015.

b) Responda às questões:
- Há alguma relação entre a notícia acima e o que você estudou neste capítulo? Qual?
- Compare a imagem acima com o mapa do relevo brasileiro, na página 145 deste capítulo. O que você conclui?
- O que mais chamou a sua atenção nessa notícia? Explique.

162 Capítulo 7 • Relevo e clima

Capítulo 8
Hidrografia e biomas

As paisagens brasileiras são marcadas pela presença de rios. A rede hidrográfica no Brasil é abundante, tanto em águas superficiais (principalmente rios) quanto em águas subterrâneas. O Brasil é, por sinal, o país com maior reserva de água potável do mundo. Com relação ao seu aproveitamento econômico, os rios são bastante utilizados como fonte de energia. O território brasileiro possui vários biomas ricos em biodiversidade em razão do predomínio de clima quente e da elevada umidade. Neste capítulo, vamos estudar as águas e os biomas do Brasil.

Vista do rio Amazonas, o maior do mundo em volume de água. Foto de 2014.

A floresta Amazônica é a que apresenta a maior diversidade de flora e de fauna no planeta. Ao lado, trecho de floresta em um igarapé, em Manaus (AM). Foto de 2014.

 Para começar, observe as fotos acima e responda:

1. Em sua opinião, qual é a diferença entre água potável e não potável?
2. O que é biodiversidade?
3. A água potável e a biodiversidade são recursos naturais importantíssimos neste século. Procure explicar o porquê disso.

❶ A hidrografia brasileira

Vejamos algumas características da hidrografia brasileira:

Hidrografia rica em rios e pobre em lagos — Em virtude do clima em geral chuvoso e da imensidão do território, temos a mais rica bacia hidrográfica da superfície terrestre. Por causa da estrutura geológica e do relevo, o território brasileiro não possui grandes lagos (quase sempre de origem tectônica ou glaciária), destacando-se apenas lagos de barragem marinha, como a laguna dos Patos e a lagoa Mirim, entre outras originadas pela acumulação de sedimentos trazidos pelo mar em áreas litorâneas, as chamadas restingas.

Regime de alimentação — O regime de alimentação dos rios brasileiros é basicamente pluvial, ou seja, dependente de chuvas, e não se registra regime niveal (de neves) nem glacial (de geleiras). Apenas o rio Amazonas depende, em parte, do derretimento da neve na cordilheira dos Andes, onde ele nasce, mas a maior parte de sua alimentação provém mesmo das chuvas. Dessa forma, o período de maiores cheias dos rios brasileiros é o verão, quando as chuvas são mais abundantes, com exceção de alguns rios do litoral do Nordeste. Há uma densa e importante rede fluvial, com um grande número de rios volumosos, o que se deve aos elevados índices pluviométricos registrados na maior parte do país.

Rios perenes — A grande maioria dos rios brasileiros é perene, ou seja, nunca seca totalmente. Apenas alguns rios que nascem no Sertão nordestino são intermitentes, isto é, secam totalmente durante alguns meses do ano.

Do ponto de vista econômico, os rios brasileiros são muito utilizados como fonte de energia (hidrelétricas) e pouco utilizados para a navegação.

Navegação — O transporte por hidrovia é empregado raríssimas vezes no Brasil, embora seja bem mais econômico do que o rodoviário e o ferroviário. Para transportar carga idêntica à mesma distância, o transporte hidroviário custa, em média, quatro vezes menos que o ferroviário e quase vinte vezes menos que o rodoviário.

Tecnicamente, é possível interligar bacias hidrográficas (por exemplo, a Amazônica com a Platina através de afluentes) com a construção de canais artificiais e a correção de certas corredeiras ou quedas-d'água por meio de eclusas, alargamento de trechos e barragens. Porém isso nunca foi feito no país. Pelo contrário, as boas condições de navegabilidade do rio Amazonas e seus afluentes foram ignoradas de tal forma que se construíram rodovias paralelas ao rio (a Transamazônica, por exemplo). Apenas nos últimos anos, com o avanço do Mercosul, é que se começou a explorar, ainda que timidamente, os rios que compõem a bacia do Prata (Paraguai, Uruguai, Paraná e afluentes) para fins de navegação fluvial.

Produção de energia — O uso dos rios tem sido intenso na produção de energia elétrica. Cerca de 90% do total da eletricidade do Brasil provém de fontes hidráulicas, diferentemente de países como a Grã-Bretanha, o Japão e os Estados Unidos, onde cerca de 80% desse total é fornecido pelo carvão ou pelo petróleo (usinas termelétricas).

Rio São Francisco num trajeto de águas represadas pela usina hidrelétrica de Xingó, em Canindé de São Francisco (SE). Foto de 2014.

Lorena Travassos/Fotoarena

Capítulo 8 • Hidrografia e biomas

Bacias ou regiões hidrográficas

Denomina-se **bacia hidrográfica** a área abrangida por um rio principal e seus afluentes (e subafluentes). As bacias hidrográficas próximas entre si e com semelhanças ambientais formam uma **região hidrográfica**. Veja no quadro e no mapa a seguir quais são as bacias hidrográficas do Brasil.

Bacia ou região hidrográfica	Superfície (km²)	Porcentagem em relação à área total do país (%)
Amazônica	3 843 402	45
Tocantins-Araguaia	967 059	11,3
Paraná	879 860	10,3
São Francisco	636 920	8
Paraguai	363 447	4
Uruguai	174 412	2
Parnaíba	334 113	3,9
Atlântico Leste	374 677	4,4
Atlântico Nordeste Ocidental	254 100	3
Atlântico Nordeste Oriental	287 348	3,4
Atlântico Sudeste	229 972	2,7
Atlântico Sul	185 856	2

Fonte: <http://arquivos.ana.gov.br/institucional/spr/conjuntura/ANA_Conjuntura_Recursos_Hidricos_Brasil/ANA_Conjuntura_Recursos_Hidricos_Brasil_2013_Final.pdf>. Acesso em: 10 dez. 2014.

Regiões hidrográficas brasileiras

Adaptado de: IBGE: *Atlas geográfico escolar*. 6. ed. Rio de Janeiro, 2012.

Texto e ação

1. Cite algumas características da hidrografia brasileira.
2. Cite dois tipos de aproveitamento dos rios brasileiros.
3. Observe o mapa "Regiões hidrográficas brasileiras", na página anterior, e responda:
   a) Quais são as principais bacias hidrográficas do Brasil?
   b) Que cores correspondem às duas mais extensas regiões hidrográficas do Brasil?
   c) Qual(is) bacia(s) hidrográfica(s) abrange(m) o estado onde você mora?

Geolink 1

A água doce está ameaçada

Vivemos num planeta cuja área ocupada pela água é cerca de três vezes maior do que a ocupada pela terra firme. Imagine que toda essa água pudesse ser dividida em 100 piscinas. Tome nota: 97 seriam cheias com água salgada e apenas três com água doce. Duas dessas piscinas e mais um terço da terceira são formados pelo gelo acumulado nos polos e no alto das montanhas. Logo, apenas dois terços do que falta para encher a terceira piscina são de água doce líquida. Essa comparação dá uma ideia de como a quantidade de água doce disponível para o nosso uso é pequena diante de toda a água existente na Terra.

Agora, vamos pensar em números: alguns cientistas estimaram que há água doce suficiente para que cada pessoa tenha direito a 8 300 000 litros por ano. Mas eles acreditam que sejam gastos apenas 3 000 000 por pessoa. Então, você deve estar pensando: se cada pessoa gasta cerca de um terço da água doce a que teria direito, não há razões para preocupação. Engano seu, porque a água doce não está distribuída igualmente sobre a Terra.

A Europa e a Ásia, que concentram cerca de um terço da população mundial, dispõem de apenas um quarto de água doce. Na África, onde fica metade da água doce do mundo, mora apenas a décima parte da população do planeta. Na região amazônica, está um quinto da água doce e um centésimo da população mundial. No Nordeste brasileiro, onde vive quase um quarto dos habitantes do país, não há água doce em quantidade suficiente. Viu só que desequilíbrio?

As principais fontes de água doce são rios, lagos, lagoas e lençóis freáticos – a camada de água que fica sob o solo. Aqui no Brasil, e em muitas outras partes do mundo, essas fontes, que já são mal distribuídas, sofrem ainda com a poluição e outros problemas. Fertilizantes empregados na agricultura, por exemplo, contaminam a água sob o solo; resíduos industriais e residenciais não tratados sujam os rios; o desmatamento das matas que beiram rios e lagos, assim como as ocupações irregulares dessas margens, afeta drasticamente a disponibilidade de água nesses ambientes porque, sem essa proteção natural, as chuvas carregam os sedimentos de fora para dentro desses rios e lagos, aterrando-os.

E mais: muitos reservatórios de água doce, em especial as lagoas costeiras, podem, digamos, se tornar salgados. Isso porque, com o aumento da temperatura do planeta e o consequente derretimento das calotas polares, o nível do mar se torna maior, podendo invadir lagoas costeiras de água doce, salinizando suas águas e tornando-as impróprias para o uso humano. Tal efeito já é notado na África.

É preciso, então, muita consciência na hora de usar a água doce porque todas essas razões a colocam ameaçada, sim!

ESTEVES, Francisco de Assis; SILVA, Adriano Caliman da.
Por que a água doce está ameaçada? Disponível em:
<http://agualimpapeixevivo.blogspot.com.br/2011/11/por-que-agua-doce-esta-ameacada.html>. Acesso em: 10 dez. 2014.

Responda às questões:

1. Do total de água que compõe a superfície terrestre, qual é a quantidade de água doce disponível para o uso?
2. Quais são os principais meios poluidores das fontes de água potável?
3. De que forma o aquecimento global ameaça os reservatórios de água potável no mundo?
4. O que você poderia fazer para atender à sugestão dos autores quanto ao uso da água doce no dia a dia?

Bacia Amazônica

A bacia Amazônica abrange, no Brasil e na América do Sul, uma área de aproximadamente 7 milhões de quilômetros quadrados, dos quais 3,8 milhões, mais da metade, estão no Brasil. Pode ser considerada a maior bacia do globo terrestre. De acordo com novas medições feitas por meio de imagens de satélite, atualmente o Amazonas é considerado o maior rio do mundo, tanto em extensão quanto em vazão (descarga fluvial ou volume de água), possuindo inúmeros afluentes com mais de 2 mil quilômetros de extensão.

Trata-se, na realidade, de um enorme "coletor" das águas das chuvas que ocorrem na região de clima equatorial, na porção norte da América do Sul. Seus afluentes provêm tanto do hemisfério norte (oriundos do planalto das Guianas e que deságuam na sua margem esquerda) quanto do hemisfério sul (procedentes do planalto Brasileiro e que deságuam na sua margem direita). Essa característica peculiar provoca duplo período de cheias no curso médio do rio Amazonas.

O Amazonas é um típico rio de planície. Nos 3 165 km que percorre em território brasileiro, sofre um desnível suave e progressivo, de apenas 82 metros, sem a ocorrência de quedas-d'água. Isso significa que é excelente para a navegação, podendo mesmo receber navios transatlânticos desde sua foz, onde se localiza a cidade de Belém, até Manaus (próximo ao local onde o rio Negro deságua no Amazonas, a cerca de 1 700 km do litoral), ou navios oceânicos de porte médio até Iquitos (no Peru, a 3 700 km da foz).

No passado, chegou-se a pensar que essa bacia fluvial fosse adequada para a navegação, mas sem grande utilidade para a exploração de hidreletricidade. Esse ponto de vista já é considerado superado, pois observou-se que os afluentes do Amazonas, especialmente os da margem direita, provêm de áreas mais altas do que as planícies e terras baixas da Amazônia, onde se estende o leito do rio principal da bacia.

Quando esses rios deixam o planalto Brasileiro e adentram terras baixas, há a ocorrência de inúmeras cachoeiras e quedas-d'água, especialmente nos rios Xingu (onde está construída a usina de São Félix), Tapajós, Curuá-Una e outros. O potencial hidráulico dessa bacia é hoje considerado o mais elevado do país, superior ao da bacia do Paraná, ainda que esta tenha melhor aproveitamento com a construção de muito mais usinas hidrelétricas.

Vista do encontro das águas entre o rio Negro e o Solimões, em Manaus (AM). Após essa junção é que o rio recebe o nome de Amazonas. Foto de 2014.

Usina hidrelétrica de Tucuruí (PA). Foto de 2014.

Bacia do Tocantins–Araguaia

Durante décadas, a bacia do Tocantins-Araguaia foi incluída na bacia Amazônica por causa da proximidade da foz dos rios Amazonas e Tocantins e pelo fato de ela atravessar a floresta Amazônica. Há algum tempo, passou a ser considerada uma bacia hidrográfica independente e a maior bacia localizada inteiramente no território nacional. O Tocantins tem um afluente principal, o Araguaia — tão importante quanto o próprio Tocantins do ponto de vista de volume de água e extensão. No rio Tocantins, destaca-se a usina hidrelétrica de Tucuruí, a maior da região amazônica.

Bacia do São Francisco

Dentro do grupo das cinco grandes bacias hidrográficas, a bacia do São Francisco é uma das que, juntamente com a do Tocantins e a do Parnaíba, podem ser consideradas totalmente brasileiras. O rio São Francisco nasce em Minas Gerais e percorre áreas de clima semiárido no interior nordestino, mas é um rio perene, pois corre durante o ano todo, embora, na época das secas, permaneça com um nível baixíssimo de água.

É navegável em um trecho de 1370 km, que vai de Pirapora (MG) até Juazeiro (BA), embora a importância dessa hidrovia se torne cada vez menor em virtude da construção de rodovias paralelas, ligando cidades que no passado escoavam quase toda a sua produção pela navegação fluvial, como Januária (MG), Bom Jesus da Lapa (BA), Remanso (BA) e Juazeiro (BA)-Petrolina (PE), que são cidades conurbadas. Como se trata de um rio de planalto, é intensamente utilizado como fonte de energia, abrigando as usinas hidrelétricas de Paulo Afonso, Três Marias, Sobradinho e Moxotó.

Bacias do Paraná, do Paraguai e do Uruguai ou bacia Platina

A bacia Platina é constituída por três rios principais e seus afluentes: Paraná, Paraguai e Uruguai. Esses três rios unem-se no estuário do Prata, entre o Uruguai e a Argentina. No território brasileiro, contudo, eles formam bacias fluviais separadas. Destacam-se, aí, o rio Paraná e afluentes (Tietê, Paranapanema, Peixe, Iguaçu e outros), além dos dois rios que o formam ao se juntarem (o Paranaíba e o rio Grande).

São quase todos — a principal exceção é o rio Paraguai — rios de planalto e encachoeirados, enriquecidos por um elevado potencial hidráulico, que, no passado, foi considerado o maior do país. Hoje, no entanto, como vimos, já se reavaliou a bacia Amazônica, percebendo-se o enorme potencial ignorado há alguns anos.

Sobre a utilização do potencial hidráulico, a bacia Platina é a mais aproveitada para a construção de usinas hidrelétricas. Nela estão construídas as usinas de Furnas (foto na página ao lado), Marimbondo e Água Vermelha (no rio Grande), São Simão e Itumbiara (rio Paranaíba), Promissão, Barra Bonita e Ibitinga (rio Tietê), Xavantes e Capivari (rio Paranapanema), Euclides da Cunha (rio Pardo), Foz de Areia, Salto Santiago e Salto Osório (rio Iguaçu) e o complexo de Urubupungá, com as usinas de Jupiá e Ilha Solteira (no rio Paraná), além da usina binacional de Itaipu, entre o Brasil e o Paraguai.

Represa de Furnas em Boa Esperança (MG). Foto de 2014.

O rio Paraguai é um típico rio de planície, que atravessa o Pantanal Mato-Grossense e é utilizado como hidrovia para escoar o minério de manganês do maciço de Urucum. Seu maior porto fluvial é o de Corumbá (MS), no Brasil, mas sua navegação é internacional, já que o rio banha também o Paraguai, a Bolívia e a Argentina.

Outras regiões ou bacias hidrográficas

Região hidrográfica do Parnaíba — Formada pelos rios Parnaíba e seus afluentes: Gurgueia, Itaueira, Canindé e Poti.

Região ou bacias hidrográficas do Nordeste Ocidental — É uma região hidrográfica formada por várias pequenas bacias dos rios Gurupi, Itapecuru, Mearim, Munim e Pericumã.

Região ou bacias do Nordeste Oriental — Nessa região correm os rios Acaraú, Capibaribe, Curimataú, Jaguaribe, Mundaú, Paraíba, Piranhas-Açu, Una e outros. São várias bacias hidrográficas que formam uma região.

Região hidrográfica do Atlântico Leste — Formada pelas bacias dos rios de Contas, Itapicuru, Jequitinhonha, Mucuri, Pardo, Paraguaçu e Vaza-Barris.

Região hidrográfica do Atlântico Sudeste — Constituída principalmente pelas bacias dos rios Doce, Paraíba do Sul, Ribeira do Iguape e São Mateus.

Região hidrográfica do Atlântico Sul — É constituída pelas bacias dos rios Camaquã, Capivari, Itajaí e Jacuí, que se denomina Guaíba em Porto Alegre.

Texto e ação

1. Responda às questões:
   a) Por que a bacia Amazônica pode ser considerada a maior do mundo?
   b) Por que o rio Amazonas é um rio típico de planície?
2. Comente o aproveitamento hidráulico dos rios da bacia Amazônica.
3. Cite o nome do rio e da bacia hidrográfica onde está localizada a usina hidrelétrica de Tucuruí.
4. Sobre a bacia do São Francisco, responda:
   a) Por que o rio São Francisco é intensamente utilizado como fonte de energia?
   b) Que trecho do rio São Francisco é navegável?
5. Caracterize os rios que fazem parte da bacia Platina.

Unidade 3 • Brasil: paisagens naturais e ação da sociedade

Geolink 2

Usinas hidrelétricas

Para conhecer melhor as usinas hidrelétricas, as vantagens e desvantagens de sua construção, que tal considerar as respostas que a Itaipu binacional disponibiliza em seu site? Leia o texto a seguir.

O que é energia?

Energia vem da palavra grega enérgeia, que quer dizer 'força em ação'. Existem muitas fontes de energia na natureza: a luz do Sol, o vento ou a água, por exemplo, são fontes inesgotáveis que produzem energia limpa, não poluente. Na natureza, a energia está em toda parte: na força das quedas-d'água, nas plantas, nos animais, na erupção de um vulcão, na luz do Sol, nos ventos.

O que é uma usina hidrelétrica?

Uma usina hidrelétrica pode ser definida como um conjunto de obras e equipamentos cuja finalidade é a geração de energia elétrica, por meio do aproveitamento do potencial hidráulico existente num rio.

A geração hidrelétrica está associada à vazão do rio, isto é, à quantidade de água disponível em um determinado período de tempo e à altura de sua queda. Quanto maiores são os volumes de sua queda, maior é o seu potencial de aproveitamento na geração de eletricidade. A vazão de um rio depende de suas condições geológicas, como largura, inclinação, tipo de solo, obstáculos e quedas. É determinada ainda pela quantidade de chuvas que o alimentam, o que faz com que sua capacidade de produção de energia varie bastante ao longo do ano. [...]

Uma usina hidrelétrica compõe-se, basicamente, das seguintes partes: barragem, sistemas de captação e adução de água, casa de força e sistema de restituição de água ao leito natural do rio. Cada parte se constitui em um conjunto de obras e instalações projetadas harmoniosamente para operar eficientemente em conjunto.

Como é produzida a energia hidrelétrica?

Nas usinas hidrelétricas, a água que sai do reservatório é conduzida com muita pressão através de enormes tubos até a casa de força, onde estão instaladas as turbinas e os geradores que produzem eletricidade. A turbina é formada por uma série de pás ligadas a um eixo, que é ligado ao gerador.

A pressão da água produz um movimento giratório do eixo da turbina [...] produzindo a eletricidade. [...].

Quais são as vantagens da construção de uma usina hidrelétrica?

As vantagens da construção de uma usina hidrelétrica são:

– energia renovável;
– baixo custo do megawatt;
– forma de energia limpa, sem poluentes;
– geração de empregos;
– desenvolvimento econômico e sustentável;
– aumenta a confiabilidade dos sistemas elétricos.

Quais são as desvantagens da construção de uma usina hidrelétrica?

As desvantagens da construção de uma usina hidrelétrica são:

– desapropriação de terras produtivas pela inundação;
– impactos ambientais, como as perdas de vegetação e fauna terrestres;
– impactos sociais, como relocação de moradores e desapropriações;
– interferência na migração dos peixes;
– alterações na fauna do rio;
– perdas de heranças históricas e culturais, alterações em atividades econômicas e usos tradicionais da terra.

Adaptado de: ITAIPU Binacional. Perguntas frequentes. Disponível em: <www.itaipu.gov.br/sala-de-imprensa/perguntas-frequentes>. Acesso em: 10 dez. 2014.

Faça o que se pede:

1. Consulte o significado das palavras que você desconhece no dicionário.
2. O que é uma usina hidrelétrica?
3. Explique a composição de uma usina hidrelétrica.
4. Explique como é produzida a energia hidrelétrica.
5. Identifique as vantagens da construção de uma usina hidrelétrica.
6. Que problemas a construção de uma hidrelétrica gera ao meio ambiente?

Águas subterrâneas

Água subterrânea é aquela que fica no subsolo, preenchendo os poros das rochas sedimentares ou as fraturas, falhas e fissuras das rochas compactas (metamórficas ou cristalinas). Representa uma fase do ciclo hidrológico, quando, após a precipitação, parte da água que atinge o solo se infiltra no interior do subsolo, onde permanece por períodos de tempo extremamente variáveis (de meses a décadas ou até milênios).

A quantidade de água subterrânea é cerca de cem vezes maior do que a de água superficial, aquela dos rios e dos lagos. Calcula-se que a água subterrânea do planeta totalize cerca de 10,3 milhões de quilômetros cúbicos (km^3), ao passo que o total de água corrente é de aproximadamente 92,2 mil km^3. Trata-se de uma estimativa, porém bastante fundamentada. Boa parte dessa água subterrânea ainda não foi mapeada ou quantificada, em termos de área de abrangência dos aquíferos (medida em quilômetros quadrados — km^2) e de seu volume (medido em quilômetros cúbicos — km^3).

O que é um aquífero?

Um aquífero é uma importante reserva de água subterrânea, que pode ter alguns quilômetros ou até milhares de quilômetros quadrados em sua área de abrangência. Segundo estimativas de 2010, as reservas de água subterrânea já descobertas e mapeadas no Brasil concentram cerca de 200 mil km^3 de água, muito mais que toda a água corrente da superfície terrestre. Segundo esses dados, que ainda são provisórios, a região amazônica e o Centro-Sul do país reúnem a imensa maioria da água subterrânea conhecida do Brasil, e a região Nordeste é a mais carente, com menos reservas conhecidas.

No Sul do país, desde o Paraná até o Rio Grande do Sul, e prolongando-se por Argentina, Paraguai e Uruguai, existe o aquífero Guarani, considerado, até por volta de 2010, o mais extenso aquífero conhecido do globo. Essa reserva de água subterrânea tem cerca de 1,2 milhão de km^2 de extensão, mas não se sabe com precisão a quantidade de água armazenada. Estima-se que seja de cerca de 45 mil km^3 e que, desse total, 67% se localizem no território nacional. Mas recentemente foi descoberto um novo aquífero ainda maior que o Guarani; é o aquífero Alter do Chão, que fica na Amazônia (Pará, Amapá e Amazonas). Apesar de ocupar uma área menor que o aquífero Guarani, ele tem maior volume de água armazenada: calcula-se que deva ter por volta de 86 mil km^3 de água subterrânea, uma quantidade capaz de abastecer toda a população mundial — se mantido o atual consumo — durante cerca de cem anos.

Na atualidade, cerca de 60% da população brasileira é abastecida, para fins domésticos, com água subterrânea. Desse total, 6% se autoabastecem com águas de poços rasos, 12% com nascentes ou fontes e 43% com poços profundos (artesianos). Várias cidades importantes do país dependem integral ou parcialmente da água subterrânea para abastecimento, como Ribeirão Preto (SP), Mossoró e Natal (RN), Maceió (AL), a Região Metropolitana de Recife (PE) e Barreiras (BA). No Maranhão, mais de 70% das cidades são abastecidas por água subterrânea, e, em São Paulo e no Piauí, esse percentual alcança 80%.

Texto e ação

1. Explique, com suas palavras, o que são águas subterrâneas.
2. Diversas cidades brasileiras dependem integral ou parcialmente da água subterrânea para abastecimento. Cite algumas delas.
3. Existe no mundo uma quantidade bem maior de água subterrânea do que de água superficial (água dos rios e dos lagos). Quais são os dados apresentados no texto sobre as águas subterrâneas no Brasil?

Unidade 3 • Brasil: paisagens naturais e ação da sociedade

Geolink 3

A maior reserva subterrânea de água do mundo: Alter do Chão

Um grupo de pesquisadores da Universidade Federal do Pará (UFPA) apresentou um estudo [...] que aponta o aquífero Alter do Chão como o de maior volume de água potável do mundo. A reserva subterrânea está localizada sob os estados do Amazonas, Pará e Amapá e tem volume de 86 mil km³ de água doce, o que seria suficiente para abastecer a população mundial em cerca de 100 vezes, ainda de acordo com a pesquisa. [...]

Em termos comparativos, a reserva Alter do Chão tem quase o dobro do volume de água potável do aquífero Guarani – com 45 mil km³ de volume –, até então considerado o maior do país e que passa pela Argentina, Paraguai e Uruguai. [...]

O aquífero Alter do Chão deve ter o nome mudado por ser homônimo de um dos principais pontos turísticos do Pará, o que costuma provocar enganos sobre a localização da reserva de água. "Estamos propondo que passe a se chamar aquífero Grande Amazônia, e assim teria uma visibilidade comercial mais interessante", disse Matta, que coordenou a pesquisa [...].

De gota em gota

[...] a revelação de que o Aquífero Alter do Chão é o maior do mundo comprova que esse tipo de reserva segue a proporção de tamanho da bacia hidrográfica que fica acima dela. "Cerca de 40% do abastecimento de água de Manaus é originário do aquífero Alter do Chão. As demais cidades do Amazonas têm 100% do abastecimento tirado da reserva subterrânea. São Paulo, por exemplo, tem seu abastecimento em torno de 30% vindo do aquífero Guarani."

[...] a reserva, na área que corresponde a Manaus, já está muito contaminada. "É onde o aquífero aflora e também onde a coleta de esgoto é insuficiente. Ainda é alto o volume de emissão de esgoto in natura nos igarapés da região."

[...] "A região amazônica é menos habitada e por isso menos poluente. No Guarani, há um problema sério de flúor, metais pesados e inseticidas usados na agricultura. A formação rochosa é diferente e filtra menos a água da superfície. No Alter do Chão as rochas são mais arenosas, o que permite uma filtragem da recarga de água na reserva subterrânea", disse Oliveira.

AQUÍFERO na Amazônia pode ser o maior do mundo, dizem geólogos. Disponível em: <http://g1.globo.com/brasil/noticia/2010/04/aquifero-na-amazonia-pode-ser-o-maior-do-mundo-dizem-geologos.html>. Acesso em: 10 dez. 2014.

Aquíferos Alter do Chão e Guarani

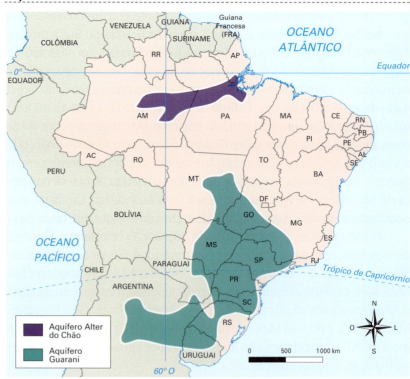

Adaptado de: INSTITUTO DE GEOCIÊNCIAS DA UNIVERSIDADE FEDERAL DO PARÁ. Faculdade de Geologia. Disponível em: <http://g1.globo.com/brasil/noticia/2010/04/aquifero_na_amazonia_pode_ser_o_maior_do_mundo_dizem_geologos.html>. Acesso em: 22 abr. 2015.

Responda às questões:

1. O que é um aquífero?
2. Segundo a reportagem, qual é o tamanho e a capacidade do aquífero Alter do Chão?
3. Onde está localizado o aquífero Alter do Chão?

❷ Os biomas brasileiros

Quando estudamos os seres vivos em seu *habitat*, ou meio ambiente, costumamos utilizar o conceito de **ecossistema**, ou seja, um sistema ou conjunto formado pelos seres vivos — animais, vegetais e microrganismos — e pelas condições ambientais com as quais eles se inter-relacionam (solo, água, luz solar, clima e relevo).

O ecossistema é uma paisagem natural que não tem definição espacial exata. Por exemplo, quando falamos em ecossistema amazônico, em virtude de a Amazônia compreender uma região imensa, na realidade nos referimos a milhares de ecossistemas vizinhos e integrados em uma paisagem maior: o bioma.

O conceito de **bioma**, portanto, diz respeito a um imenso ecossistema, uma paisagem natural, geralmente definido pela vegetação (taiga, savana, pradaria, entre outras), que abrange uma área de milhares — ou milhões — de quilômetros quadrados. No imenso território brasileiro, existem vários biomas ou paisagens vegetais.

Devemos lembrar que a vegetação natural de uma área — e, juntamente com ela, a fauna do lugar — constitui, em geral, o primeiro elemento da paisagem que o ser humano modifica. Os seres vivos não domesticados (plantas e animais) quase sempre são profundamente afetados pela ação humana, sobretudo quando há crescimento econômico da região com a abertura de estradas e construção de hidrelétricas, cidades ou fábricas. Assim, um estudo (e um mapa) sobre as paisagens vegetais originais do Brasil será sempre relativo a algo que quase não existe mais ou que se encontra em franco processo de transformação.

Quando os colonizadores portugueses chegaram ao país, no século XVI, existiam duas imensas florestas que ocupavam a maior parte do nosso atual território: a mata Atlântica, na porção leste ou oriental, que foi praticamente desmatada, e a floresta Amazônica, na parte oeste e norte, que em grande parte ainda permanece.

Atualmente, além da floresta Amazônica e da mata Atlântica, costumam-se reconhecer os seguintes biomas no território brasileiro: Caatinga, Cerrado, Pantanal e Pampa (veja o mapa ao lado). Em seguida, vamos conhecer cada um desses biomas.

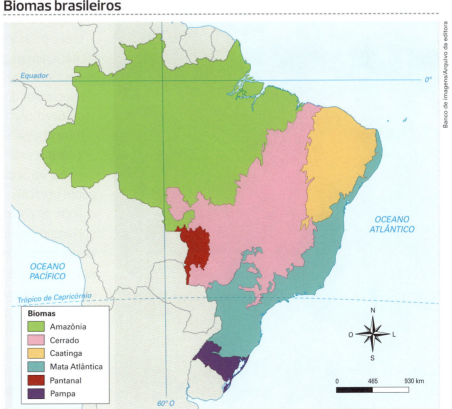

Biomas brasileiros

Biomas:
- Amazônia
- Cerrado
- Caatinga
- Mata Atlântica
- Pantanal
- Pampa

Adaptado de: IBAMA. Centro de Sensoriamento Remoto. Disponível em: <siscom.ibama.gov.br/monitorabiomas>. Acesso em: 17 mar. 2015.

Bioma da Amazônia

A floresta Amazônica, ou floresta latifoliada (de folhas largas) equatorial, abrange cerca de 45% ou pouco mais de 50% da área total do país, embora venha sendo intensamente destruída nas últimas décadas. Calcula-se que de 10% a 20% de sua biomassa (massa vegetal) total já tenha sido desmatada pela ação humana. Mesmo assim, ainda é a mais importante formação vegetal do mundo, abrangendo não só o Brasil (onde se localiza a sua maior parte), mas também áreas de países vizinhos, como Bolívia, Colômbia, Venezuela, Equador, Peru, Guiana, Suriname e Guiana Francesa.

Flora

É uma floresta heterogênea, com milhares de espécies vegetais (muitas ainda sem classificação científica), e perene, ou seja, sempre verde — não perde as folhas no outono-inverno, como as árvores de climas temperados e frios. Com uma mata densa e intrincada, as plantas crescem bastante próximas umas das outras e são comuns plantas parasitas. Costuma ser dividida em três tipos de mata, de acordo com sua proximidade dos rios:

- *Mata de igapó* — Localizada ao longo dos rios e permanentemente inundada pelas cheias fluviais. Suas plantas, de menor porte, são higrófilas (adaptadas à umidade), apresentando como espécies comuns a vitória-régia, as orquídeas, as bromélias, entre outras.

Vegetação da floresta Amazônica, com destaque de cipó, no município de Manaus (AM). Foto de 2014.

- *Mata de várzea* — Sujeita a inundações periódicas ao longo dos rios. Entre as espécies que formam a mata de várzea, destacam-se a seringueira e a sumaúma.

- *Mata de terra firme* ou *caaetê* — Recobre os baixos planaltos sedimentares, áreas não afetadas pelas inundações fluviais. Esse tipo de mata abrange a maior parte da floresta Amazônica e possui plantas de maior porte em relação aos dois anteriores, como a castanheira (*Bertholletia excelsa*), o caucho, a quaruba (que chega a atingir 60 metros de altura), o guaraná, entre outras espécies.

Na verdade, a floresta Amazônica é um gigante tropical com quase 6 milhões de km², incluindo as partes localizadas em outros países sul-americanos, onde vive e se reproduz mais de um terço das espécies existentes no planeta. Apesar dessa riqueza, o ecossistema local é frágil. A floresta vive do seu próprio material orgânico, em meio a um ambiente úmido, com chuvas abundantes. A menor imprudência pode causar danos irreversíveis ao seu delicado equilíbrio. A floresta abriga cerca de 2 500 espécies de árvores (um terço da madeira tropical do planeta) e 30 mil das 100 mil espécies de plantas que existem em toda a América Latina.

Fauna

A fauna é extremamente rica e variada. Os insetos estão presentes em todos os estratos da floresta. Os animais rastejadores, os anfíbios e aqueles com capacidade para subir em locais íngremes, como os esquilos, convivem nos níveis baixo e médio. Nos locais mais altos, estão beija-flores, araras, papagaios, periquitos e inúmeros tipos de macacos, que se alimentam de frutas, brotos e castanhas. Os tucanos, voadores de curta distância, exploram as árvores altas. O nível intermediário é habitado por jacus, gaviões, corujas e centenas de pequenas aves. No estrato terrestre, encontram-se jabutis, cutias, pacas, antas, entre outras espécies. Os mamíferos aproveitam a **produtividade sazonal** dos alimentos, como os frutos caídos das árvores. Esses animais, por sua vez, servem de alimento para grandes felinos e cobras de grande porte.

Entre as principais espécies ameaçadas da Amazônia destacam-se o mogno (madeira) e a onça-pintada.

Produtividade sazonal: refere-se ao que é produzido em determinados períodos do ano.

Bioma Mata Atlântica

Apesar da imensa devastação sofrida, a riqueza das espécies animais e vegetais que ainda se abrigam na Mata Atlântica é espantosa. Em alguns trechos remanescentes de floresta, os níveis de biodiversidade ainda são considerados os maiores do planeta.

Flora — A mata Atlântica, ou floresta latifoliada tropical, corresponde, mais ou menos, ao domínio do clima tropical úmido. Esse nome foi dado pelos colonizadores portugueses por causa da localização da mata entre o litoral e o interior do país. Esse tipo de vegetação, onde se encontravam o pau-brasil e plantas de madeira nobre como o cedro, a peroba e o jacarandá, quase não existe atualmente: 96% de sua área original foi dizimada, restando apenas alguns trechos esparsos em encostas montanhosas, como na serra do Mar.

Fauna — Paralelamente à riqueza vegetal, a fauna impressiona nessa formação florestal. A maior parte das espécies de animais brasileiros ameaçados de extinção é originária da Mata Atlântica, como mico-leão, lontra, onça-pintada, tatu-canastra e arara-azul-pequena. Fora dessa lista, na região também vivem gambás, tamanduás, preguiças, antas, veados, cutias, quatis, entre muitos outros.

Vegetação da mata Atlântica no município de Tapiraí (SP). Foto de 2015.

Bioma Caatinga

Vegetação da caatinga no município de Carnaúba dos Dantas (RN). Foto de 2014.

Quando chove, em geral no início do ano, a paisagem da Caatinga muda muito rapidamente. As árvores cobrem-se de folhas e o solo fica forrado de pequenas plantas. A fauna, que emagreceu durante a estação seca, volta a engordar.

Flora — A caatinga é uma vegetação característica do clima semiárido do Sertão nordestino. Ela possui plantas xerófilas (adaptadas à aridez), principalmente cactáceas (xiquexique, mandacaru, faveiro). Nesse bioma, encontramos também arbustos e pequenas árvores, tais como o juazeiro, a aroeira e a braúna. É uma mata seca, que perde suas folhas durante a estação em que há escassez de chuvas (a estação seca). Apenas o juazeiro, com suas raízes muito profundas que conseguem captar água no subsolo, e algumas palmeiras não perdem as folhas durante a estação seca.

Fauna — A fauna da Caatinga é abundante em répteis, entre os quais se destacam os lagartos e as cobras. Existem alguns roedores e muitos insetos e aracnídeos. A dificuldade de obter água é um obstáculo para a existência de grandes mamíferos na região, onde, mesmo assim, são encontrados cachorros-do-mato e outros animais que se alimentam principalmente de roedores. Da região são também o sapo-cururu, a asa-branca, a cutia, o gambá, o preá, o veado-catingueiro, o tatupeba e o sagui-do-nordeste, entre outros animais.

Bioma Cerrado

Costuma-se considerar o cerrado um tipo de savana, vegetação típica de clima tropical semiúmido em solos relativamente pobres. As savanas são bastante comuns na África, continente que já foi ligado à América do Sul e apresenta algumas condições de clima e solo mais ou menos semelhantes às do continente sul-americano.

Flora — O cerrado é um tipo de vegetação mista, com plantas de médio porte misturadas com gramíneas, próprio do clima tropical típico, ou semiúmido, do Brasil central. Geralmente, o cerrado típico apresenta dois estratos de plantas: um arbóreo, com árvores de pequeno porte (lixeira, pau-santo, pequi), e outro herbáceo, de gramíneas ou vegetação rasteira.

Cerca de 45% da vegetação do Cerrado foi destruída, processo que se acelerou nas últimas décadas em consequência da expansão da agropecuária no Brasil central, com plantações de soja, principalmente, e também outros cultivos e criações de animais.

O Cerrado tem a seu favor o fato de ser cortado por três das maiores bacias hidrográficas da América do Sul (Tocantins-Araguaia, São Francisco e Platina), o que favorece a manutenção de uma biodiversidade enorme. Estima-se que a flora da região possua 10 mil espécies de plantas diferentes, muitas das quais usadas na produção de cortiça, fibras, óleos, artesanato, além do uso medicinal e alimentício.

Fauna — 759 espécies de aves se reproduzem na região, onde se encontram também 180 espécies de répteis e 195 de mamíferos, incluindo trinta tipos de morcegos catalogados. O número de insetos é surpreendente: apenas na região do Distrito Federal há noventa espécies de cupins, mil espécies de borboletas e quinhentos tipos diferentes de abelhas e vespas.

Bioma Pantanal

Paisagem de cerrado no Parque Estadual do Jalapão (TO). Foto de 2014.

Uma das principais características do Pantanal é a dependência de quase todas as espécies de plantas (cerca de 1 700) e animais com relação ao fluxo das águas. Durante os meses de outubro a abril, as chuvas aumentam o volume dos rios, que, em virtude da pouca **declividade** do terreno, extravasam seus leitos e inundam a planície. Nessa época, muitos animais buscam refúgio nas terras "firmes", espalhando-se pelas áreas não inundadas. Peixes se reproduzem e plantas aquáticas entram em floração.

Ao final do período das chuvas, entre junho e setembro, as águas baixam lentamente e voltam ao seu curso natural, deixando **nutrientes** que fertilizam o solo. As aves se aglomeram em imensos ninhais, iniciando a reprodução antes da maioria das espécies dos outros ecossistemas brasileiros. Mamíferos e répteis migram internamente, acompanhando as águas. No auge da seca, a fauna se concentra em torno das lagoas e pequenos cursos de água — os corixos —, o que facilita sua observação, tanto por turistas quanto por coletores e caçadores.

Flora — O complexo do Pantanal é uma vegetação extremamente heterogênea, que abrange a planície ou depressão do Pantanal Mato-Grossense, localizada a oeste do Brasil, nas vizinhanças do Paraguai e da Bolívia, em terras dos estados de Mato Grosso e Mato Grosso do Sul.

Nesse complexo de vegetações, podemos encontrar desde plantas higrófilas (nas áreas alagadas pelos rios) até as xerófilas (nas áreas altas e secas), além de diversos tipos de palmeiras (buriti, carandá), gramíneas (como o capim-mimoso) e trechos de bosques dominados pelo quebracho, árvore da qual se extrai o tanino, utilizado na indústria do couro.

Fauna — A localização estratégica do Pantanal, que sofre influência de diversos ecossistemas — Cerrado, Chaco, Amazônia e Mata Atlântica —, associada a ciclos anuais e plurianuais de cheia e seca e temperaturas elevadas, faz com que ele seja o local com a maior concentração de fauna da América, comparável às áreas de maior densidade da África. Jacarés, araraúnas, papagaios, tucanos e o emblemático tuiuiú são parte da paisagem pantaneira. Sua biodiversidade inclui mais de 650 espécies diferentes de aves, 262 espécies de peixes, 1 100 espécies de borboletas, 80 espécies de mamíferos e 50 de répteis.

Declividade: grau de inclinação de uma superfície.

Nutrientes: que nutrem, que alimentam. Neste caso, trata-se dos sais minerais, essenciais à vida das plantas.

Paisagem do Pantanal no município de Poconé (MT). Foto de 2014.

Unidade 3 • Brasil: paisagens naturais e ação da sociedade

Bioma Pampa

Os pampas, ou campos, constituem um tipo de vegetação rasteira (herbácea) localizada principalmente no Sul do Brasil, onde predominam diversos tipos de capim: barba-de-bode, gordura, mimoso, jaraguá, entre outros.

Descendo pelo litoral do Rio Grande do Sul, a paisagem é marcada pelos banhados, isto é, ecossistemas alagados com densa vegetação de juncos, gravatás e aguapés que criam um *habitat* ideal para uma grande variedade de animais, como garças, marrecos, veados, onças-pintadas, lontras e capivaras (foto abaixo). O banhado do Taim é o mais importante, em virtude da riqueza do solo.

Capivaras na Estação Ecológica do Taim, no município do Rio Grande (RS). Foto de 2013.

 Texto e ação

1. Segundo o IBGE, são seis os biomas brasileiros. Dê o nome deles.

2. Observe o mapa "Biomas brasileiros", na página 173 deste capítulo, e responda:
   a) Que cor representa o maior bioma brasileiro? E o menor?
   b) Ao observar a distribuição da cor laranja no mapa, o que você conclui? E a cor rosa?

3. A floresta Amazônica abrange cerca de 45% ou pouco mais de 50% da área total do Brasil e costuma ser dividida em três tipos de mata, de acordo com a proximidade dos rios. Descreva cada uma dessas matas.

4. Explique por que podemos afirmar que a fauna da floresta Amazônica é extremamente rica e variada.

5. Caracterize a flora e a fauna da Mata Atlântica.

6. Com base nas informações do mapa da página 173, da foto da página 176 e do texto deste capítulo, cite algumas características do bioma Caatinga.

7. Uma das principais características do Pantanal é a dependência de quase todas as espécies de plantas e animais do fluxo das águas na região. Explique como e quando ocorrem esses fenômenos.

8. Cite três características do bioma Pampa.

9. Depois de ter conhecido todos os biomas brasileiros, responda: você já viu alguma paisagem representativa dos biomas brasileiros na TV, em um filme ou em uma viagem? Quais? Explique como era cada uma dessas paisagens.

Atividades finais

+ Ação

1. Os rios brasileiros são muito utilizados para produzir energia.

   a) Leia a seguinte informação:

   > Os rios que correm em planaltos costumam ser aproveitados para a geração de energia elétrica. Os rios são represados, e a força da água movimenta as turbinas das usinas. Geradores de eletricidade, transformadores e redes de transmissão levam a energia para as indústrias, para a iluminação pública, para as residências, etc.

   b) Responda às questões:
   - Que bacia hidrográfica é mais aproveitada para a construção de hidrelétricas no Brasil?
   - Você já pensou de onde vem a energia elétrica que utilizamos para ligar o chuveiro, a TV, o computador ou qualquer outro aparelho eletrônico?
   - Em sua opinião, como a energia elétrica chega até a sua casa?

   c) Leia algumas sugestões dadas pela Eletrobras para economizar energia elétrica.

   Lâmpadas e iluminação

   > Evite acender lâmpadas durante o dia. Use melhor a luz do Sol, abrindo bem janelas, cortinas e persianas.
   >
   > Apague as lâmpadas dos ambientes desocupados.
   >
   > Teto e paredes internas pintados com cores claras refletem melhor a luz, diminuindo a necessidade de iluminação artificial.
   >
   > As lâmpadas fluorescentes são mais eficientes que as lâmpadas comuns.

   Televisão

   > Desligue o aparelho se não houver ninguém assistindo.
   >
   > Evite dormir com a televisão ligada. Se ela tiver recursos de programação, use o timer.

   Computador

   > Utilize os recursos de economia de energia para desligar o monitor e colocar o computador em estado de espera se eles permanecerem sem uso após um determinado tempo.
   >
   > Não deixe monitor, impressora, caixa de som, estabilizador e outros acessórios do computador ligados sem necessidade.

   Celular, câmera e *notebook*

   > Não deixe o aparelho "dormir" carregando. Retire da tomada quando a bateria estiver carregada.

   Chuveiro elétrico

   > Não use o chuveiro elétrico em horários de pico (das 18h às 21h), pois é um dos aparelhos que mais consomem energia.
   >
   > Quando não estiver fazendo frio, deixe a chave na posição "Verão".
   >
   > Feche a torneira quando se ensaboar e procure reduzir o tempo do banho. Economizar água também é importante.

   d) Para conhecer o Manual da Eletrobras na íntegra, acesse o *site* <www.eletrobras.com/elb/natrilhadaenergia/economia-de-energia/main.asp?View={ECB4D0F0-5E30-40E1-88D0-734837FB58C2}>.

2. Caatinga, em tupi-guarani, significa 'mata branca'.

   a) Você vai ler um texto que mostra a necessidade de conservação de sua biodiversidade.

   ### Biodiversidade da Caatinga

   > A Caatinga ocupa uma área de 734 478km², e é o único bioma exclusivamente brasileiro. Isso significa que grande parte do patrimônio biológico dessa região não é encontrada em nenhum outro lugar do mundo além do Nordeste do Brasil. Essa posição única entre os biomas brasileiros não foi suficiente para garantir à Caatinga o destaque que merece. Ao contrário, a Caatinga tem sido sempre colocada em segundo plano quando se discutem políticas para o estudo e a conservação da biodiversidade do país.
   >
   > Alguns mitos foram criados em torno da biodiversidade da Caatinga e três deles são comumente mencionados: 1) é homogênea; 2) sua biota é pobre em espécies e em endemismos; e 3) contudo, está ainda pouco alterada. Esses três

Unidade 3 • Brasil: paisagens naturais e ação da sociedade

mitos podem agora ser considerados superados, pois a Caatinga não é homogênea; é sim extremamente heterogênea e inclui pelo menos uma centena de diferentes tipos de paisagens únicas.

A biota da Caatinga não é pobre em espécies e em endemismos, pois, apesar de ser ainda muito mal conhecida, é mais diversa que qualquer outro bioma no mundo, o qual esteja exposto às mesmas condições de clima e de solo. Enfim: a Caatinga não é pouco alterada – está entre os biomas brasileiros mais degradados pelo homem. Promover a conservação da biodiversidade da Caatinga não é uma ação simples, uma vez que grandes obstáculos precisam ser superados. O primeiro deles é a falta de um sistema regional eficiente de áreas protegidas, visto nenhum outro bioma brasileiro ter tão poucas unidades de conservação de proteção integral quanto a Caatinga. O segundo é a falta de inclusão do componente ambiental nos planos regionais de desenvolvimento.

Assim, as sucessivas ações governamentais para melhorar a qualidade de vida da população sertaneja contribuíram cada vez mais com a destruição de recursos biológicos. E isso, por conseguinte, não trouxe nenhum benefício concreto para a população que vive na Caatinga, haja vista a continuidade dos piores indicadores de qualidade de vida do Brasil. A combinação de falta de proteção e de perda contínua de recursos biológicos faz que a extinção seja a norma entre as espécies exclusivas da Caatinga. A extinção, na natureza, da carismática ararinha-azul (Cyanopsitta spixii), no final do ano 2000, por exemplo, é apenas um entre os milhares de eventos de extinção que devem ter ocorrido na região nos últimos séculos.

A identificação de áreas e de ações prioritárias tem-se mostrado um valioso instrumento para conservação e proteção da biodiversidade no Brasil e no mundo. Para construir essa estratégia foi criado o subprojeto Avaliação e Ações Prioritárias para a Conservação da Biodiversidade da Caatinga, parte do projeto Conservação e Utilização Sustentável da Diversidade Biológica Brasileira – Probio-MMA.

Adaptado de: SILVA, José Maria Cardoso da; TABARELLI, Marcelo; FONSECA, Mônica Tavares; LINS, Lívia Vanucci (Org.). *Biodiversidade da caatinga*: áreas e ações prioritárias para a conservação. Brasília, DF: Ministério do Meio Ambiente/ Universidade Federal de Pernambuco, 2003. Disponível em: <www.acaatinga.org.br/fotos/publicacoes/34.pdf>. Acesso em: 10 dez. 2014.

b) Agora, responda às questões e faça o que se pede:
- Por que os autores do texto caracterizam a Caatinga como o "único bioma exclusivamente brasileiro"?
- Identifique os mitos criados a respeito da biodiversidade da Caatinga.
- Cite algumas consequências da degradação que vem sofrendo o bioma Caatinga.
- Qual é a proposta dos autores para reverter o processo de degradação da Caatinga?
- Que tal conhecer uma ONG interessada "no desenvolvimento humano e sustentável de famílias agricultoras do semiárido brasileiro"? Acesse o *site* <www.caatinga.org.br/>.

E você, se pudesse, gostaria de criar uma ONG para proteger o bioma Caatinga? Que nome escolheria? Quais seriam os objetivos dessa organização?

3. Pesquise em jornais, revistas, livros e *sites* informações sobre o bioma Pantanal. Na data combinada com o professor, leve o material pesquisado para a sala de aula.

4. Como os demais biomas brasileiros, o Pampa também está ameaçado.

a) Em 2013, no dia 17 de dezembro (dia do bioma Pampa), a Associação Gaúcha de Proteção ao Ambiente Natural (Agapan), o Movimento Gaúcho em Defesa do Meio Ambiente (Mogdema) e o Projeto Construindo Consciência Crítica, desenvolvido pelo Instituto de Biociências da Universidade Federal do Rio Grande do Sul (UFRGS), divulgaram um documento questionando as políticas públicas no bioma Pampa.

Leia uma parte desse documento e conheça as reivindicações dessas instituições. Depois, faça o que se pede.

Bioma Pampa: um presente com que futuro?

O Pampa é um bioma oficial (IBGE, 2004) compartilhado entre Brasil (RS), Argentina e Uruguai, que ocupa 63% do território estadual (176 496 km²), o que corresponde a 2,07% da superfície do Brasil. Atualmente, o bioma Pampa mantém-se, como outros, numa posição marginal nas políticas de meio ambiente. As informações disponíveis apontam para um quadro altamente preocupante com

Capítulo 8 • Hidrografia e biomas

relação à conservação da biodiversidade e à sustentabilidade socioambiental no estado, tanto na metade sul ou mesmo no planalto (bioma Mata Atlântica).

Os dados mais recentes sobre a área de remanescentes do Pampa provêm de 2008. Ou seja, há cinco anos não se sabe sobre a sua situação real. As estimativas da cobertura restante, até 2002, correspondiam à existência de 41,32% de remanescentes do bioma, e o resultado mais atual (2008) apontava a presença de apenas 36,03% de cobertura com vegetação nativa (CSR/Ibama, 2010). Assim, o Pampa possuía, até aquele ano, um pouco mais de um terço de sua área coberta por campos nativos e outros tipos de vegetação natural, enquadrando-se como o segundo bioma mais devastado do país, depois da Mata Atlântica.

Perda da biodiversidade para silvicultura e lavouras empresariais com muito agrotóxicos

A perda acelerada de biodiversidade também acontece nos Campos de Cima da Serra, onde predominam formações campestres pertencentes ao bioma Mata Atlântica, principalmente em decorrência do avanço desenfreado da silvicultura e das imensas lavouras empresariais de batata e de outras hortaliças, que se utilizam de alta carga de agrotóxicos. É importante destacar que esses plantios comprometem campos virgens (nunca lavrados) no Planalto das Araucárias, onde há originalmente mais de 1 100 espécies de plantas nativas. Essas lavouras destroem áreas úmidas das cabeceiras dos rios das principais bacias hidrográficas do Rio Grande do Sul (bacia do rio Uruguai e bacia do rio Guaíba), liberando elevada carga de CO_2 e depreciam uma paisagem única da região, com enorme riqueza em atributos turísticos. Por outro lado, tanto o órgão ambiental do Estado como o Ibama não dispõem até agora de estrutura necessária para a fiscalização, o licenciamento e a prevenção quanto a esse processo que destrói milhares de hectares de campos nativos por ano. Por exemplo, várias empresas expandem sem limites suas lavouras ou ainda mantêm milhares de hectares de plantios de pínus em imensas áreas e sem o devido licenciamento ambiental.

Adaptado de: AGAPAN divulga documento sobre o Pampa, pós-seminário de dezembro, e faz chamamento à sociedade. Disponível em: <https://apedemars.wordpress.com/2014/01/05/agapan-divulga-documento-sobre-o-pampa-pos-seminario-de-dezembro-e-faz-chamamento-a-sociedade/#more-3169>. Acesso em: 10 dez. 2014.

Ao final, os autores do documento apresentam várias reivindicações, como a criação da Reserva da Biosfera do Bioma Pampa, a criação de novas unidades de conservação no Pampa e o reconhecimento desse bioma como patrimônio brasileiro.

b) Três instituições divulgaram um documento com questionamentos e reivindicações em prol do bioma Pampa, em 17 de dezembro de 2013. Sobre esse acontecimento, responda:
- Qual o nome dessas instituições? Por que escolheram esse dia para divulgar o documento?
- Como os representantes das instituições caracterizam o bioma Pampa?
- Cite três reivindicações apresentadas pelos autores do referido documento.

c) Você sabe o que é silvicultura? Se necessário, pesquise o tema em livros, revistas, *sites* da internet, etc.

d) Explique a relação entre prática da silvicultura e das lavouras empresariais e perda da biodiversidade do bioma Pampa.

5. Faça uma pesquisa sobre a organização SOS Mata Atlântica. Você pode pesquisar o que é essa organização, quais são seus objetivos, sua história e seus projetos. Consulte jornais, revistas, livros, a biblioteca da escola ou do município e, se possível, a internet. Na data combinada com o professor, leve o material pesquisado para a sala de aula.

6. Considerando que cerca de 45% da vegetação do Cerrado foi destruída, faça o que se pede:

a) Caracterize a vegetação do Cerrado.

b) Cite os principais responsáveis pelo processo de aceleração da destruição do Cerrado no Brasil central.

c) Pesquise alguma organização não governamental que atua na preservação do Cerrado.
O que pesquisar?
- O que é essa organização, seus objetivos, histórico e projetos.
Onde pesquisar?
- Em jornais, revistas, livros, na biblioteca da escola ou do município e, se possível, na internet.

Na data marcada pelo professor, leve o material pesquisado para a classe.

Unidade 3 • Brasil: paisagens naturais e ação da sociedade

De olho na imagem

1. O relevo, o clima e a hidrografia são os elementos naturais das paisagens que estão sempre se relacionando uns com os outros e com as atividades da sociedade.

    a) Observem as imagens:

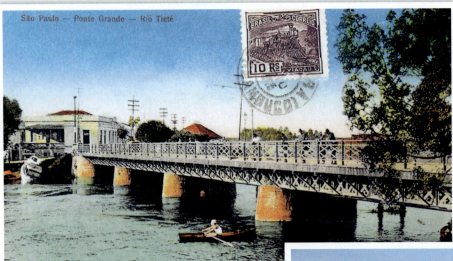

Rio Tietê em um cartão-postal das primeiras décadas do século XX.

Rio Tietê com acúmulo de lixo, na cidade de São Paulo (SP). Foto de 2014.

• **A meditação sobre o rio Tietê**

Água do meu Tietê
Onde me queres levar?
— Rio que entras pela terra
E que me afastas do mar...

(Do livro *Lira paulistana*, publicado em 1946).

b) Agora, respondam às questões:
   • Ao observar as imagens, o que mais chamou a atenção de vocês?
   • As imagens são iguais ou diferentes? Expliquem a resposta que deram.

c) Comentem o trecho do poema acima, de Mário de Andrade.

182 Capítulo 8 • Hidrografia e biomas

2. No dia nacional das RPPN (31 de janeiro) do ano de 2014, o Brasil tinha 1 081 RPPN, que representam a conservação de cerca de 705 mil hectares. Vocês sabem o que significa a sigla RPPN?

a) Observem as imagens de algumas dessas reservas.

Associações estaduais

Confederação Nacional de RPPN (CNRPPN)
Confederação Nacional de Reservas Particulares do Patrimônio Natural – CNRPPN

Área Geográfica: Acre, Amazonas, Amapá, Pará, Rondônia, Roraima, Tocantins, Alagoas, Bahia, Ceará, Maranhão, Paraíba, Pernambuco, Piauí, Rio Grande do Norte, Sergipe, Distrito Federal, Goiás, Mato Grosso do Sul, Mato Grosso, Espírito Santo, Minas Gerais, Rio de Janeiro, São Paulo, Paraná, Rio Grande do Sul, Santa Catarina.

RPPN catarinense
Associação dos Proprietários de Reservas Particulares do Patrimônio Natural de Santa Catarina.

RPPN Paraná
Associação Paranaense de Proprietários de Reservas Particulares do Patrimônio Natural do Paraná.

Macambira
Associação de Proprietários de Reservas Particulares de RN, PB e AL (Macambira).

Adaptado de: <http://naturezaepaz.blogspot.com.br/2009/11/reservas-particulares-do-patrimonio.html>; <www.iap.pr.gov.br/modules/conteudo/conteudo.php?conteudo=1260>; <www.rppncatarinense.org.br/>; <www.salao.turismo.gov.br/export/sites/default/salao/nucleo_conhecimento/Programacao_2011/Download_Apresentacoes/Rodrigo_Castro_Reservas_privadas.pdf>. Acessos em: 11 dez. 2014.

b) Agora que vocês descobriram o significado da sigla RPPN e conheceram o símbolo da Confederação Nacional de RPPN (CNRPPN) e de algumas associações estaduais, leiam o texto a seguir.

Reservas Particulares do Patrimônio Natural

As RPPN são uma das categorias de Unidades de Conservação da Natureza reconhecidas através do Sistema Nacional de Unidades de Conservação (SNUC), definido pela Lei Federal n. 9 985/2000. São áreas de propriedade particular possuindo como princípio legal de manejo (uso) a proteção integral e o uso indireto de recursos naturais nas atividades de turismo ecológico, educação ambiental e pesquisa científica, que podem proporcionar novas opções de geração de renda. As RPPN podem ser criadas em zona urbana; nesse caso, cabe ao município isentá-las, ou não, de pagamento do Imposto Predial e Territorial Urbano (IPTU). As empresas também podem criar RPPN em suas propriedades, incorporando "nos seus processos a cultura ambiental tão difundida na sociedade atual".

Para ser reconhecida como RPPN, uma unidade deve ter uma ou mais das seguintes características: manutenção da biodiversidade, aspecto cênico e/ou paisagístico, características ambientais que justifiquem ações de recuperação, estar próxima a outras Unidades de Conservação (parques e reservas) ou que, por outras razões, deva ser preservada por sua relevante importância para a proteção do patrimônio natural do país. É importante registrar que, por meio das RPPN, a iniciativa privada participa ativamente do "esforço nacional de conservação" do Estado brasileiro.

Adaptado de: MEIO AMBIENTE INDUSTRIAL. São Paulo: Tocalino, n. 87, set./out. 2010. p. 65; SOUZA, José Luciano de; CÔRTE, Diana Angélica de A.; FERREIRA, Lourdes M. *Perguntas e respostas sobre reserva particular do patrimônio natural.* Brasília: Instituto Chico Mendes de Conservação da Biodiversidade, ICMBio, Coordenação Geral de Criação, Planejamento e Avaliação de Unidades de Conservação, CGCAP, 2012.

c) Respondam às questões:
- Ao observar as imagens, o que mais chamou a atenção de vocês?
- A primeira imagem apresenta o contorno do território brasileiro. Vocês conseguem notar algum outro contorno semelhante em outra imagem? Se sim, em qual imagem e qual contorno?

- Na opinião da dupla, qual é a importância das RPPN para a preservação da flora e da fauna brasileiras?
- Que tal conhecer outras RPPNs, ou descobrir se há alguma perto do lugar onde vocês vivem? Consultem revistas, jornais, *sites* da internet. Relatem os resultados de sua pesquisa ao professor e demais colegas.

Para saber mais sobre as RPPN do Brasil, acesse, se possível, o *site* <www.icmbio.gov.br/rppn>; para conhecer o decreto que regulamenta a criação das RPPN no país, consulte o site <www.planalto.gov.br/ccivil_03/_Ato2004-2006/2006/Decreto/D5746.htm>

ATIVIDADES INTERDISCIPLINARES

HISTÓRIA E LÍNGUA PORTUGUESA

1. Velho Chico é um apelido carinhoso para se referir a um rio que recebeu em 4 de outubro de 1501 o nome de São Francisco em homenagem a São Francisco de Assis, nascido naquele dia, 319 anos antes.

   a) Descreva o rio São Francisco.
   b) Faça uma pesquisa sobre a atual situação do projeto de transposição do rio São Francisco.
   c) Discuta com os colegas da sala de aula a lenda a seguir.

   A lenda da origem do rio

   Viviam os índios, nos chapadões, em várias tribos felizes. Entre eles estava uma linda mulher, a doce Iati. Era noiva de um forte guerreiro, quando houve uma guerra nas terras do norte e todos os guerreiros se foram para a luta. Eles eram tantos que os seus passos afundaram a terra formando um grande sulco. Entre eles se foi o noivo da formosa índia que tomada de saudades pelo seu amado chorou copiosamente. Suas lágrimas foram tantas que escorreram pelo chapadão, despencando do alto da serra formando uma linda cascata e caindo no sulco criado pelos passos dos Guerreiros. Escorreram para o norte e lá muito longe se derramaram no oceano, e assim se formou o rio São Francisco.

   FOLCLORE, mitos e lendas. Disponível em: <http://velhochico.net/index_arquivos/Page445a.htm>. Acesso em: 10 dez. 2014.

ARTE, HISTÓRIA E LÍNGUA PORTUGUESA

2. Leia o samba-enredo de 2014 da escola de samba Vila Isabel, do Rio de Janeiro.

   Retratos de um Brasil plural

   Brasil, minha terra adorada
   Moldada pelo Criador
   Mistura de cada semente
   Nasceu realmente quando aportou
   Mãe África, luz do teu solo
   No espelho perfeito do mar
   Cultura se deita em teu colo
   Gigante-mestiço se fez despertar
   A brasilidade aflora no sertão
   Ser tão exuberante na raiz
   No rosto caboclo, cafuzo ou mulato
   Retratos do meu país

   Tem no baile o arrasta-pé
   Quando a chuva molha o chão
   Mandacaru em flor
   Com as lágrimas do céu e o povo em oração
   O branco verdejou

   Doce canto do uirapuru
   Choram seringueiras, cobiça ameaça
   Floresta entrelaça pela salvação
   O grito da preservação
   Cerrado manto de capim dourado
   Que vença a chama dos ancestrais!
   No barco pantaneiro
   Divino som dos rituais
   Com o Negrinho do Pastoreio
   Protegendo campos e pinheirais
   Unidos, guardiões da vida
   De corpo e alma nós somos a Vila

   Disponível em: <www.assuntosdomomento.com.br/samba-enredo-vila-isabel-2014-letra-e-video/>. Acesso em: 11 dez. 2014.

   a) Interprete esse samba-enredo.
   b) Responda às questões:
   - Em sua opinião, esse samba-enredo faz referências às relações entre a cultura e a natureza brasileiras? Explique.
   - Você daria outro título para esse samba-enredo? Justifique sua resposta.
   - A que manifestação cultural popular pertence o samba-enredo? Que estado brasileiro atrai milhares de turistas nacionais e internacionais para essa festa popular?
   - De que forma a letra do samba-enredo se relaciona com o que você estudou neste capítulo? Dê exemplos.

Capítulo 9
Problemas ambientais

O desenvolvimento econômico e tecnológico alcançado pela sociedade humana trouxe consequências negativas para o meio ambiente, fruto da relação da humanidade com a natureza (o meio físico do planeta Terra). Tais consequências são denominadas **problemas ambientais**, que atualmente existem no mundo todo.

Neste capítulo, vamos estudar os principais problemas ambientais que afetam o Brasil.

Queimada na Amazônia, no município de Zé Doca (MA). Foto de 2014.

Para começar, observe a imagem acima e responda às questões:

1. A foto mostra um problema ambiental que afeta o território brasileiro. Qual é ele?
2. Além desse problema ambiental, você conhece outros que atingem o país?
3. Que atitudes você pode tomar para preservar o meio ambiente?

1 Introdução

Na atualidade, a questão ambiental é basicamente uma consequência da modernidade, que, por um lado, amplia a qualidade de vida e, por outro, provoca ou agrava inúmeros problemas. É um processo contraditório que gera, ao mesmo tempo, mudanças positivas e negativas na região em que ocorre. De um lado, diminui as taxas de mortalidade, ampliando a expectativa de vida das pessoas, produz novos bens e serviços e expande o seu consumo. De outro lado, muitas vezes agrava as desigualdades sociais, causando, por exemplo, enorme poluição do ar e das águas, grandes desmatamentos e acúmulo de lixo no ambiente.

A sociedade moderna ou industrial tem por base a inovação tecnológica. E toda tecnologia produz impactos positivos —como encurtar as distâncias pelos meios de transporte, facilitar o trabalho humano com máquinas, tratores, etc. — e negativos — acidentes, desmatamentos, poluição, entre outros.

Usina termelétrica em Candiota (RS) poluindo o ar com suas chaminés. Foto de 2014.

Dizemos que há poluição ou deterioração ambiental quando determinados elementos fundamentais para uma boa qualidade de vida se encontram degradados: ar contaminado por gases nocivos, rios cheios de lixo e resíduos industriais (portanto, com água imprópria para o consumo), barulho excessivo nas cidades, moradias sem as mínimas condições de higiene, alimentos contaminados por produtos tóxicos. A questão ambiental, portanto, diz respeito à qualidade de vida dos grupos humanos.

Predomínio do meio cultural

O meio ambiente humano costuma ser dividido em cultural e natural. O **meio cultural** é produto da atividade humana: edifícios, agricultura, instituições políticas e sociais, indústrias; e o **meio natural** é fruto da natureza: solos, rios, clima, relevo, vegetação original.

Com a modernização da sociedade, o meio cultural passa a predominar sobre o natural, que se transforma e acaba dependendo cada vez mais da ação humana, das modificações impostas pela sociedade. Dizemos, então, que a natureza se humaniza, deixa de ser uma primeira natureza (a original, sem a intervenção humana) para se transformar em uma segunda natureza (humanizada, em que o trabalho humano produziu intensas modificações nos solos, nas águas, na vegetação, no clima e no relevo).

O Brasil é um dos poucos países que ainda possuem enormes áreas em que predomina o meio natural, incluindo uma imensa biodiversidade. Uma dessas áreas — de longe a mais importante em termos de extensão territorial e biodiversidade total — é a Amazônia, embora mesmo ali venha ocorrendo há anos um processo acelerado de devastação florestal e a criação de uma segunda natureza. Vamos ver a seguir os principais problemas ambientais do Brasil.

Texto e ação

1. Podemos afirmar que o processo da modernidade é contraditório? Explique sua resposta.
2. Cite alguns problemas ambientais gerados pela modernização e pelo avanço tecnológico.
3. Responda às questões:
   a) O que caracteriza a poluição ou deterioração ambiental?
   b) Qual é a diferença entre meio natural e meio cultural?
4. Explique por que podemos falar em uma "segunda natureza".

❷ Problemas ambientais dos centros urbanos

Em geral, as grandes e médias cidades são mais poluídas que as pequenas cidades e o meio rural. Isso porque nelas se concentra maior número de indústrias, veículos e pessoas, agravando o acúmulo de lixo, de resíduos, as emissões industriais, o congestionamento, a poluição atmosférica e sonora, entre tantos outros problemas.

As grandes cidades brasileiras têm também carência de áreas verdes (parques, praças e arborização eficiente nas ruas). Estabeleceu-se internacionalmente que são necessários no mínimo 16 m² de área verde por habitante. Essa proporção é respeitada em cidades europeias, como Londres, Estocolmo, Copenhague, Viena, entre outras, mas, no Brasil, isso é raro: em São Paulo, por exemplo, existem apenas 4,5 m² de área verde por habitante. Como regra geral — existem exceções —, as grandes cidades brasileiras têm menos de 8 m² de área verde por habitante. Isso agrava a poluição do ar e torna mais restritas para a população as opções de lazer ligadas às áreas verdes.

Nos grandes centros urbanos do Brasil temos ainda o problema do lixo e dos esgotos. Nas sociedades industrializadas, o volume de lixo produzido por uma pessoa é enorme. Em 2013, segundo a Associação Brasileira de Empresas de Limpeza Pública e Resíduos Especiais (Abrelpe), o Brasil gerou 76 387 200 toneladas de resíduos sólidos, apresentando um aumento de 4,1% em relação a 2012, um aumento maior que a taxa de crescimento populacional no país nesse período. Isso significa que se produz 1,041 quilograma de resíduos *per capita*, diariamente, dos quais apenas 941 gramas têm coleta regular: o restante é depositado irregularmente, em terrenos abandonados ou nas próprias vias de circulação, agravando os problemas das cidades. Do montante que tem coleta regular, apenas 58,2% tiveram destinação correta, enquanto 41,7% tiveram destinação irregular, ou seja, não foram depositados em aterros apropriados nem passaram por processo de coleta seletiva; foram armazenados em lixões a céu aberto.

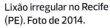

Lixão irregular no Recife (PE). Foto de 2014.

As grandes cidades e muitas das cidades médias não estão encontrando uma solução adequada para o lixo que produzem. Boa parte desse lixo é jogada em terrenos baldios e, com as chuvas, pode se infiltrar no solo, contaminando assim as águas subterrâneas. Além disso, os esgotos urbanos quase sempre são despejados em rios que atravessam a cidade, poluindo-os e transformando-os, muitas vezes, em rios malcheirosos e sem vida.

Reaproveitamento ou reciclagem do lixo

Lixeiras para separação do lixo em Bandeiras do Sul (MG). Foto de 2015.

Salvo em alguns tipos de indústria (como a indústria de alumínio, vidro e papel) e em poucas cidades, ainda é raro o reaproveitamento ou a reciclagem do lixo no Brasil, procedimento comumente adotado nos países desenvolvidos, após a coleta seletiva dos resíduos.

Explicando de forma resumida, esse processo se inicia com a separação do lixo — metais, vidros, papéis, plásticos e material orgânico — e a reutilização do material: latinhas de alumínio para indústrias que as fabricam (o mesmo vale para vidro, papel e papelão); material orgânico para a produção de adubos e para o uso em biodigestores; entre outros materiais.

Existem também as usinas de reciclagem e compostagem do lixo, que separam o material reciclável, enviam para as indústrias correspondentes e transformam o lixo orgânico em adubos, num processo denominado **compostagem**. Os resíduos que não podem ser reaproveitados devem ser queimados (em usinas de incineração) ou comprimidos e encaminhados para aterros sanitários, o que evita a proliferação de muitas doenças.

A reciclagem e os catadores de lixo

Não se pode dissociar a reciclagem no Brasil dos catadores de materiais e suas cooperativas. Calcula-se que existam de 300 mil até 1 milhão de catadores em atividade no país. Se não fossem eles, a montanha de lixo gerada diariamente pela população brasileira acabaria integralmente em aterros sanitários e lixões. Só na cidade de São Paulo cerca de 20 mil catadores evitam que 8 mil quilos de materiais entrem nos lixões diariamente.

Os catadores exercem um papel social e ambiental importante. No entanto, a maioria deles perambula cerca de 30 quilômetros por dia, debaixo de chuva e sol, puxando até 400 quilos, o peso de sua carroça cheia. Muitas vezes, os materiais que eles buscam só são encontrados dentro de sacos de lixo.

A maioria deles não usa proteção: uns por falta de dinheiro, outros por falta de informação; por isso, frequentemente, sofrem lesões ou infecções. É muito comum serem confundidos com mendigos ou marginais ou, o que é pior, simplesmente são ignorados pela maioria das pessoas.

Além do mais, alguns municípios proibiram as carroças de circular pelas vias e estacionar em locais públicos.

Eles ganham de um a dois salários mínimos por mês e, com sorte, podem encontrar algum aparelho eletrônico que ainda funcione. Os atravessadores aproveitam-se da sua frágil estrutura organizacional e ficam com 75% do faturamento gerado pela reciclagem. Assim sendo, sobram-lhes apenas 25% da receita e todo o trabalho pesado.

Os catadores não estão nessa vida porque querem. Na maioria dos casos não se trata de escolha, mas de luta pela sobrevivência. Quem não consegue emprego melhor, mas tem família para sustentar, acaba virando catador. O dinheiro, para atender a necessidades latentes, vem em curto prazo. Por isso, proliferam-se, na maioria dos centros urbanos do país, as cooperativas de catadores de material reciclado, apesar da insalubridade, do desprestígio social e da baixa remuneração.

Organizados, os catadores vêm obtendo resultados expressivos para melhorar suas condições de trabalho e sua remuneração. No Distrito Federal, por exemplo, permite-se o uso da carroça desde que as leis de trânsito sejam respeitadas. Em São Paulo, tenta-se repelir a atividade exercida informalmente. Em outras cidades, apesar de pouco regulamentada, a atividade é bem-vista e estimulada pelos governos locais.

Ambulante e catador de lixo em Londrina (PR). Foto de 2014.

Texto e ação

1. As grandes e médias cidades geralmente são mais poluídas que as pequenas cidades e o meio rural. Por que isso acontece?

2. Sobre o lixo urbano, responda às questões:
   a) Segundo a Abrelpe, qual é a quantidade de lixo *per capita* produzida anualmente no Brasil?
   b) Além do lixo domiciliar, que outros tipos de lixo são encontrados no espaço urbano?
   c) Muitas cidades brasileiras não têm mais onde alocar o lixo que produzem. O que acontece quando o lixo é jogado em terrenos baldios?
   d) No que consiste a coleta seletiva de lixo?
   e) O que fazem as usinas de compostagem e reciclagem?

3. Sobre os catadores de lixo, responda às questões:
   a) Qual é a importância da atividade dos catadores de lixo?
   b) Como é o dia a dia de um catador de lixo?
   c) Quais os perigos dessa profissão?

3 Problemas ambientais do meio rural

O campo também enfrenta problemas ambientais, especialmente as áreas que passam por um processo de modernização agrária, com a mecanização e o uso intensivo de adubos químicos e agrotóxicos ou defensivos agrícolas (inseticidas, pesticidas, herbicidas, desfolhantes e outros).

A primeira alteração ecológica ocasionada pela agricultura é a derrubada da vegetação original da área a ser cultivada, e, no caso da agricultura moderna, o problema torna-se ainda mais grave, uma vez que as árvores atrapalham a ação dos tratores e demais máquinas agrícolas. O desmatamento extermina a fauna local.

O uso intensivo de agrotóxicos na agricultura e na pecuária, para combater pragas que reduzem as colheitas ou a produtividade do gado (em carne, leite ou couro), traz consequências negativas. Esses produtos químicos agem eficazmente durante algum tempo, mas, no longo prazo, acabam multiplicando as pragas. Isso porque eles eliminam também certos microrganismos benéficos às plantas por serem inimigos naturais das pragas. Com o tempo, algumas espécies de pragas e insetos nocivos ao cultivo e ao gado adquirem imunidade em relação ao produto químico utilizado. Esse fato torna-se ainda mais grave nas áreas de clima quente, equatorial ou tropical, onde o forte calor e a umidade elevada favorecem a proliferação de insetos e microrganismos.

Máquina pulverizando defensivos agrícolas em plantação de soja no município de Cascavel (PR). Foto de 2015.

Para tentar conter as pragas, são utilizados outros tipos de produtos químicos, em maior quantidade, o que ocasiona a repetição do ciclo descrito e a contaminação dos alimentos produzidos pela agropecuária: verduras, frutas, cereais e até o leite começam a apresentar resíduos de inseticidas e outros produtos químicos nocivos à saúde. Também a carne bovina e a carne de frango apresentam, muitas vezes, resíduos de hormônios e remédios fornecidos aos animais para que cresçam rapidamente e não contraiam doenças.

O uso excessivo de adubos químicos, por sua vez, provoca alterações ambientais negativas: com as chuvas, boa parte deles é carregada até os rios, que ficam poluídos; outras vezes, a água pluvial infiltra-se no subsolo, levando aos lençóis de água subterrâneos elementos como cobre, nitrato e fosfato, que comprometem a qualidade da água utilizada para o abastecimento de grupos humanos. Apesar disso, a utilização de adubos orgânicos (excrementos, restos de vegetais, entre outros), melhores e menos poluidores, é desprezada, dando-se preferência aos adubos químicos.

Texto e ação

1. Cite os principais problemas ambientais encontrados no meio rural.
2. Pesquise e responda: quais dos problemas ambientais citados na atividade anterior mais afetam o meio rural do município onde você mora? Qual deles é o mais grave e como poderia ser resolvido?
3. O uso intensivo de agrotóxicos contamina os alimentos produzidos pela agropecuária. Explique como agem esses produtos químicos.

Geolink 1

Desertificação no Nordeste brasileiro

[Desertificação é] *um processo de degradação produtiva econômica e biológica (em suas dimensões ambiental, social e econômica) das terras em zonas áridas, semiáridas e subúmidas secas. É resultante de vários fatores, incluindo variações climáticas e atividades humanas, que consequentemente diminuem a qualidade de vida da população afetada.*

Principais causas do processo

As variações climáticas produzem uma vulnerabilidade natural do ecossistema e, devido à incidência forte do sol, levam a períodos prolongados de seca que afetam o crescimento da vegetação e causam, muitas vezes, a perda total da produção. Com relação à ação do homem, as causas mais comuns no Nordeste são o desmatamento indiscriminado, as queimadas e o sobrepastejo, devido principalmente à atividade de caprinovinocultura. No núcleo de desertificação do Seridó, o problema do desmatamento é agravado pela presença de cerca de 70 olarias cujos produtos cerâmicos são de reconhecida qualidade nos grandes centros urbanos do Nordeste, e a ineficiência na geração da energia pelas indústrias de cerâmica nessa região tem agravado o processo de desertificação devido à elevação da demanda por lenha.

Áreas mais afetadas no Rio Grande do Norte (RN)

A região do Seridó foi diagnosticada como a mais atingida pelo processo de desertificação, com destaque para os municípios de Equador, Parelhas, Carnaúba dos Dantas, Caicó, São José do Seridó e Currais Novos. Esses municípios integram o núcleo de Desertificação do Seridó, um dos quatro núcleos que estão sendo estudados no Nordeste pelo Ministério do Meio Ambiente e outras instituições. O núcleo de Desertificação do Seridó abrange uma área de 2 341 km² (18,6 % da superfície da região), onde vivem 244 000 habitantes (84,21% da população seridoense). Esses números indicam que, na ausência de novos processos tecnológicos e econômicos ambientalmente sustentáveis, a capacidade de suporte das áreas em processo de desertificação no Seridó, por conta da migração para as cidades (da região do Seridó ou de outras áreas do RN), tende a decrescer.

Adaptado de: DESERTIFICAÇÃO no Nordeste brasileiro. Disponível em: <www.ibama.gov.br/supes-rn/desertificacao_rndesert>. Acesso em: 19 dez. 2014.

Área de desertificação no município de Carnaúba dos Dantas (RN). Foto de 2014.

Realize as seguintes atividades:

1. O que é desertificação? Explique.
2. Quais são as principais causas do processo de desertificação?
3. Identifique os municípios que fazem parte do Núcleo de Desertificação do Seridó. Procure localizá-los em um mapa político ou em um *site* da internet. A seguir, descreva as características com que essa região é apresentada no texto.

4 Devastação da floresta Amazônica

Um dos mais sérios problemas ecológicos que vêm ocorrendo no Brasil ultimamente é a devastação da floresta Amazônica, que gera inúmeras consequências negativas, como:

- a perda da biodiversidade e a extinção de certas espécies animais (como o jacaré, o tracajá e inúmeros peixes) e vegetais (como o mogno ou o pau-rosa);
- a expulsão de indígenas e **posseiros**;
- a inundação de partes da mata e a expulsão de indígenas e populações ribeirinhas para a construção de hidrelétricas, que formam gigantescas represas pelo fato de o relevo ser aplainado;
- o aumento da quantidade de gás carbônico na atmosfera, provocado por grandes queimadas;
- o empobrecimento dos solos pela exposição direta à erosão pluvial;
- as alterações climáticas em certas áreas, com a diminuição das chuvas e o aumento do calor.

Posseiro: pessoa que toma posse de uma terra desocupada ou abandonada e passa a cultivá-la.

Biomassa: massa de matéria orgânica presente em um ecossistema.

É difícil calcular com exatidão a extensão da floresta Amazônica já derrubada para o aproveitamento da madeira ou a plantação de capim para a pecuária extensiva. Alguns estudiosos estimam em apenas 7% ou 8% da **biomassa** original, outros chegam até 30%. Todos concordam, no entanto, que a cada ano ocorre um desmatamento de, no mínimo, 3 milhões de hectares.

A ocupação dessa área desmatada geralmente tem sido feita por grandes empresas, nacionais ou estrangeiras, que aproveitam os incentivos fiscais — isenção ou redução de impostos — concedidos pelo governo. Às vezes, a compra da terra é puramente especulativa, ou seja, a empresa não está interessada em aproveitá-la de modo produtivo, mas sim em aguardar sua valorização futura (decorrente da construção de estradas ou cidades, da possível descoberta de minérios ou até mesmo da valorização da terra em geral, a longo prazo, superando a inflação).

Perda da biodiversidade na Amazônia brasileira

Biodiversidade é um conceito que engloba todas as espécies de plantas, animais e microrganismos, assim como os ecossistemas e os processos ecológicos dos quais são componentes. Constitui, portanto, um termo abrangente para o grau de variedade da natureza, dos seres vivos. O Brasil é um dos poucos países, além da Colômbia, da Indonésia, da China e do México, considerados de megadiversidade (*mega* = "grande", "múltiplo"), o que significa que, em nosso território, existem centenas de milhares de espécies vegetais e animais, além de uma grande sociodiversidade, ou seja, diferentes culturas, especialmente as indígenas. Considera-se que o Brasil tenha o território nacional mais rico em biodiversidade em todo o mundo.

De 1,4 milhão de organismos já catalogados pela ciência, cerca de 10% do total vive no Brasil, e existem milhares de outros seres vivos ainda não catalogados ou estudados. Essa enorme biodiversidade existe sobretudo nas matas tropicais, e o Brasil possui a maior parte das matas que existem no planeta: floresta Amazônica, mata Atlântica e Pantanal destacam-se nesse aspecto.

Preguiça na floresta Amazônica, no município de Manaus (AM). Foto de 2014.

O problema é a progressiva perda da biodiversidade (e também da sociodiversidade) com os desmatamentos, a extinção de inúmeras espécies de animais, o extermínio dos indígenas e de suas culturas. Isso é gravíssimo, pois a diversidade — seja biológica, seja cultural — é básica para a sobrevivência e o aperfeiçoamento da humanidade. A Carta Mundial para a Natureza, da ONU, por exemplo, reconhece que o ser humano é parte da natureza e que toda forma de vida merece respeito, independentemente de sua utilidade para ele.

A biodiversidade torna-se cada vez mais importante com o avanço da biotecnologia — a tecnologia biológica. A cada dia são descobertos novos usos para os produtos da natureza, especialmente para a medicina e a indústria farmacêutica. Nos Estados Unidos, por exemplo, 25% dos medicamentos contêm produtos ou princípios ativos de origem vegetal. Aliás, é na biotecnologia que a humanidade deposita suas esperanças para resolver o problema da produção de alimentos. E a biotecnologia necessita da biodiversidade, pois novos princípios ativos e novos genes costumam ser descobertos com o estudo de seres vivos. Quanto maior a variedade de seres vivos, maior a riqueza genética e maiores as chances de descobrir novas substâncias úteis para a humanidade.

A Amazônia desperta particular interesse nesse aspecto, pois 51% das espécies de plantas tropicais estão situadas nessa região, que vai da América Central até o norte da América do Sul. A dificuldade está no atual desconhecimento sobre o número de espécies existentes ou sobre a grande complexidade da ecologia e distribuição geográfica de espécies tão distintas, como mamíferos, árvores, insetos ou fungos. Os desmatamentos contínuos na Amazônia brasileira vêm exterminando um razoável número de espécies, ocasionando assim a degradação de um importante patrimônio da biodiversidade do mundo.

Texto e ação

1. Responda às questões:
   a) Quais são as principais consequências do desmatamento na Amazônia?
   b) Qual é o significado do termo *biodiversidade*?
   c) O Brasil é um dos poucos países, além da Colômbia, da Indonésia, da China e do México, considerados de megadiversidade. O que isso significa?

2. Explique por que é difícil calcular com exatidão a extensão da floresta Amazônica já derrubada para o aproveitamento de madeira ou a plantação de capim para a pecuária extensiva.

Unidade 3 • Brasil: paisagens naturais e ação da sociedade

Geolink 2

Desmatamento da Amazônia em alta

A destruição da maior floresta equatorial do mundo acelerou no ano passado (2013) com uma alta de 29%, de acordo com dados finais liberados pelo governo brasileiro que confirmaram uma reversão dos ganhos desde 2009.

Dados de satélite para os 12 meses que antecederam julho de 2013 mostraram que 5 891 quilômetros quadrados de floresta foram desmatados na Amazônia brasileira, área aproximadamente equivalente ao tamanho do Distrito Federal.

Combater a destruição da Amazônia é considerado crucial para reduzir o aquecimento global, pois o desmatamento mundial representa 15% das emissões anuais de gases causadores do efeito estufa, mais do que o setor de transportes inteiro. Além de ser um gigantesco polo escoador de carbono, a Amazônia é um santuário de biodiversidade, com bilhões de espécies a serem estudadas.

Dados preliminares liberados no final do ano passado (2013) pelo Instituto Nacional de Pesquisas Espaciais (INPE) indicavam que o desmatamento estava em alta novamente, como alertaram os grupos ambientalistas.

Os maiores aumentos no desmatamento foram vistos nos estados do Pará e do Mato Grosso, onde a maior parte da expansão agrícola brasileira está acontecendo. Mais de mil quilômetros quadrados de mata foram abertos em cada estado.

Outras razões para o aumento do desmatamento incluem madeireiros ilegais e a invasão de terras públicas adjacentes a grandes projetos de infraestrutura na Amazônia, como estradas e usinas hidrelétricas.

Apesar do aumento em 2013, a área desmatada ainda é a segunda menor desde que o governo brasileiro começou a calcular o desmatamento em 2004, quando quase 30 mil quilômetros quadrados de floresta foram perdidos.

O governo brasileiro frequentemente promove operações policiais para combater madeireiros ilegais na floresta, mas os ambientalistas dizem que mais ações são necessárias.

Na semana passada, a Reuters publicou fotografias de índios amazônicos que capturaram, despiram e agrediram madeireiros ilegais que atuavam em uma reserva no Pará. A tribo decidiu tomar a iniciativa argumentando que as autoridades brasileiras não estavam fazendo o seu trabalho.

TEIXEIRA, Marcelo. Governo confirma aumento do desmatamento da Amazônia em 2013. Disponível em: <www.estadao.com.br/noticias/geral,governo-confirma-aumento-do-desmatamento-da-amazonia-em-2013,1558017>. Acesso em: 19 dez. 2014.

Responda às seguintes questões:

1. Segundo a notícia, o desmatamento na Amazônia está diminuindo ou aumentando?
2. Que estados são mencionados na notícia? Procure sua localização no mapa político do Brasil.
3. Identifique o ponto de vista do autor do texto sobre o desmatamento na Amazônia. Você concorda com essa avaliação? Explique.
4. Em relação aos madeireiros ilegais, comente a reação dos indígenas da reserva no Pará.

❺ Destruição da fauna e poluição no Pantanal

A área de 220 mil quilômetros quadrados que abrange o oeste de Mato Grosso do Sul e um pequeno trecho do sudoeste de Mato Grosso, banhada pela bacia do rio Paraguai, é conhecida como **Pantanal Mato-Grossense**. É uma paisagem natural muito rica e complexa, que ora lembra aspectos da Amazônia, ora do Cerrado e até da Caatinga (com plantas xerófitas). Trata-se de uma área de planície aluvional, que, na época das chuvas, fica em parte inundada pelas enchentes dos rios que a banham — isso porque lá existem terras altas além das planícies alagáveis.

A fauna local é tida como a mais rica e variada de todo o continente americano. O Pantanal é considerado pela Organização das Nações Unidas (ONU) um dos maiores patrimônios ecológicos da humanidade. Porém, a destruição da fauna tem sido intensa nos últimos anos: jacarés mortos para exportar o couro, lontras, ariranhas e outras espécies animais quase desaparecendo pela caça intensiva.

Além da destruição da fauna, o Pantanal registra a poluição dos rios — pelos garimpos de ouro e pela agricultura com agrotóxicos — e a construção de algumas rodovias, que, como sempre, acelera o desmatamento.

Vista aérea de garimpo na entrada do Pantanal, no município de Poconé (MT). Foto de 2014.

 Texto e ação

1. Por que parte da área do Pantanal, na época das chuvas, fica inundada?
2. Cite as principais causas da poluição dos rios do Pantanal.

6 Poluição do litoral

A poluição do litoral é outro sério problema ambiental do Brasil.

Um dos maiores poluentes dos oceanos é o petróleo, oriundo de vazamentos provocados por acidentes com os navios-petroleiros ou com oleodutos litorâneos. Inúmeros vazamentos com oleodutos litorâneos já ocorreram no Brasil, especialmente em São Sebastião e Bertioga (SP). Aliás, cerca de 60% do petróleo que o Brasil consome passa pelo terminal marítimo da Petrobras localizado em São Sebastião, e quando ocorre algum acidente ou vazamento de petróleo em direção ao mar, surgem nas praias vizinhas peixes mortos e manchas de óleo que escurecem a areia: é a chamada **maré negra** — a poluição provocada pela presença do petróleo no mar. Além disso, algumas indústrias químicas localizadas no litoral costumam jogar seus detritos no mar, alguns extremamente nocivos, causando grande mortandade da fauna marinha.

Ainda vale lembrar que a maioria da população do país — e quase todas as metrópoles — se concentra no litoral ou em áreas relativamente próximas. Dos dezessete estados banhados pelo mar, catorze possuem suas capitais no litoral. Isso implica uma ocupação humana da orla marítima que degrada recursos: lançamento de lixo e esgotos no mar, derramamento de petróleo, resíduos industriais que vão para o oceano e destruição de vegetação litorânea (mangues, coqueirais, matas de restinga) e de ilhas ou recifes de coral.

Vazamento de petróleo no mar causado pela perfuração de um poço no campo do Frade, na bacia de Campos, estado do Rio de Janeiro, em 18 novembro de 2011.

 Texto e ação

1. Elabore uma lista com algumas das principais causas da poluição do litoral brasileiro.
2. Explique o que é maré negra.
3. Podemos afirmar que o fato de a maioria da população brasileira morar no litoral ou em áreas próximas a ele favorece a sua poluição? Explique sua resposta.

Unidade 3 • Brasil: paisagens naturais e ação da sociedade

Atividades finais

+ Ação

1. Pense em todo o lixo que é jogado fora todos os dias: garrafas de plástico, embalagens de isopor, vidros e latas de alimentos. Isso sem falar nas famosas sacolas plásticas trazidas dos supermercados.

a) Leia o texto a seguir.

Gestão de resíduos sólidos no Brasil

O sistema de gestão de resíduos de um país constitui-se num dos principais componentes de garantia de proteção ambiental e preservação de recursos naturais, que, como já sabido, não são infinitos. [...] [No entanto,] constata-se que a gestão de resíduos sólidos tem trazido prejuízos ambientais e econômicos para o Brasil, pois ainda é deficitária e não tem avançado de maneira uniforme nas diversas regiões do país. O setor, apesar de ser sensível e de contar com crescentes atenções, ainda carece de estruturação, gerenciamento e, principalmente recursos, para viabilizar os processos completos para implementação de medidas e procedimentos de gerenciamento ambientalmente adequado de resíduos sólidos.

O ano de 2014 impõe-se como um marco para o setor de resíduos sólidos no Brasil. A Política Nacional dos Resíduos Sólidos (PNRS), instituída pela Lei Federal nº 12305/2010, concedeu prazo até o mês de agosto para que a destinação final ambientalmente adequada dos resíduos e rejeitos esteja implantada no país.

Entretanto, diferentemente do que se esperava, os dados do Panorama 2013 revelam um cenário geral bastante similar àquele publicado na edição anterior, demonstrando apenas uma tímida evolução na gestão de resíduos e apresentando consideráveis desafios para cumprimento das determinações legais. [...]

A indústria dos resíduos sólidos é um mercado em crescimento, que apresenta um potencial bastante interessante para ser maximizado, já que a demanda para aperfeiçoamento das práticas adotadas, disponibilização de sistemas tecnológicos avançados e adequação do que está irregular trarão inúmeras oportunidades de investimento. No entanto, a competição entre ações legalizadas (que requerem investimentos e comprometimento de vários atores) e práticas ilegais ainda em curso não pode mais ser admitida.

No tocante aos RSU [resíduos sólidos urbanos], o país ainda carece de uma coleta universalizada — 100 gramas por habitante por dia não são sequer coletados — e registra um percentual elevado (42%) de resíduos que ainda são encaminhados para destinos inadequados, utilizados por mais de 3300 municípios, em sua maioria de pequeno porte. [...]

A coleta seletiva, por sua vez, ainda não se tornou uma prática no país, apesar de ser um elemento indispensável para viabilizar a recuperação dos materiais descartados e seu posterior encaminhamento para processos de reciclagem e aproveitamento. Essa situação traz perdas consideráveis para o Brasil, pois o sistema adotado é economicamente ineficiente e desperdiça o potencial de recursos materiais e energéticos presentes nos resíduos descartados. [...]

É preciso buscar uma resposta efetiva ao grande desafio do momento: garantir uma gestão e um destino adequado aos materiais descartados pela sociedade. As soluções já são amplamente conhecidas, sendo as principais: a eliminação de "lixões"; a implantação de aterros sanitários; a efetivação de sistemas de coleta seletiva; o estabelecimento de sistemas de logística reversa, com responsabilidade dos produtores; e a viabilização de plantas de recuperação e aproveitamento de resíduos. [...]

Vários grupos sociais já estabeleceram parâmetros e percorreram os caminhos que possibilitaram o equacionamento das diversas situações e a interação dos principais envolvidos, sejam eles de direito público ou privado, para solução dos problemas causados pelos resíduos sólidos. O Brasil, a despeito de contar com uma das legislações mais avançadas sobre o tema, ainda carece de uma evolução institucional e priorização desse assunto, mediante o comprometimento da sociedade, que não percebeu os riscos de sua omissão.

Adaptado de: PANORAMA DOS RESÍDUOS SÓLIDOS NO BRASIL 2013. São Paulo: Abrelpe. p. 108–109. Disponível em: <www.abrelpe.org.br/Panorama/panorama2013.pdf>. Acesso em: 2 fev. 2015.

b) Responda às questões:
- Quais são as consequências da gestão irregular dos resíduos sólidos no Brasil?
- Segundo o texto, por que se diz que o Brasil ainda não tem uma coleta universalizada de resíduos sólidos?

- Quais são as soluções indicadas pelo texto para o problema dos resíduos sólidos no Brasil?
- Que título você daria para o texto citado?

c) Pesquise qual é o destino dado para o lixo depois que ele é colocado para fora da sua casa. Traga sua descoberta para a sala de aula.

2. Veja a seguir algumas recomendações de como podemos colaborar para produzir menos lixo.

Para reduzir:
– *Compre produtos duráveis e resistentes.*
– *Consuma menos embalagens.*
– *Prefira produtos com embalagens recicláveis e/ou retornáveis.*
– *Compre produtos de empresas que apoiam projetos sociais e ambientais.*
– *Planeje bem as compras e o consumo para não haver desperdícios.*
– *Participe de discussões sobre problemas de seu bairro e sua cidade.*

Para reutilizar:
– *Separe sacolas, sacos, vidros e papel de embrulho.*
– *Utilize para rascunho o verso de folhas de papel já usadas.*
– *Utilize produtos não descartáveis.*
– *Doe roupas, móveis, aparelhos domésticos, brinquedos, livros.*
– *Faça fotocópias e impressões utilizando a frente e o verso do papel.*

Adaptado de: COMO PODEMOS colaborar para produzir menos lixo. Disponível em: <www.paisagismobrasil.com.br/index. php?system=news&news_id=1116&action=read>. Acesso em: 19 dez. 2014.

a) Das recomendações acima, escolha duas para você pôr em prática no seu dia a dia. Explique sua escolha.

b) Com base nas recomendações sugeridas, converse com seus familiares sobre as atitudes que vocês podem ter para diminuir a quantidade de lixo produzido, colaborando assim para preservar as paisagens do seu município e melhorar a qualidade de vida dos moradores.

3. Você sabia que o simples ato de jogar o óleo de cozinha na pia contribui para poluir os rios do Brasil e do mundo?

a) Leia o texto a seguir e faça o que se pede.

Você fritou aquela batatinha crocante. Preparou bolinho de chuva e pastel. E fez o que com o óleo que sobrou? Muitas vezes, ele pode ser usado no preparo de outra receita, mas uma hora, é certo, terá de ser descartado. Em vez de jogá-lo pelo ralo da pia, existem algumas formas mais sustentáveis de descarte, já que um único litro de óleo descartado de forma incorreta polui até 25 mil litros de água.

Muita coisa pode ser feita com o óleo de cozinha usado: fabricação de tintas, sabões, detergentes e biodiesel. Alguns países, como Bélgica, Holanda, França, Espanha e Estados Unidos, possuem até recomendações oficiais para o descarte correto de óleos e gorduras de frituras. No Brasil, só em São Paulo, o volume mensal de compra do produto é de mais de 20 milhões de litros, segundo pesquisa da Nielsen. E pouca gente faz o descarte correto.

Além do mau cheiro, o óleo:
– prejudica o funcionamento das estações de tratamento de água, entope canos, pode romper redes de coleta e encarece o processo de tratamento;
– quando chega a rios e oceanos, cria uma barreira que dificulta a entrada de luz e bloqueia a oxigenação da água, o que compromete o equilíbrio ambiental;
– exige uso de produtos químicos altamente tóxicos para limpeza de encanamentos contaminados;
– impermeabiliza solos, dificulta o escoamento da água das chuvas, contamina o lençol freático e, em decomposição, emite grande quantidade de gases tóxicos na atmosfera.

O que fazer?

Se você ainda tem o hábito de jogar o óleo de cozinha pela pia, dá para ajudar a mudar essa realidade. Armazene-o em garrafas e procure postos de coleta. O Instituto Akatu tem uma lista nacional de postos de coleta de óleo usado. A ONG Trevo, especializada em coleta e reciclagem de resíduos de óleo, também disponibiliza uma lista com alguns endereços de postos de coleta.

Adaptado de: COMO DESCARTAR corretamente o óleo de cozinha e evitar danos ambientais. Disponível em: <http://super. abril.com.br/blogs/ideias-verdes/descarte-de-oleo-de-cozinha-e-coisa-seria-ja-pensou-nisso/comment-page-1/>. Acesso em: 19 dez. 2014.

b) Responda às questões a seguir.
- Para o meio ambiente, quais são as consequências quando o óleo de cozinha é jogado na pia?
- Que encaminhamento é dado ao óleo de cozinha na sua residência?
- Pesquise se há postos de recolhimento de óleo de cozinha próximos à escola e traga suas informações para a sala de aula.
- Se possível, espalhe cartazes pela escola informando os endereços desses postos de reciclagem.

4. Um dos problemas ambientais das grandes cidades brasileiras é a carência de áreas verdes.

   a) Estabeleceu-se internacionalmente que são necessários no mínimo 16 m² de área verde por habitante. Cite exemplos de cidades onde essa proporção é respeitada.

   b) São várias as consequências da carência de áreas verdes. Cite algumas delas.

   c) Pesquise se no município onde você mora há carência de áreas verdes. Traga sua descoberta para a sala de aula.

5. Muitas alterações prejudiciais à atmosfera são provocadas pelas atividades humanas.

   a) Faça uma pesquisa sobre os gases tóxicos lançados por indústrias e veículos no Brasil. Registre o que você pesquisou no caderno.

   b) Ilustre seu trabalho com fotos, desenhos, mapas, gráficos, etc.

   c) Na data marcada pelo professor, apresente seu trabalho para a classe.

6. Pesquise, em jornais, revistas, livros, na biblioteca da escola ou do município e, se possível, na internet, informações sobre alguma organização não governamental que atue na conservação da biodiversidade da Amazônia ou do Pantanal. Na data combinada com o professor, leve o material pesquisado para a sala de aula.

De olho na imagem

1. Temas frequentes nas revistas e nos jornais, o desmatamento da floresta Amazônica e a extinção dos animais no Brasil são assuntos de interesse nacional e internacional.

   a) Examinem atentamente as imagens:

Uacari-vermelho na floresta Amazônica no município de Manaus (AM). Os uacaris são animais raros e procurados por caçadores. Além disso, a destruição de seu *habitat* e os desmatamentos vêm contribuindo para a extinção da espécie. Foto de 2014.

Derrubada da floresta no estado do Pará para produção de madeira. Foto de 2014.

   b) Agora, respondam: que problemas ambientais transparecem nas fotos acima?

   c) Façam um comentário sobre as fotos. No texto, não se esqueçam de comentar o que vocês já ouviram falar sobre os problemas abordados e também os conhecimentos adquiridos sobre o assunto neste capítulo.

2. As imagens obtidas por satélites artificiais transformaram-se em importantes ferramentas para estudar e denunciar as alterações nas paisagens terrestres.

a) Observem a imagem:

Imagem de satélite mostrando a situação de desmatamento no estado de Rondônia. Os tons de verde indicam a floresta intacta (verde-escuro) e plantios, pastagens ou floresta em crescimento (verde-claro). O marrom-claro são áreas desmatadas.

b) Agora, respondam às questões:
- Que localidade brasileira está sendo mostrada na imagem?
- O que as cores da imagem indicam?
- Na opinião da dupla, além do desmatamento, em que outras situações as imagens de satélite podem ser utilizadas?

c) Comentem a notícia a seguir, publicada em 11 de setembro de 2014.

Desmatamento em Mato Grosso cresce 50% no acumulado de um ano

O desmatamento na Amazônia Legal em Mato Grosso aumentou 50,4% no período de um ano, deixando o estado na vice-liderança entre as demais federações que compõem essa região.

De agosto de 2012 a julho de 2013, foram desmatados 1 139 km² no estado, enquanto no intervalo entre agosto de 2011 e julho de 2012 eram 757 km². Os números são do Projeto de Monitoramento do Desmatamento na Amazônia Legal (Prodes), divulgados pelo Instituto Nacional de Pesquisas Espaciais (INPE) nesta quarta-feira [10 de setembro de 2014].

O Prodes computa como desmatamento as áreas maiores que 6,25 hectares onde ocorreu o chamado corte raso, ou seja, quando há a remoção completa da cobertura vegetal.

Na avaliação das Organizações Não Governamentais, o cenário do estado preocupa. Conforme explica Alice Thuault, coordenadora da Iniciativa de Transparência Florestal, do Instituto Centro de Vida (ICV), apesar de o Prodes não traduzir o que foi desmatado de forma legal ou ilegal, a maior parcela das agressões à floresta em Mato Grosso ocorreu fora da lei.

Operação flagra transporte noturno de madeira ilegal em Mato Grosso

No último ano [2013], um estudo feito pelo ICV usando os dados do Prodes mostrou que na geografia do desmatamento a maior parcela das ocorrências (49%) foi em imóveis rurais não cadastrados no Sistema Integrado de Monitoramento e Licenciamento Ambiental (Simlam) da Sema [Secretaria de Estado de Meio Ambiente]. Outros 23% em imóveis cadastrados; em assentamentos da reforma agrária, 25%; e nas Terras Indígenas, 3%.

"Não se está dando conta de controlar as agressões à floresta", pontuou ainda a representante do ICV.

O estudo, ao qual o G1 obteve acesso, mostrou também que 80% da área total do desmatamento em Mato Grosso ocorreu em 26 municípios. Desse universo, 11 minicípios apresentaram área de desmate no território superior a 25 km², somando cerca de 51% da área total desmatada. Colniza, Nova Bandeirantes e Peixoto de Azevedo foram os municípios que mais desmataram no intervalo avaliado.

"A situação para 2014 preocupa porque a Sema não deu sinal que está dando a devida atenção, um claro sinal para os infratores."

Transparência

A Organização diz não haver transparência pela Secretaria de Meio Ambiente quanto ao acesso às informações que mostram como a secretaria está agindo no combate às infrações, das ações implementadas no estado, entre outros quesitos.

Ouvido pelo G1, o secretário estadual de Meio Ambiente, José Lacerda, posicionou-se contrário. "Não há nenhum tipo de sonegação de informações, mas é preciso readequar [a Sema] porque fizemos uma reestruturação", defendeu o gestor.

"Estamos cumprindo a lei de transparência da informação. O que temos são alguns sistemas que não existiam e que agora estão sendo implantados. A Secretaria tinha deficiências e estamos acabando com elas para melhorarmos", considerou Lacerda.

O sistema elencado pelo titular da pasta é, segundo ele, um banco de dados sobre as autuações, os trabalhos feitos, vistorias, entre outros.

Quanto ao crescimento no desmatamento na Amazônia Legal em Mato Grosso, a Sema justificou que o padrão dessas ocorrências tem mudado e isso dificulta a fiscalização. Segundo a pasta, 73% das áreas desmatadas são de 20 hectares, o que torna a visualização por meio de satélites mais difícil.

NASCIMENTO, Leandro J. *Desmatamento em Mato Grosso cresce 50% no acumulado de um ano*. Disponível em: <http://g1.globo.com/mato-grosso/agrodebate/noticia/2014/09/desmatamento-em-mato-grosso-cresce-50-no-acumulado-de-um-ano.html>. Acesso em: 19 dez. 2014.

ATIVIDADES INTERDISCIPLINARES

MATEMÁTICA

1. O desmatamento da floresta afeta não só a Amazônia, mas toda a vida do planeta.
   a) Veja os números do gráfico.

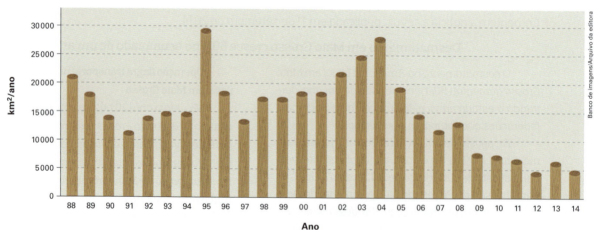

Adaptado de: INPE. *Projeto Prodes do INPE estima 4 848 km² de desmatamento na Amazônia em 2014*. Disponível em: <www.inpe.br/noticias/noticia.phpCod_Noticia=3781>. Acesso em: 30 jan. 2015.

   b) Agora, responda às questões:
   - Qual é o tipo e o nome do gráfico?
   - O que os números do gráfico mostram sobre o desmatamento da Amazônia no período de 1988 a 2014?
   - Além da extinção de espécies da flora e da fauna, cite outras consequências do desmatamento da floresta Amazônica. Se necessário, pesquise sobre esse assunto.

   c) Comente o que os números das informações a seguir revelam sobre a derrubada da floresta Amazônica.
   - Cada motosserra em ação na Amazônia derruba, em média, cinquenta árvores de grande porte por dia.
   - Ao cair, cada uma dessas árvores derruba outras 27 árvores menores.
   - No fim do dia, uma única motosserra acaba com 1 350 árvores.

Fonte dos dados: VEJA. São Paulo: Abril, jun. 2008, p. 81.

CIÊNCIAS DA NATUREZA E LÍNGUA PORTUGUESA

2. Sobre a extinção de animais da fauna brasileira, observe o mapa a seguir e, depois, responda às questões.

Brasil: alguns animais ameaçados de extinção

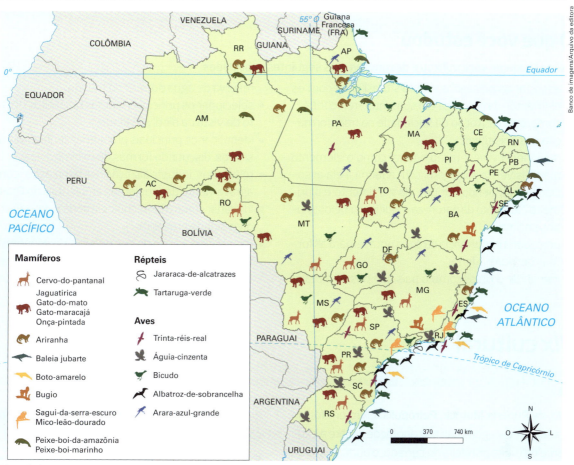

Adaptado de: IBGE. *Atlas geográfico escolar*. 6. ed. Rio de Janeiro, 2012.

a) O que mais chamou sua atenção ao observar o mapa?
b) Você conhece alguma organização não governamental preocupada com a extinção da fauna no Brasil?
c) Comente o poema a seguir.

Pintura da natureza

*Na tela do céu azul
Vejo nuvens a passar
Com pigmentos negros ao longe
São gaivotas a voar*

*E no centro da grande mata
Ouço de longe e vejo
Entre as pedras e cor de prata
O lindo véu da cascata*

*Água limpa corre fácil
Numa pedra escura e esverdeada
Como se fosse uma tela
Que por pincel foi desenhada*

*Um riacho que deságua
Um passarinho que canta
Na pintura da natureza
Que a todos encanta*

SOUZA, Cláudia Ferreira de. Disponível em: <http://sitedepoesias.com/poemas-de-agua>. Acesso em: 19 dez. 2014.

Unidade 3 • Brasil: paisagens naturais e ação da sociedade **201**

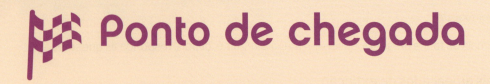

Ponto de chegada

O que você estudou

Nesta Unidade, você utilizou e desenvolveu as seguintes habilidades:

- associar as paisagens naturais brasileiras com os elementos da natureza em suas inter-relações;
- compreender a ação da sociedade na transformação das paisagens;
- reconhecer a vegetação natural como o elemento mais visível da paisagem, com a fauna a ela associada, entendendo por que ela geralmente é o primeiro elemento da natureza modificado pelos grupos sociais;
- perceber a importância da água potável para as formas de vida na Terra;
- identificar o Brasil como o país que possui a maior reserva de água potável do mundo;
- selecionar os principais biomas brasileiros do ponto de vista da biodiversidade;
- identificar os principais problemas ambientais brasileiros, discutindo formas de minimizá-los;
- relacionar industrialização–urbanização com o agravamento de problemas ambientais no Brasil;
- imaginar como a biotecnologia pode valorizar a biodiversidade brasileira;
- reconhecer a ação da sociedade e da economia na transformação contínua da natureza no Brasil e no mundo em seus aspectos positivos e negativos.

Mix cultural

 Biblioteca

***Buriti*, de Rubens Matuck, Peirópolis.** Livro em forma de caderno de viagem, que traz anotações sobre a exuberante palmeira brasileira do cerrado, o buriti. Ilustrada por aquarelas, a obra conduz o leitor pela paisagem natural e o coloca em contato com a cultura do homem habitante das veredas.

***Clima e meio ambiente*, de José Bueno Conti, Atual.** Livro informativo que explica os mecanismos de regulação do clima atmosférico em escala global e como as ações do homem podem provocar mudanças climáticas que impactam diretamente no cotidiano.

***Entre rios*, de Domingos Pellegrini, Índigo, Marcelino Freire, Márcio Souza, Maria José Silveira, Maria Valéria Rezende e Moacyr Scliar, FTD.** O livro reúne contos de sete autores sobre rios brasileiros. As histórias formam um mosaico de lembranças e do imaginário que cerca os rios e sua importância na formação do Brasil como nação.

***É possível explorar e preservar a Amazônia?*, de Ricardo Dreguer e Eliete Toledo, Moderna.** Os autores tratam a temática da preservação ambiental da Amazônia de forma interdisciplinar, abordando temas como extrativismo, desmatamento, biodiversidade e conflitos sociais.

***Florestas: saiba por que você e todo o planeta precisam delas*, de Cristina Rappa, Melhoramentos.** O livro destaca a importância da proteção das áreas florestais, com base em um equilíbrio entre desenvolvimento tecnológico, consumo e meio ambiente. Alerta para a relação entre desmatamentos e os prejuízos que eles trazem para a vida terrestre.

Suryara bernardi/arquivo da editora

***Lixo: de onde vem? Para onde vai?*, de Francisco Luis Rodrigues e Vilma Maria Cavinato, Moderna.** A obra retrata a atual situação brasileira com relação ao destino do lixo, levando a uma reflexão sobre a reciclagem.

***Meio ambiente: e eu com isso?*, de Nurit Bensusan, Peirópolis.** A autora apresenta em textos concisos e informativos exemplos e reflexões sobre as mudanças ambientais produzidas pela humanidade, procurando aproximá-las do leitor, fazendo-o perceber a emergência e o seu papel no cuidado com o meio ambiente.

***Quebracho*, de Fabiana Werneck Barcinski, Martins Fontes.** Apreciada pela dureza e resistência de sua madeira, o quebracho é uma das árvores nativas símbolo do Pantanal. O livro apresenta informações sobre a árvore e a biodiversidade da região.

Geografia nos sites

- **<http://uc.socioambiental.org/>** — *Site* das Unidades de Conservação no Brasil. Possui textos informativos sobre as áreas de proteção e conservação ecológica, biodiversidade, indicadores socioambientais e mapas.
- **<www.ana.gov.br>** — *Site* da Agência Nacional de Águas. Apresenta boletins de monitoramento, mapas, estatísticas, notícias sobre o tema, informações sobre os principais programas e projetos hídricos do governo e sobre a questão da água em diversas regiões brasileiras.
- **<www.ibama.gov.br>** — *Site* do Ibama. Com informações sobre monitoramento da qualidade ambiental e do uso dos recursos naturais, avaliação de impactos ambientais, prevenção e controle de desmatamentos, queimadas e incêndios florestais e educação ambiental.
- **<www.icmbio.gov.br/portal/>** — *Site* do Instituto Chico Mendes de Conservação da Biodiversidade. Possui seções sobre a biodiversidade e a fauna brasileira e disponibiliza a pesquisa de unidades de conservação por bioma.
- **<www.sosma.org.br/>** — *Site* da Fundação SOS Mata Atlântica. Informações sobre preservação e defesa dos remanescentes da mata Atlântica, biodiversidade, florestas, água, clima, legislação ambiental e políticas públicas.
- **<www.tamar.org.br/>** — *Site* do Projeto Tamar. Apresenta notícias e informações sobre essa importante iniciativa socioambiental desenvolvida na costa brasileira.
- **<www.ucg.br/ucg/institutos/its/site/home/>** — *Site* do Instituto do Trópico Subúmido — Cerrado. Apresenta informações sobre o complexo científico "Memorial do Cerrado" e *link* para a página do Museu Virtual da Biodiversidade do Cerrado.

Geografia nas telas

***Das Rad*. Direção: Chris Stenner, Arvid Uibel, Heidi Wittlinger. Animação. Alemanha, 2003.** Nessa animação, duas rochas dialogam e observam as alterações na paisagem. O crescimento de uma população humana, com inovações tecnológicas e mudanças significativas na paisagem, é mostrado do ponto de vista das rochas, comparando o tempo geológico e o tempo percebido pelos humanos.

***Entre Rios*. Direção: Caio Silva Ferraz. Brasil, 2009.** O filme conta a história dos rios da cidade de São Paulo e as modificações feitas na paisagem para canalizá-los ou aterrá-los, tornando-os invisíveis na paisagem. Aborda a necessidade de trazer à tona a memória desses rios e a reversão dessa realidade.

***Espelho d'água*: Uma viagem no rio São Francisco. Direção: Marcus Vinicius Cezar. Brasil, 2004.** Henrique é um fotógrafo que, ao passar por uma crise existencial, decide partir numa viagem pelo rio São Francisco.

***História sem fim... o rio Paraguai: o relatório*. Direção: Valéria del Cueto. Brasil, 2004.** Documentário na forma de diário de viagem, que conta as experiências de um professor que viaja pela primeira vez ao Pantanal e se depara com toda a sua riqueza natural e cultural.

***Projeto Rio+Tóxico*. Direção: Victor Ribeiro. Brasil, 2012.** Série de quatro curtas sobre conflitos socioambientais desencadeados por empreendimentos tóxicos desenvolvidos no Rio de Janeiro.

Unidade 4

Ponte estaiada sobre o rio Pinheiros na cidade de São Paulo (SP). Foto de 2014.

Brasil: diversidades regionais

Nesta Unidade, vamos estudar o que significa regionalização, o que é região e as principais formas de regionalizar o território brasileiro: a divisão regional realizada pelo Instituto Brasileiro de Geografia e Estatística (IBGE) e a divisão em três grandes regiões geoeconômicas. Com isso, você desenvolverá várias competências, tais como:

- reconhecer a necessidade de definir critérios para a regionalização do espaço geográfico;
- comparar a divisão regional do IBGE com a divisão do Brasil em três grandes complexos regionais;
- explicar as influências da formação histórica do Brasil na sua atual regionalização;
- expressar as inter-relações entre os três grandes complexos regionais;
- compreender que as relações entre os três grandes complexos regionais proporcionam ao território brasileiro uma unidade política, econômica e cultural.

 Ponto de partida

Com relação à foto ao lado, responda às seguintes questões:
1. Você já viu alguma paisagem semelhante a essa? Onde?
2. Em sua opinião, esse tipo de obra viária é construído com que finalidade?

Capítulo

10 As regiões brasileiras

Neste capítulo, você vai estudar o que significa regionalização, o que é uma região e as duas principais formas de regionalizar o território brasileiro: a divisão regional do IBGE e a divisão em três grandes regiões geoeconômicas, ou complexos regionais. Vamos entender ainda como a formação histórica do país influi na sua atual regionalização.

Brasil: macrorregiões do IBGE e regiões geoeconômicas

Adaptado de: IBGE: *Atlas geográfico escolar*. Rio de Janeiro, 2007.

 Para começar, observe no mapa acima duas diferentes formas de regionalizar o território nacional. Com base nele, responda:

1. Você conhece essas duas formas de dividir o Brasil em regiões? Quais são as diferenças entre elas?
2. Uma dessas regionalizações leva em conta de forma rígida os limites entre os estados, a outra não. Diga qual delas adota esse critério.
3. Em sua opinião, qual das duas formas de regionalizar o Brasil é mais adequada? Por quê?

1 O que é região?

Para entendermos o que é uma região e o que é regionalização, vamos fazer um exercício. Pense em duas maneiras diferentes de dividir sua escola em partes relativamente distintas entre si e cada uma com características próprias.

Você poderá, por exemplo, dividir a escola em alas: uma ala onde fica o Ensino Fundamental I, outra onde fica o Fundamental II, outra, se houver, as classes do Ensino Médio ou, ainda, a secretaria, a diretoria, etc.

Pode dividir o espaço da sua escola em duas partes: a de lazer (onde fica a quadra de esportes, a cantina, etc.) e a de estudos (onde ficam as salas de aula).

Você também pode imaginar outras maneiras de dividir a sua escola, ou melhor, o espaço que ela ocupa. Reflita sobre isso: existe uma divisão melhor do que as outras? Podemos dizer que uma é certa e as outras erradas?

Dividindo um espaço em regiões

Ao fazer esse exercício, você deve ter percebido que existem inúmeras formas de dividir a escola. Todas elas são válidas e cada uma é mais apropriada ou adequada para determinada finalidade. Tente agora pensar em como dividir sua cidade ou seu bairro no caso de ser uma cidade muito grande. Você pode dividir de várias maneiras, dependendo do critério que utilizar. Por exemplo, uma cidade ou um bairro pode conter áreas centrais e periféricas, novas e mais antigas, comerciais e residenciais, com menor ou maior adensamento (isto é, ocupação humana no espaço), com maior ou menor presença de áreas verdes, e assim por diante. Em síntese, regionalização consiste na divisão de um espaço em regiões ou áreas com algumas características comuns.

Assim, podemos definir **região** como uma parte do espaço que tem traços comuns e é relativamente diferente das áreas vizinhas. O Nordeste do Brasil, por exemplo, considerado em conjunto com as demais regiões brasileiras, forma um todo (o território nacional) e, quando visto isoladamente, apresenta características peculiares. A essa identificação no espaço de partes com traços comuns chamamos de **regionalização**.

Vista de Fortaleza, capital do Ceará, um estado que se localiza na região Nordeste do Brasil. Foto de 2015.

A regionalização de um espaço sempre dependerá da sua ocupação, de suas características e suas dimensões. Só conseguiremos dividir o espaço em partes semelhantes se o conhecermos bem. Não existe apenas uma forma de regionalizar ou dividir um espaço. Podemos usar diversos critérios. Por exemplo: a divisão de uma cidade em áreas centrais e periféricas utilizou o critério de centro e periferias; a divisão em áreas mais recentes e antigas, o critério de tempo das edificações; a regionalização em áreas mais ou menos adensadas, o critério do adensamento; e assim sucessivamente. Toda regionalização utiliza um critério. Critério, dessa forma, é aquilo que serve de base para a comparação, é o modo pelo qual analisamos alguma coisa.

Texto e ação

1. Responda às questões:
   a) Em sua opinião, é fácil ou difícil explicar o conceito de região? Por quê?
   b) O que significa dividir um espaço em regiões?
2. Explique o que é critério e por que é necessário estabelecer critérios para dividir um espaço.

❷ Regionalização do território brasileiro

Sabemos que o território brasileiro é muito extenso, com predominância de climas tropicais (quentes e úmidos) e maior ocupação humana na faixa litorânea. Sabemos também que ele é dividido em 27 unidades da Federação, que formam o Estado Nacional Brasileiro: um Distrito Federal e 26 estados. Existem unidades mais populosas (como São Paulo, Minas Gerais e Rio de Janeiro) e outras menos populosas (como Roraima, Acre e Amapá), assim como há estados mais industrializados e outros menos industrializados.

É possível regionalizar o Brasil de inúmeras maneiras, por dois principais motivos:
- primeiro, porque o território brasileiro é imenso, um dos maiores do mundo (maior que toda a Europa, com exceção da Rússia);
- segundo, porque as mudanças espaciais foram e continuam intensas, com muitas migrações de pessoas de uma área para outra, além de muitos lugares que ainda passam por transformações profundas (alguns se industrializando, outros modernizando a agricultura, tornando-se áreas turísticas, modificando intensivamente o meio ambiente com desmatamentos, entre outras transformações).

Poderíamos pensar que a melhor forma de regionalizar o Brasil seria dividi-lo em unidades da Federação, mas um estudo de 26 estados e o Distrito Federal seria impraticável, ficaria muito detalhado e ocuparia um espaço enorme. Além disso, alguns estados possuem traços bastante semelhantes a outros, e existem até casos de partes de um estado que se assemelham mais a um outro vizinho do que ao restante desse mesmo estado.

O que fazer, então, para dividir o espaço brasileiro em unidades ou regiões de modo a compreender cada uma de suas partes?

Como já dissemos, existem várias propostas de divisão regional do território brasileiro. Neste capítulo, vamos estudar as duas principais, que prevalecem na atualidade.

Divisão regional do IBGE

Em 1970, o IBGE dividiu o Brasil em cinco macrorregiões: Norte, Nordeste, Centro-Oeste, Sudeste e Sul. Veja o mapa abaixo.

Brasil: divisão regional segundo o IBGE

Adaptado de: IBGE. *Atlas geográfico escolar*. Rio de Janeiro, 2012.

Pensada há várias décadas, essa regionalização, em grande parte, já não corresponde à realidade do território brasileiro, pois inúmeras mudanças ocorreram.

Vamos conhecer a seguir cada uma das cinco regiões brasileiras segundo essa divisão.

Região Norte — É formada pelos estados do Amazonas, do Pará, do Acre, de Rondônia, de Roraima, do Amapá e do Tocantins. Com 3 869 637 km², é a maior das cinco regiões brasileiras, representando 45,27% do território nacional. No entanto, segundo o Recenseamento Geral de 2010, realizado pelo IBGE, apenas 15,8 milhões de pessoas vivem na região Norte, o que equivale a 8,3% da população brasileira. Aí estão as menores densidades demográficas do país — em média, cerca de 4 hab./km². Convém lembrar que as unidades da Federação situadas na Amazônia são as que mais vêm crescendo nos últimos anos em população e que o estado de Tocantins não existia quando o IBGE estabeleceu essa divisão. Tocantins foi criado em 1988, com a promulgação da Constituição Federal vigente, e incluído na região Norte. Até então, constituía a parte norte do estado de Goiás.

Região Nordeste — Compreende os estados do Maranhão, do Piauí, do Ceará, do Rio Grande do Norte, da Paraíba, de Pernambuco, de Alagoas, de Sergipe e da Bahia. Abrange uma área de 1 561 177 km² (18,3% do território nacional) e tem uma população de cerca de 53 milhões de habitantes, o que equivale a 27,8% da população total do país.

Região Centro-Oeste — Abrange os estados de Mato Grosso, de Mato Grosso do Sul e de Goiás, além do Distrito Federal. Tem uma área de 1 612 077 km² (18,8% do território nacional) e uma população de cerca de 14 milhões de habitantes, o que equivale a 7,4% do total nacional. O Centro-Oeste, portanto, é a segunda maior região do país em dimensão (atrás apenas da região Norte) e possui a menor população do país. Nessa região predominam baixas densidades demográficas, embora, tal como na região Norte, esse índice venha crescendo significativamente.

Região Sudeste — É formada pelos estados de Minas Gerais, de São Paulo, do Espírito Santo e do Rio de Janeiro. Com 927 286 km² — 10,8% do território brasileiro —, possui 80,3 milhões de habitantes, que totalizam 42,1% da população brasileira. É a região mais populosa do país e também a mais industrializada.

Região Sul — É constituída pelos estados do Paraná, de Santa Catarina e do Rio Grande do Sul. Com uma área de 577 214 km² — cerca de 6,7% do território nacional —, tem uma população de 27,3 milhões de habitantes, o que equivale a 14,4% da população brasileira. Com muitas indústrias e uma agropecuária moderna, é considerada a região mais desenvolvida economicamente depois do Sudeste.

Três complexos regionais

Outra divisão regional bastante conhecida, e cada vez mais utilizada, é a estabelecida pelo geógrafo Pedro Pinchas Geiger, que divide o Brasil em três complexos regionais ou regiões geoeconômicas: Amazônia, Nordeste e Centro-Sul. Veja o mapa abaixo.

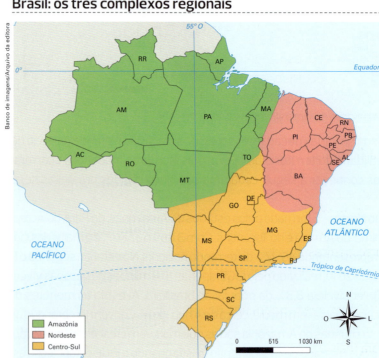

Brasil: os três complexos regionais

Adaptado de: BECKER, Berta. Brasil: os três complexos regionais. *Revista Brasileira de Geografia*, n. 4, ano 34.

Essa regionalização mais recente passou a ser empregada tanto nos meios acadêmicos (universidades) como em alguns textos ou documentos do IBGE e de outros órgãos do governo, como o Instituto de Pesquisas Econômicas Aplicadas (Ipea) e o Ministério do Meio Ambiente.

A nova forma de regionalização tenta compreender as partes que compõem o Brasil sem uma rígida preocupação com os limites dos estados, procurando levar em consideração as mudanças observadas nas últimas décadas. A seguir, vamos saber como é constituído cada um dos três complexos regionais brasileiros.

Amazônia — Não deve ser confundida com a região Norte do IBGE, pois é mais ampla, abrangendo também a porção norte de Mato Grosso e a parte oeste do Maranhão. É a região do bioma amazônico ou a porção da Amazônia internacional que pertence ao Brasil. Possui cerca de 4,8 milhões de quilômetros quadrados — cerca de 56% do território nacional — e uma população de aproximadamente 17 milhões de habitantes, em 2010, o que equivale a cerca de 9% da população brasileira.

Nordeste — Também não pode ser confundido inteiramente com a região Nordeste do IBGE, pois abrange, além dos nove estados (menos o oeste do Maranhão), uma parte do norte de Minas Gerais. Esse complexo regional compreende cerca de 1,6 milhão de quilômetros quadrados (quase 20% do território nacional) e possui cerca de 53 milhões de habitantes (27,8% da população do Brasil).

Centro-Sul — Corresponde às regiões Sul e Sudeste da regionalização do IBGE, mais Goiás, Distrito Federal, Mato Grosso do Sul e uma parte do sul de Mato Grosso e de Tocantins. Como dissemos, uma porção do norte de Minas Gerais não pertence ao Centro-Sul, e sim ao Nordeste. A área total do Centro-Sul do país é de cerca de 2,1 milhões de quilômetros quadrados (quase 25% do território nacional), e sua população é de mais ou menos 120 milhões de habitantes, o que corresponde a 63,2% da população brasileira.

Comparando as duas regionalizações

Ao comparar as duas regionalizações apresentadas, percebemos, em primeiro lugar, que a divisão do IBGE respeita os limites entre os estados brasileiros, ao contrário da divisão em complexos regionais, que chega a incluir parte de um estado em uma região e a parte restante em outra.

Acreditamos que a divisão em três complexos regionais seja mais acertada, pois nem sempre todo o território de um estado tem as mesmas características. Por exemplo, o norte de Minas Gerais, sem dúvida, possui traços que se assemelham ao interior da Bahia, como as secas periódicas que ocorrem no Sertão nordestino, ao passo que o restante de Minas Gerais lembra mais o estado de São Paulo. Quando viajamos pela porção norte de Minas Gerais, logo percebemos as paisagens típicas do Sertão nordestino, com a vegetação de caatinga e uma população com o mesmo jeito de ser da população do interior da Bahia. Veja a foto ao lado.

Paisagem do Parque Estadual da Mata Seca em Manga (MG). Foto de 2012.

Outro exemplo: a porção oeste do Maranhão, que de fato é parte da Amazônia brasileira (a parte leste desse imenso bioma amazônico), é muito diferente das paisagens naturais típicas do Nordeste do Brasil. Também o norte de Mato Grosso é uma área amazônica localizada ao sul do bioma. Não podemos esquecer que tanto Mato Grosso do Sul como Goiás e o sul de Mato Grosso são áreas com expansão da agropecuária moderna oriunda de São Paulo, do Paraná ou do Rio Grande do Sul, com paisagens que lembram bastante o interior desses estados. E o sul do país — Paraná, Santa Catarina e Rio Grande do Sul — também possui áreas industrializadas e com agropecuária moderna, que se assemelham bastante a São Paulo ou a grande parte de Minas Gerais. Veja a foto a seguir.

Com frequência, inúmeros órgãos do governo utilizam a regionalização em três regiões geoeconômicas: quando há combate às secas no Sertão nordestino, os municípios do norte de Minas Gerais sempre estão incluídos na região a ser favorecida com verbas ou ações de combate. O Instituto Nacional de Pesquisas Espaciais (INPE), que realiza um monitoramento das queimadas na floresta Amazônica utilizando imagens de satélites, sempre inclui o oeste do Maranhão e o norte de Mato Grosso na região da Amazônia quando produz dados sobre queimadas. O Ministério do Meio Ambiente também inclui essas duas áreas na região amazônica.

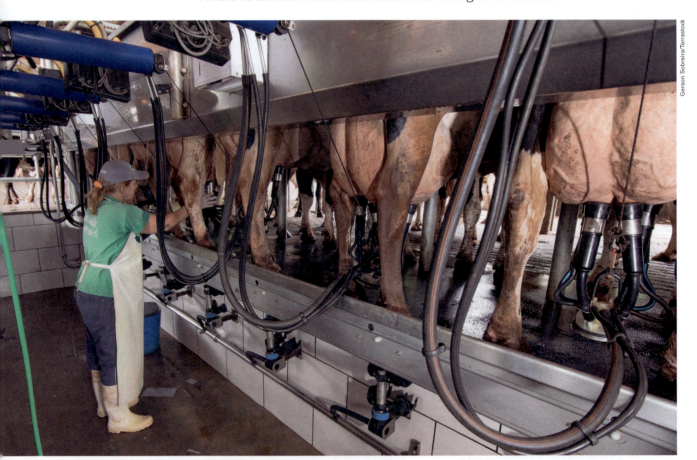

Pecuária leiteira mecanizada em Rolândia (PR). Foto de 2014.

A Amazônia é conhecida por ser a maior floresta do mundo em biomassa e biodiversidade e por conter a maior rede hidrográfica do planeta. E qualquer pesquisador ou cientista, brasileiro ou estrangeiro, sabe que o oeste do Maranhão e o norte de Mato Grosso fazem parte da Amazônia brasileira. Portanto, toda pesquisa sobre a biodiversidade na Amazônia inclui essas áreas que não pertencem à região Norte do IBGE.

Texto e ação

1. Com a finalidade de administrar, planejar e trabalhar com dados estatísticos, o IBGE agrupou os estados brasileiros em regiões. Reproduza o quadro abaixo no caderno e preencha-o usando as informações do texto e do mapa "Brasil: divisão regional segundo o IBGE", apresentados no início deste capítulo.

Regiões do IBGE	Unidades da Federação

2. Ainda sobre as regiões estabelecidas pelo IBGE, responda:
   a) Em que região se localiza o estado onde você mora? Você conhece outra região brasileira (ou outras)? Qual (ou quais)?
   b) Qual é a região mais populosa? E a menos populosa?
   c) Qual é a região mais industrializada?
   d) Você já viu algum mapa das regiões do IBGE em jornais ou revistas? Lembra-se do contexto ao qual o mapa estava relacionado? Explique.

3. Sem se ater à divisão dos estados, o geógrafo Pedro Pinchas Geiger propôs a divisão do Brasil em regiões geoeconômicas ou complexos regionais. Observe o mapa da página 210 e responda:
   a) Quantas e quais são as regiões geoeconômicas?
   b) Que fatores foram considerados na divisão do Brasil em complexos regionais?

4. Diferencie o complexo regional Amazônia da região Norte do IBGE.

5. Sobre as duas formas de regionalizar o Brasil, responda:
   a) Que semelhanças e diferenças você notou entre as duas formas de regionalização do Brasil?
   b) Na divisão do geógrafo Pedro Pinchas Geiger, o que justifica o norte de Minas Gerais fazer parte do complexo regional do Nordeste?

A divisão dos estados brasileiros

A divisão do Brasil começou em 1534, quando ainda era uma colônia. Nessa época, foi dividido em quinze faixas, chamadas de capitanias hereditárias. Já em 1709, foi segmentado em sete províncias: Grão-Pará, São Paulo, Maranhão, Pernambuco, Bahia, Rio de Janeiro e São Pedro. De lá para cá, aumentou sua extensão e foi redividido várias vezes. O mapa atual do país é resultado da Constituição de 1988, que manteve a definição de territórios federais, mas acabou com aqueles que existiam. Diferentemente dos estados, os territórios não têm autonomia, pertencem à União, e por isso seus governadores são nomeados pelo presidente, sem eleição. Com a nova legislação, Roraima e Amapá foram transformados em estados, Fernando de Noronha foi incorporado a Pernambuco, e Goiás foi desmembrado, dando origem a Tocantins.

Todas essas mudanças no mapa estão previstas na Constituição, que diz o seguinte: "os estados podem incorporar-se entre si, subdividir-se ou desmembrar-se para se anexarem a outros, ou formarem novos estados ou territórios federais, mediante aprovação da população diretamente interessada, por meio de plebiscito, e do Congresso Nacional, por lei complementar". Ou seja, para que um novo estado seja criado, é necessário que seja apresentada uma proposta ao Congresso, que pode aprovar a realização de uma consulta popular. Se a população votar pelo sim, o documento volta para o órgão legislativo, onde precisa receber a maioria absoluta dos votos (metade mais um da casa) para ser aprovado. Depois, o projeto ainda deve passar pelo presidente da República, que poderá sancioná-lo para então entrar em prática.

Nas últimas décadas, vários projetos para a criação de novos estados ou territórios federais tramitam na Câmara dos Deputados. As justificativas para mudar a divisão territorial brasileira são as mais variadas. Alguns projetos foram apresentados ainda na década de 1990 e até hoje não conseguiram ser aprovados. Mas, se saírem do papel, podem mudar o mapa do Brasil mais uma vez.

Adaptado de: COMO funciona o processo de criação de novos estados? Disponível em: <http://revistaescola.abril.com.br/geografia/fundamentos/como-funciona-processo-criacao-novos-estados-476160.shtml>. Acesso em: 17 nov. 2014.

3 Regionalização e formação histórico-territorial do Brasil

O argumento mais forte para adotarmos a regionalização dos três complexos regionais é que ela leva em conta a formação histórico-territorial do Brasil. As diversidades regionais de cada território nacional sempre resultam da sua formação histórica, em especial a forma de ocupação do território. De fato, os grandes contrastes territoriais — principalmente aqueles de ordem econômica, cultural e política — são sempre condicionados pela história de cada país. Isso também é válido para o território brasileiro, como veremos a seguir.

O Nordeste representa a porção territorial de ocupação econômica mais antiga do país. Foi aí que se iniciou a exploração mais intensa do Brasil colônia pelos portugueses, com plantações de cana-de-açúcar na Zona da Mata, onde existem bons solos de massapê e também maior proximidade com o continente europeu (veja a foto abaixo). No passado, o Nordeste do Brasil teve a maior população e a primeira capital do país, Salvador, que também já foi a maior cidade brasileira. Contudo, a partir do século XIX, houve uma retração da economia e da população nordestina e, até recentemente, o Nordeste forneceu grande número de migrantes para as demais regiões do país.

Canavial em Ipojuca (PE), na Zona da Mata açucareira. Foto de 2013.

O Centro-Sul foi a região que mais se desenvolveu, sobretudo após a abolição da escravatura e a industrialização do país. Foi também a que mais recebeu imigrantes europeus e asiáticos (veja a foto ao lado). É a região mais industrializada e urbanizada do Brasil.

Monumento ao imigrante alemão em Pomerode (SC). Foto de 2012.

A Amazônia foi uma região inexplorada durante séculos. Atualmente, porém, ela vem sendo intensamente ocupada num contínuo processo de destruição de suas matas, que também atinge suas ricas águas e sua extraordinária biodiversidade. Veja a foto abaixo.

Queimada na Amazônia, perto de Belo Monte (PA). Foto de 2014.

Na realidade, nenhuma região é homogênea, mas é possível observar traços comuns entre as diversas áreas de uma mesma região. Embora o Brasil apresente grandes diversidades sociais (entre pessoas) e espaciais (entre áreas e regiões), podemos dizer que as três regiões geoeconômicas formam um todo e que elas dependem umas das outras, uma vez que participam de uma única vida econômica, cultural e política.

Texto e ação

- Os contrastes regionais no interior do território brasileiro originaram-se da formação histórico-econômica do Brasil. Para comparar o processo de ocupação histórica dos três complexos regionais, faça as seguintes atividades:
  a) Reproduza no caderno o quadro a seguir e complete-o.

Região	Principais características do processo de ocupação
Nordeste	
Centro-Sul	
Amazônia	

  b) Que informações do quadro mais chamaram sua atenção?

Unidade 4 • Brasil: diversidades regionais

4 As estreitas ligações entre as três regiões

As três regiões geoeconômicas do país são integradas e dependem umas das outras. Elas participam da mesma economia nacional e da mesma vida cultural e política. Por exemplo, a decadência econômica do Nordeste e o desenvolvimento do Centro-Sul, que ocorreram especialmente a partir do fim do século XIX, não foram fatos isolados; pelo contrário, um está intimamente ligado ao outro.

Declínio econômico do Nordeste e expansão do Centro-Sul

No século XIX, o Brasil deixou de ser uma colônia de Portugal e conheceu, no fim do século, um início de industrialização. As atividades coloniais declinaram — principalmente as exportações de açúcar e algodão —, e novas atividades se desenvolveram, como o cultivo do café e a indústria. Com todas essas transformações, o Centro-Sul passou a ser a região economicamente mais importante do país, e seu poder político se tornou maior que o do Nordeste.

Até o fim do século XVIII, a capital do Brasil era a cidade nordestina de Salvador (Bahia). Sua transferência, em 1763, para o Rio de Janeiro, ou seja, para o Centro-Sul, ocorreu justamente por causa da mudança do eixo econômico do país mais para o sul, para a chamada "região das minas" (parte do Mato Grosso, Goiás e Minas Gerais), que com a exploração do ouro se tornou a área central da economia brasileira da época. Isso marcou o início do declínio econômico e político do Nordeste, até então a região mais importante, mais rica e populosa do país, em virtude do cultivo da cana-de-açúcar. A mineração desenvolveu-se na "região das minas". Veja a foto a seguir.

Ouro Preto (MG), situada na "região das minas", foi a primeira cidade brasileira a ser declarada Patrimônio Histórico e Cultural da Humanidade. Na foto de 2014, crianças jogam bola em frente ao Santuário da Imaculada Conceição.

O declínio econômico do Nordeste em relação ao desenvolvimento do Centro-Sul acentuou-se de fato no século XIX. As principais atividades agrícolas do Nordeste — e de todo o Brasil colonial — mergulharam em uma grande crise. O algodão do Maranhão e, em especial, o açúcar de Pernambuco, do Rio Grande do Norte, da Paraíba e de Alagoas conheceram uma baixa nos seus preços no mercado internacional por causa da expansão da produção desses produtos em outros países.

Migrações

Esse fato, associado à enorme concentração da propriedade das terras nas mãos de poucas famílias nordestinas, levou muitas pessoas a saírem da região para o Centro-Sul. Porém, nos séculos XVI e XVII, mais da metade da população nacional era constituída por nordestinos. No fim do século XVIII, o Nordeste possuía pouco mais de 40% da população brasileira. Essa porcentagem caiu para 35% em 1940 e para 27,8% em 2010. Apesar de a população nordestina ter aumentado bastante nesse período, houve um decréscimo relativo, isto é, sua população passou a representar uma parte menor do total do país.

A Amazônia, entretanto, vem sendo intensamente ocupada desde 1970. Trechos enormes da floresta Amazônica foram derrubados, dando lugar ao capim para a criação de gado. Outros trechos foram reservados para a agricultura (especialmente, nos últimos anos, da soja e da cana-de-açúcar), a mineração ou a edificação de cidades e povoados, para onde afluem grandes levas de migrantes provenientes do Centro-Sul (principalmente do Rio Grande do Sul) e do Nordeste (a maior parte).

Influência do mercado internacional

Podemos perceber que, embora fortemente influenciada pelo mercado externo, a economia nacional é uma só, da qual todas as regiões participam. Quando uma área entra em decadência e outra começa a se expandir, ocorrem deslocamentos de migrantes de uma região para outra.

O mercado internacional muito contribui para essas transformações. Por exemplo, com a diminuição das compras do açúcar brasileiro — produzido sobretudo no Nordeste — pelo mercado internacional, a partir do fim do século XIX começaram a se desenvolver as exportações de café. Como nesse período o café era cultivado principalmente em São Paulo, grandes levas de nordestinos deixaram sua região em direção ao Centro-Sul do país.

Atualmente, isso vem ocorrendo em relação à Amazônia. Região de imensas riquezas minerais e enormes espaços ainda pouco explorados, a Amazônia vem sendo intensamente ocupada nas últimas décadas; para lá vão populações de outras regiões — principalmente do Nordeste — em busca de melhores oportunidades de vida.

 Texto e ação

1. Segundo as informações do texto deste capítulo, podemos afirmar que as regiões geoeconômicas brasileiras se interligam. Explique como e por que isso acontece.

2. Reveja as fotos deste capítulo e responda: quais são as semelhanças e as diferenças entre as paisagens do lugar onde você vive e as paisagens dessas fotos?

Atividades finais

+ Ação

1. A divisão regional do IBGE é bastante utilizada em livros, jornais e revistas, como neste infográfico. Observe-o.

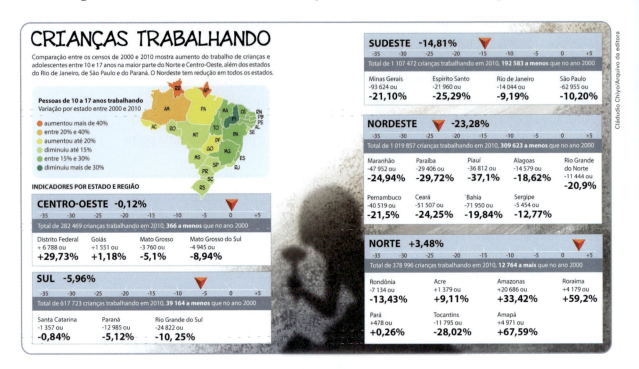

Com base nas informações do infográfico acima, responda às questões:
a) Qual é a divisão regional do Brasil utilizada no infográfico?
b) Compare os dados do trabalho infantil nos anos 2000 e 2010. O que chama a sua atenção?
c) Na região onde você mora, que atividades são as mais realizadas por crianças e adolescentes?

2. Procure em jornais e revistas dados estatísticos que utilizem a divisão regional do IBGE como referência, recorte-os e cole-os no caderno. Na data marcada por seu professor, mostre sua pesquisa a ele.

3. Discuta com seus colegas e o professor possíveis soluções para pôr fim ao trabalho infantil no Brasil.

4. No mapa do Brasil ao lado, é possível identificar conjuntos espaciais formados de acordo com determinado critério. Observe o mapa e responda às questões.
a) Qual foi o critério utilizado para identificar os conjuntos espaciais do mapa?
b) Segundo a legenda, quantos conjuntos espaciais você pode observar?
c) De acordo com as informações do mapa, o que podemos dizer sobre a mortalidade infantil no Brasil?

Brasil: mortalidade infantil

Adaptado de: IBGE. *Atlas geográfico escolar*. Rio de Janeiro, 2012. p. 118.

218 Capítulo 10 • As regiões brasileiras

5. No estudo deste capítulo, você trabalhou com a atual divisão regional do IBGE. Mas nem sempre esta divisão foi assim.

a) Observe o mapa:

Brasil: divisão regional (1970)

Adaptado de: CAMPOS, Flávio; DOLHNIKOFF, Miriam. *Atlas História do Brasil*. São Paulo: Scipione, 2011.

b) Compare o mapa acima com o mapa "Brasil: divisão regional segundo o IBGE", da página 209.
c) Agora, responda:
   - O que é igual nos dois mapas? O que mudou?
   - Em sua opinião, por que ocorreram essas mudanças?

6. O que significa IBGE, quando foi criado e quais são suas funções? Se você não conhece as respostas a essas perguntas, faça o seguinte:

a) Leia o texto a seguir.

> O Instituto Brasileiro de Geografia e Estatística (IBGE) constitui-se no principal provedor de dados e informações do país, que atendem às necessidades dos mais diversos segmentos da sociedade civil, bem como dos órgãos das esferas governamentais federal, estadual e municipal.
>
> O IBGE oferece uma visão completa e atual do País através do desempenho de suas principais funções:
> – Produção e análise de informações estatísticas.
> – Coordenação e consolidação das informações estatísticas.
> – Produção e análise de informações geográficas.
> – Coordenação e consolidação das informações geográficas.
> – Estruturação e implantação de um sistema de informações ambientais.
> – Documentação e disseminação de informações.
> – Coordenação dos sistemas estatístico e cartográfico nacionais.

Histórico

> Durante o período imperial, o único órgão com atividades exclusivamente estatísticas era a Diretoria-Geral de Estatística, criada em 1871. Com o advento da República, o governo sentiu necessidade de ampliar essas atividades, principalmente depois da implantação do registro civil de nascimentos, casamentos e óbitos.
>
> Com o passar do tempo, o órgão responsável pelas estatísticas no Brasil mudou de nome e de funções algumas vezes até 1934, quando foi extinto o Departamento Nacional de Estatística, cujas atribuições passaram aos ministérios competentes.
>
> A carência de um órgão capacitado a articular e coordenar as pesquisas estatísticas, unificando a ação dos serviços especializados em funcionamento no país, favoreceu a criação, em 1934, do Instituto Nacional de Estatística (INE), que iniciou suas atividades em 29 de maio de 1936. No ano seguinte, foi instituído o Conselho Brasileiro de Geografia, incorporado ao INE, que passou a se chamar, então, Instituto Brasileiro de Geografia e Estatística.
>
> Desde então o IBGE cumpre a sua missão: identifica e analisa o território, conta a população, mostra como a economia evolui através do trabalho e da produção das pessoas, revelando ainda como elas vivem.

PRINCIPAIS funções do IBGE. Disponível em: <www.ibge.gov.br/home/disseminacao/eventos/missao/instituicao.shtm>. Acesso em: 11 dez. 2014.

b) Agora, responda: entre as várias informações que o texto apresenta sobre o IBGE, qual você destacaria? Por quê?

7. Uma das frases a seguir não está de acordo com o que você aprendeu sobre a regionalização do espaço brasileiro. Identifique a frase e reescreva-a no caderno com os dados corretos.

a) Com a finalidade de administrar, planejar e trabalhar com dados estatísticos, o IBGE agrupou os estados brasileiros em cinco regiões.
b) A divisão regional do Brasil proposta pelo geógrafo Pedro Pinchas Geiger considerou a formação histórica e os aspectos econômicos do Brasil.
c) Segundo a divisão do Brasil em regiões geoeconômicas, o Nordeste é formado pelos estados que compõem a classificação oficial do IBGE, mais o extremo norte do estado de Minas Gerais.
d) A região Sul é a menos populosa do Brasil.
e) A Amazônia não deve ser confundida com a região Norte do Brasil.

Unidade 4 • Brasil: diversidades regionais

8. Escolha uma região geoeconômica para pesquisar: Amazônia, Nordeste ou Centro-Sul. Pesquise fotos, cartões telefônicos, cartões-postais, selos, obras de arte e reportagens sobre a região que você escolheu.

Em uma data combinada com o professor, traga sua pesquisa para a sala de aula. Nessa data, o professor dividirá a classe em pequenos grupos para orientar as seguintes atividades:

a) troca de informações sobre o material pesquisado;

b) elaboração de um cartaz com o material recolhido, dando um título ao trabalho e apresentando-o aos demais grupos.

Sob a coordenação do professor, aproveitem o momento para comparar as três regiões geoeconômicas, procurando explicar as semelhanças e as diferenças entre elas.

De olho na imagem

1. Uma das lendas mais conhecidas do folclore brasileiro é a de Macunaíma.

   a) Observem a imagem e leiam o texto.

A lenda de Macunaíma, o índio guerreiro que nasceu do amor entre o Sol e da Lua

Em Roraima havia uma montanha muito alta onde um lago cristalino era espectador do triste amor entre o Sol e a Lua. Por motivos óbvios, nunca os dois apaixonados conseguiam se encontrar para vivenciar aquele amor. Quando o Sol subia no horizonte, a Lua já descia para se pôr. E vice-versa. Por milhões e milhões de anos foi assim. Até que um dia, a natureza preparou um eclipse para que os dois se encontrassem finalmente. O plano deu certo. A Lua e o Sol se cruzaram no céu. As franjas de luz do Sol ao redor da Lua se espelharam nas águas do lago cristalino da montanha e fecundaram suas águas fazendo nascer Macunaíma, o alegre curumim do monte Roraima.

Com o passar do tempo, Macunaíma cresceu e se transformou num guerreiro entre os índios Macuxi. Bem próximo do monte Roraima havia uma árvore chamada de "Árvore de todos os frutos" porque dela brotavam ao mesmo tempo bananas, abacaxis, tucumãs, açaís e todas as outras deliciosas frutas que existem. Apenas Macunaíma tinha autoridade para colher as frutas e dividi-las entre os seus de forma igualitária.

Mas nem tudo poderia ser tão perfeito. Passadas algumas luas, a ambição e a inveja tomariam conta de alguns corações na tribo. Alguns índios mais afoitos subiram na árvore, derrubaram-lhe todos os frutos e quebraram vários galhos para plantar e fazer nascer mais árvores iguais àquela.

A grande "Árvore de todos os frutos" morreu e Macunaíma teve de castigar os culpados. O herói lançou fogo sobre toda a floresta e fez com que as árvores virassem pedra. A tribo entrou em caos e seus habitantes tiveram que fugir. Conta-se que, até hoje, o espírito de Macunaíma vive no monte Roraima a chorar pela morte da "Árvore de todos os frutos".

A LENDA de Macunaíma. Disponível em: <http://lendasdobrasil.blogspot.com.br/2012/01/lenda-de-macunaima.html>. Acesso em: 11 fev. 2015.

   b) Interpretem o texto. Registrem o que mais chamou a atenção de vocês nessa lenda.

   c) O que vocês sabem sobre o folclore brasileiro?

   d) Vocês conhecem outras lendas do folclore brasileiro? Qual (quais)? Relatem uma delas.

   e) Na opinião de vocês, as lendas do folclore brasileiro são importantes? Expliquem.

2. Localizada na região Centro-Oeste do Brasil, Brasília, a capital do país, foi inaugurada em 21 de abril de 1960. A capital federal foi construída no governo do presidente Juscelino Kubitschek de Oliveira (1955-1961), segundo o projeto urbanístico de Lúcio Costa. O arquiteto Oscar Niemeyer fez o projeto de vários prédios importantes da capital, entre eles o Congresso Nacional e o Memorial dos Povos Indígenas.

a) Observem as imagens a seguir:

Congresso Nacional, em Brasília (DF). Foto de 2014.

Memorial dos Povos Indígenas em Brasília (DF). Foto de 2014.

b) Agora, respondam às questões:
- O que mais chamou a atenção de vocês?
- Vocês já conheciam essas imagens? Em caso afirmativo, de onde?
- Quando o assunto é Brasília, de que imagens vocês se lembram?
- Vocês ou seus familiares já visitaram Brasília? Relatem as impressões que tiveram da capital.

c) Leiam e comentem os textos a seguir.

Texto 1

O Poder Legislativo, segundo o art. 44 da Constituição Federal de 1988, é exercido pelo Congresso Nacional, que se compõe da Câmara dos Deputados e do Senado Federal.

A Câmara dos Deputados é composta por representantes do povo, eleitos pelo sistema proporcional em cada estado, em cada território e no Distrito Federal. São 513 Deputados Federais, com mandato de quatro anos. O número de Deputados é proporcional à população do estado ou do Distrito Federal, com o limite mínimo de oito e máximo de setenta Deputados para cada um deles.

Para o Senado Federal, cada estado e o Distrito Federal elegem três Senadores, com mandato de oito anos, renovados de quatro em quatro anos, alternadamente, por um e dois terços. A composição do Senado Federal é de 81 Senadores.

ATRIBUIÇÕES do Congresso Nacional. Disponível em: <www.congressonacional.leg.br/portal/congresso/atribuicoes>. Acesso em: 12 dez. 2014.

Texto 2

Construído em 1987, o Memorial dos Povos Indígenas foi projetado por Oscar Niemeyer em forma de espiral que remete a uma maloca redonda dos índios Yanomami. O espaço tem área construída de 2 984,08 m^2, com acesso principal através de uma rampa. Tem por objetivo mostrar a grande diversidade e riqueza da cultura indígena de forma dinâmica e viva. Com esse propósito, promove diversos eventos com a presença e a participação de representantes indígenas de diferentes regiões do país. No acervo, há peças representativas de várias tribos, incluindo exemplares da coleção Darcy-Berta-Galvão, com destaque para a arte plumária dos Urubu-Kaapor; bancos de madeira dos Yawalapiti, Kuikuro e Juruna, máscaras e instrumentos musicais do Alto Xingu e Amazonas.

MEMORIAL dos Povos Indígenas. Disponível em: <www.soubrasilia.com/brasilia/memorial-dos-povos-indigenas/>. Acesso em: 11 dez. 2014.

Conexões

ATIVIDADE INTERDISCIPLINAR

ARTE, HISTÓRIA E LÍNGUA PORTUGUESA

- Leia a notícia divulgada pelo jornal *Correio* (BA), de 15 de novembro de 2014:

> *Famoso na Bahia, estado que sedia pelo menos 200 festas de grande e médio porte, e também em Caruaru, Pernambuco e Campina Grande, na Paraíba, o São João deve começar a ganhar status de produto turístico nacional a partir do próximo ano [2015].*
>
> *Na última quarta-feira [12 de novembro de 2014], durante visita a Brasília, o ex-secretário da Bahia, Domingos Leonelli, que atualmente preside o Instituto Pensar, entregou ao ministro do Turismo, Vinicius Lages, e ao presidente da Embratur, Vicente Neto, um projeto de transformação dos festejos juninos em um novo produto turístico para o inverno brasileiro.*
>
> *Intitulado "São João do Brasil: um novo produto do Turismo Cultural para unir o país", a iniciativa prevê a realização de um seminário onde seriam dimensionadas as possíveis projeções do produto nos mercados nacional e internacional. "A ideia é, a médio prazo, dar às festas juninas o mesmo status do carnaval, que é o grande produto turístico do verão. Mais que o São João do Nordeste, o São João do Brasil", esclareceu Leonelli.*
>
> *[...]*
>
> *A ideia do São João do Brasil como produto turístico parte do princípio de que as festas juninas – Santo Antônio, São João e São Pedro – já são comemoradas em todo o território nacional, embora com muito mais força no Nordeste. Mas também ocorrem de forma crescente em São Paulo, Minas Gerais, Rio de Janeiro, Brasília e outros estados. No Amazonas, além do São João, insere-se nos festejos juninos a Festa do Boi-Bumbá.*
>
> *Leonelli acrescenta que o São João é mais antigo e maior que o Carnaval e tem raízes profundas na cultura popular brasileira. Mais rico em sua diversidade cultural com características próprias na música, na dança, na culinária e na moda.*
>
> *"É um evento que possui uma dimensão econômica muito mais ampla que o Carnaval, na medida em que se realiza em quase um mês de festas e abrange várias cadeias produtivas: as grandes indústrias de bebida, alimento, vestuário e combustível – que vendem mais que no carnaval –; a economia criativa, com milhares de bandas contratadas, palco, som e luz, audiovisual, figurinos, cenografia; e os serviços turísticos, hotéis, pousadas, transportadoras, operadoras e agências de viagens", afirma.*
>
> *Além disso, o São João do Brasil, se for levado a termo, poderá contribuir para combater um dos mais difíceis problemas da economia do turismo: a baixa estação, que tem seu ápice no mês de junho.*
>
> *A Bahia do litoral – Salvador, Porto Seguro, Ilhéus e Mata de São João – resolveu enfrentar esse fenômeno da baixa estação litorânea e disso resultou um [...] movimento em duas linhas paralelas: fortalecer o São João do Interior e usar a força cultural do interior para a capital e cidades litorâneas. Seria politicamente inviável para o Governo da Bahia se limitar ao lançamento turístico do São João da Capital e algumas cidades do litoral.*
>
> *Assim é que, através de editais públicos, prefeituras do interior puderam habilitar-se para receber apoio financeiro para o fortalecimento de suas festas. A contrapartida cultural era manter as características tradicionais do São João.*

Adaptado de: SÃO JOÃO pode se tornar um produto turístico nacional. Disponível em: <www.saojoaonabahia.com.br/noticias/sao-joao-pode-se-tornar-um-produto-turistico-nacional>. Acesso em: 12 dez. 2014.

a) Agora, responda às questões:
- De acordo com a reportagem, qual é o projeto que Domingos Leonelli apresentou ao ministro do Turismo e ao presidente da Embratur em 2014?
- Em que região brasileira as festas juninas são mais expressivas?
- Comente a comparação entre as festas juninas e o carnaval.
- Qual é a alternativa que o projeto São João do Brasil apresenta para a baixa estação?
- O que você mais gosta nas festas juninas?
- Sua escola realiza festas juninas? Você participa de sua organização ou apenas do momento das festividades?

b) Comente a forma de comemorar as festas juninas no estado (ou na região) onde você vive. Se você já participou de festas juninas em outros estados (ou regiões) brasileiros, relate aos colegas e professor.

222 Capítulo 10 • As regiões brasileiras

Capítulo
11
Nordeste

As secas são o fenômeno que, provavelmente, mais tem caracterizado o Nordeste em filmes, romances, canções ou noticiários da imprensa. As imagens transmitidas pelos meios de comunicação às vezes são exageradas, por isso originam mitos ou explicações falsas e fantasiosas.

Neste capítulo, você vai conhecer não apenas o Nordeste das secas e da pobreza, mas também o Nordeste moderno, que possui outras paisagens: metrópoles e cidades com áreas industriais, comércio intenso, metrô e agricultura moderna.

Caminhão-pipa para abastecimento de água no sertão de Matureia (PB). Foto de 2014.

Terminal de produtos químicos no porto de Aratu, em Candeias (BA). Foto de 2014.

 Para começar, observe as duas fotos, uma do chamado Nordeste tradicional e outra do moderno. Com base nelas e no que você já sabe, responda:

1. Como todo o Brasil, também a região Nordeste é uma área com grandes contrastes. Que contraste você detecta nessas duas fotos?
2. Você já ouviu falar na "indústria da seca"? O que você sabe a respeito?
3. Se souber, mencione três áreas modernas no atual Nordeste brasileiro.

1 Breve histórico

Centro histórico de São Luís (MA). Foto de 2014.

Igreja de Nossa Senhora do Rosário dos Pretos, em meio ao casario do Pelourinho, no centro histórico de Salvador (BA). Foto de 2015.

Engenho de açúcar no Nordeste, 1640. Gravura de C. J. Visscher.

O Nordeste do Brasil é a região onde mais se percebem os traços da colonização. Foi a primeira área de povoamento europeu e, durante três séculos, aproximadamente, a principal região econômica do Brasil colonial. Em algumas capitais nordestinas, como Salvador, Recife e São Luís, ainda existem igrejas e sobrados construídos naquela época. Essas cidades foram as primeiras a serem instaladas no Brasil e, ao longo de todo o período colonial, foram bem mais desenvolvidas e importantes do que cidades como São Paulo, Curitiba ou Porto Alegre, por exemplo. Veja as fotos.

A colonização do Nordeste teve como base a economia canavieira. A cana-de-açúcar era cultivada em grandes propriedades monocultoras e com a utilização do trabalho escravo, sobretudo do negro africano (veja a última imagem à esquerda). Além da cana, foram cultivados outros produtos, como o algodão, que tiveram menor importância econômica. Até hoje, encontram-se canaviais nos melhores solos nordestinos, desde o Rio Grande do Norte até o norte da Bahia.

A ocupação colonial, voltada exclusivamente para o enriquecimento de Portugal, deixou no Nordeste características marcantes, como a pouca vegetação original (a mata Atlântica, que existia na faixa litorânea e que vem sendo derrubada desde o século XVI) e a grande presença da etnia negra na população, resultado do emprego maciço da mão de obra escrava até o final do século XIX.

A ideia que temos do Nordeste como uma grande região diferenciada no espaço brasileiro é recente, data do final do século XIX e início do século XX. Nos períodos anteriores havia vários "Nordestes", áreas muito diferentes e com economias regionais relativamente isoladas umas das outras: a região açucareira da Zona da Mata, centralizada em Recife e Olinda; o Sertão pecuário servindo de complemento da Zona da Mata; a região do Maranhão e arredores, onde durante muito tempo houve uma administração colonial diferente; e a área hoje correspondente aos estados do Ceará e do Piauí, que, por séculos, manteve pouca ligação com o restante da região.

Com o processo de integração nacional, ocorrido a partir da industrialização do país concentrada em São Paulo, o Nordeste começou a ser visto como uma grande região com traços comuns e individualizada no conjunto do Brasil. A industrialização coincidiu com a decadência econômica das áreas nordestinas e o fluxo emigratório da região, que se tornou fornecedora de mão de obra para as demais regiões do país. No século XX, o Nordeste passou a ser considerado uma "região-problema": área decadente que necessitava de ajuda do governo para se desenvolver.

As migrações nordestinas

Na história das migrações internas ou inter-regionais do Brasil, as mais importantes foram as migrações nordestinas, que ocorreram do Nordeste para o Centro-Sul do país, especialmente para as grandes metrópoles industrializadas a partir dos anos 1930. Esse processo migratório intensificou-se nos anos 1950 e 1960 em razão da melhoria dos meios de transporte e, sobretudo, pela intensa industrialização que ocorria no Centro-Sul, principalmente em São Paulo, vista como "uma terra de oportunidades". Observe os mapas da página seguinte.

A partir da década de 1980, as migrações de nordestinos para São Paulo, Rio de Janeiro e para o Sul do país, embora ainda ocorram, diminuíram sensivelmente. Dessa década em diante, um grande número de nordestinos começou a migrar para a área central do país e para a Amazônia. Na área central, especialmente em Goiás, onde foi construída a cidade de Brasília, além de inúmeras rodovias, houve um grande desenvolvimento agrícola e, em parte, industrial. Na Amazônia, também foram construídas estradas, o que abriu caminho para os desmatamentos da floresta, cujos espaços foram ocupados pela agropecuária, pela mineração e, algumas vezes, utilizados para o crescimento urbano baseado no comércio e numa pequena industrialização.

Loja de produtos nordestinos em São Paulo (SP). Foto de 2014.

Com o crescimento de outras regiões do Brasil, somado a problemas ocasionados pela elevada densidade da população nas grandes cidades — Rio de Janeiro e São Paulo, principalmente —, a migração nordestina para o Sul e o Sudeste do país diminuiu muito. Atualmente, observamos uma migração "polinucleada", ou seja, em várias direções, para polos diferentes.

Apesar de essas migrações continuarem, embora em um ritmo bem menor — e agora mais para a Amazônia ou para o Brasil central (Mato Grosso, Mato Grosso do Sul, Goiás e Distrito Federal) do que para o Rio de Janeiro, São Paulo ou os estados sulinos —, existem também os casos, que vêm crescendo nos últimos anos, de migrantes nordestinos que retornam à sua região por causa dos grandes problemas de metrópoles como São Paulo ou Rio de Janeiro (alto preço dos imóveis, congestionamentos no trânsito, desemprego, etc.) e, também, em virtude de um novo surto de crescimento econômico com maior geração de empregos na região Nordeste.

Em 1900, a população nordestina correspondia a cerca de 39% da população brasileira. Em 1940, esse percentual caiu para 35%, em 1990 para 28% e, finalmente, em 2010 para 27,8%. Como se vê, esse declínio relativo foi bem mais intenso no século XX e é extremamente pequeno na atualidade. Essa queda é explicada basicamente pela saída de nordestinos para outras regiões do país, uma vez que as taxas de natalidade nessa região são maiores do que as registradas no Centro-Sul.

Migração (1950-1970)

Adaptado de: SIMIELLI, Maria Elena. *Geoatlas*. São Paulo: Ática, 2012.

Migração (1970-1990)

Adaptado de: SIMIELLI, Maria Elena. *Geoatlas*. São Paulo: Ática, 2012.

Migração (década de 1990)

Adaptado de: SIMIELLI, Maria Elena. *Geoatlas*. São Paulo: Ática, 2012.

Migração (década de 2000)

Adaptado de: SIMIELLI, Maria Elena. *Geoatlas*. São Paulo: Ática, 2012.

Motivo das migrações

Muitas pessoas atribuem a grande saída de nordestinos para outras regiões do Brasil ao problema da seca. Canções falam da falta de água atingindo o gado nordestino e de paus de arara (caminhões que saíam do Nordeste com a carroceria ocupada por centenas de migrantes). Mas, na realidade, essa nunca foi a principal causa da saída de nordestinos da sua região. Inúmeras pesquisas realizadas com migrantes nordestinos que moram no Centro-Sul do país revelaram que a maioria veio da Zona da Mata, área litorânea onde não ocorrem secas, mas frequentes enchentes.

O principal motivo dessas migrações quase sempre foi a busca de melhores condições de vida, aliada ao alto índice de desemprego na região. É por isso que, a partir dos anos 1990, com uma relativa melhora nas condições econômicas do Nordeste, com maior procura por mão de obra, esse êxodo diminuiu sensivelmente. Mas, durante quase todo o século XX, a relativa estagnação da economia nordestina produziu uma oferta de empregos menor que o crescimento da população, advindo daí as migrações para outras regiões.

 Texto e ação

1. É muito rica a história da ocupação do Nordeste. Sobre o assunto, responda:
    a) Que aspectos da exploração e da ocupação do Nordeste marcam a história e as paisagens dessa região?
    b) Quando o Nordeste passou a ser visto como uma região individualizada no conjunto do Brasil?

2. Examine os mapas das migrações no Brasil na página 226. Observe o título, as siglas, a divisão dos estados e a direção das setas de cada mapa. Depois responda:
    a) O que os mapas revelam sobre o movimento migratório nordestino?
    b) Que fenômenos provocam esse movimento?

❷ Meio físico

O relevo do Nordeste é marcado pela existência de dois antigos e extensos planaltos — o planalto Nordestino e o planalto da Borborema —, além de algumas áreas altas e planas que formam as chapadas Diamantina e do Araripe. Entre essas regiões, encontramos depressões onde está localizado o Sertão, uma região de clima semiárido.

O clima do Nordeste é quente. Nessa região são registradas temperaturas elevadas, cuja média anual varia de 20 °C a 28 °C. Nas áreas situadas acima de 200 metros e no litoral oriental, as temperaturas variam de 24 °C a 26 °C. As médias anuais inferiores a 20 °C concentram-se nas áreas mais elevadas da chapada Diamantina e no planalto da Borborema.

No Nordeste, encontramos os seguintes tipos de clima: tropical úmido — do litoral da Bahia ao litoral do Rio Grande do Norte — e semiárido — presente no Sertão do Nordeste, incluindo o norte de Minas Gerais. O índice de precipitação anual varia de 300 milímetros (no Sertão) até cerca de 2 mil milímetros (no litoral). Enquanto em uma imensa área — o Sertão interiorano — de vez em quando ocorrem períodos de secas, em outras áreas, especialmente no litoral, por vezes chuvas abundantes ocasionam inundações.

Unidade 4 • Brasil: diversidades regionais

Hidrografia

A hidrografia do Nordeste é a menos rica do Brasil, tanto em águas superficiais (rios e lagos) quanto em águas subterrâneas. Em todo caso, essa disponibilidade de água potável é bem maior do que nas regiões do globo de fato carentes, como o Oriente Médio ou o norte da África. Apesar dessa relativa pobreza hídrica, em comparação com as demais regiões do Brasil, existem aí respeitáveis lençóis subterrâneos de água e algumas bacias ou regiões hidrográficas importantes, como a do São Francisco e a do Parnaíba. Veja o mapa abaixo.

Principais aquíferos

Aquífero, como vimos no Capítulo 8, é uma importante reserva de água subterrânea. No Nordeste, os principais aquíferos conhecidos são:

- da Bacia Tucana (Tucano-Jatobá), na fronteira da Bahia com Pernambuco;
- da Chapada do Araripe, entre Ceará, Pernambuco e Piauí;
- da Chapada do Urucuia, na fronteira da Bahia com Minas Gerais;
- da Chapada do Irecê, na Bahia.

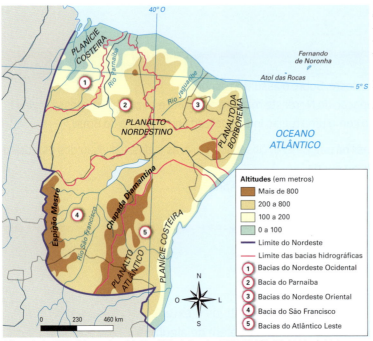

Nordeste: relevo e hidrografia

Adaptado de: IBGE. *Atlas nacional do Brasil.* Rio de Janeiro, 2000; BRASIL. Ministério do Meio Ambiente. Secretaria de Recursos Hídricos, 2007.
Disponível em: <http://arquivos.ana.gov.br/institucional/spr/conjuntura/ANA_Conjuntura_Recursos_Hidricos_Brasil/ANA_Conjuntura_Recursos_Hidricos_Brasil_2013_Final.pdf>.
Acesso em: 17 abr. 2015.

O uso da água subterrânea por meio de poços artesianos é importantíssimo no Nordeste. Cidades inteiras, como Maceió e Natal, são abastecidas dessa forma. No Piauí e no Maranhão, o percentual de aproveitamento de água subterrânea ultrapassa os 80%. O seu uso na agricultura, na irrigação das culturas, há tempos é significativo e vem se expandindo cada vez mais em diversas áreas da região, com destaque para Rio Grande do Norte, Piauí, Pernambuco e Bahia.

Bacia hidrográfica do São Francisco

É constituída pelo São Francisco, rio principal, e um grande número de afluentes e subafluentes, muitos deles temporários. Essa bacia compreende 8% do território brasileiro e mais de 40% da área total do Nordeste. No São Francisco e seus afluentes, além da produção de energia elétrica realizada pelas hidrelétricas de Três Marias, Sobradinho, Paulo Afonso e Xingó, são praticadas atividades de pesca e navegação. Essa bacia hidrográfica é fundamental para a agricultura irrigada nas suas margens, e parte das águas do São Francisco está sendo desviada para abastecer áreas carentes no Sertão situadas ao norte desse rio. É a chamada **transposição das águas do São Francisco**, um projeto conduzido pelo governo federal desde o final dos anos 1990, cuja conclusão está prevista para 2015, e considerado extremamente polêmico, com ardorosos defensores e críticos. Veja a foto.

Existem cientistas, engenheiros, políticos e populações em geral dos dois lados. Há os que criticam essa transposição e os que a defendem. Para os críticos, esse projeto representará uma catástrofe, pois vai diminuir a já carente vazão do rio, prejudicando as populações ribeirinhas. Para os defensores, esse projeto vai beneficiar muita gente nas áreas que vão receber essas águas. Em todo caso, como em praticamente toda grande obra, haverá impactos ambientais e sociais positivos e negativos; em suma, ganhadores e perdedores. A questão é: quem vai ganhar e quem vai perder com essa transposição?

Canal de transposição do rio São Francisco, em Cabrobó (PE). Foto de 2015.

Bacia do Parnaíba

Formada pelo rio Parnaíba e afluentes, essa bacia abrange quase 4% do território brasileiro e 21,5% da área territorial do Nordeste, ocupando boa parte dos estados do Maranhão e do Piauí e uma pequena parte do Ceará. O maior adensamento humano nessa bacia fica na cidade de Teresina, capital do Piauí, onde o Parnaíba recebe as águas do rio Poti.

Outras bacias

As regiões hidrográficas do **Nordeste Ocidental**, do **Nordeste Oriental** e do **Atlântico Leste** abrangem conjuntos de bacias formadas por inúmeros rios: Pindaré, Itapicuru, Jaguaribe, Capibaribe, Jequitinhonha, Doce, Paraíba do Sul e outros, como vimos no Capítulo 8. Todos têm importância para o abastecimento urbano de algumas cidades e principalmente para a agricultura e pecuária. Contudo, muitos desses rios são temporários ou intermitentes.

 Texto e ação

1. Caracterize o relevo e o clima da região Nordeste.
2. Sobre a hidrografia e o aproveitamento dos rios nordestinos, faça o que se pede:
    a) Cite o nome das bacias hidrográficas localizadas na região Nordeste.
    b) Qual é o aproveitamento do rio São Francisco e de seus afluentes?
    c) Quais são os argumentos a favor e contra a transposição das águas do rio São Francisco? Dê a sua opinião sobre esse projeto.

3 Sub-regiões do Nordeste

Costumam-se reconhecer quatro unidades ou sub-regiões principais no Nordeste brasileiro: Meio-Norte, Sertão, Zona da Mata e Agreste (veja o mapa abaixo). Vamos conhecer cada uma delas a seguir.

Sub-regiões do Nordeste

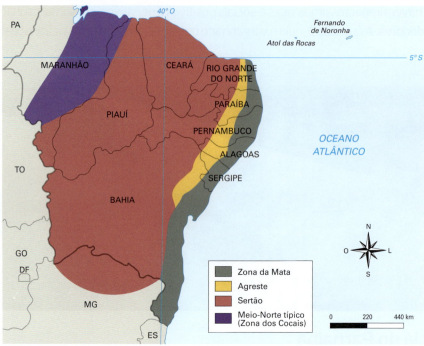

Mapa elaborado pelos autores com base nas informações do texto.

Palmeiras de babaçu em Balsas (MA). Foto de 2014.

Meio-Norte ou Nordeste ocidental

É uma área de transição entre o Norte (Amazônia) e o Nordeste, especialmente o Sertão. Apesar de tradicionalmente se considerar como Meio-Norte ou Nordeste ocidental todo o Maranhão e todo o Piauí, na verdade somente uma área que vai da bacia do rio Grajaú, a oeste, até a bacia do rio Parnaíba, a leste, pode de fato ser considerada Meio-Norte, ou área de transição entre o Sertão semiárido e a Amazônia úmida.

Nessa faixa de terra encontra-se a **Mata dos Cocais**, paisagem típica do Meio-Norte. A Mata dos Cocais é de fato considerada uma vegetação de transição entre a caatinga e a floresta Amazônica. É constituída por palmeiras, como a carnaúba e, principalmente, o babaçu. Os índices de pluviosidade são elevados na porção oeste e diminuem para o leste e para o sul. Ali se encontra a Zona dos Cocais, área de vegetação peculiar caracterizada por extensos babaçuais.

Nessa unidade econômica, predominam o extrativismo vegetal (babaçu) e uma agricultura tradicional de algodão, cana-de-açúcar e arroz. Algumas cidades, como São Luís, mostram na arquitetura lembranças do antigo esplendor econômico da região.

Sertão

O Sertão nordestino, imensa área interior, apresenta clima semiárido e vegetação de caatinga. Caracterizado por índices de pluviosidade baixos e irregulares e pela ocorrência periódica de secas, é também conhecido como "Polígono das Secas" (veja o mapa). Abrange a maior parte da área do Nordeste, mas abriga apenas uma pequena parcela da população nordestina: os índices de densidade demográfica são os mais baixos de toda a região.

A principal atividade econômica do Sertão é a pecuária extensiva e de corte. Os brejos, locais mais úmidos por se situarem em encostas e vales fluviais, são as principais áreas agrícolas. Neles, cultivam-se milho, feijão e cana-de-açúcar. Em algumas áreas, como no vale do Cariri cearense, cultiva-se o algodão de fibra longa, de altíssima qualidade, denominado seridó. Nas áreas litorâneas do Ceará e do Rio Grande do Norte, pratica-se a extração do sal, exportado principalmente pelos portos de Macau e Areia Branca, no Rio Grande do Norte.

Nordeste: Polígono das Secas

Adaptado de: VESENTINI, J. W. *Brasil:* Sociedade e espaço: geografia do Brasil. São Paulo: Ática, 2005; SIMIELLI, Maria Elena. *Geoatlas.* São Paulo: Ática, 2012.

O que marca o Sertão nordestino para a imprensa e a opinião pública em geral são as secas. Desde o século XVI até o ano de 2014, registrou-se um total de 47 secas no Sertão nordestino; treze ocorreram no século XX. Algumas duram um ano; outras se prolongam por dois, três ou eventualmente cinco anos. No século XVIII, houve um período de seca que durou seis anos. De 1877 a 1879, ocorreu a seca que mais vitimou pessoas e gado: calcula-se que morreram cerca de 500 mil pessoas no Sertão nordestino em razão da escassez de água, um número que talvez seja exagerado, pois não foi calculado com rigor, mas divulgado pela imprensa — sempre interessada em sensacionalismo — e por algumas autoridades regionais, que, no fundo, pleiteavam mais ajuda do governo imperial (o Brasil era uma monarquia). De 1979 a 1984, ocorreu uma violenta seca, talvez a maior do século XX, prevista em meados da década de 1970 por um estudo realizado pelo Centro Tecnológico da Aeronáutica, localizado em São José dos Campos, no estado de São Paulo. Veja o mapa da página seguinte.

Desde a época do Império do Brasil (1822-1889), o governo federal adota uma política de combate aos efeitos da seca, construindo **açudes** para represar os rios locais e, assim, conseguir reservatórios de água para tornar perenes os rios temporários. Em 1909, foi criada a Inspetoria de Obras contra as Secas (Iocs), mais tarde transformada em Departamento Nacional de Obras contra as Secas (Dnocs), o qual foi incorporado à Superintendência do Desenvolvimento do Nordeste (Sudene) em 1959.

Açude: construção destinada a armazenar água para ser utilizada, em geral, na irrigação de lavouras, no abastecimento da população e na geração de energia.

Área de abrangência da seca (1979-1984)

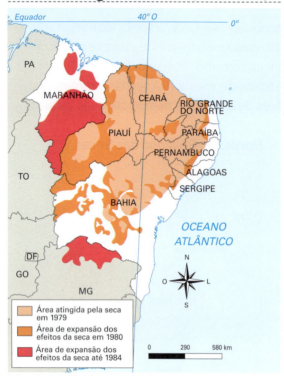

Adaptado de: IBGE. *Atlas nacional do Brasil*. Rio de Janeiro, 2000.

Essas medidas não resolveram o problema, mas beneficiaram grandes proprietários de terras, os chamados "coronéis", e políticos ligados ao partido no poder. Geralmente construídos com recursos públicos em grandes propriedades particulares, os açudes acabam sendo controlados pelo fazendeiro, que os utiliza em proveito próprio. As verbas federais destinadas ao combate dos efeitos das secas são distribuídas a políticos ligados ao partido no poder, que as empregam, muitas vezes, apenas para garantir votos.

Utiliza-se a expressão "indústria da seca" para denominar os interesses econômicos e políticos de grupos que lucram com as secas. Esses grupos procuram divulgar exageradamente a imagem de uma seca, que exigiria constantes recursos financeiros do restante do país para ajudar os flagelados. Porém, no fim das contas, os flagelados são os que menos se beneficiam desses recursos destinados a combater os efeitos das secas. Veja a foto abaixo.

Mulher retirando água de cisterna abastecida por caminhão-pipa em Bom Jesus da Serra (BA). Foto de 2015.

Geolink 1

A arquitetura do Sertão

[...] É difícil desvencilhar a história pessoal de Nathália Diniz de seu itinerário intelectual. De uma família de 11 filhos originária de Caicó, na região do Seridó, interior do Rio Grande do Norte, ela foi a primeira a nascer na capital potiguar. Em 1975, a família mudou-se para Natal – professores de matemática por ofício, os pais pretendiam oferecer melhores condições educacionais para os filhos. Nas férias e feriados todos retornavam à pequena cidade, onde ficavam em uma das casas das fazendas que pertenceu ao tataravô da pesquisadora. "Logo cedo pude notar as visões diferentes construídas sobre o sertão nordestino. As casas que eu via não eram as mesmas retratadas nas novelas de época, da aristocracia rural. Era outro sertão", lembra.

[...] Nathália quis explorar os outros sertões esquecidos no século XIX, mais especialmente no Seridó, uma microrregião do semiárido que ocupa 25% do território do estado. Lá o povoamento se iniciou no século XVII com as fazendas de gado e o cultivo de algodão. Ainda estudante, deu o primeiro passo nessa direção quando participou de um projeto [...] que investigou os núcleos de ocupação original do Seridó a partir de registros fotográficos e fichas catalográficas feitas por estudantes e pesquisadores. Descobriram, assim, que essas casas, posteriores ao período colonial, mantinham características herdadas da arquitetura colonial ao lado de elementos ecléticos modernos. [...]

Nathália investigou o acervo arquitetônico rural do Seridó, de formas simples e austeras, sem o apelo estético de outros exemplares do litoral nordestino. Essas construções, entre casas de famílias, casas de farinha e engenhos, representam um tipo de economia do século XIX alicerçado no pastoreio e no cultivo de algodão. [...]

No início do século XVII, com o povoamento do interior do Rio Grande do Norte, sesmeiros pernambucanos fincaram raízes no Seridó. Foi no século XVIII que surgiram as casas na região feitas de taipa, com madeiramento amarrado com couro cru, chão de barro batido e térreas, com telhado de beira e bica. Lentamente, as casas de taipa passaram a alvenaria, com tijolos apenas na fachada. Por fim, no século XIX, o Seridó ficou marcado pela construção de grandes casas de fazenda, habitadas pelo proprietário, familiares, agregados e escravos.

[...] Restaram fazendas formadas por casas-sede e currais. Entre as características da maioria das construções estavam à disposição dos ambientes: os serviços nos fundos do terreno, com tachos de cobre, pilões, gamelas; e a intimidade da vida doméstica no miolo das edificações, com mobiliário trivial, como mesas rústicas e redes, assentos de couro e de sola, baús e arcas de madeira. Em muitas fazendas, em paralelo à criação de gado, cultivaram-se cana-de-açúcar e mandioca, de onde viriam a rapadura e a farinha, que, ao lado da carne de sol, tornaram-se a base da alimentação sertaneja. "A arquitetura rural não segue modelos", diz Nathália. "Os primeiros proprietários dessas casas eram filhos dos antigos senhores de engenho do litoral. Se a arquitetura rural tivesse um modelo, eles teriam construído casas similares às de seus pais no litoral, o que não ocorreu. A arquitetura dos sertões mostra a formação de uma sociedade a partir da interiorização dos sertões do Norte, de uma economia marcada pelo gado."

[...] Na economia, ela destacará o ferro que marcava o gado e que permitia identificar a fazenda à qual pertencia – até agora, a pesquisadora já coleciona 653 desenhos de ferro diferentes. "Num sertão disperso, sem fronteiras claramente visíveis, pontuado por tribos indígenas inimigas, o gado carregou a representação do território e da própria propriedade dos que vinham de outros lugares", define. [...]

Adaptado de: SAYURI, Juliana. *Outros sertões*. Disponível em: <http://revistapesquisa.fapesp.br/2014/02/12/outros-sertoes/>. Acesso em: 18 dez. 2014.

Faça o que se pede:

1. Procure no dicionário o significado das palavras que você desconhece.
2. Identifique o ponto de vista de Nathália Diniz sobre as imagens que as novelas de época apresentam das casas da aristocracia rural.
3. Quando e por meio de que atividades econômicas se iniciou o povoamento do Seridó?
4. Descreva o acervo arquitetônico rural do Seridó. Ele é igual ao do litoral nordestino?
5. Explique a relação entre o ferro, o gado e a propriedade rural.
6. O que mais chamou a sua atenção no texto? Explique.

Zona da Mata

A Zona da Mata nordestina, ou Litoral oriental, é uma área de clima tropical úmido, que se estende do Rio Grande do Norte até a Bahia e concentra a maioria dos habitantes da grande região Nordeste. Nela são registradas elevadas densidades demográficas e se encontram cidades populosas. Compreende as seguintes subunidades:

Zona da Mata açucareira — Estende-se do Rio Grande do Norte até a parte setentrional da Bahia, onde predominam as grandes propriedades agrícolas que praticam a monocultura canavieira voltada para a exportação do açúcar. Os maiores problemas nordestinos estão concentrados nessa área, mais do que no Sertão: aí domina a pobreza, as cidades são cheias de favelas ou "mocambos", a mão de obra em geral é mal remunerada e boa parte dos trabalhadores rurais recebe menos de um salário mínimo por mês.

Recôncavo Baiano — Área ao redor de Salvador de onde se extrai boa parte do petróleo nacional. Já foi a principal área petrolífera do país, mas foi ultrapassada pela expansão dessa atividade na Baixada Fluminense. No Recôncavo há significativa industrialização, que vem crescendo desde os anos 1970, embora aí também se registrem problemas de submoradias, pobreza e mão de obra com remuneração muito baixa.

Monocultura: cultivo de um único produto agrícola numa área.

Polo petroquímico de Camaçari (BA). Foto de 2014.

Sul da Bahia ou Zona do Cacau — Engloba as cidades de Ilhéus e Itabuna. Nessa área, durante muito tempo predominou a monocultura cacaueira voltada para a exportação. O cultivo do cacau é feito de forma sombreada, pois o cacaueiro é uma planta que se desenvolve bem à sombra de árvores de maior porte. O "Ciclo do Cacau", como é chamado por alguns autores, transformou a paisagem local: surgiram cidades e portos movimentados e uma vida cultural intensa.

Desde os anos 1990, a produção cacaueira no sul da Bahia está em decadência. O fim do "Ciclo do cacau" na região, que agora busca novas alternativas (como turismo, plantações de eucalipto para a produção de celulose, cultivo de café e frutas), deve-se a diversos fatores:
- baixa dos preços do cacau no mercado internacional;
- concorrência com países africanos;
- fim da possibilidade de expansão das terras cultiváveis na região;
- falta de investimentos em técnicas modernas de plantio;
- infestação da praga vassoura-de-bruxa, que devastou grande parte das plantações baianas.

Agreste

É uma área de transição entre o Sertão e a Zona da Mata. Corresponde, de forma geral, ao planalto da Borborema. O que caracteriza essa unidade é o fato de possuir, ao lado de áreas mais úmidas na parte leste, outras áreas de clima semiárido e a caatinga na parte ocidental. No Agreste, predominam as pequenas e médias propriedades e pratica-se uma **policultura** com o cultivo de algodão, café e agave ou sisal (planta da qual se extrai uma fibra utilizada para fabricar tapetes, bolsas e cordas).

Policultura: cultivo de vários produtos em uma mesma área.

Localizam-se nessa região algumas cidades que desempenham o papel de capitais regionais, como Campina Grande, na Paraíba, e Caruaru e Garanhuns, em Pernambuco. Essas cidades, que já viveram basicamente do comércio, tirando proveito de sua localização estratégica entre a Zona da Mata e o Sertão, hoje possuem economias cada vez mais alicerçadas no turismo, com festas que atraem multidões, como os carnavais fora de época, as festas juninas, entre outras.

 Texto e ação

1. Analise o mapa da página 230: observe o título, a legenda, a distribuição espacial das cores, os estados e a rosa dos ventos. Com base nele, responda às questões:
   - Que área podemos considerar como o Nordeste brasileiro?
   - Qual é o menor estado do Nordeste? E o maior?

2. Zona da Mata, Meio-Norte, Agreste e Sertão são as quatro subdivisões do Nordeste brasileiro. Responda:
   a) Qual dessas sub-regiões é a maior em extensão?
   b) Por que o Meio-Norte é considerado uma unidade economicamente pobre?
   c) Qual é a vegetação característica do Meio-Norte?
   d) O fim do "ciclo do cacau" no Nordeste deveu-se a vários fatores. Quais são eles?

3. Caracterize a Zona da Mata açucareira.

4. Cite o nome de algumas cidades do Agreste que desempenham o papel de capitais regionais.

5. Explique por que o Agreste é uma região de transição entre o Sertão e a Zona da Mata.

Geolink 2

Sob as bênçãos de São Francisco?

Iniciadas por destacamentos de engenharia do Exército em 2007, as obras de transposição das águas do rio São Francisco para o chamado Nordeste Setentrional avançam devagar, mas vão inegavelmente se encaminhando para a conclusão. Com a perspectiva de construir mais de 700 quilômetros de canais, além de túneis, aquedutos, barragens e estações de bombeamento, os oito consórcios de empreiteiras contratados pelo governo já abriram frentes de obras em praticamente todos os trechos dos dois trajetos, os eixos leste e norte.

Esses trabalhos se encontram em diferentes estágios de execução e alguns até concluídos. As águas do eixo leste percorrerão uma distância de 287 quilômetros, a partir da barragem de Itaparica, no município de Floresta, no extremo sul de Pernambuco, e serão despejadas em rios, açudes e reservatórios desse estado e da Paraíba.

O outro canal — o chamado eixo norte, com 426 quilômetros — está com cerca de metade das obras executadas. Ele deverá levar a água desde a altura da cidade de Cabrobó, também no sul de Pernambuco, para o sistema hídrico do Ceará, Rio Grande do Norte e Paraíba.

[O projeto] prevê o abastecimento de cerca de 400 cidades do semiárido nordestino, além do uso da água em áreas de agricultura irrigada nos quatro estados alcançados pela obra.

Segundo cálculos do governo, a transposição poderá atender a 12 milhões de pessoas, um número equivalente a 30% da população da área mais atingida pelas secas no Nordeste. O índice médio de disponibilidade de água naquela região é um dos mais baixos do planeta — 500 m^3 por habitante/ano —, metade do mínimo estabelecido pela Organização das Nações Unidas (ONU) para a vida sustentável.

O projeto prevê a captação, pelos dois canais de transposição, de 26 m^3 cúbicos por segundo da vazão média de 2 850 do rio São Francisco — menos de 1%, portanto. Segundo o Ministério da Integração Nacional, é um volume incapaz de prejudicar o ecossistema natural do grande rio, que nasce em Minas Gerais, no Sudeste, e cruza a Bahia, antes de demarcar a divisa desse estado com Pernambuco e a de Sergipe e Alagoas, no chamado Nordeste Meridional, e desaguar no oceano Atlântico.

Isso não isenta o projeto de críticas. Os adversários da transposição — e eles são muitos, reunindo desde políticos e ambientalistas até membros da Igreja católica e acadêmicos — reconhecem que o volume hídrico a ser transferido pelos canais de transposição não é, em si, muito grande, mas advertem que o São Francisco está tão enfraquecido pela excessiva utilização humana que qualquer nova interferência no regime das águas poderá pôr o rio a perder.

De fato, com 2,8 mil quilômetros de extensão, o São Francisco sofre com intervenções devidas a várias atividades econômicas, que incluem a extração de carvão, programas de irrigação e de pecuária, pesca, turismo e usos industriais. Além disso, recebe toneladas de esgotos que vêm da terra firme.

De qualquer forma, o governo está desenvolvendo uma série de programas de recuperação e preservação ambiental na área do São Francisco localizada no Nordeste Meridional para compensar as perdas e garantir a perenidade do rio. [...]

[...]

Para chegar a seu destino, a água terá de vencer as barreiras impostas pelo relevo. Nas áreas de travessia de riachos e rios estão sendo construídos aquedutos e, para ultrapassar as regiões de maior altitude, túneis. Nove estações de bombeamento elevarão a água nos pontos mais problemáticos. Está prevista ainda a construção de 30 barragens ao longo dos canais, que funcionarão como reservatórios de compensação para permitir o escoamento mesmo durante as horas em que o sistema de bombeamento estiver desligado.

Com tudo isso pronto em cada um dos canais, só restará abrir a torneira e deixar a água rolar. E um projeto que nasceu ainda durante o reinado de dom João VI, no começo do século XIX, e foi refeito e atualizado por diferentes governantes desde então, até ser finalmente tirado do papel no começo do século XXI pelo ex-presidente Luiz Inácio Lula da Silva, sairá do universo da fantasia em que quase se refugiara para virar realidade. E o sertão — ou pelo menos parte dele — enfim vai virar mar.

[...]

MAWAKDIYE, Alberto. *Sob as bênçãos de São Francisco?* Disponível em: <www.sescsp.org.br/online/artigo/compartilhar/5515_SOB+AS+BENCAOS+DE+SAO+FRANCISCO>. Acesso em: 18 dez. 2014.

Responda à questão:

■ A transposição do São Francisco tem sido bem-aceita pela sociedade em geral? Explique sua resposta.

4 O "novo" Nordeste

Apesar da imagem de atraso e pobreza que acompanha o Nordeste brasileiro, esse retrato não é inteiramente verdadeiro. Existem áreas industrializadas, bem como zonas de agropecuária moderna, que vêm se expandindo. Em 2010, por exemplo, o PIB da região Nordeste já representava cerca de 14% do total brasileiro, ao passo que em 1980 essa porcentagem era de apenas 12%. O Nordeste não é formado apenas pelos bolsões de pobreza e subnutrição existentes no interior, especialmente nos estados do Maranhão, de Alagoas e do Piauí. Também é constituído por metrópoles e áreas modernas, por uma música rica, danças variadas, belas paisagens e um grande potencial turístico.

Nos últimos anos, algumas áreas do Sertão nordestino passaram por um processo de modernização, sobretudo ao redor do rio São Francisco e na porção oeste da Bahia. Na primeira área, onde grandes projetos de irrigação criaram uma agroindústria (produção de frutas, vinicultura, entre outras), as cidades que mais se destacam são Juazeiro (na Bahia) e Petrolina (em Pernambuco), na realidade interligadas, dado que estão em margens opostas do São Francisco. A parte oeste da Bahia — onde existe o cerrado no lugar da caatinga — desenvolveu uma moderna agricultura de grãos (principalmente soja), que se prolonga até o sul do Piauí e do Maranhão.

A cidade de Fortaleza, de crescimento rápido e recente, com alguma industrialização e intensa atividade turística, destaca-se como receptora de grandes contingentes de migrantes oriundos do interior. Aí existe uma área de expansão industrial: o polo têxtil e de confecções de Fortaleza e do interior do Ceará, que cresceu significativamente nas últimas décadas.

O polo petroquímico de Camaçari, ao norte de Salvador, é hoje uma moderna área industrial. A Bahia é o estado com a economia mais forte do Nordeste, com um PIB de cerca de 125 bilhões de dólares em 2010, o que equivale a 4,2% do PIB nacional e 31% do PIB da região. Em seguida, vem Pernambuco, com um PIB de 75 bilhões de dólares (2,3% do PIB nacional e 17% do PIB do Nordeste), e Ceará, com 64 bilhões de reais (2% do PIB nacional e 15% do PIB do Nordeste).

Quadrilhas juninas em Campina Grande (PB). Foto de 2014.

Operários trabalhando numa fábrica de produtos de beleza, no polo petroquímico de Camaçari (BA). Foto de 2014.

Bonecos gigantes no Carnaval de Olinda (PE). Foto de 2015.

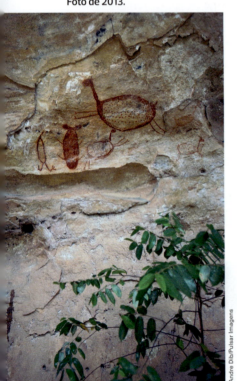

Pinturas rupestres na serra da Capivara, no município de São Raimundo Nonato (PI). Foto de 2013.

O turismo vem se expandindo consideravelmente no Nordeste, que possui uma vocação para essa atividade que se multiplica em todo o mundo. O grande número de cidades litorâneas com belas praias contribui para o desenvolvimento do turismo. Muitos estados investem na construção de parques aquáticos, complexos hoteleiros e polos de ecoturismo.

A cultura nordestina é um atrativo à parte para o turista. Cada estado preserva danças e hábitos seculares. O artesanato é riquíssimo, e as festas juninas em Caruaru (Pernambuco) e Campina Grande (Paraíba) atraem centenas de milhares de turistas brasileiros e estrangeiros. O Carnaval é o evento que mais atrai turistas, especialmente para Salvador, Olinda e Recife. Cada uma dessas cidades chega a receber 1 milhão de turistas por ano.

O Nordeste é a região brasileira que abriga o maior número de Patrimônios Culturais da Humanidade, como a cidade de Olinda (Pernambuco), São Luís (Maranhão) e o centro histórico do Pelourinho, em Salvador (Bahia). Há ainda o Parque Nacional da Serra da Capivara, no Piauí, um dos mais importantes sítios arqueológicos do país (veja a foto ao lado). Outro grande destaque mundial é Fernando de Noronha, com suas maravilhosas paisagens naturais e mar cristalino, que abriga os golfinhos saltadores conhecidos em todo o mundo.

Texto e ação

1. Imagens de seca e pobreza costumam ser relacionadas ao Nordeste. No entanto, a região possui muitas outras paisagens. Cite algumas delas.

2. Comente a atividade do turismo no Nordeste.

3. O capítulo que acabamos de estudar apresenta fotos de algumas paisagens da região Nordeste do Brasil.
    a) Faça uma lista das paisagens retratadas. Escreva ao lado o nome do estado brasileiro a que pertence cada paisagem.
    b) Escolha uma das paisagens e escreva no caderno o que mais chamou sua atenção ao observá-la.

238 Capítulo 11 • Nordeste

Atividades finais

+ Ação

1. O Nordeste não é uma região homogênea; nele existem algumas áreas mais industrializadas, outras com agricultura moderna e outras, ainda, com agropecuária tradicional. Costuma-se dividir o Nordeste em quatro principais sub-regiões. Para organizar seu conhecimento sobre o Nordeste, faça as seguintes atividades:

    a) Reproduza o quadro abaixo no caderno:

Sub-regiões do Nordeste	Principais áreas ou cidades	Principais atividades econômicas
Zona da Mata		
Agreste		
Sertão		
Meio-Norte		

    b) Preencha o quadro baseando-se no texto e nas fotos do capítulo.
    c) Pesquise em jornais e revistas fotos, gráficos, reportagens e mapas relativos às sub-regiões nordestinas e cole o material coletado no caderno.
    d) Escreva um pequeno texto comentando a diversidade das paisagens nordestinas. Escolha um título.

2. Para conhecer um pouco mais a ocorrência de secas no Sertão nordestino, leia trecho do texto abaixo.

    ### Seca no Nordeste brasileiro

    As principais causas da seca do Nordeste são naturais, embora os intensos desmatamentos existentes desde a época colonial tenham ocasionado uma expansão dessa área afetada por ela. O Sertão nordestino é uma área em que as chuvas são em geral escassas e irregulares. Esta área recebe pouca influência de massas de ar úmidas e frias vindas do Sul e não é atingida pela massa de ar quente e úmida que predomina na Amazônia. Logo, permanece durante muito tempo, no Sertão nordestino, uma massa de ar quente e seca, que não gera muitas precipitações pluviométricas. Em síntese, as secas resultam da interação de vários fatores, alguns externos à região (como o processo de circulação dos ventos e as correntes marinhas, que se relacionam com o movimento atmosférico, impedindo a formação de chuvas em determinados locais) e outros internos (como a vegetação pouco robusta, o relevo e a alta refletividade do solo, isto é, a capacidade de refletir os raios solares; quando ela é alta, aumenta a temperatura da área externa).

    Muitas outras causas têm sido apontadas, tais como os desmatamentos e até mesmo o fenômeno El Niño, que consiste no aumento periódico da temperatura das águas do oceano Pacífico, ao largo do litoral do Peru e do Equador, que provoca alterações climáticas em toda a América do Sul. Mas não há dúvida de que a ação humana contribuiu para agravar esse problema, pois a constante destruição da vegetação natural por meio de queimadas acarreta a expansão do clima semiárido para áreas onde anteriormente ele não existia.

    Adaptado de: GASPAR, Lúcia. *Seca no Nordeste brasileiro*. Fundação Joaquim Nabuco. Disponível em: <http://basilio.fundaj.gov.br/pesquisaescolar/index.php?option=com_content&view=article&id=418%3Aseca-no-nordeste-brasileiro&catid=53%3Aletra-s&Itemid=1>. Acesso em: 18 dez. 2014.

    Responda às questões:
    a) Quais são as prováveis causas das secas no Sertão nordestino?
    b) Como a ação humana agrava o problema das secas?

3. O arquipélago de Fernando de Noronha é uma região geoeconômica, social e cultural do estado de Pernambuco, instituído sob a forma de distrito estadual. Sobre a fauna desse "paraíso ecológico", leia o texto e faça o que se pede.

    Os golfinhos da espécie *Stenella longirostris* são conhecidos como golfinhos rotadores pelos saltos com a rotação do corpo que costumam executar fora da água. Estes animais podem atingir até 2 m de comprimento e 90 kg de peso. Possuem o dorso cinza-escuro com faixas medianas cinza-claro e o ventre branco. O período de gestação dura aproximadamente 10 meses e meio, e o filhote nasce com 80 cm de comprimento.

Unidade 4 • Brasil: diversidades regionais

Os golfinhos rotadores distribuem-se nas zonas tropicais e subtropicais em todos os oceanos. São gregários e apresentam um comportamento social bastante complexo. É comum deslocarem-se em grupos compostos de dois até várias centenas de indivíduos de todas as idades e ambos os sexos.

Em Fernando de Noronha, o mirante da baía dos Golfinhos é um local onde esses animais podem ser observados em seu ambiente natural. Um dos espetáculos mais bonitos da ilha pode ser observado diariamente ao nascer do sol, quando grupos de golfinhos rotadores se deslocam para o interior da baía, uma área de águas calmas e protegidas. Utilizam essa área para descanso, reprodução e cria e, à tarde, deslocam-se para se alimentar de pequenos peixes e lulas em alto-mar. Este é o único local onde ocorre concentração de golfinhos rotadores em todo o oceano Atlântico. A proibição de circulação de embarcações e mergulho na enseada foi estabelecida em 1986 como medida de proteção para que seja possível a conservação desses animais. Vale lembrar que a Lei federal n°. 7 643 estabelece a proibição à caça, à captura e ao molestamento de todas as espécies de cetáceos (golfinhos, botos e baleias) em águas brasileiras.

Adaptado de: FAUNA de Fernando de Noronha. Disponível em: <www.portalsaofrancisco.com.br/alfa/fernando-de-noronha/fauna.php>. Acesso em: 18 dez. 2014.

Responda às questões:

a) Qual das informações sobre os golfinhos rotadores você destacaria? Por quê?

b) Explique como as intervenções governamentais podem ajudar na preservação da fauna do arquipélago.

4. Uma das atividades econômicas da sub-região Meio-Norte é o extrativismo vegetal do babaçu. Sobre o assunto, faça o que se pede.

a) Leia o texto.

O babaçu destaca-se entre as palmeiras encontradas em território brasileiro pela peculiaridade, graça e beleza da estrutura que lhe é característica: chegando a atingir entre 10 e 20 metros de altura, suas folhas mantêm-se em posição retilínea, pouco voltando-se em direção ao solo; orientando-se para o alto, o babaçu tem o céu como sentido, o que lhe dá uma aparência bastante altiva.

[...]

O principal produto extraído do babaçu, e que possui valor mercantil e industrial, são as amêndoas contidas em seus frutos. As amêndoas – de 3 a 5 em cada fruto – são extraídas manualmente em um sistema caseiro tradicional e de subsistência. É praticamente o único sustento de grande parte da população interiorana sem terras das regiões onde ocorre o babaçu: apenas no estado do Maranhão a extração de sua amêndoa envolve o trabalho de mais de 300 mil famílias. Em especial, mulheres acompanhadas de suas crianças: as "quebradeiras", como são chamadas.

Não obstante as inúmeras tentativas de se inventar e implementar a utilização de máquinas para a realização da tarefa, a quebra do fruto tem sido feita, desde sempre, da mesma e laboriosa maneira. Sendo a casca do fruto do babaçu de excepcional dureza, o procedimento tradicional utilizado é o seguinte: sobre o fio de um machado preso pelas pernas da "quebradeira", fica equilibrado o coco do babaçu; depois de ser batido, com muita força e por inúmeras vezes, com um pedaço de pau, finalmente, o coco parte-se ao meio, deixando aparecer suas preciosas amêndoas.

De maneira geral, praticamente todas as palmeiras, em especial o dendê, o buriti e o babaçu, concentram altos teores de matérias graxas, ou seja, gorduras de aplicação alimentícia ou industrial. Assim, o principal destinatário das amêndoas do babaçu são as indústrias locais de esmagamento, produtoras de óleo cru. Constituindo cerca de 65% do peso da amêndoa, esse óleo é subproduto para a fabricação de sabão, glicerina e óleo comestível, mais tarde transformado em margarina, e de uma torta utilizada na produção de ração animal e de óleo comestível.

Mas não é só isso! Apesar de demorar para atingir a maturidade e começar a frutificar, do babaçu tudo se aproveita, também como acontece com a maioria das palmeiras. Especialmente nas economias de subsistência e em regiões de pobreza.

Suas folhas servem de matéria-prima para a fabricação de utilitários – cestos de vários tamanhos e funções, abanos, peneiras, esteiras, cercas, janelas, portas, armadilhas, gaiolas, etc. – e como matéria-prima fundamental na armação e cobertura de casas e abrigos. Durante a seca, essas mesmas folhas servem de alimento para a criação.

O estipe do babaçu, quando apodrecido, serve de adubo; se em boas condições, é usado em marcenaria rústica. Das palmeiras jovens, quando derrubadas, extrai-se o palmito e coleta-se uma seiva que, fermentada, produz um vinho bastante apreciado regionalmente.

As amêndoas verdes – recém-extraídas, raladas e espremidas com um pouco de água em um pano fino – fornecem um leite de propriedades nutritivas semelhantes às do leite humano, segundo pesquisas do Instituto de Recursos Naturais do Maranhão. Esse leite é muito usado na culinária local como tempero

Capítulo 11 • Nordeste

para carnes de caça e peixes, substituindo o leite de coco-da-baía, e como mistura para empapar o cuscuz de milho, de arroz e de farinha de mandioca ou, até mesmo, bebido ao natural, substituindo o leite de vaca.

A casca do coco, devidamente preparada, fornece um eficiente carvão, fonte exclusiva de combustível em várias regiões do Nordeste do Brasil. A população, que sabe aproveitar das riquezas que possui, realiza frequentemente o processo de produção do carvão de babaçu durante a noite: queimada lentamente em caieiras cobertas por folhas e terra, a casca do babaçu produz uma vasta fumaça aproveitada como repelente de insetos.

Outros produtos de aplicação industrial podem ser derivados da casca do coco do babaçu, tais como etanol, metanol, coque, carvão reativado, gases combustíveis, ácido acético e alcatrão.

Apesar de tantas e tão variadas utilidades, por sua ocorrência não controlada do ponto de vista econômico e agrícola, o babaçu continua a ser tratado como um recurso marginal, permanecendo apenas como parte integrante dos sistemas tradicionais e de subsistência.

BIODIESEL. Disponível em: <www.biodieselbr.com/plantas/babacu/babacu.htm>. Acesso em: 18 dez. 2014.

b) Explique por que o babaçu se destaca entre as palmeiras encontradas em território brasileiro.
c) Em sua opinião, como é a vida das pessoas chamadas de "quebradeiras"? Por que recebem esse nome?
d) Elabore um comentário sobre as diversas utilidades do babaçu.

5. Para ampliar seu conhecimento sobre o Nordeste brasileiro, escolha um dos temas a seguir e pesquise essa região:
- Tema 1: Quadro natural (relevo, hidrografia, clima e vegetação) e principais cidades.
- Tema 2: Problemas sociais e ambientais.
- Tema 3: Cultura popular (festas, danças, músicas, culinária, lendas).
- Tema 4: Artesanato (objetos de argila, rendas, bordados).
- Tema 5: A transposição do rio São Francisco: opiniões contrárias e favoráveis.

Em uma data combinada com o professor, traga sua pesquisa para a sala de aula. Nessa data, o professor dividirá a classe em pequenos grupos para orientar as seguintes atividades:

a) Troca de informações sobre o material pesquisado.
b) Organização das informações obtidas (por meio de cartazes com textos, desenhos, colagens, livretos com capas, etc.).

Sob a coordenação do professor, mostrem seus trabalhos para os demais grupos.

De olho na imagem

1. Vinda de Portugal, a literatura de cordel, também conhecida como poesia popular, instalou-se na Bahia, mais precisamente em Salvador. Dali se irradiou para os demais estados nordestinos. Se você não sabe o que é cordel, vai ter a oportunidade de aprender agora.
a) Observem a imagem a seguir:

Cordéis à venda no bairro de São Cristóvão, na cidade do Rio de Janeiro (RJ). Foto de 2014.

b) Leiam uma definição do termo *cordel* e um texto de literatura desse gênero.

Literatura de cordel, o romanceiro popular nordestino, que se distingue em dois grandes grupos: o da poesia improvisada, cantada nas "cantorias", e o da poesia tradicional, de composição literária, contida em folhetos pobremente impressos e vendidos a baixo preço nas feiras, esquinas e mercados do Nordeste.

CORDEL. Disponível em: www.dicio.com.br/cordel/>. Acesso em: 18 fev. 2015.

A ruína da Petrobras — Petrolão

Henrique César Pinheiro

[...]
Acabaram a Petrobras:
A nossa maior estatal.
E ainda fazem campanha
Para culpar general.
E os mensaleiros presos
Pousam: parecem o tal.

O Brasil é muito rico
E repleto de ladrão
Todos se acham no direito
De roubar nossa nação.
Esse último escândalo
É troco pra o mensalão.

Operação Lava Jato
Descobriu o Petrolão.
O roubo é tão grande
Chega à casa de bilhão.
É tanta gente envolvida
Que não cabe na prisão.

Quebraram a Petrobras
Para comprar o Congresso.
Mas com a auditoria
Não conseguiram sucesso.
E o balanço da empresa
Ainda não foi impresso.
[...]

Contratos eram fraudados
Pra dinheiro da propina.
Quebraram a maior estatal,
Que produzia gasolina.
A grana também serviu
Pra acabar com Marina.

Ganharam as eleições
E preparam na surdina
Transformar nosso país
Em verdadeira ruína.
Ou mesmo na Venezuela
Que só produz parafina.
[...]
A ladroagem é tamanha
Que transformar em prisão
O prédio da Petrobras
Está em cogitação.
E lá dentro deixar presa
Da estatal sua direção.

Pagaram tanta propina.
Acabaram com gasolina.
Foi Petrobras à ruína.
[...]

PINHEIRO, Henrique César. *A ruína da Petrobras* — Petrolão. Disponível em: <www.usinadeletras.com.br/exibelotituloa.phtml?cat=Cordel&pos=>. Acesso em: 18 dez. 2014.

c) Comentem a imagem da página anterior e o trecho da literatura de cordel.
d) Na opinião da dupla, como vocês continuariam os versos:
"Quebraram a maior estatal,
Que produzia gasolina."?

Capítulo 11 • Nordeste

2. Sol, praia, natureza, alegria, comida, passeios, férias. Essas e outras palavras não faltam quando o assunto é turismo no Nordeste.

   a) Observem as imagens:

Lagoa do Paraíso, no município de Jijoca de Jericoacoara (CE), onde se tem uma infraestrutura de bares e restaurantes com espreguiçadeiras e redes. Foto de 2014.

Praia do Morro Branco no município de Beberibe (CE). Foto de 2015.

   b) Respondam às questões:
   - O que as imagens revelam sobre a geografia do litoral cearense?
   - Vocês conhecem outras paisagens do Ceará ou de outro estado nordestino? Descrevam-nas.
   - Na opinião da dupla, que elementos da paisagem cearense mais atraem os turistas? Por quê?
   - Quais são as oportunidades de turismo que o estado onde vocês moram oferece?

   c) Agora, vejam mais esta imagem, leiam o texto a seguir e comentem-nos.

Lagoa entre os Lençóis Maranhenses, no município de Santo Amaro do Maranhão (MA). Foto de 2014.

243

Como oásis no deserto, lagoas dos Lençóis Maranhenses dão ares de miragem ao destino

Deserto é zona árida, de chuva escassa, sem vegetação, despovoado. Está nos dicionários. Um deserto molhado configura uma esquisitice da natureza. Centenas de quilômetros de dunas de areia preenchidas por piscinas naturais gigantescas é um sinal de que, como diz a canção, alguma coisa está fora da ordem. Assim são os Lençóis Maranhenses: únicos no mundo, por conta da qualidade das chuvas na região, capazes de enriquecer o deserto com milhares de oásis azuis e verdes por alguns meses do ano. Uma paisagem que desafia a lógica e convida à aventura. Junto com Jericoacoara, no Ceará, e Delta do Parnaíba, entre os estados Piauí e Maranhão, os Lençóis Maranhenses compõem a Rota das Emoções do Nordeste brasileiro.

No alto da duna, já avistando as morrarias sem fim de curvas delicadas e cursos d'água reluzindo ao sol, a primeira das emoções é o pasmo. Os turistas logo correm para um mergulho e quando olham para o alto da duna percebem que alguns estrangeiros ainda estão lá, boquiabertos, sem ação. "C'est bizarre, non?" Bizarro é pouco. Em determinados ângulos, o lugar parece a Lua, de solo arenoso, cheio de crateras. A paisagem lunar, aliás, é uma das histórias do filme "Casa de Areia", do diretor Andrucha Waddington, gravado na região.

O Parque Nacional dos Lençóis Maranhenses tem área de 155 000 hectares, com perímetro de 270 km, nos quais cabem cerca de 70 km de praias desertas. Nos Lençóis, o índice pluviométrico chega a 1 600 mm por ano, ou cinco vezes mais do que a chuva média em regiões desérticas. A partir da orla marítima, ao norte, a força dos ventos monta e desmonta as dunas por 50 km rumo ao interior. E a força das chuvas faz cair tanta água no primeiro semestre de cada ano que ainda sobram bilhões de litros, nem evaporados nem absorvidos pela areias, para formar as piscinas naturais que são a grande atração do local.

Os turistas podem escolher entre hotéis, pousadas e resorts de todos os tipos na cidade de Barreirinhas, a 260 km de São Luís. Dali saem os passeios diários realizados por agências e é onde o visitante consegue provar os pratos típicos da região, conhecidos pela variedade de frutos do mar.

Disponível em: <http://viagem.uol.com.br/guia/brasil/lencois-maranhenses/>. Acesso em: 18 dez. 2014.

ATIVIDADES INTERDISCIPLINARES

CIÊNCIAS DA NATUREZA, HISTÓRIA E MATEMÁTICA

1. Leia o texto e faça o que se pede.

Pesquisa científica e vida humana

José de Andrade Pereira é um homem de fibra. Em 2004, ele levou o filho mais velho, que aos três anos era muito baixo, tinha dedos curtos, cabeça grande e dificuldade de fala – e mais uma vez estava com forte dor de ouvido –, a um posto de saúde de Monte Santo, interior da Bahia. O médico lhe disse que, além de cuidar da dor de ouvido, não poderia fazer mais nada diante de uma doença que não conhecia e que ele deveria apenas esperar o menino morrer. Pereira reagiu: "Esperar é o que não vou fazer, nunca!". Ele fez a viagem de seis horas até Salvador e perguntou a um porteiro do Hospital Universitário Professor Edgard Santos quem ele deveria procurar para tratar de um menino como aquele. Os médicos examinaram o menino e depois o irmão de 11 meses, na viagem seguinte, e concluíram que os dois tinham mucopolissacaridose tipo 6, uma doença rara de origem genética então sem tratamento. Pereira alertou: "Tem outras crianças assim por lá". Sua visão de mundo mudou a história desta cidade do sertão baiano.

[...] Médicos e pesquisadores de Salvador, Rio de Janeiro e Porto Alegre foram a Monte Santo pela primeira vez em 2006 e se espantaram com a diversidade de doenças raras que viam em um só lugar. Já diagnosticaram 13 pessoas com mucopolissacaridose tipo 6, uma proporção 240 vezes maior do que a média nacional, 84 com deficiência auditiva de possível origem genética, 12 com hipotireoidismo congênito, nove com fenilcetonúria, que pode causar deficiência intelectual se não tratada, quatro com osteogênese imperfeita, marcada pela extrema fragilidade dos ossos, e quatro com síndrome de Treacher Collins, que prejudica a formação dos ossos do crânio.

Acredita-se que os casamentos entre parentes, antes muito frequentes, possam ter favorecido o surgimento de doenças físicas e mentais de origem genética. [...] José Pereira e sua esposa, Júlia Isaura dos Santos Pereira, souberam que eram parentes só há poucos anos, ao reconstruírem a genealogia da família com os pesquisadores de Salvador, e enfim entenderam por que tinham ouvido falar de tios com a mesma doença dos dois filhos mais velhos. Talvez as raízes mais profundas desses problemas estejam na própria história do lugar. Vários relatos do historiador baiano José Calasans indicam que o município hoje com 52 mil moradores – espalhados em 47 povoados ao redor do núcleo urbano – foi um centro de convergência de pessoas doentes no século XIX. [...] Por serem geralmente pobres, os doentes, curados ou não, seus familiares e romeiros podem ter tido dificuldade para voltar para suas terras de origem ou preferido ficar na região.

As doenças raras formam um mundo de sofrimento, solidão, fantasias e culpa, que começa a ser examinado publicamente. "O Sistema Único de Saúde (SUS) reconheceu que as doenças raras devem ser tratadas", comenta Clarice Alegre Petramale, diretora do departamento de gestão e incorporação de tecnologias do Ministério da Saúde. A política nacional de atendimento médico às pessoas com doenças raras – definidas como qualquer enfermidade apresentada por até 13 pessoas em cada grupo de 20 mil indivíduos – está em vigor desde maio deste ano (2014). [...]

[...] Quando conhecem o nome das doenças, as mães "voltam a apostar nos filhos", observa Isabella Queiroz, professora da Escola Bahiana de Medicina e psicóloga da Associação de Pais e Amigos dos Excepcionais (Apae) de Salvador que atende as famílias com doenças genéticas de Monte Santo. "Já fizemos mais de 200 sessões de aconselhamento genético." Nesses encontros, a equipe médica explica que as doenças genéticas hereditárias resultam da transmissão de genes com alterações (ou mutações), porque apenas o casamento entre parentes não é a única explicação. [...]

Às vezes, casais mais jovens, antes de ter filhos, procuram voluntariamente o serviço médico para detectar eventuais mutações prejudiciais, indicando que o número de casos de algumas doenças genéticas pode cair nos próximos anos. O hábito de casar com primos – muito mais frequente nos países muçulmanos do que no Brasil – é que talvez seja mais difícil de mudar, porque tem sido adotado há muito tempo, como forma de manter as terras em família ou por preferências pessoais. Quando visitaram Tabuleiro do Norte, município a 200 km de Fortaleza com alta prevalência de uma doença metabólica conhecida como síndrome de Gaucher, os pesquisadores ouviram os homens dizerem que as mulheres da capital eram boas para namorar e as de Tabuleiro, boas para casar. Permanecer atrelado ao próprio lugar é que poderia, portanto, causar o índice elevado de doenças genéticas. Um padre de Monte Santo, conta-se, ofereceu bicicletas para os rapazes buscarem noivas em outros lugares, mas ninguém aceitou.

[...]

Para fazer um trabalho abrangente, os pesquisadores têm de sair do laboratório, colocar uma roupa de estrada, viajar para lugares inimagináveis, conhecer os hábitos e os silêncios dos moradores do interior do país e buscar informações em outros espaços. Para localizar pessoas com maior risco de doenças genéticas, Angelina Acosta e sua equipe consultaram os livros de casamentos, batizados e mortes na paróquia de Monte Santo desde 1831, e refizeram a história de 1 419 famílias. [...]

A publicação de artigos científicos ainda é importante, mas não é a prioridade, porque há "uma obrigação moral" de relatar as descobertas primeiramente às comunidades estudadas, enfatiza Castilla. Em uma manhã de sábado, Lavínia e sua equipe se puseram à frente de 200 pessoas no salão de festas da igreja de Cândido Godói para explicar o motivo do número elevado de gêmeos, muitos deles na plateia: era uma provável consequência de uma variação do gene da proteína p53, que poderia favorecer o desenvolvimento de dois embriões por gestação. Durante décadas se acreditou que os gêmeos eram um efeito da água supostamente especial do município.

Adaptado de: FIORAVANTI, Carlos. *O caminho de pedras das doenças raras*. Disponível em: <http://revistapesquisa.fapesp.br/2014/08/21/o-caminho-de-pedras-das-doencas-raras/>. Acesso em: 19 dez. 2014.

Vista aérea de Monte Santo (BA). Foto de 2012.

a) Procure no dicionário o significado das palavras que você desconhece.
b) Identifique o personagem central do texto. Podemos afirmar que ele exerce a cidadania? Por quê?
c) Que doenças raras foram identificadas em Monte Santo, na primeira década do século XXI?
d) Os casamentos entre parentes são a única explicação para o surgimento das doenças raras?
e) O que as doenças raras provocam nas pessoas e em suas famílias?
f) Por que é difícil mudar a tradição de casamentos com primos? Essa prática cultural só acontece no Brasil?
g) Interprete os dois últimos parágrafos do texto.
h) Os pesquisadores das doenças raras contribuem para melhorar as condições de vida da população? Explique.
i) Em sua opinião, o tema das doenças raras se relaciona com o conteúdo deste capítulo? Explique.

ARTE E HISTÓRIA

2. Em Caruaru, no Agreste pernambucano, os moradores do bairro Alto do Moura eternizam as cenas e as personagens do Nordeste por meio do artesanato em barro. Essa é uma tradição iniciada há setenta anos pelo Mestre Vitalino. Leia um texto que fala sobre isso.

Vitalino Pereira dos Santos, o "Mestre Vitalino", nasceu em 10 de julho de 1909. Mestre na arte de fazer figuras e cenas de barro do dia a dia do Sertão pernambucano, fez do Alto do Moura, a 7 km do centro de Caruaru (PE), um dos patrimônios artísticos da humanidade. O local ganhou o título de "maior centro de arte figurativa da América", concedido pela Unesco.

A Casa/Museu Mestre Vitalino é administrada atualmente por seu filho, Severino Vitalino, e expõe muitas peças do artista.

Sua obra retrata o homem do campo, o retirante, Lampião, vendedores ambulantes, músicos e mulheres rendeiras. Essas obras definiram seu estilo, denominado cerâmica figurativa.

Em 1931, casou-se com Joana Maria da Conceição, com quem teve seis filhos: Amaro, Manuel, Maria, Severino, Antônio e Maria José, dos quais cinco se dedicaram à arte do pai.

Faleceu em 20 de janeiro de 1963, vitimado pela varíola. Deixou como herança suas 118 peças e a inspiração de sua arte para cerca de 3 mil discípulos e artistas, que atualmente se dividem pelas ruas bem cuidadas do Alto do Moura.

Adaptado da revista *Kalunga*, edição XXVIII, p. 119.

• Gostou de conhecer um pouco da história do Mestre Vitalino e da riqueza artesanal de Caruaru? Explique sua resposta.

Mestre Vitalino com dois de seus bonecos em Caruaru (PE). Foto de 1958.

Portal no bairro Alto do Moura em Caruaru (PE). Foto de 2014.

Capítulo

12

Centro-Sul

Variedade de clima, solo, relevo e vegetação original. Grandes centros industriais e comerciais, agricultura moderna, áreas de economia tradicional e agrária, tecnologia de ponta, universidades, centros de cultura e lazer. Poluição, favelas, cortiços, violência... Uma região com diversidades naturais, econômicas e, principalmente, sociais: o Centro-Sul, que você vai conhecer neste capítulo. A região mais povoada e industrializada do país, com enormes contrastes internos.

Gaúcho recolhendo o gado em São Gabriel (RS). Foto de 2014.

Orquestra Sinfônica do Estado de São Paulo (Osesp) durante ensaio na Sala São Paulo, em São Paulo (SP). Foto de 2013.

Teleférico no Complexo do Alemão, no Rio de Janeiro (RJ). Foto de 2014.

Para começar, observe as fotos de diferentes áreas da região Centro-Sul do Brasil e responda:

1. Que diferenças ou contrastes você nota nessas fotos?
2. Você conhece alguma dessas paisagens retratadas nas fotos? Qual(is)?
3. Os maiores contrastes regionais geralmente são obra da natureza ou da sociedade? Justifique sua resposta.

1 A região mais rica e populosa do Brasil

O Centro-Sul é a região mais populosa e industrializada do Brasil, além de ter a agropecuária mais moderna e as principais redes de serviços, transporte e comunicação do país (aeroportos, jornais e revistas, televisão, provedores da internet, rodovias e portos, complexos hospitalares, universidades, centros de pesquisa científica e tecnológica, setor bancário, etc.). Concentra cerca de 75% do PIB nacional de acordo com dados de 2010.

O estado mais forte economicamente é São Paulo, com um PIB de 1 trilhão de dólares em 2010, o que equivale a 33% do total nacional. Em seguida, vêm os estados do Rio de Janeiro, com um PIB de 363 bilhões de dólares (11,4% do total nacional), e Minas Gerais, com um PIB de cerca de 300 bilhões de dólares em 2010, representando cerca de 9,2% do total nacional.

Observe o mapa abaixo.

O Centro-Sul do Brasil

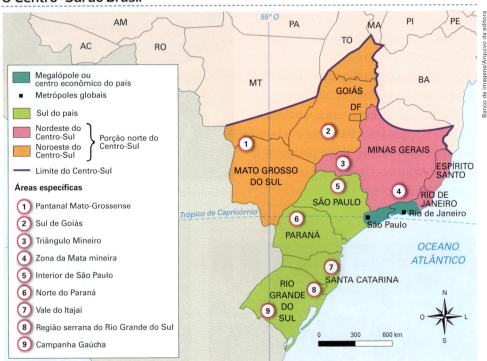

Adaptado de: BECKER, Bertha. Crescimento econômico e estrutura espacial do Brasil. *Revista Brasileira de Geografia*. Rio de Janeiro, ano 34, n. 4, 1972. Com atualização.

No Centro-Sul do Brasil, estão as duas metrópoles globais do país (São Paulo e Rio de Janeiro). Aí também se encontram as três metrópoles nacionais (São Paulo, Rio de Janeiro e Brasília), várias metrópoles regionais (Belo Horizonte, Porto Alegre e Curitiba) e outras aglomerações urbanas com mais de 1 milhão de habitantes (Goiânia, Campinas, Guarulhos, São Gonçalo, Duque de Caxias). Como já vimos, esta região alcançou um grande desenvolvimento após a Independência do Brasil (1822) e, principalmente, após a abolição da escravatura (1888), o que impulsionou a entrada de imigrantes. E, paralelamente, incentivou e disseminou a industrialização.

Na época colonial, apenas o estado do Rio de Janeiro e parte do estado de Minas Gerais foram intensamente povoados e explorados economicamente pelos portugueses. Considerando a região como um todo, podemos afirmar que nela não se utilizou amplamente o trabalho escravo.

No Centro-Sul, fixaram-se os maiores contingentes de imigrantes: italianos, espanhóis, portugueses, japoneses, eslavos, alemães e outros. Com exceção do Rio de Janeiro e de parte de Minas Gerais, é marcante a presença de povos do grupo étnico branco (sobretudo imigrantes e seus descendentes), diferentemente das demais regiões brasileiras, onde esse grupo é minoritário.

A partir das primeiras décadas do século XX, essa região recebeu um contingente enorme de migrantes de outras regiões do Brasil, especialmente do Nordeste. Por isso, mesmo abrangendo apenas cerca de 26% do território nacional, o Centro-Sul concentra mais de 60% da população brasileira.

Texto e ação

1. O Centro-Sul, região mais industrializada do Brasil, possui paisagens muito diversificadas. Cite algumas delas.
2. Por ser o complexo regional brasileiro de mais intensa ocupação humana, o Centro-Sul apresenta as maiores diversidades na organização do espaço geográfico.
    a) Analise o mapa da página 248, prestando atenção no título, na legenda, nos símbolos e na distribuição espacial das cores, e explique o significado da frase: "O Centro-Sul possui um 'coração' econômico e várias 'periferias'".
    b) Identifique as principais sub-regiões do Centro-Sul.
3. Escreva um comentário sobre as diversidades na ocupação humana do Centro-Sul.

Geolink 1

São Paulo, centro cultural do Brasil e do mundo

O Theatro Municipal de São Paulo nasceu embalando os sonhos de uma cidade que crescia com a indústria e o café e que nada queria dever aos grandes centros culturais do mundo no início do Século XX. Como em 1898 a cidade perdera para um incêndio o Teatro São José, palco das suas principais manifestações artísticas, tornava-se imperativo construir um espaço à altura das grandes companhias estrangeiras.

O arquiteto Ramos de Azevedo e os italianos Cláudio Rossi e Domiziano Rossi iniciaram a construção em 1903 e, em 12 de Setembro de 1911, o Theatro Municipal foi aberto ante de uma multidão de 20 mil pessoas, que se acotovelava às suas portas. São Paulo se integrava, então, ao roteiro internacional dos grandes espetáculos.

[...] [Foi] ainda o cenário do movimento que promoveu uma grande transformação cultural no Brasil: a "Semana de Arte Moderna de 22".

[...] Para celebrar o Centenário, em 12 de Setembro de 2011, o Theatro Municipal de São Paulo sofreu a terceira obra, esta bem mais complexa que as demais, por restaurar todo o edifício e modernizar o palco.

Para tal, as fachadas e a ala nobre foram restauradas, 14 262 vidros que compõem os conjuntos de vitrais, recuperados, as pinturas decorativas resgatadas com base em fotos antigas e o palco foi equipado com os mais modernos mecanismos cênicos.

O Theatro Municipal de São Paulo passou de departamento da Secretaria Municipal de Cultura à Fundação pública de Direito público em 27 de maio de 2011, o que confere maior agilidade e autonomia à gestão.

PREFEITURA de São Paulo. Cultura. Histórico. Disponível em: <www.prefeitura.sp.gov.br/cidade/secretarias/cultura/theatromunicipal/corpos_artisticos/index.php?p=1035>. Acesso em: 15 dez. 2014.

Responda às questões:

1. Quando e por que foi fundado o Teatro Municipal de São Paulo?
2. Quem iniciou a construção do Teatro Municipal de São Paulo?
3. Você já havia ouvido falar na "Semana de Arte Moderna de 22"? Caso negativo, pesquise esse importante movimento cultural em livros, jornais, revistas, sites da internet. Relate suas descobertas.
4. Em sua cidade, há algum teatro? Você assistiu a algum evento? Qual(is)?
5. Você gostaria de visitar algum dos teatros mais importantes das regiões metropolitanas do Centro-Sul do Brasil? Qual? Por quê?

2 Meio físico

A seguir, vamos conhecer as principais características do meio físico do Centro-Sul do Brasil.

Relevo — Bastante diversificado, como se pode observar no mapa abaixo.

Centro-Sul: relevo e hidrografia

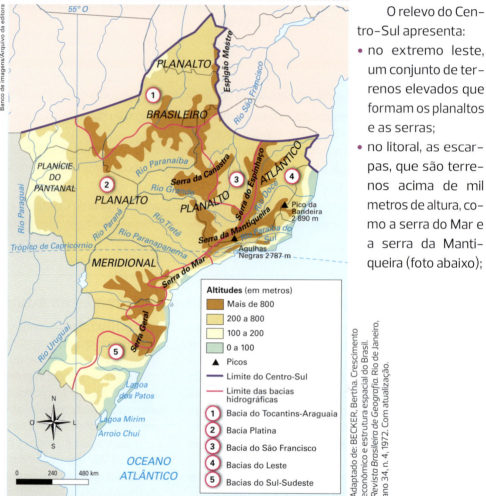

O relevo do Centro-Sul apresenta:
- no extremo leste, um conjunto de terrenos elevados que formam os planaltos e as serras;
- no litoral, as escarpas, que são terrenos acima de mil metros de altura, como a serra do Mar e a serra da Mantiqueira (foto abaixo);

Serra da Mantiqueira no município de Paraisópolis (MG). Foto de 2014.

- na porção central, terras de baixas e médias altitudes, classificadas como planaltos e chapadas da bacia do Paraná. Essas áreas sofreram intensos derrames vulcânicos nas eras anteriores, que deram origem a um solo oriundo de rochas vulcânicas, extremamente fértil;
- no noroeste, uma paisagem também caracterizada por planaltos e serras, grande divisor de águas entre as regiões hidrográficas Amazônica e do Tocantins-Araguaia;
- na extremidade oeste, a planície e o Pantanal Mato-Grossense;
- na extremidade sul, os planaltos do Uruguai, que são banhados pelo rio Uruguai.

Clima — O clima também é bastante diversificado (mapa abaixo).

Os principais tipos de clima da região são:

- subtropical, observado na parte sul da região (Paraná, Santa Catarina e Rio Grande do Sul);
- tropical úmido, predominante nas áreas litorâneas de São Paulo até o litoral do Espírito Santo;
- tropical típico, existente em boa parte dos estados de Minas Gerais, Mato Grosso do Sul e Goiás.

Existe ainda o clima tropical de altitude, em áreas serranas ou de maior altitude, em São Paulo, Minas Gerais e Rio de Janeiro.

Hidrografia — Região rica tanto em águas superficiais (rios e lagoas) quanto em águas subterrâneas. Como se pode ver no mapa da página anterior, na região se localizam algumas das bacias hidrográficas mais importantes do Brasil, destacando-se a bacia Platina e parte da bacia hidrográfica do Tocantins-Araguaia. A bacia Platina é responsável pela maior parte da energia produzida pela região; nela estão algumas das maiores usinas hidrelétricas do país, como Itaipu (foto a seguir), Sérgio Motta e Ilha Solteira.

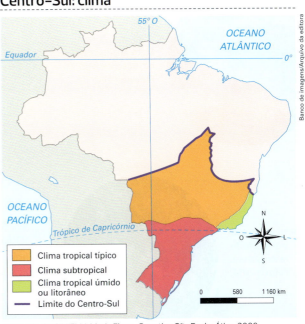

Centro-Sul: clima

Adaptado de: SIMIELLI, Maria Elena. *Geoatlas*. São Paulo: Ática, 2009.

Vista da Usina Hidrelétrica de Itaipu, em Foz do Iguaçu (PR), destacando construções sobre a barragem. Foto de 2015.

Biomas — Veja no mapa abaixo os biomas existentes no Centro-Sul. Observe também as fotos abaixo.

Centro-Sul: biomas

Adaptado de: BRASIL. Ministério do Meio Ambiente; IBGE, 2004.

Cerrado: sempre-vivas na Chapada dos Veadeiros, em Alto Paraíso de Goiás (GO). Foto de 2014.

Mata Atlântica: rio em Resende (RJ). Foto de 2015.

Pantanal: tuiuiú no estado do Mato Grosso. Foto de 2014.

Pampa em Alegrete (RS). Foto de 2014.

Os biomas são exuberantes. Na região destacam-se:
- os principais trechos remanescentes da mata Atlântica, no litoral de São Paulo, Rio de Janeiro e Espírito Santo, onde estão preservados alguns pequenos trechos que abrigam espécies vegetais e animais em risco de extinção, como o mico-leão-dourado, e que têm como principal característica árvores altas e vegetação densa;
- o Cerrado, encontrado em Goiás, Mato Grosso, parte de Mato Grosso do Sul, Minas Gerais e parte do norte de São Paulo. Essa formação florestal é marcada por árvores retorcidas com raízes profundas, caule muito rígido e folhas que secam no inverno. Nessa área, existem reservas ecológicas, como a chapada dos Veadeiros e o Parque Nacional das Emas, em Goiás, e a chapada dos Guimarães, em Mato Grosso, onde também se encontram animais em risco de extinção, como o lobo-guará e o cachorro-do-mato. No Paraná, especialmente, destaca-se a mata de Araucárias, que tem como característica árvores extremamente altas que resistem ao frio da região e produzem uma semente conhecida como pinhão, utilizada nas festas tradicionais e muito apreciada no exterior.

Texto e ação

1. Caracterize o relevo e o clima do Centro-Sul utilizando as informações do texto e dos mapas das páginas 250 e 251.
2. Sobre a hidrografia e o aproveitamento dos rios da região Centro-Sul, faça o que se pede.
   a) Cite o nome de duas bacias ou regiões hidrográficas da região.
   b) Responda: qual é o aproveitamento dos rios da bacia Platina?
   c) Comente a foto da página 251, que mostra a usina de Itaipu. No seu comentário, não se esqueça de expressar sua opinião sobre as mudanças que a construção dessa usina provocou na paisagem.

Geolink 2

Ecologia e economia na mata Atlântica

Pagar taxas para que proprietários em zonas rurais preservem uma porção maior de terras do que é obrigatório por lei parece ser uma forma viável de evitar a perda de serviços prestados pela mata Atlântica, como impedir a disseminação de pragas e garantir a qualidade das águas. É o que indica um estudo publicado na edição desta semana da revista Science, liderado pela bióloga brasileira Cristina Banks-Leite, professora do Imperial College de Londres, na Inglaterra, e professora visitante na Universidade de São Paulo (USP).

"O pagamento por serviços ambientais está em andamento no Brasil", conta a pesquisadora. Mas isso costuma acontecer em escala mais local, por iniciativa de organizações não governamentais (ONGs) e de municípios. Sua proposta é ampliar essa iniciativa para a escala nacional, em que o governo faria um programa para selecionar áreas prioritárias e propor pagamentos aos proprietários. Não custaria caro: de acordo com o estudo, o investimento para se atingir 30% de cobertura vegetal em 37 mil áreas prioritárias ao longo de toda a mata Atlântica custaria, por ano, cerca de 445 milhões de reais. Isso representa menos de 0,01% do PIB anual brasileiro, ou 6,5% do que é pago em subsídios agrícolas. Segundo os pesquisadores, a área extra alocada à floresta causaria um prejuízo pequeno à produtividade (0,61% do PIB agrícola produzido nesses municípios) e nem afetaria, de fato, os ganhos dos agricultores, já que estariam recebendo pagamento por seu empenho na manutenção do ecossistema, com o benefício de assegurar a preservação desse hotspot de biodiversidade em que muitas espécies estão em risco de extinção.

[...]

A partir dos dados sobre a fauna de vertebrados residente no estado de São Paulo, os pesquisadores ampliaram a estimativa para a mata Atlântica inteira seguindo princípios ancorados na realidade. "Não podemos delimitar uma porção da avenida Paulista e dizer que ali precisa ser floresta", brinca Cristina. A piada é séria, afinal, as maiores cidades brasileiras foram erguidas em plena mata atlântica. As 37 mil áreas prioritárias selecionadas pelo grupo são, na verdade, propriedades rurais em que os donos já seguem a lei e mantêm 20% da área preservada. "Já há uma certa quantidade de animais e plantas vivendo ali, de maneira que a recuperação seria mais simples." De acordo com a conta feita pelo grupo, seria necessário restaurar 424 mil hectares para chegar ao objetivo de 30% de cobertura nessas áreas. A proporção do PIB que estimam ser o custo, menos de 0,01%, vale só para os primeiros três anos, quando parte da floresta precisaria passar por medidas de recuperação ativa. Depois disso, o custo deveria cair para 0,0026% do PIB.

Essa é uma visão de conservação mais voltada à prática, que se concentra em evitar que se percam serviços ecossistêmicos que de fato melhoram a vida das pessoas que moram no entorno. [...]

GUIMARÃES, Maria. *Quanto custa preservar a mata atlântica.* Disponível em: <http://revistapesquisa.fapesp.br/2014/08/28/quanto-custa-preservar-mata-atlantica/>. Acesso em: 15 dez. 2014.

Responda às questões:

1. Explique a proposta da pesquisadora Cristina Banks-Leite para controlar as pragas e garantir a qualidade da água na mata Atlântica.

2. A referida pesquisadora defende o "pagamento por serviços ambientais" apenas na mata Atlântica? Explique.

3. Em 1988, o ecólogo britânico Norman Myers criou o conceito de *hotspot* para designar uma região de grande biodiversidade, e cujas espécies estão ameaçadas de extinção. É nesse sentido que o termo é utilizado nesse artigo? Comente.

4. Há alguma relação entre as maiores cidades brasileiras e a mata Atlântica? Explique.

5. O que você sabe sobre ecologia? Se necessário, pesquise o tema em livros, revistas, *sites* da internet.

6. Em sua opinião, ecologia e economia podem caminhar juntas? Explique.

3 Unidades espaciais do Centro-Sul

Por ser a parte do território nacional de maior ocupação humana, o Centro-Sul apresenta os maiores contrastes internos, uma vez que as grandes disparidades regionais, como regra geral, são obra da sociedade humana, e não da natureza.

No Centro-Sul, localiza-se a megalópole brasileira, o chamado "centro econômico" do país, além de áreas industrializadas e com agricultura moderna, ao lado de áreas pouco industrializadas e com agricultura tradicional.

Podemos identificar as seguintes unidades no Centro-Sul do Brasil: megalópole, Zona da Mata mineira, Grande Belo Horizonte, Quadrilátero Ferrífero, Triângulo Mineiro, porção sul de Goiás, Sul do país e outras áreas.

Megalópole

A megalópole é uma área que abrange desde a Grande São Paulo até a Grande Rio de Janeiro, englobando a Baixada Santista — onde se localiza o porto de Santos, o principal do país, e inúmeras indústrias (siderúrgicas e petroquímicas) —, além da região de Campinas. Estende-se ao longo da rodovia Presidente Dutra, principal eixo de ligação entre as duas maiores metrópoles do país. Veja o mapa abaixo.

A megalópole brasileira

A/Z

Hortigranjeira: área onde se cultivam hortaliças e legumes e se criam aves e outros animais.

Vista aérea de hortas no município de Mogi das Cruzes (SP). Foto de 2014.

Nessa área predomina a atividade industrial, com os estabelecimentos fabris mais modernos do país. Aí também se encontra o "cinturão verde" de São Paulo, área **hortigranjeira** ao redor da cidade de Mogi das Cruzes, que abastece até o Rio de Janeiro (foto ao lado). Uma zona de pecuária leiteira está instalada nos diversos municípios que compõem o Vale do Paraíba, área ao redor da rodovia Presidente Dutra (e do rio Paraíba do Sul), que abrange terras paulistas e fluminenses.

O Vale do Paraíba, onde se destacam as cidades de São José dos Campos, Taubaté, Guaratinguetá, Lorena (estado de São Paulo) e Volta Redonda (estado do Rio de Janeiro), também sedia um importante parque industrial, com indústrias automobilística, química, aeronáutica, de armamentos, siderúrgica, entre outras. Veja a foto ao lado.

Linha de montagem de aviões em São José dos Campos (SP). Foto de 2014.

Zona da Mata mineira

Localiza-se na porção sudeste de Minas Gerais. Nessa área destaca-se a cidade de Juiz de Fora, onde a industrialização tem avançado significativamente nos últimos anos (foto ao lado). A Zona da Mata mineira ainda se destaca como uma área agrícola e de pecuária leiteira, abastecendo, principalmente, a Grande Rio de Janeiro e a Grande Belo Horizonte.

Vista parcial de Juiz de Fora (MG). Foto de 2014.

Grande Belo Horizonte e Quadrilátero Ferrífero

A Grande Belo Horizonte é uma área de intenso dinamismo industrial, com empresa automobilística e indústrias (metalúrgica, mecânica, entre outras). No Quadrilátero Ferrífero, área vizinha a Belo Horizonte, destacam-se as cidades de Sabará, Congonhas, Santa Bárbara, Mariana e Ouro Preto. Veja a foto ao lado.

É a região que mais produz minério de ferro no Brasil, escoado por ferrovia até o porto de Tubarão, em Vitória, no Espírito Santo, e de lá exportado. Na Grande Belo Horizonte, também se pratica a atividade siderúrgica.

Vista parcial de Ouro Preto (MG). Foto de 2015.

Unidade 4 • Brasil: diversidades regionais

Triângulo Mineiro

Gado de corte: gado destinado ao fornecimento de carne.

Área sudoeste de Minas Gerais, onde se destacam as cidades de Uberlândia e Uberaba (foto abaixo). O Triângulo Mineiro é uma região agrícola e pecuarista, com **gado de corte**, embora a atividade comercial e a industrialização venham se expandindo consideravelmente desde os anos 1980.

Usina de açúcar e álcool no município de Uberaba (MG). Foto de 2014.

Porção sul de Goiás

Formada por áreas vizinhas a Goiânia, Anápolis e Brasília, a porção sul de Goiás é uma região agrícola que se destaca pelo cultivo de arroz, soja e trigo, além de inúmeras atividades industriais e comerciais. Veja a foto abaixo.

Plantação de soja irrigada com pivô central em Rio Verde (GO). Foto de 2015.

Sul do país

A porção Sul do país é uma área que abrange os três estados meridionais do Brasil (Paraná, Santa Catarina e Rio Grande do Sul). Nela também podemos incluir a maior parte do estado de São Paulo, que possui muitas características comuns com esses três estados sulinos: forte presença de imigrantes e de seus descendentes; agropecuária moderna; grande número de cidades médias prósperas, com indústrias variadas (principalmente agroindústria). Costuma-se dividir essa parte meridional do país nas seguintes unidades espaciais:

- *Campanha Gaúcha ou região dos Pampas*: área onde estão as cidades de Bagé, Uruguaiana, Santana do Livramento e Santa Maria. É uma região de pecuária moderna, com gado selecionado, e agricultura que utiliza técnicas mais adequadas, destacando-se os cultivos de trigo, soja e arroz.
- *Vale do Itajaí, em Santa Catarina*: aí estão as cidades de Blumenau e Brusque e, mais ao norte, Joinville. É uma região de colonização alemã, com predomínio de pequenas e médias propriedades agrícolas, que praticam a policultura associada à pecuária. Aí se localizam inúmeras indústrias têxteis e alimentícias, entre outras.
- *Região Serrana do Rio Grande do Sul*: área de colonização italiana e principal centro vinícola do país. As videiras marcam a paisagem em torno das cidades de Bento Gonçalves (foto ao lado), principalmente, além de Garibaldi e Caxias do Sul, a maior cidade da região, com considerável atividade industrial.
- *Vale do Ribeira*: localizado na parte sudeste do estado de São Paulo, ao redor do rio Ribeira de Iguape. É a área menos desenvolvida do estado, praticamente sem indústrias, com destaque para os cultivos de banana e chá, este último introduzido por imigrantes japoneses.
- *Norte do Paraná*: área onde se destacam as cidades de Londrina e Maringá. O café foi a grande riqueza da região até os anos 1970. Com a erradicação desse plantio, existe atualmente na região forte presença de outras culturas (algodão, trigo, amendoim, soja) e também de inúmeras atividades industriais, ligadas sobretudo à agroindústria. Veja a foto ao lado.

Colheita de uvas no município de Bento Gonçalves (RS). Foto de 2015.

Vista aérea da cidade de Maringá (PR). Foto de 2014.

- *Interior de São Paulo*: área que, desde os anos 1980, vem crescendo bem mais que a Grande São Paulo. Possui inúmeras cidades médias com razoável parque industrial e intensa atividade agropecuária (cana-de-açúcar, principalmente, e também laranja, algodão, uva, figo, milho, tomate, amendoim, café, entre outros produtos). Podemos citar como principais capitais regionais dessa área as cidades de Ribeirão Preto, São José do Rio Preto, Presidente Prudente, Bauru, Piracicaba e Sorocaba.
- *Vale do Tubarão, em Santa Catarina*: área famosa pela produção de carvão mineral, onde se destacam as cidades de Tubarão e Criciúma.

Neve chega e mínima fica abaixo de 0 °C em São José dos Ausentes (RS)

Para confirmar as previsões, a neve chegou a São José dos Ausentes, no Rio Grande do Sul, por volta das 4h desta segunda-feira (22 de julho de 2013), acompanhada de uma temperatura congelante de -0,3 °C, segundo medição do Instituto Nacional de Meteorologia (Inmet). Os flocos se acumularam em cima dos carros e se intensificaram com o passar das horas, com a temperatura caindo para -0,6 °C por volta das 8h.

A expectativa é de que o fenômeno persista durante as primeiras horas da manhã. Às 6h, o termômetro de rua da cidade marcava quase -1 °C. A neve chegou a se acumular nas roupas de moradores e visitantes e nos veículos estacionados nas ruas. [...]

Empolgado com a neve, o eletricista Max Nazário, de 34 anos, interrompeu uma sessão de filme com a mulher para ver o fenômeno do lado de fora, no termômetro da cidade. Ele diz que já viu neve diversas vezes e acredita que os flocos seguirão caindo durante o dia. "Eu estava vendo filme com a minha esposa quando olhei pela janela e percebi que estava nevando. Já vi várias vezes, eu gosto de admirar a neve. É uma coisa rara no nosso país", relata ao G1.

Disponível em: <http://g1.globo.com/rs/rio-grande-do-sul/noticia/2013/07/neve-chega-e-temperatura-cai-para-03c-em-sao-jose-dos-ausentes-rs.html>. Acesso em: 15 dez. 2014.

Outras áreas do Centro-Sul

Existem ainda na região outras áreas mais difíceis de serem individualizadas ou que vêm sofrendo grandes transformações. Podemos citar, por exemplo:

- *Norte do Rio de Janeiro e Espírito Santo*: uma das áreas de ocupação mais antigas do Centro-Sul, juntamente com algumas áreas do estado de Minas Gerais. Existem imensos canaviais na região. A exploração de petróleo no litoral do Rio de Janeiro e do Espírito Santo modificou bastante a paisagem regional e aumentou o orçamento de muitos municípios, graças ao recebimento de *royalties* pelo produto.
- *Mato Grosso do Sul*: nesse estado, a pecuária de corte e os cultivos de trigo e soja expandiram-se significativamente nos últimos anos. Destaca-se nessa área a cidade de Campo Grande.
- *Pantanal Mato-Grossense*: área de planície fluvial, banhada pelo rio Paraguai e afluentes, em grande parte inundada periodicamente pelas águas das chuvas. É uma região com um bioma riquíssimo em biodiversidade. O Pantanal pode ser considerado uma espécie de periferia do Centro-Sul, com pecuária extensiva de corte, cujo gado é engordado nas invernadas (áreas de pastagem para a engorda do gado antes do abate) de Araçatuba, Presidente Prudente e Andradina, para, depois, abastecer de carne a Grande São Paulo. Observe o mapa a seguir e repare no detalhe a localização do Pantanal no Brasil.

Royalty (plural *royalties*): valor pago a quem detém direitos de propriedade para permitir o uso ou a comercialização de uma patente, concessão, processo de produção, marca, etc.

Pantanal Mato-Grossense

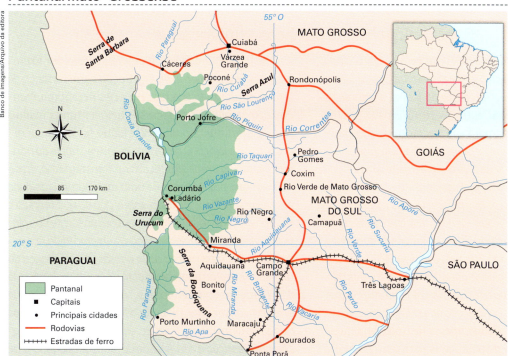

Adaptado de: IBGE. *Atlas geográfico escolar*. 6. ed. Rio de Janeiro, 2012.

Texto e ação

1. Se lhe perguntassem o que é uma megalópole, o que você responderia?

2. Quais são as atividades econômicas praticadas na Zona da Mata mineira?

3. O Vale do Ribeira é a área menos desenvolvida do estado de São Paulo. Sobre ele, responda:
   a) Em que região do estado está localizado?
   b) Que atividades econômicas são praticadas nessa área?

4. Analise o mapa da página 254: observe o título, a legenda, a distribuição dos símbolos, a escala, a rosa dos ventos e faça o que se pede.
   a) Identifique:
      • portos importantes;
      • cidades com indústrias siderúrgicas;
      • cidades com indústrias navais;
      • cidades com usinas nucleares;
      • principais áreas industriais;
      • três cidades localizadas ao longo da via Dutra.
   b) Comente a liderança econômica que o Centro-Sul exerce sobre os demais complexos regionais do país.

5. As cidades de Bagé, Uruguaiana, Santana do Livramento e Santa Maria ficam na Campanha Gaúcha. Que atividades econômicas marcam as paisagens dessa área?

6. Escolha uma das fotos das páginas 254 a 257 e elabore uma nova legenda para ela. Inclua na legenda os elementos da paisagem retratada e as informações do texto.

7. Quais são as principais características do Pantanal?

8. Analise o mapa acima: observe o título, a legenda, a distribuição espacial das cores e dos símbolos e responda às questões:
   a) Quais são os principais municípios que se encontram na área ocupada pelo Pantanal? Escreva no caderno o nome deles e, ao lado, o estado ao qual pertencem.
   b) Que serras estão localizadas nessa área e nas suas proximidades?
   c) Quais são os rios que atravessam essa área?

Unidade 4 • Brasil: diversidades regionais

Geolink 3

Pantanal: políticas públicas equivocadas

"Imaginem um enorme anfiteatro no coração da América do Sul", disse o biólogo José Sabino ao se referir ao mosaico geográfico que dá forma às planícies pantaneiras, na região Centro-Oeste do Brasil. Com 140 mil quilômetros quadrados e uma dinâmica que alterna ciclos anuais de seca e alagamento que influenciam as interações ecológicas e os padrões de biodiversidade, o pantanal é a maior planície inundável do mundo. Está rodeado por serras que podem atingir 1 400 metros de altitude, "as quais dão vida à paisagem, mas também estão ligadas às principais ameaças à diversidade biológica da região", afirmou o biólogo. [...]

[...] "A utilização não sustentável da terra nos planaltos tem provocado a erosão do solo e, como consequência direta, o assoreamento dos rios", disse Sabino. [...] De acordo com o biólogo, apesar de tradicionalmente se basear no uso de pastagens nativas, a pecuária desenvolvida nas planícies sempre foi considerada de baixo impacto à biodiversidade pantaneira. Mas a tendência à intensificação da produção nos últimos anos tem levado pecuaristas a cultivarem pastagens exóticas, o que implica o desmatamento de matas nativas.

Outras atividades também ameaçam o bioma. É o caso da indústria, da mineração e da produção de energia por usinas hidrelétricas, as quais têm potencial para alterar a dinâmica natural dos ecossistemas que compõem o pantanal. "As hidrelétricas podem comprometer o fluxo de nutrientes transportados pela água e o funcionamento hidrológico que alimenta as planícies pantaneiras, bem como promover alterações no habitat de espécies aquáticas e semiaquáticas e, consequentemente, nos serviços ecossistêmicos que essas espécies desempenham na região", ressaltou Walpido Tomas [do Laboratório de Vida Selvagem da Empresa Brasileira de Pesquisa Agropecuária (Embrapa-Pantanal)].

[...] "A mineração de manganês e ferro, por exemplo, pode levar à perda da vegetação característica do pantanal, afetando diversas espécies e comprometendo a disponibilidade de recursos hídricos fundamentais para a manutenção da diversidade biológica local", destacou o biólogo. O garimpo de ouro no norte do pantanal já poluiu áreas significativas com mercúrio, disse.

Assim, por se tratar de uma área natural moldada pela disponibilidade de água, sobretudo do rio Paraguai e de uma extensa rede de afluentes com nascente nos planaltos vizinhos, a implementação bem-sucedida das estratégias de conservação deve passar pela mudança da unidade de gestão pantaneira para a bacia hidrográfica do Alto Paraguai, concluiu Tomas. "As políticas públicas de preservação precisam integrar o bioma às nascentes dos rios que o alimentam." Para ele, estratégias de remuneração, desoneração e certificação de práticas adequadas de gestão para proprietários que conservam a diversidade das paisagens pantaneiras também devem ser incentivadas. "O cultivo de pastagens para aumentar a produção tornou-se algo constante no pantanal. É preciso investir na premiação de pecuaristas que não intensificaram sua produção por meio desse tipo de plantação. Afinal, o fazendeiro que cria seu boi sem alterar a paisagem está contribuindo para a conservação do bioma", disse.

[...] O pantanal ocupa hoje 1,8% do território nacional. [...]. Mas seu tamanho singelo não necessariamente reflete sua complexidade biológica. Geograficamente, as planícies pantaneiras estão localizadas numa encruzilhada territorial. Englobam parte da região sul de Mato Grosso e noroeste de Mato Grosso do Sul, se estendendo também pelo leste da Bolívia e pelo norte do Paraguai. "É o fim do mundo! Ou o começo dele, depende do ponto de vista", brincou o agrônomo Arnildo Pott. Segundo ele, essa localização privilegiada permitiu ao pantanal inte-

Tuiuiús no município de Pocóne (MT). Foto de 2013.

ragir com diferentes ecossistemas, como a Amazônia e o cerrado, além de enclaves de mata atlântica. "A flora pantaneira sofre forte influência fitogeográfica desses biomas. Em algumas regiões podemos verificar a presença de vegetações aquáticas a menos de um metro de vegetações próprias da caatinga", afirmou. Algumas espécies vegetais amplamente distribuídas nos campos do pampa, como a *Macrosiphonia velame*, e na caatinga, como a *Brasiliopuntia brasiliensis*, podem facilmente ser identificadas no pantanal.

O mesmo ocorre com a fauna pantaneira. De acordo com Tomas, grande parte dos mamíferos do pantanal é típica do cerrado, enquanto a maioria das espécies de aves é oriunda da Amazônia e da mata atlântica. [...] Constituído, sobretudo, por uma savana estépica, o pantanal é a área úmida com maior riqueza de espécies de aves no mundo. [...]

De acordo com Sabino, a mitigação das ameaças à biodiversidade do pantanal também depende da governança. "Precisamos fazer a interface entre o que produzimos de conhecimento sobre a diversidade biológica pantaneira e como essa produção pode ser útil à sociedade", ressaltou o biólogo. Para ele, é preciso deixar clara a importância da biodiversidade desse bioma para o país, mostrando como criar condições para a construção de uma relação mais harmoniosa com a natureza. [...]

E é nesse cenário de gestão e governança que se inserem as políticas públicas voltadas à organização do ecoturismo na região, destacaram os pesquisadores. "O pantanal tem um potencial enorme para o ecoturismo, mas essa é uma atividade que, infelizmente, ainda é feita de forma amadora", afirmou Tomas. [...]

ANDRADE, Rodrigo de Oliveira. *A ameaça vem do planalto*. Disponível em: <http://revistapesquisa.fapesp.br/2013/05/14/a-ameaca-vem-do-planalto/>. Acesso em: 15 dez. 2014.

Responda às questões:

1. Procure no dicionário o significado das palavras que você desconhece.
2. Descreva o bioma Pantanal, considerando o que você já aprendeu sobre ele no Capítulo 8 do livro e a caracterização feita pelo biólogo José Sabino neste texto.
3. Identifique as atividades econômicas que prejudicam o bioma Pantanal. Explique as consequências que acarretam.
4. Por que é preciso "integrar o bioma às nascentes dos rios que o alimentam"?
5. As planícies do Pantanal se situam em uma encruzilhada territorial. Explique essa localização geográfica.
6. Que consequências a localização das planícies do Pantanal em uma encruzilhada territorial acarreta ao bioma como um todo? Comente.
7. Você concorda com a afirmativa: "Precisamos fazer a interface entre o que produzimos de conhecimento sobre a diversidade biológica pantaneira e como essa produção pode ser útil à sociedade". Por quê?

Atividades finais

+ Ação

1. Leia a notícia sobre a economia do Mato Grosso do Sul, divulgada em 12 de dezembro de 2014. A seguir, faça o que se pede.

   Em Mato Grosso do Sul, cinco dos 79 municípios concentraram mais da metade do Produto Interno Bruto (PIB) em 2012. Dados do Instituto Brasileiro de Geografia e Estatística (IBGE), divulgados na última quinta-feira (11), apontam que Campo Grande, Dourados, Corumbá, Três Lagoas e Ponta Porã responderam, somados, por 55,8% das riquezas geradas pelo estado. Em 2012, a capital sul-mato-grossense registrou o maior PIB do estado, de R$ 16 970 656 000. Segundo o IBGE, Campo Grande ocupou o 3.º lugar no ranking entre as cidades da região Centro-Oeste, o 15.º lugar entre as capitais e o 33.º lugar entre os municípios do país.

   [...] O município de Chapadão do Sul, distante 333 km de Campo Grande, se manteve com o maior PIB per capita do estado – produto interno bruto dividido pela quantidade de habitantes – em 2012, com R$ 43 627,59. O menor foi Japorã, com R$ 7 052,82.

   [...] Ainda segundo o IBGE, nove cidades de Mato Grosso do Sul figuraram entre os 100 municípios com maior expressão na agropecuária no país. Maracaju, localizada a 157 km de Campo Grande, registrou o maior valor adicionado bruto da agropecuária no estado, R$ 418 035 000. Os outros municípios que se destacaram foram Rio Brilhante (R$ 367 710 000), Dourados (R$ 328 675 000), Sidrolândia (R$ 321 540 000), Costa Rica (R$ 281 189 000), Ponta Porã (R$ 278 610 000), Corumbá (R$ 242 417 000), São Gabriel do Oeste (R$ 235 300 000) e Chapadão do Sul (R$ 226 097 000).

   Números do PIB potencializam economia de municípios em Mato Grosso do Sul. Disponível em: <www.capitalnews.com.br/ver_not.php?id=272198&ed=Economia&cat=Not%C3%ADcias>. Acesso em: 15 dez. 2014.

   a) Em um mapa político do Brasil ou de Mato Grosso do Sul, localize os municípios que proporcionaram mais da metade do PIB do estado, em 2012.

   b) Responda às questões:
   - Que posição ocupou a capital de Mato Grosso do Sul nesse *ranking* de 2012, segundo o IBGE?
   - Identifique o município que apresentou o maior PIB *per capita* do estado, em 2012. E aquele que acusou a menor renda *per capita*.
   - Quais são as cidades de Mato Grosso do Sul que o IBGE classificou entre os 100 municípios mais importantes no que se refere à produção da agropecuária nacional? Procure localizá-las no mapa.
   - Em sua opinião, é possível concluir que a agricultura e a pecuária são atividades econômicas importantes de Mato Grosso do Sul? Explique.

2. Podemos afirmar que uma das políticas públicas de maior êxito do estado de Santa Catarina é a que se refere aos investimentos no setor de turismo, cujo *marketing* "Venha Descobrir Santa Catarina" acentua tanto as belíssimas praias do litoral durante o verão quanto as serras durante o inverno. "Além disso, há destinos em Santa Catarina que atraem visitantes durante o ano inteiro, como o parque Beto Carrero World, em Penha, e o Santuário de Santa Paulina, em Nova Trento."
   Então, que tal conhecer dois destinos turísticos desse estado? Leia os textos. Depois, faça o que se pede.

   ### Serra Catarinense

   Sede dos primeiros hotéis-fazenda do país, a Serra Catarinense está localizada a apenas 2 horas de carro do litoral. A viagem até lá é uma atração à parte, tal a beleza das paisagens que você encontrará no caminho. Ao todo, 17 municípios compõem toda essa região, a maioria com menos de 20 mil habitantes. Em todos eles, o turismo rural predomina.

   Perca o fôlego com algumas das mais espetaculares paisagens do Sul do Brasil

   A beleza natural da Serra Catarinense impressiona. A paisagem, formada por florestas de araucárias, rios, cachoeiras, vales, campos de altitude e grandes cânions, vai arrebatar você. Lugares como a Serra do Rio do Rastro, a Serra do Corvo Branco e o Morro da Igreja são visitas obrigatórias, com estradas sinuosas que cortam as montanhas até atingirem alguns dos pontos mais altos do país. A vista é espetacular. Nos dias de céu claro, é possível avistar o litoral a dezenas de quilômetros.

Conheça o Brasil que neva

A Serra Catarinense tem picos com altitudes que chegam a 1 827 metros (Morro da Boa Vista). É umas das regiões mais frias do Brasil, a única onde neva em quase todos os invernos — ainda que por poucos dias. Nessa época do ano, a paisagem ganha um toque especial, com geadas, nevoeiros, granizo, cachoeiras congeladas e nevascas que fazem a alegria de turistas de todas as partes do país.

Recarregue as energias no berço do turismo rural brasileiro

Foi na Serra Catarinense que surgiram os primeiros hotéis-fazenda e pousadas rurais do Brasil. Hoje, a região conta com uma vasta oferta de estâncias, que oferecem todo o conforto e infraestrutura de lazer. Cavalgar ao ar livre, respirando o ar puro da montanha, é apenas uma das opções à sua disposição.

Aventure-se no paraíso do ecoturismo

Os adeptos do ecoturismo vão encontrar na Serra Catarinense o lugar perfeito para a prática do trekking, rapel, canyoning, mountain bike, tirolesa e outras atividades, como a pesca esportiva da truta. A região também dispõe de inúmeros pesque-pagues, locais onde a pescaria é feita em açudes, com boa infraestrutura para os visitantes.

Aprecie alguns dos melhores vinhos brasileiros e a excelente gastronomia regional

Recentemente, a Serra Catarinense começou a receber indústrias vinícolas de alta qualidade. Visitá-las é um prato cheio para os apreciadores de vinhos finos e espumantes, alguns premiados nacional e internacionalmente. Por falar em prato, a gastronomia regional campeira surpreenderá você com receitas típicas à base de pinhão, truta e carne de gado, tudo com muita fartura e sabor.

Disponível em: <http://turismo.sc.gov.br/destinos/serra-catarinense/>. Acesso em: 16 dez. 2014.

Caminhos da Fronteira

Quem gosta de desbravar terras agrestes vai encontrar nos Caminhos da Fronteira o lugar ideal para suas aventuras. A região fica no extremo oeste catarinense e faz fronteira com os estados do Rio Grande do Sul e Paraná, além da Argentina. Esse fato é marcante para explicar a diversidade cultural encontrada em seus 18 municípios, do qual São Miguel do Oeste é o mais populoso, com 36 mil habitantes.

Desbrave a natureza praticando ecoturismo e esportes de aventura nos Caminhos da Fronteira

O ecoturismo é uma das atividades mais promissoras dessa região ainda pouco conhecida pela maioria dos brasileiros. A beleza selvagem dos municípios é um convite para atividades como trekking, rapel e pescarias, entre outros.

Faça uma viagem cultural pelos municípios da região

Nos Caminhos da Fronteira, as tradições dos imigrantes alemães, italianos e poloneses se misturam aos costumes gaúchos, paranaenses e argentinos, formando um rico mosaico cultural. Em Guaraciaba está um dos maiores museus rurais do Brasil: o Edvino Hölscher. Já em Dionísio Cerqueira a atração é o Marco das Três Fronteiras.

Disponível em: <http://turismo.sc.gov.br/destinos/caminhos-da-fronteira/>. Acesso em: 16 dez. 2014.

a) Localize os dois destinos turísticos em um mapa.

b) Faça o que se pede:
- Cite alguns motivos que privilegiam o turismo no estado de Santa Catarina.
- Você conhece alguma das paisagens catarinenses citadas nos textos? Caso negativo, qual delas gostaria de visitar? Por quê?
- Faça um resumo de cada texto, destacando o que é mais expressivo na Serra Catarinense e nos Caminhos da Fronteira. Expresse as suas preferências em termos de paisagem natural, gastronomia e passeios.
- Podemos afirmar que o encontro de diferentes povos resultou em um rico patrimônio cultural do estado de Santa Catarina? Explique sua resposta.
- Qual é a origem de seus pais, avós e bisavós? Pesquise, se necessário.

3. Para conhecer melhor o Sul do país, realize as seguintes atividades:

a) Releia o intertítulo "Sul do país" (p. 257) e observe as fotos.

b) Justifique a frase: "A maior parte do estado de São Paulo tem muitas características comuns com os três estados sulinos".

c) Compare, do ponto de vista das atividades econômicas mais importantes, as diferentes áreas do Sul do país.

d) Elabore um texto que contenha as principais ideias sobre o Sul do país. Escolha o título. Se possível, ilustre seu trabalho com desenhos, mapas, fotos, etc.

Unidade 4 • Brasil: diversidades regionais **263**

4. Diversidades naturais, econômicas e sociais são características da região Centro-Sul, que você conheceu neste capítulo. Para sintetizar o seu aprendizado sobre as principais sub-regiões do Centro-Sul, faça as atividades a seguir.
   a) Reproduza o quadro abaixo no caderno.
   b) Preencha-o com base no texto, nas fotos e nos mapas do capítulo.
   c) Escolha uma dessas sub-regiões e pesquise, em jornais e revistas, reportagens, fotos, mapas e gráficos relacionados a ela. Cole o material selecionado no caderno. Explique o porquê de sua escolha.
   d) Na data marcada, traga sua pesquisa e, sob a coordenação do professor, elabore um texto coletivo com as informações mais importantes que você aprendeu sobre a região Centro-Sul do Brasil.

Sub-regiões do Centro-Sul	Principais áreas ou cidades	Características da economia	Outros aspectos importantes
Megalópole			
Sul do país			
Porção norte do Centro-Sul			

5. Escolha um dos temas a seguir e pesquise, em bibliotecas ou na internet, informações sobre ele.
   - Tema 1: A Grande São Paulo: problemas urbanos.
   - Tema 2: A Grande Rio de Janeiro e seus problemas ambientais.
   - Tema 3: As transformações que a industrialização trouxe à Grande Belo Horizonte.
   - Tema 4: A colonização estrangeira no Sul do país, incluindo São Paulo: japoneses, italianos, alemães e poloneses. Verifique áreas de fixação, épocas em que os imigrantes chegaram em maior número, atividades a que se dedicaram, influência nas paisagens atuais, etc.

Em uma data combinada com o professor, traga sua pesquisa para a sala de aula. Nessa data, o professor dividirá a classe em pequenos grupos para orientar as seguintes atividades:
- troquem informações sobre o material pesquisado;
- organizem as informações obtidas. Pode ser por meio de cartazes com textos, mapas, gráficos, desenhos, colagens, livretos com capas, etc.

Sob a coordenação do professor, mostrem seus trabalhos para os outros grupos.

De olho na imagem

1. O Pantanal, *habitat* de inúmeras espécies de aves e outros animais, é uma das mais belas regiões do Brasil.
   a) Observem as imagens e leiam o texto.

Lei n. 5 950, de 3 de abril de 1992 – D.O. 3 abr. 92.

Autor: Deputado Paulo Moura

A Assembleia Legislativa do Estado de Mato Grosso, tendo em vista o que dispõe o Artigo 42 da Constituição Estadual, aprova e o Governador do Estado sanciona a seguinte lei:

Art. 1º É declarado Ave-Símbolo do Pantanal Mato-Grossense o tuiuiú (Jabiru mycteria).

Art. 2º *O órgão central do Sistema Estadual do Meio Ambiente, através do órgão setorial, promoverá, através de programas preestabelecidos, campanhas visando à conscientização da população da necessidade de preservação das espécies existentes naquele habitat.*
  Art. 3º *Esta lei entra em vigor na data de sua publicação.*
  Palácio Paiaguás, em Cuiabá, 3 de abril de 1992.
  as) *Jayme Veríssimo de Campos*
  Governador do Estado

DECLARAÇÃO da Ave-Símbolo do Pantanal Mato-Grossense. Disponível em: <www.sad-legislacao.mt.gov.br/Aplicativos/Sad-Legislacao/legislacaosad.nsf/709f9c981a9d9f468425671300482be0/c942a3e292bdce0a0425713200510bb9?OpenDocument>. Acesso em: 16 dez. 2014.

b) Respondam às questões a seguir com base nos selos e no texto.
- Que animais da fauna do Pantanal vocês reconhecem nos selos?
- Qual deles foi citado no texto? Por quê?

c) Criem um *slogan* para uma campanha que leve a população a se conscientizar da necessidade de preservação das espécies existentes no Pantanal. Veja alguns exemplos de *slogan* ambiental:

"Educação ambiental é a nossa praia."

"Seja consciente, proteja o meio ambiente."

"Quer continuar a respirar? Comece a preservar."

2. Muita gente no Brasil gosta de viajar de trem. Será que esse passeio pelos trilhos é possível?
 a) Observem as imagens.

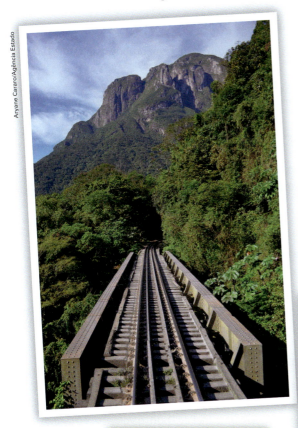

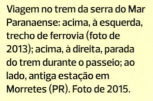

Viagem no trem da serra do Mar Paranaense: acima, à esquerda, trecho de ferrovia (foto de 2013); acima, à direita, parada do trem durante o passeio; ao lado, antiga estação em Morretes (PR). Foto de 2015.

Unidade 4 • Brasil: diversidades regionais   **265**

b) Agora, leiam o texto.

> *São 110 quilômetros viajando pela maior área preservada de mata Atlântica do Brasil e por uma ferrovia com 128 anos de história. O Trem da Serra do Mar Paranaense parte diariamente de Curitiba rumo à cidade de Morretes e aos domingos chega também em Paranaguá. São aproximadamente 3 horas de viagem.*

TREM da Serra do Mar Paranaense. Disponível em: <www.serraverdeexpress.com.br/site/conheca.aspx?cod=13>. Acesso em: 16 dez. 2014.

c) Respondam: das informações do texto citado, qual delas vocês destacariam? Por quê?
d) Escolham uma das imagens e escrevam um pequeno texto que mostre, na opinião de vocês, como é viajar de trem em meio àquelas paisagens paranaenses.

ATIVIDADE INTERDISCIPLINAR

Conexões

ARTE, HISTÓRIA E LÍNGUA PORTUGUESA

- O Brasil possui um dos folclores mais ricos do mundo. São danças, festas, comidas, temperos, superstições, comemorações e representações que há muito tempo fazem parte da vida das pessoas.
  a) Leia os textos. A seguir, faça o que se pede.

Lei n. 8813, de 10 de janeiro de 1989

Oficializada como traje de honra e de uso preferencial no Rio Grande do Sul, para ambos os sexos, a indumentária denominada "pilcha gaúcha".

Deputado Algir Lorenzon, presidente da Assembleia Legislativa do Estado do Rio Grande.

Faço Saber, em cumprimento ao disposto no § 5º do artigo 37 da constituição do Estado, que a Assembleia Legislativa decretou e eu promulgo a seguinte lei:

Art. 1º É oficializado como traje de honra e de uso preferencial no Rio Grande do Sul, para ambos os sexos, a indumentária denominada "pilcha gaúcha".

Parágrafo único – Será considerada "pilcha gaúcha" somente aquela que, com autenticidade, reproduza com elegância, a sobriedade da nossa indumentária histórica, conforme os ditames e as diretrizes traçadas pelo Movimento Tradicionalista Gaúcho.

Art. 2º A "pilcha gaúcha" poderá substituir traje convencional em todos os atos oficiais, públicos ou privados realizados no Rio Grande do Sul.

Art. 3º Esta Lei entra em vigor na data de sua publicação.

Art. 4º Revogam-se as disposições em contrário.

Assembeéia Legislativa do Estado, em Porto Alegre, 10 de janeiro de 1989.

Disponível em: <http://minhapatriagaucha.blogspot.com.br/2010/10/lei-da-pilcha_15.html>. Acesso em: 16 dez. 2014.

Música caipira

Compositor, arranjador, pesquisador e professor da Escola de Comunicações e Artes da Universidade de São Paulo (ECA-USP) na cadeira de viola caipira, história da música popular e percepção musical, Ivan Vilela, paralelamente à carreira de músico e instrumentista, vem contribuindo de forma incisiva para a valorização do instrumento que assumiu em 1995, bem como todo o universo que o envolve. Em 1997, quando lançou o primeiro de uma série de elogiados discos de viola, Vilela começou uma ampla pesquisa desse universo caipira, que transformou em tese de doutorado em 2007 e agora ganhou edição em livro: Cantando a própria história – Música caipira e enraizamento (Edusp, 2013).

No prefácio, o professor Alfredo Bosi sugere que o livro "deve ser lido como um generoso tributo à cultura popular brasileira". Vilela introduz o leitor ao universo da viola apresentando a história do instrumento, desde as origens árabes e ibéricas e as variações de modelos e afinações. [...]

266 · Capítulo 12 • Centro-Sul

[...] *A ideia toda desse trabalho vem do doutorado feito na Psicologia Social da USP sob orientação da Ecléa Bosi, que trabalha com memória oral. "Fiz história antes de estudar música, não cheguei a terminar o curso, mas o que sempre me incomodou foi a falta de a história ser contada pela perspectiva do povo pequeno, que é um povo com o qual sempre lidei", diz Vilela.*

A segunda metade do livro é composta de entrevistas com personagens desse "povo pequeno" [...]. *Muitas lembranças são associadas à música que se ouvia no rádio, veículo que Vilela considera de fundamental importância na difusão da música caipira e de viola a partir dos anos 1920.* [...]

[Vilela afirma que:] [...] *"É um absurdo falar que esse tipo de música foi transmutada, prostituída a partir do disco. Não foi. Na realidade o disco e o rádio foram grandes armas de divulgação."*

Adaptado de: GARCIA, Lauro Lisboa. *Tributo à cultura popular*.
Disponível em: <http://revistapesquisa.fapesp.br/2014/02/12/tributo-cultura-popular/>.
Acesso em: 16 dez. 2014.

b) Procure no dicionário o significado das palavras que você desconhece.
c) Responda às questões:
- O que mais chamou a sua atenção no primeiro texto? Por quê?
- Você conhece a pilcha gaúcha e o Movimento Tradicionalista Gaúcho? Explique.
- De acordo com o pesquisador Vilela, quais foram os grandes instrumentos de divulgação da música caipira e da viola?
- Você já viu e/ou ouviu uma viola? Onde?
- Você gosta de música caipira? Cite suas músicas preferidas.
- Comente as impressões que você teve ao ler o texto sobre música caipira.
d) Pesquise algumas das manifestações folclóricas de seu estado em revistas, jornais e na internet. Cole imagens ou faça desenhos no caderno para ilustrar a sua pesquisa. Depois, apresente seu trabalho ao professor e aos colegas.

Gaúcho em suas vestes tradicionais no Rio Grande do Sul.

Unidade 4 • Brasil: diversidades regionais **267**

Capítulo 13
Amazônia

A Amazônia é uma imensa região natural, isto é, uma enorme área marcada por elementos da natureza — principalmente a vegetação e a hidrografia —, que se estende por 6,6 milhões de quilômetros quadrados no norte da América do Sul.

É uma região internacional, pois ocupa parte do território de vários países: Brasil, Peru, Colômbia, Equador, Venezuela, Bolívia, Guiana, Suriname e Guiana Francesa. É uma área florestal, com clima equatorial (quente e úmido) e uma rica hidrografia.

Neste capítulo, vamos estudar a porção da Amazônia localizada em território brasileiro: a Amazônia brasileira.

Jean/Acervo do Artista/FOLHA DE S.PAULO, 28 jun. 2003.

> Era uma vez, na Amazônia, a mais bonita floresta / mata verde, céu azul, a mais imensa floresta / no fundo d'água as Iaras, caboclo, lendas e mágoas
> [...]
> No lugar que havia mata, hoje há perseguição / grileiro mata posseiro só pra lhe roubar seu chão / castanheiro, seringueiro já viraram até peão / afora os que já morreram como ave de arribação / Zé de Nata tá de prova, naquele lugar tem cova / gente enterrada no chão
> [...]
>
> FARIAS, Vital. *Saga da Amazônia*. Disponível em: <www.mpbnet.com.br/musicos/vital.farias/letras/saga_da_amazonia.htm>. Acesso em: 17 dez. 2014.

 Para começar, observe a charge, leia o trecho da canção e troque ideias com o professor e os colegas sobre as seguintes questões:

1. De que problemas da Amazônia a charge e a canção tratam?
2. Vocês já ouviram falar de algum dos problemas citados? Em que meio de comunicação?
3. Em sua opinião, que temas sobre a Amazônia serão tratados neste capítulo?

❶ A maior região brasileira

Com cerca de 4,8 milhões de quilômetros quadrados, a Amazônia brasileira abrange mais da metade do território nacional e corresponde a aproximadamente 73% da Amazônia internacional (veja o mapa abaixo). Costuma ser definida pela área de abrangência do bioma amazônico, dominado sobretudo pela floresta equatorial (ou tropical) — a floresta Amazônica — e pela maior bacia hidrográfica do mundo, formada pelo rio Amazonas e seus afluentes. A floresta e os rios são os traços mais marcantes da paisagem. A natureza ainda é predominante nessa área, mas o processo de ocupação e povoamento das últimas décadas tem modificado os aspectos naturais da região.

Adaptado de: IBGE. *Atlas geográfico escolar*. 6. ed. Rio de Janeiro: IBGE, 2012.

Foz dos rios Juruena e Teles Pires, dando início ao rio Tapajós, na divisa dos estados do Amazonas, do Pará e de Mato Grosso. Foto de 2014.

Apesar do aumento da ocupação humana, a Amazônia brasileira ainda é uma região de baixa densidade demográfica, a menor do país, e com a maior presença de indígenas, os habitantes originais da nossa terra. O PIB gerado pela Amazônia brasileira foi de 163 bilhões de dólares em 2010, o que significa cerca de 5% do total nacional. Os dois estados com as maiores economias na região são o Pará (61 bilhões de dólares em 2010) e o Amazonas (49,5 bilhões de dólares, também em 2010). Mesmo contando com a zona industrial de Manaus, a economia regional ainda tem por base atividades primárias:

- a agropecuária, que desde a década de 1970 é o setor econômico mais importante;
- o extrativismo vegetal, que até a década de 1970 foi a atividade básica dessa região;
- a mineração, que se tornou mais importante nas últimas décadas do século XX após a descoberta de grandes reservas minerais.

Durante vários séculos, a Amazônia permaneceu praticamente esquecida, uma vez que os colonizadores não encontraram quase nada de importante a ser explorado. Por ser uma região distante da Europa e por apresentar solos frágeis, a Amazônia não convinha para o cultivo da cana-de-açúcar, principal produto exportado pelo Brasil colônia. Além disso, durante o período colonial não foram encontradas riquezas minerais, como ouro e diamante. Por isso, a Amazônia foi deixada relativamente de lado pelos portugueses. Veja na foto abaixo um tipo de moradia da Amazônia.

Palafitas alcançadas pela cheia do rio Solimões em Careiro da Várzea (AM). Foto de 2014.

Texto e ação

1. Diferencie a Amazônia brasileira da Amazônia internacional.
2. A Amazônia diferencia-se do restante do país pela presença marcante dos elementos da natureza. Que elementos se destacam na paisagem natural dessa região?
3. Comente a paisagem retratada na foto acima. No seu texto, inclua sua opinião sobre como deve ser a vida dos ribeirinhos da Amazônia.

❷ Meio físico

Vamos estudar as principais características do meio físico da Amazônia a seguir.

Relevo

O relevo da Amazônia brasileira é constituído por três grandes unidades (veja o mapa abaixo):

Amazônia: relevo e hidrografia

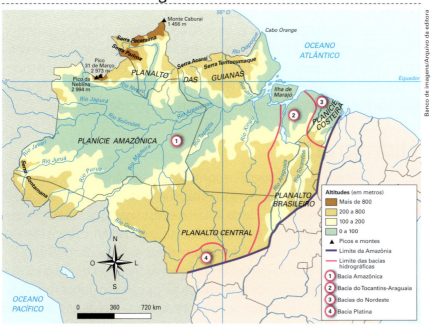

Adaptado de: IBGE. *Atlas nacional do Brasil*. Rio de Janeiro, 2000; BRASIL. Ministério do Meio Ambiente. Secretaria de Recursos Hídricos, 2007.

- *Planície e baixos platôs da Amazônia*: formados em sua maior parte por terras baixas e platôs (planaltos sedimentares de baixa altitude). As áreas de planícies fluviais correspondem a cerca de 1% da área total dessa unidade.
- *Planalto das Guianas*: constituído por terrenos cristalinos. Localiza-se ao norte da planície Amazônica, prolongando-se até a Venezuela e as Guianas. Na área de fronteira entre esses países e o Brasil, está a região serrana, formada pelas serras do Imeri ou Tapirapecó, Parima, Pacaraima, Acaraí e Tumucumaque. É na região serrana que se encontram os pontos mais altos do país: o pico da Neblina, com 2 994 m de altitude acima do nível do mar, e o pico 31 de Março, com 2 973 m de altitude, ambos localizados na serra do Imeri, no estado do Amazonas.
- *Planalto Central*: localizado na parte sul da região amazônica, abrangendo o sul do Amazonas e do Pará e a maior parte dos estados de Rondônia e Tocantins. É composto de terrenos cristalinos e sedimentares antigos, mais elevados ao sul e em Tocantins.

Clima

O clima predominante na Amazônia é o equatorial, quente e úmido. Como, em geral, existem baixas altitudes e latitudes, a região apresenta elevadas temperaturas médias. A presença de grandes massas líquidas favorece a evaporação, produzindo elevada umidade. As temperaturas são elevadas o ano todo (médias de 24 °C a 26 °C) e há baixa amplitude térmica, com exceção de algumas áreas de Rondônia e do Acre, onde ocorre o fenômeno da **friagem** — frentes frias vindas do sul do oceano Atlântico penetram no sul do Brasil, prosseguem rumo ao norte, passam por Mato Grosso e, às vezes, atingem esses estados, o que provoca uma diminuição da temperatura. No inverno, o efeito da friagem dura uma semana ou pouco mais, quando a temperatura mínima chega a 12 °C em Porto Velho e até 6 °C em Rio Branco.

O regime de chuvas na região é bem marcado: há um período seco, de junho a novembro, e outro com grande volume de precipitação, de dezembro a maio. As chuvas provocam mais de 2 mil milímetros de precipitação anual; alguns trechos registram mais de 3 mil milímetros, como o litoral do Amapá, a foz do rio Amazonas e porções da Amazônia ocidental.

As chuvas de convecção, características do clima equatorial, geralmente ocorrem no final da tarde e se formam da seguinte maneira: com o nascer do Sol, a temperatura começa a subir, o que provoca a evaporação. O vapor de água no ar se eleva, formando grandes nuvens. A temperatura diminui à medida que o entardecer se aproxima, levando esse vapor de água a se condensar e a precipitar, o que caracteriza as chuvas de convecção.

Hidrografia

A maior bacia hidrográfica do mundo, a bacia Amazônica, é formada pelo rio Amazonas e seus milhares de afluentes (alguns não catalogados). No rio Uamutã, afluente do Amazonas, está instalada a usina hidrelétrica de Balbina, e em outro afluente, o rio Jamari, está instalada a usina hidrelétrica de Samuel, construída na cachoeira de Samuel.

A grande extensão do rio Amazonas e as boas condições de navegabilidade (é um rio de terras baixas e planas) possibilitaram a construção de três portos para navios de grande calado no curso do rio. Um deles fica no Brasil, na cidade de Manaus.

No rio Amazonas ocorre a **pororoca**, fenômeno natural marcado pelo forte choque resultante do encontro das águas do rio e do mar, cujo barulho pode ser ouvido a grandes distâncias (foto ao lado). Na foz do rio, encontra-se a ilha de Marajó, a maior ilha fluviomarítima do mundo.

Além da bacia Amazônica, na Amazônia está localizada boa parte da bacia hidrográfica do Tocantins-Araguaia. No rio Tocantins está instalada a usina de Tucuruí, uma das maiores usinas hidrelétricas do Brasil e do mundo (foto abaixo).

A pororoca também ocorre no rio Capim, no município de São Domingos do Capim (PA), onde surfistas participam de um festival da pororoca, que se realiza anualmente. Foto de 2014.

Usina hidrelétrica de Tucuruí, localizada no município de Tucuruí (PA). Foto de 2012.

Texto e ação

1. O relevo da Amazônia brasileira é constituído por três grandes unidades. Quais são elas? Em qual delas está localizado o ponto mais alto do Brasil?

2. Analise o mapa da página 271: observe o título, a legenda, a distribuição espacial das cores e dos símbolos e responda às questões:
   - Que altitudes predominam na Amazônia? Que cor as indica?
   - Que cor indica as altitudes acima de 800 metros em relação ao nível do mar?
   - Que cor indica as áreas menos elevadas da região? Onde elas se localizam?
   - O que chama mais a sua atenção ao analisar as altitudes do relevo da Amazônia?
   - Quais são as altitudes percorridas pelo rio Xingu, da nascente à foz? O que isso significa?

3. Sobre o clima da Amazônia, responda:
   a) Que temperaturas predominam na Amazônia?
   b) Em sua opinião, como as altas temperaturas interferem na vida das pessoas que vivem na Amazônia?
   c) Explique o regime de chuvas na Amazônia.

4. Sobre a hidrografia da Amazônia, responda:
   a) Qual é o aproveitamento dos rios da bacia hidrográfica Amazônica?
   b) Explique o fenômeno da pororoca.
   c) Comente a foto na página 272 que mostra a usina de Tucuruí.

Geolink 1

Força feminina em Pimental

Capacete, óculos escuros e uniforme não tiram a feminilidade de Sebastiana de Jesus dos Santos Vieira, 36 anos. Paraense de Abaetetuba, ela reforça o contingente de trabalhadores do sítio Pimental, onde está sendo erguida a Casa de Força Complementar da Usina Hidrelétrica Belo Monte.

Sebastiana chegou às obras da usina há um ano e sete meses. Deixou para trás um emprego em Parauapebas (PA), disposta a encarar o desafio de trabalhar no maior empreendimento de infraestrutura em construção no Brasil. A aposta não poderia ter sido melhor.

"No início foi difícil me adaptar à vida no canteiro de obras, mas fui conhecendo pessoas que acreditaram no meu trabalho e me incentivaram a crescer", conta. Hoje, Sebastiana é líder de Solda em Formação. Ela chefia uma equipe formada por cinco homens e enfrenta com alegria e determinação os desafios de ser mulher num universo masculino.

O sorriso aberto, embora tímido, não esconde a satisfação de ter tido a vida transformada depois de mudar do sul do Pará para a região do Xingu. "Aqui muitas portas já se abriram para mim. São muitas oportunidades de aprender e continuar sonhando em dar um futuro melhor para os meus dois filhos e minha mãe, que moram comigo."

FORÇA feminina em Pimental. Disponível em: <http://blogbelomonte.com.br/2014/10/07/forca-feminina-em-pimental/>. Acesso em: 17 dez. 2014.

Faça o que se pede:

1. Descreva a personagem apresentada pela notícia, considerando o trabalho que ela executa.
2. Em um mapa político, localize os municípios citados na matéria acima.
3. Em sua opinião, o que significa a presença ativa da mulher em canteiros de obras?
4. O que você sabe sobre a usina hidrelétrica de Belo Monte?

3 A floresta e seu desmatamento

O bioma amazônico, considerado o de maior biomassa e biodiversidade do mundo, é importante não só para a região, mas para todo o planeta. Além da floresta Amazônica, ele inclui uma pequena faixa de mangue (no litoral) e algumas áreas com vegetação de cerrado.

O intenso desmatamento tem causado sérios problemas ambientais na Amazônia brasileira.

Seja por queimadas (o que é mais comum), seja por motosserras e tratores, os desmatamentos são mais frequentes nos limites da Amazônia brasileira, tanto a leste (Pará e Maranhão), onde as madeireiras começam a se expandir, como ao sul (Mato Grosso e Rondônia). Veja o gráfico com a tabela abaixo e a foto da página ao lado.

Degradação florestal na Amazônia Legal (km²) (2007–2013)

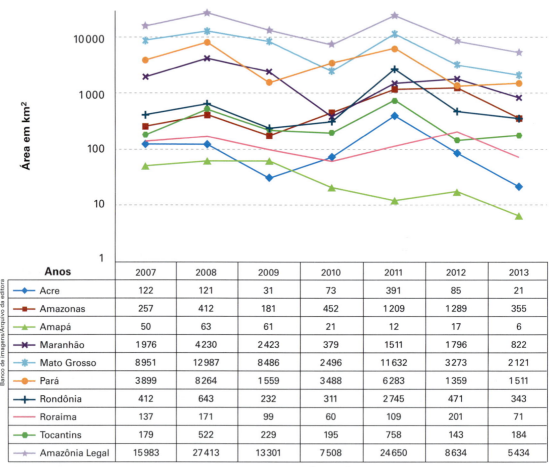

Anos	2007	2008	2009	2010	2011	2012	2013
Acre	122	121	31	73	391	85	21
Amazonas	257	412	181	452	1 209	1 289	355
Amapá	50	63	61	21	12	17	6
Maranhão	1 976	4 230	2 423	379	1 511	1 796	822
Mato Grosso	8 951	12 987	8 486	2 496	11 632	3 273	2 121
Pará	3 899	8 264	1 559	3 488	6 283	1 359	1 511
Rondônia	412	643	232	311	2 745	471	343
Roraima	137	171	99	60	109	201	71
Tocantins	179	522	229	195	758	143	184
Amazônia Legal	15 983	27 413	13 301	7 508	24 650	8 634	5 434

Adaptado de: INPE. *Mapeamento da degradação florestal na Amazônia brasileira* (DEGRAD). Disponível em: <www.obt.inpe.br/degrad>. Acesso em: 11 fev. 2015.

Texto e ação

1. Observe os dados do gráfico sobre a degradação florestal na Amazônia Legal e responda:
    a) O que aconteceu com o desmatamento na Amazônia Legal no período apresentadona no gráfico?
    b) Que estados da Amazônia Legal mais desmataram no período de 2007 a 2013?
    c) O que os números do gráfico revelam sobre o desmatamento em Mato Grosso?

2. Você vive na Amazônia? O nome do estado onde você mora aparece na tabela?

Área de desmatamento na planície do rio Araguaia, em Araguaiana (MT). Foto de 2014.

Pesquisas científicas sobre usos terapêuticos de plantas e animais no norte do Amazonas

"O índio trata a doença e usa uma planta para cada enfermidade", exemplifica a pesquisadora [Eliana Rodrigues], coordenadora do Centro de Estudos Etnobotânicos e Etnofarmacológicos (CEE). "O negro, ao contrário, usa misturas e pode tratar de formas diferentes as dores de cabeça de uma pessoa e de outra — o que conta são as particularidades de cada um." Outra distinção entre culturas é que cada xamã indígena tem o seu conhecimento particular, a sua coleção de plantas na farmácia da floresta. Já os caboclos, segundo a pesquisadora, cultivam um conhecimento difuso que recolhem de diferentes culturas e diferentes origens geográficas.

Essa farmacopeia variada é o tema do estudo de Eliana em sete comunidades ribeirinhas ao longo do rio Unini, no norte do Amazonas. Para chegar às cidades mais próximas, Barcelos e Novo Airão, é preciso navegar no mínimo 250 quilômetros pelo rio Negro. Os habitantes da região, uma reserva extrativista, têm ascendência indígena, africana e europeia. No século XIX uma onda migratória do Ceará se instalou por ali em busca de trabalho nos grandes seringais, contribuindo para a cultura local com um forte componente desse estado nordestino.

Já faz parte da lista levantada por Juliana Santos, uma das integrantes da equipe do CEE, um total de 122 espécies de plantas e 57 de animais, indicadas para 67 usos terapêuticos. [...] "Mas hoje poucos ribeirinhos usam a medicina tradicional, a maioria deles vão ao posto de saúde da comunidade e buscam remédios que usam de maneira indiscriminada", lamenta. O problema surge porque esse tipo de atendimento é instalado sem o acompanhamento de um profissional qualificado. "São agentes de saúde com pouco treinamento."

[...] Eliana cataloga os medicamentos de origem natural e forma parceria com farmacólogos, que analisam seus efeitos em animais de laboratório. Foi o caso de duas plantas usadas nas comunidades do Parque Nacional do Jaú como analgésicas: a sucuuba (Himatanthus sucuuba) e a cumandá (Campsiandra comosa). A segunda é, de acordo com os caboclos, a única eficaz contra dor de dente. Os pesquisadores trataram camundongos com extratos das duas plantas e corroboraram, em alguns aspectos, o uso popular dessas plantas, segundo artigo publicado em 2010 na Revista Brasileira de Farmacognosia. [...]

Adaptado de: GUIMARÃES, Maria. Culturas da saúde. Disponível em: <http://revistapesquisa.fapesp.br/2012/01/18/culturas-da-saude/>. Acesso em: 17 dez. 2014.

4 Economia regional

A economia da região amazônica tradicionalmente era baseada no extrativismo vegetal. Atualmente, porém, a agropecuária é mais importante que o extrativismo e também há alguma industrialização, principalmente em Manaus.

Agricultura — A agricultura tem na juta, na pimenta-do-reino e na malva os três produtos comercialmente mais importantes. A juta e a malva, plantas que produzem fibras utilizadas na indústria têxtil, são cultivadas nas proximidades das cidades de Belém e Manaus. A pimenta-do-reino, introduzida na região pela colônia japonesa com a juta, é cultivada em Tomé-Açu (Pará) e na Zona Bragantina, área localizada entre Belém e Bragança (Pará). Outro produto agrícola que vem avançando na Amazônia, nas áreas que sofrem desmatamento, é a soja.

Pecuária — A pecuária, geralmente extensiva e de corte, cresceu muito a partir de 1970, quando se intensificou o processo de derrubada da floresta para plantações de capim, visando à criação de gado para a exportação da carne. As exportações não corresponderam ao esperado, mas mesmo assim o capim substituiu a mata em enormes trechos adquiridos por grupos econômicos do Centro-Sul do país e por empresas multinacionais. Em alguns casos, essas terras permanecem ociosas, à espera de valorização. A criação de búfalos, tradicional na ilha de Marajó, tem sido melhorada com a utilização de técnicas mais modernas.

Extrativismo vegetal — O extrativismo vegetal ou coleta florestal tem na borracha seu produto mais importante, responsável pela fase áurea de prosperidade da Amazônia, entre 1870 e 1910. Após esse período, a região sofreu acentuado declínio econômico em consequência da redução das exportações, ocasionada pela concorrência dos seringais do Sudeste Asiático. Durante a Segunda Guerra Mundial (1939-1945), ocorreu novo impulso dessa atividade na Amazônia, diante da dificuldade de importar esse produto do Sudeste da Ásia, que, na ocasião, era palco da guerra entre Estados Unidos e Japão. Com o fim da guerra, a situação se normalizou, e as exportações brasileiras de borracha voltaram a cair. Embora praticada de forma rudimentar, a extração da borracha ainda é uma atividade significativa na região, principalmente no Acre.

Extração de látex em Xapuri (AC). Foto de 2014.

Outros produtos extrativos fornecidos pela floresta e que possuem certa importância econômica na Amazônia são a castanha-do-pará, produzida sobretudo nos estados do Acre e do Pará, e a madeira, que, diferentemente de outras formas de extrativismo não agressivas ao meio ambiente, causa intenso desmatamento. As empresas madeireiras e serralheiras, algumas delas multinacionais com sede em outros países (principalmente do Sudeste Asiático), multiplicaram-se no sul do Amazonas e do Pará, em Rondônia, no Maranhão e no norte de Goiás e Mato Grosso a tal ponto que algumas espécies vegetais nativas já começaram a ficar escassas.

Extrativismo mineral — A mineração tem grande importância para a Amazônia e tende a crescer cada vez mais. Estudos recentes dos recursos minerais da região demonstraram haver abundância de ferro, ouro e manganês, assim como boa possibilidade de existência de cobre, níquel, bauxita, petróleo e gás natural, além do óleo que já é extraído na região, especialmente no estado do Amazonas.

Na atividade mineradora da região, destaca-se a serra dos Carajás, província mineral localizada no centro-leste do Pará, que possui grandes jazidas de vários tipos de minério, principalmente ferro (foto ao lado). A partir de 1985, criou-se nessa área um gigantesco complexo que inclui uma cidade na serra dos Carajás, um sistema de minas de minérios de ferro e bauxita para a produção de alumínio, instalações de beneficiamento e um pátio de estocagem, além da estrada de ferro Carajás, cujos 890 quilômetros de extensão interligam essa província mineral ao terminal marítimo da Ponta da Madeira, no porto do Itaqui, em São Luís, no Maranhão.

Canteiro de obras de um projeto que visa expandir a extração e o beneficiamento de minério de ferro no Complexo Minerador de Carajás e construir um ramal ferroviário em Canaã dos Carajás (PA). Foto de 2014.

Vizinha a Carajás, também no estado do Pará, está a serra Pelada, onde se explora ouro desde o fim dos anos 1970. Vários fatores levaram à diminuição desse extrativismo mineral, que foi intenso durante duas décadas, entre eles os graves problemas ambientais ocasionados pelos garimpos, a queda dos preços do ouro no mercado internacional e o esgotamento das reservas mais facilmente exploráveis.

No Amapá, até o fim dos anos 1990 se desenvolvia a mais tradicional atividade mineradora da região: a extração do manganês na serra do Navio, exportado pelo porto de Santana, em Macapá. Praticamente todo o manganês era exportado para os Estados Unidos. A empresa exploradora, Indústria e Comércio de Minérios S.A. (Icomi), dividia 49% de suas ações com a poderosa empresa norte-americana Bethlehem Steel. Essas empresas encerraram suas atividades em 1997, declarando exauridas as minas, pouco antes da entrada em vigor da Lei dos Crimes Ambientais. Com o fim dessa atividade extrativa mineral, a região entrou em decadência e teve como herança rios poluídos e um meio ambiente destruído.

Outra atividade mineradora importante na Amazônia brasileira ocorre em Rondônia, onde se explora a cassiterita (minério de estanho), extraída em áreas próximas à cidade de Porto Velho.

Texto e ação

1. Responda às questões:
   - Qual é a utilidade da juta e da malva? Onde são cultivadas?
   - Como a pimenta-do-reino foi introduzida na Amazônia? Em que estado ela é cultivada? Você e seus familiares utilizam esse condimento no preparo dos alimentos?

2. Comente a atividade pecuária na Amazônia.

3. Explique por que a extração mineral tem uma importância cada vez maior na Amazônia.

4. Cite os motivos que levaram à diminuição da extração de ouro em serra Pelada, no Pará.

Geolink 2

Colaboração entre o Norte e o Sul geoeconômicos no estudo do carbono nas florestas amazônicas

Mineração, corte ilegal, barragens e projetos agrícolas, somados ao descumprimento dos direitos territoriais indígenas, colocam em perigo as florestas dos países tropicais que participam da Conferência Global do Clima (COP 20), iniciada ontem (1º/12/2014) em Lima, Peru.

O novo estudo revela a existência de enormes quantidades de carbono na rede de territórios indígenas e áreas protegidas de nove países da Amazônia. Intitulado Carbono nas florestas da Amazônia: o pouco reconhecido papel dos territórios indígenas e áreas naturais protegidas, *o estudo, que será publicado na próxima edição da revista* Carbon Management, *sugere que a proteção da grande quantidade de carbono existente nas florestas dos territórios indígenas e áreas protegidas – equivalentes a 55% de todo o carbono da região amazônica – é crucial para a estabilidade do clima global e para a identidade cultural dos que habitam as florestas e para a saúde desses ecossistemas [...].*

[...] Resultado de uma inovadora colaboração Norte-Sul, o estudo envolveu cientistas, redes panamazônicas de indígenas, várias ONGs e especialistas em políticas públicas, combinando medições de satélite de conteúdo de biomassa com registros obtidos em campo e uma base de dados sobre os limites dos territórios indígenas e áreas protegidas. Foi desenvolvido com a participação do Centro de Pesquisa Woods Hole (WHRC), da Rede Amazônica de Informação Socioambiental Georreferenciada (Raisg), da Coordenação das Organizações Indígenas da Bacia Amazônica (Coica) e do EDF (Environmental Fund Defense).

[...] O estudo revela ainda que cerca de 20% das florestas da Amazônia se encontram ameaçadas pelo corte legal e ilegal de madeira, pela construção de novas estradas e barragens, pela expansão da agricultura comercial e das indústrias de minérios e de petróleo, pressões que têm se exacerbado em vários países onde os governos não reconhecem ou respeitam os direitos territoriais indígenas.

"Nunca estivemos sob tanta pressão como evidencia o estudo", diz Edwin Vásquez, coautor e presidente da Coordenação das Organizações Indígenas da Bacia Amazônica (Coica). "Mas agora fica evidente que ali onde os direitos são fortes as florestas estão em pé. E sabendo que temos mais da metade do carbono da região nos territórios indígenas e áreas protegidas, podemos dizer a nossos governantes que fortaleçam o papel e os direitos dos povos indígenas das florestas".

[...] A Amazônia compreende 2 344 territórios indígenas e 610 áreas naturais protegidas, distribuídas em nove países. Estas áreas são riquíssimas do ponto de vista da diversidade biológica, cultural e linguística. Também são consideradas a pedra angular para a conservação amazônica porque atuam como barreiras sociais e naturais diante do avanço da fronteira agrícola e dos incêndios florestais. Em países como o Brasil, com histórico de altos índices de desmatamento, estas áreas são consideradas elementos centrais das estratégias orientadas a evitar as emissões de dióxido de carbono por desmatamento e degradação florestal.

Indígenas Kayapo na entrada do Palácio do Planalto, em Brasília. Foto de 2015.

"Isto significa que o reconhecimento internacional e os territórios indígenas e áreas protegidas são essenciais para assegurar que estas áreas continuem contribuindo para manter a estabilidade global do clima", diz Richard Chase Smith, do Instituto do Bem Comum, do Peru. Smith destacou também que os conflitos sociais no Peru e em outros países amazônicos continuarão ocorrendo se os governos não assegurarem a posse da terra a seus povos indígenas.

"Se todos os projetos de desenvolvimento econômico atualmente previstos para a Amazônia fossem implementados, a região se converteria em uma gigantesca savana, com ilhas de floresta", afirma Beto Ricardo, do Instituto Socioambiental (ISA) do Brasil. "Uma importante proporção dos territórios indígenas e áreas protegidas se encontra em situação de risco, com consequências potencialmente desastrosas incluindo 40% dos territórios indígenas, 30% das áreas naturais protegidas e os 24% que correspondem a ambas as categorias, por se tratar de áreas de sobreposição".

Ao sintetizar o estudo, seus autores concluem que manter a estabilidade da atmosfera e a ampla gama de serviços ambientais e sociais de significado global providos pelas florestas amazônicas dependerá a curto prazo da decisão dos governos em adotar políticas que assegurem a integridade ecológica dos territórios indígenas e áreas naturais protegidas. O estudo adverte que a destruição destes ecossistemas ricos em carbono diminuirá gradualmente sua capacidade de funcionar de forma adequada, e que isso resultará em efeitos nocivos e potencialmente irreversíveis sobre a atmosfera e o planeta.

Adaptado de: 55% do carbono em terras indígenas e áreas protegidas da Amazônia estão em risco. Disponível em: <www.socioambiental.org/pt-br/noticias-socioambientais/estudo-mostra-que-55-do-carbono-em-terras-indigenas-e-areas-protegidas-da-amazonia-esta-em-risco>. Acesso em: 3 dez. 2014.

Responda às questões.

1. Identifique o título do estudo feito por representantes dos países do Norte e do Sul geoeconômicos sobre o carbono nas florestas da Amazônia. Enumere as entidades participantes.

2. Em sua opinião, a participação de representantes dos povos indígenas nesse estudo é importante? Explique.

3. Cite um dos resultados desse estudo. Comente-o.

4. Comente a afirmativa: "A Amazônia compreende 2 344 territórios indígenas e 610 áreas naturais protegidas, distribuídas em nove países. Estas áreas são riquíssimas do ponto de vista da diversidade biológica, cultural e linguística. Também são consideradas a pedra angular para a conservação amazônica porque atuam como barreiras sociais e naturais diante do avanço da fronteira agrícola e dos incêndios florestais".

5. Interprete os três últimos parágrafos do texto. Registre sua concordância, ou não, com as conclusões dos autores do estudo.

6. O que mais chamou a sua atenção no texto? Comente.

Unidade 4 • Brasil: diversidades regionais

Atividades finais

+ Ação

1. Releia um trecho do texto da página 271.

[...] *localizado na parte sul da região amazônica, abrangendo o sul do Amazonas e do Pará e a maior parte dos estados de Rondônia e Tocantins. É composto de terrenos cristalinos e sedimentares antigos, mais elevados ao sul e em Tocantins.*

Agora responda às questões:
a) A que unidade de relevo da Amazônia o texto se refere?
b) Com que cor essa unidade de relevo está representada no mapa da página 271?

2. A Secretaria de Estado do Turismo do Amapá (Setur) reconhece cinco grandes polos turísticos nessa unidade da federação brasileira. Vamos conhecer um deles?

Leia o texto e responda às questões.

Macapá, o meio do mundo é aqui!

Se no mundo existe um meio, ele fica em Macapá. Em poucos lugares você pode se divertir passando metade do dia no hemisfério norte e outra metade no hemisfério sul. E para ter certeza que está no lugar certo, ergueu-se no ponto zero um monumento que se destaca. Esse e outros atrativos você encontra em Macapá, capital do Amapá. O nome originário de Macapá deu-se pela variação de Maca-Paba, que na língua indígena quer dizer Estância das Macaíbas ou Lugar de Abundância da Bacaba, fruto gorduroso originário da bacabeira, palmeira nativa da região. Com cerca de 400 mil habitantes (em 2013), a capital do Amapá possui pontos turísticos que revelam um pouco da história, cultura e religiosidade de pessoas que sabem preservar e divulgar seus valores.

Um dos destaques e orgulho desta bela cidade é a Fortaleza de São José de Macapá, projetada pelo engenheiro Henrique Antônio Galúcio. A Fortaleza de São José de Macapá é, para os amapaenses, uma das maiores referências, pois representa um marco cultural, arquitetônico e histórico. Está localizada na foz do Rio Amazonas, em frente à capital. Foi erguida em 1764 e 1782, por negros e índios, escravos da colonização portuguesa. Vista de cima se assemelha a uma estrela, pela disposição de seus quatro baluartes, batizados pelo então governador e capitão-general Fernando da Costa de Athayde. Teve os nomes de Madre de Deus, São Pedro, Nossa Senhora da Conceição e São José. Esse belíssimo ponto turístico da capital amapaense está se tornando cada vez mais conhecido no Brasil. Em 2008, a Fortaleza de São José de Macapá foi eleita uma das Sete Maravilhas do Brasil [...].

O folclore amapaense apresenta uma variedade de ritmos, sons, musicalidade e danças, predominando as de origens afrodescendentes e sobressaindo-se o batuque e o marabaixo. A gastronomia amazônica é a base de peixe e camarão, proporcionando deliciosos pratos. A religiosidade da fé católica é um forte apelo turístico onde o profano e o sagrado se encontram, valorizando a cultura local, como na Festa de São Tiago e do Divino Espírito Santo, em Mazagão Velho, e na Festa de São José, padroeiro do estado, e na louvação à Nossa Senhora da Piedade, no distrito de Igarapé do Lago.

Para conhecer um pouco mais da história da capital e do estado, passe no Museu Sacaca, denominado assim em homenagem a um dos mais populares cidadãos da história amapaense recente. No local são reproduzidas as habitações de várias etnias indígenas, de caboclos ribeirinhos e de castanheiros, profundos conhecedores de plantas e ervas medicinais.

Adaptado de: POLO Meio do Mundo. Disponível em: <www.setur.ap.gov.br/>. Acesso em: 17 dez. 2014.

a) Macapá é o "meio do mundo"? Por quê?
b) Descreva a Fortaleza de São José de Macapá e explique por que ela é motivo de orgulho da população macapaense.
c) Você conhece alguma das manifestações folclóricas do estado do Amapá? Qual? E a gastronomia do estado?
d) Podemos afirmar que o encontro de diferentes povos resultou em um rico patrimônio cultural do estado do Amapá? Explique sua resposta.

3. Leia o texto e responda às questões.

Roraima, um estado de oportunidades no extremo norte da Amazônia

O ministro conselheiro do Departamento de Agricultura da Embaixada dos Estados Unidos, Robert K. Hoff, esteve na manhã dessa sexta-feira (16 de maio de 2014) reunido com o secretário estadual de Planejamento e Desenvolvimento, Sérgio Pillon, na sede da Secretaria de Estado de Planejamento e Desenvolvimento (Seplan). O objetivo da visita foi obter informações sobre o potencial agrícola de Roraima.

[...] Ele (Hoff) destacou as muitas possibilidades que podem transformar Roraima em um estado promissor. "Aqui se tem uma localização estratégica maravilhosa, porque fica perto de mercados muito grandes, não só o Amazonas, mas o Caribe, Venezuela e também o Canal do Panamá." [...]

Para o secretário Sérgio Pillon, a visita do ministro conselheiro foi estratégica, em função do interesse de integração do norte do Brasil com o sul da Venezuela, com a República Cooperativista da Guiana, com os mercados do Caribe e com o principal mercado que são os Estados Unidos.

"Os Estados Unidos são o maior parceiro comercial do Brasil, depois do Mercosul. As pessoas não conhecem o potencial de Roraima e eu fiz questão de fazer uma explanação bastante técnica das possibilidades que oferecemos, no agronegócio, no turismo, e da infraestrutura que está sendo montada aqui".

O secretário [...] destacou a construção da logística, a energização que chegará a partir 2016 com o linhão de Tucuruí, das redes que vêm sendo feitas pelo Governo, além das estradas asfaltadas que serão feitas para Guiana.

[...] "Eu senti que ele ficou bem impressionado, e com certeza será mais uma pessoa que falará para o mundo empresarial e para o mundo governamental que Roraima é um estado de oportunidades", disse o secretário Sérgio Pillon.

_{Adaptado de: VENÂNCIO, Elias. *Ministro da Embaixada dos Estados Unidos visita a Secretaria de Planejamento e Desenvolvimento*. Disponível em: <www.seplan.rr.gov.br/index.php?option=com_content&view=article&id=251:ministro-da-embaixada-dos-eua-visita-a-secretaria-de-planejamento-e-desenvolvimento&catid=39&Itemid=204>. Acesso em: 17 dez. 2014.}

a) Por que Robert K. Hoff afirma que Roraima tem uma localização geográfica privilegiada? Lembre-se de consultar um mapa político do Brasil e do continente americano.

b) Com que argumentos o secretário Sérgio Pillon caracteriza Roraima como "um estado de oportunidades"?

4. Tráfico de animais é todo comércio ilegal de espécies da fauna que vivem fora do cativeiro. Sobre o assunto, faça o que se pede.

a) Leia o texto a seguir.

A apreensão de animais silvestres abatidos foi uma das principais ocorrências atendidas pelo Batalhão de Policiamento Ambiental do Amazonas durante o primeiro semestre deste ano (2013). Foram 6 toneladas e 193 kg apreendidos em diferentes cidades e na capital do Estado. Quelônios e pescados também se destacam no balanço de atividades.

[...] "A tartaruga da Amazônia é uma espécie em extinção [...]. Para cada mil ovos, uma tartaruga consegue sobreviver. As pessoas gostam de se alimentar de tartarugas", afirmou Diniz (comandante do Batalhão Ambiental). Ao todo, 596 tartarugas foram resgatadas até julho deste ano (2013).

A estatística do Batalhão Ambiental também destaca a apreensão de 454 quelônios, soltura de 6 430 quelônios e 6 200 alevinos de aruanã. [...]

Quase 23 mil kg de peixes, 107 kg de carvão e 525 metros cúbicos de madeira também foram apreendidos no período. As apreensões resultam de 1 964 ocorrências atendidas, conforme o relatório de atividades do primeiro semestre.

[...] O tenente-coronel Flávio Diniz acredita que a diminuição de ocorrências danosas ao ambiente está relacionada à educação do povo amazonense. Para ele, o melhor seria o caminho da prevenção, e não da repressão. "As pessoas têm que respeitar a natureza. Nossa região é enorme e dificulta um pouco o nosso trabalho, mas é preciso atuar para conservar o nosso grande forte que são os milhares tipos de árvores e animais, além da nossa água doce", concluiu.

_{MEDEIROS, Girlene. *1º semestre tem apreensão de seis toneladas de animais abatidos, no AM*. Disponível em: <http://g1.globo.com/am/amazonas/noticia/2013/10/1-semestre-tem-apreensao-de-seis-toneladas-de-animais-abatidos-no-am.html>. Acesso em: 17 dez. 2014.}

b) Agora, responda: a dimensão territorial do Amazonas facilita ou dificulta o trabalho de apreensão dos animais silvestres?

c) Em sua opinião, o tráfico de animais silvestres é uma das causas da extinção de espécies da fauna da Amazônia? Explique sua resposta.

d) Você concorda com a alternativa do tenente-coronel Flávio Diniz para a diminuição dos danos ambientais? Explique.

5. Sobre a Amazônia, escolha um dos temas abaixo e pesquise-o em jornais, revistas, na internet, etc.
   - As reservas indígenas.
   - Os conflitos de terras.
   - Os desmatamentos.
   - Os projetos de exploração mineral.
   - A usina hidrelétrica de Belo Monte.

a) Leve sua pesquisa para a sala de aula na data combinada com o professor.
b) Em pequenos grupos, a classe deverá fazer a seguinte atividade:
   1º) Com a orientação do professor, organizem o material pesquisado e confeccionem cartazes usando cartolina.
   2º) Criem um título para identificar o tema do trabalho.

De olho na imagem

1. Com base no texto do capítulo, criem pequenas legendas para cada uma das imagens da Amazônia que aparecem a seguir.

Lago formado pela usina hidrelétrica de Balbina, em Presidente Figueiredo (AM). Foto de 2013.

Rio Negro, Novo Airão (AM). Foto de 2014.

Casas às margens do rio Amazonas, em Parintins (AM). Foto de 2014.

2. Leiam o texto a seguir e comentem a imagem.

Alter do Chão, o Caribe da Amazônia

Localizada a 32 km de Santarém, no estado do Pará, essa Amazônia de ares caribenhos se completa com mais de 30 km de belíssimas praias. De uma margem do rio não se vê a outra, um efeito tão impressionante que, segundo relatos locais, os primeiros navegadores europeus, há mais de 400 anos, provavam de suas águas, para ter certeza de que não eram salgadas. [...]

O lugar é lindo e encanta brasileiros e estrangeiros. Alter do Chão, no oeste do Pará, é a primeira entre os dez lugares com as praias mais bonitas do Brasil, segundo o jornal inglês The Guardian. *O jornal também aponta o lugar como o mais bonito do mundo com praias de águas doces. Perfeita para relaxar, a natureza foi bem generosa com a vila de pescadores, que pertence à cidade de Santarém. O cenário é paradisíaco e guarda uma beleza única, já que suas praias são às margens do rio Tapajós.*

De clima equatorial, quente e úmido, Alter do Chão é uma aldeia de pescadores com praias de areia fina e águas claras, e é o principal ponto turístico de Santarém. Em tempos de férias, o "Caribe da Amazônia", como também é conhecida, não pode faltar no roteiro de brasileiros e estrangeiros.

[...] Entre os espetáculos que a natureza proporciona em Alter do Chão está o encontro das águas dos rios Tapajós e Amazonas. As águas cristalinas do Tapajós se encontram com as águas barrentas do Amazonas, mas não se misturam, oferecendo aos visitantes momentos inesquecíveis de ser contemplar. O rio Tapajós é o único entre os afluentes do Amazonas com águas cristalinas.

Localizada na margem direita do Tapajós, Alter do Chão fica cerca de 30 km de Santarém. O acesso é pela PA-457, que está pavimentada. Os visitantes também podem chegar até a vila de barco. O acesso por via fluvial leva cerca de 3 horas, pelo rio Tapajós.

ALTER do Chão foi eleita a mais bela praia do Brasil. Disponível em: <http://usbruger.blogspot.com.br/2013/04/alter-do-chao-foi-eleita-mais-bela.html>. Acesso em: 18 dez. 2014.

Praia de Alter do Chão, em Santarém (PA). Foto de 2014.

3. Observem as imagens e façam o que se pede.

Imagem de satélite do encontro das águas do rio Negro e do rio Solimões, a leste de Manaus (AM). Foto de 2012.

Detalhe do encontro das águas dos rios Negro e Solimões, em Manaus (AM). Foto de 2014.

a) Agora, respondam às questões:
- Que localidade brasileira é mostrada nas imagens?
- O que as cores das imagens indicam?

b) Consultem o mapa da página 271 e citem o nome de outros afluentes do rio Amazonas.

4. Observem as imagens e respondam às questões.

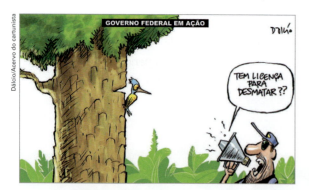

a) O que está sendo tratado na primeira charge? E na segunda?

b) Os assuntos tratados nas charges também são abordados no capítulo? Como?

c) As charges remetem a alguma foto que aparece no capítulo? Caso afirmativo, em que página ela se encontra?

284 Capítulo 13 • Amazônia

ATIVIDADE INTERDISCIPLINAR

ARTE, HISTÓRIA E LÍNGUA PORTUGUESA

- Você gosta de ir ao cinema?

    a) Leia a seguinte notícia divulgada em 15 de dezembro de 2014 sobre o cinema.

    Filme de Silvino Santos será exibido nesta terça-feira (16 [dez. 2014]) em Manaus.

    Disponível em: <http://g1.globo.com/am/amazonas/noticia/2014/12/filme-de-silvino-santos-sera-exibido-nesta-terca-feira-16-em-manaushtml>. Acesso em: 18 dez. 2014.

    b) Agora leia este texto e depois faça o que se pede.

    Em 1969, realizou-se o I Festival Norte do Cinema Brasileiro. Macunaíma, *de Joaquim Pedro de Andrade, foi considerado o melhor filme. Na sessão de encerramento, um senhor de 82 anos, desconhecido pelos artistas que estavam em Manaus, subiu ao palco do cinema Odeon para receber um troféu. Silvino Santos, o pioneiro do cinedocumentário no Amazonas, estava sendo homenageado.*

    Depois de longos anos de esquecimento, finalmente o grande fotógrafo e genial pioneiro do cinema passava a ser conhecido pelo jovem público brasileiro.

    Silvino Simões Santos Silva nasceu em Sernache de Bomjardim, pequena cidade portuguesa. Filho de Antônio Simões Santos Silva, um professor de música, e de Virginia Silva, Silvino Santos, ainda muito jovem, partiu para tentar a vida na lendária Amazônia.

    Chegando a Belém do Pará foi trabalhar no comércio. Aprendeu a fotografar nesta época e, já demonstrando enorme talento, foi descoberto por um dos mais poderosos seringalistas da Amazônia Peruana, o Sr. Júlio Cezar Araña.

    Araña era responsável pela Peruvian Amazon Co. e queria sensibilizar os acionistas ingleses, que estavam indignados pelas acusações de Hardenburg, um missionário americano. Hardenburg afirmava que, no rio Putumayo, Araña escravizava e assassinava indígenas. Este foi defender-se no Tribunal dos Comuns em Londres e percebeu que havia uma novidade sensacional que poderia servir como veículo de propaganda. Era o cinematógrafo.

    [...] Silvino iria conhecer o sucesso. Em 1921 filmou No País das Amazonas, *filme de rara beleza fotográfica, exibido no cinema Pathé do Boulevard des Italiens, em Paris, e nos principais centros da Europa.*

    O lançamento comercial no Rio de Janeiro se deu em 2 de abril de 1923, no cinema Palais.

    O jornal O País *comentou: Chama-se* No país das Amazonas *e é uma estupenda lição de coisas. Paisagens, maravilhas físicas, riquezas naturais, progressos econômicos, tipos, costumes, cidades, tudo se projeta nessa empolgante película, que o sr. presidente da República teve ensejo de admirar, com todos os ministros de Estado, no Palácio do Catete e a que não poupou honrosos encômios.*

    Esse filme foi produzido inicialmente para ser exibido na Exposição Comemorativa do Centenário da Independência. No Rio de Janeiro, Silvino filmou a Exposição, na qual seu filme fez enorme sucesso, e rodou o documentário Terra Encantada, *focalizando os mais variados aspectos da Capital Federal. Em 1924/25 realizou* No rastro do Eldorado, *documentação cinematográfica da Expedição Alexander Hamilton Rice, outro sucesso estrondoso.*

    Adaptado de: SILVINO Santos, pioneiro do cine-documentário no Amazonas. Disponível em: <www.portalamazonia.com.br/secao/amazoniadeaz/interna.php?id=250>. Acesso em: 18 dez. 2014.

    c) Responda às questões:
    - Em sua opinião, por que o filme *No país das Amazonas*, de 1922, ainda é exibido nos dias de hoje?
    - O que mais chamou a sua atenção no texto? Explique.

Unidade 4 • Brasil: diversidades regionais

Ponto de chegada

O que você estudou

Nesta Unidade, você utilizou e desenvolveu as seguintes habilidades:

- reconhecer os traços que definem uma região;
- identificar os critérios utilizados na divisão do Brasil pelo IBGE e na divisão em três grandes complexos regionais ou regiões geoeconômicas;
- relacionar a formação histórico-territorial e as mudanças recentes no Brasil com sua divisão em três complexos regionais;
- associar a ação humana à seca no Sertão nordestino;
- reconhecer as inter-relações entre os elementos que estão construindo um "novo" Nordeste;
- identificar a região brasileira que abriga o maior número de Patrimônios Culturais da Humanidade;
- detectar e avaliar os contrastes internos da região Centro-Sul;
- identificar, localizar e caracterizar a megalópole, as duas metrópoles globais, as três metrópoles nacionais e as metrópoles regionais do Brasil;
- associar a dinâmica político-econômica à megalópole brasileira;
- diferenciar a Amazônia brasileira da Amazônia internacional;
- reconhecer os critérios que definem a Amazônia brasileira;
- identificar e avaliar os problemas ambientais do bioma amazônico.

Mix cultural

 Biblioteca

***Às margens do Amazonas: no Brasil, os caboclos; entre o Brasil e a Venezuela, os ianomâmis; no Equador, os otavalos*, de Laurence Quentin, Companhia das Letrinhas**. A floresta Amazônica possui uma cultura muito rica representada pelos povos que a habitam. Neste livro, somos convidados a conhecer três povos amazônicos de diferentes países da América do Sul, a partir de narrativas, jogos, receitas culinárias, mapas e fotos da região.

***As Queixadas e outros contos guaranis*, de Olívio Jekupé (organizador), ilustrações de Fernando Vilela, FTD**. Coletânea de mitos e lendas da cosmologia guarani e narrativas fantásticas em que elementos humanos e elementos da natureza estão o tempo todo se relacionando. Apresenta informações sobre o povo Guarani e sobre o cotidiano das crianças indígenas.

***Formigueiro de Myrakãwéra*, de Yaguarê Yamã, Biruta**. Lenda originária dos povos indígenas Parintins e Maraguá, habitantes do Amazonas, conta a história da região de Myrakãwéra, amaldiçoada pelos mortos-vivos e pelas formigas gigantes.

***Macaparana*, de Giselda Laporta Nicolelis, Atual**. O paulista Gerson vai morar com o pai no Amapá e se depara com uma realidade de paisagens naturais, animais, atividades econômicas e aspectos culturais muito diferentes da que ele conhecia na região Sudeste do país.

***Menino de engenho*, de José Lins do Rego, José Olympio**. A obra constrói um retrato da sociedade canavieira nordestina através do olhar de Carlinhos, um menino órfão que é levado por seu tio ao engenho de seu avô materno.

Suryara Bernardi/Arquivo da editora

***No longe dos Gerais*, de Nelson Cruz, Cosac Naify**. Reconstrói o caminho feito por Guimarães Rosa em 1952 pelo interior de Minas Gerais, registrando aspectos geográficos da paisagem da região e os costumes das mulheres e dos homens habitantes do sertão.

***Pantanal, amor baguá*, de José Hamilton Ribeiro, Moderna**. Um garoto da cidade grande viaja, com seu amigo pantaneiro, para a região do Pantanal, onde descobre um mundo totalmente novo para ele, com hábitos e costumes diferentes.

***Território de bravos: uma epopeia na Amazônia*, de Francisco Marins, Melhoramentos**. Conta a história do personagem histórico Plácido de Castro, político e militar acriano que liderou um movimento armado contra a Bolívia para conservar a soberania brasileira sobre os territórios do atual estado do Acre. Também relata as condições precárias de vida nos seringais e nas matas da Amazônia.

***Um pau-de-arara para Brasília*, de João Bosco Bezerra Bonfim, Biruta**. Por meio de versos de cordel, apresenta as aventuras dos candangos, trabalhadores que vieram de diversas partes do Brasil para trabalhar nas obras de construção de Brasília.

***Um verso a cada passo: a poesia na Estrada Real*, de Angela Leite de Souza, Autêntica Infantil**. Ilustrado a partir de colagens, tecidos e bordados artesanais, o livro de poesias retrata de forma sensível os caminhos, as paisagens e as cidades por onde passa a Estrada Real, percurso que foi importante para o processo de colonização e interiorização do Brasil.

Geografia nos *sites*

- <http://pib.socioambiental.org/pt> — *Site* Povos Indígenas no Brasil. Enciclopédia com verbetes e informações sobre os diferentes povos que vivem no Brasil.
- <www.integracao.gov.br> — *Site* do Ministério da Integração Nacional. Apresenta informações sobre programas de desenvolvimento regional e nacional, obras contra a seca e de infraestrutura hídrica.
- <www.museu.ufg.br/> — *Site* do Museu Antropológico da Universidade Federal de Goiás. Apresenta informações sobre os modos de vida do homem da região Centro-Oeste.
- <www.socioambiental.org/> — *Site* do Instituto Socioambiental. Legislação e informações sobre meio ambiente, patrimônio cultural, direitos humanos e dos povos indígenas brasileiros.
- <www.sudene.gov.br> — *Site* da Superintendência do Desenvolvimento do Nordeste (Sudene). Apresenta aspectos do quadro natural, população e informação sobre os setores industriais e agrícolas do Nordeste.

Geografia nas *telas*

***A invenção de Brasília*. Direção: Renato Barbieri. Brasil, 2001**. O documentário mostra como se deu o processo de construção da nova capital do Brasil, localizada no Planalto Central, uma paisagem dominada pelo cerrado.

***Loas aos reis do Congo*. Direção: Kiko Alves. Brasil, 2011**. O documentário retrata o maracatu do Ceará, com suas próprias variações regionais, como a tradição de pintar com tinta e vaselina os rostos das rainhas e reis negros, representantes da corte africana.

***Mensageiras da Luz: parteiras da Amazônia*. Direção: Evaldo Mocarzel. Brasil, 2004**. Mostra a tradição das parteiras da Amazônia em locais onde os hospitais regulares ficam a quilômetros de distância. São mulheres que usam conhecimentos e técnicas indígenas para ajudar as mulheres a darem à luz.

***Relíquias de um Terno de Reis*, de Daniel Choma e Tati Costa. Brasil, 2013**. O documentário acompanha o festejo feito pelo Terno de Reis Amigos da Caieira da Barra do Sul, grupo de música popular de Florianópolis (SC), que vai de porta em porta levando música e a memória das tradições da região.

Bibliografia

AB'SABER, A. N. *Amazônia*: do discurso à práxis. São Paulo: Editora da USP, 2001.

_____ . *Os domínios de natureza no Brasil*: potencialidades paisagísticas. 6. ed. São Paulo: Ateliê, 2010.

AFFONSO, R. de B.; SILVA, P. L. (Org.). *Federalismo no Brasil*: desigualdades regionais e desenvolvimento. São Paulo: Fundap/Unesp, 1995.

AGÊNCIA NACIONAL DE ÁGUAS (ANA). *Conjuntura dos recursos hídricos no Brasil*: 2013. Brasília, 2013.

ANDRADE, Mário de. *São Paulo! Comoção da minha vida...* Seleta organizada por Telê Ancona Lopez e Tatiana Longo Figueiredo. São Paulo: Ed. da Unesp; Prefeitura Municipal; Imprensa Oficial do Estado, 2012.

ANDRADE, M. C. de. *A terra e o homem no Nordeste*. São Paulo: Cortez, 2005.

CAMPANHOLA, C. GRAZIANO DA SILVA, J. *O novo rural brasileiro*: novas atividades rurais. Brasília: Embrapa Informação Tecnológica, 2004. v. 6.

CARVALHO, J. M. de. *Cidadania no Brasil*. O longo caminho. Rio de Janeiro: Civilização Brasileira, 2001.

CLASTRES, P. *A sociedade contra o Estado*: investigações de Antropologia política. Porto: Edições Afrontamento, 1979.

CUNHA JUNIOR, H. *Tecnologia africana na formação brasileira*. Rio de Janeiro: CEAP, 2010.

HAESBAERT, R. *Regional-global*: dilemas da região e da regionalização na Geografia contemporânea. Rio de Janeiro: Bertrand Brasil, 2010.

JARMAN, K.; SUTCLIFFE, A. *Agriculture and Rural Issues*. London: Simon Ross, 1990. (Longman Co-Ordinated Geography).

KREIN, J. D.; WEISHAUPT, P. M. *Economia informal*: aspectos conceituais e teóricos. Brasília: OIT, 2010. (Trabalho Decente no Brasil; Documento de Trabalho, n. 4).

KRUGMAN, P. *Desarrollo, geografía y teoría económica*. Barcelona: Antoni Bosch, 1997.

_____; FUJITA, M.; VENABLES, A. J. *Economia espacial*. São Paulo: Futura, 2002.

LEVINAS, I. et al. *Reestruturação do espaço urbano e regional do Brasil*. São Paulo: Annablume, 2002.

LIMA, R. C. *Pequena história territorial do Brasil*: sesmarias e terras devolutas. 4. ed. Brasília: ESAF, 1988.

OLIVEIRA, F. de. *Elegia para uma re(li)gião*. 6. ed. Rio de Janeiro: Paz e Terra, 1993.

PATERSON, J. H. *Terra, trabalho e recursos*: uma introdução à geografia econômica. Rio de Janeiro: Zahar, 1982.

PEARCE, D. *Geografia do turismo*. São Paulo: Aleph, 2003.

PIERRON-BOISARD, F. *Espaces & civilisations*. Paris: Belin, 1987.

RIBEIRO, A. C. T. et al. *Brasil, território da desigualdade*. Rio de Janeiro: Zahar, 1991.

RIBEIRO, D. *O povo brasileiro*: a formação e o sentido do Brasil. 2. ed. São Paulo: Companhia das Letras, 1995.

ROSS, J. L. S. (Org.). *Geografia do Brasil*. 8. ed. São Paulo: Edusp, 2011.

RUBENSTEIN, J. M. *Cultural Landscape*. 11. ed. London: Prentice Hall, 2013.

SACHS, I.; WILHEIM, J.; PINHEIRO, P. S. (Org.). *Brasil*: um século de transformações. São Paulo: Companhia das Letras, 2001.

SANTOS, M. *Pensando o espaço do homem*. São Paulo: Edusp, 2004.

_____; SILVEIRA, M. L. *Brasil*: território e sociedade no início do século XXI. 13. ed. Rio de Janeiro: Record, 2011.

THE WORLD BANK, *World Development Indicators*, 2014.

TUAN, Yi-Fu. *Espaço & lugar*. São Paulo: Difel, 1983.

UNWIN, T. *El lugar de la Geografía*. Madrid: Cátedra, 2007.

VENTURI, L. A. B. *Ensaios geográficos*. São Paulo: Humanitas, 2008.

VOGT, C.; FRY, P. *Cafundó*: a África no Brasil. 2. ed. Campinas: Unicamp, 2014.